Stefan Poppelreuter

Arbeitssucht

Stefan Poppelreuter

Arbeitssucht

BELTZ
PsychologieVerlagsUnion

Anschrift des Autors:
Dr. Stefan Poppelreuter
Psychologisches Institut der Universität Bonn
Abteilung Wirtschafts- und Organisationspsychologie
Römerstr. 164
53117 Bonn

Lektorat: Karin Ohms

Umschlaggestaltung: Dieter Vollendorf, München
Druck und Bindung: Druckhaus Thomas Müntzer, Bad Langensalza
Printed in Germany
Gedruckt auf säurefreiem Papier

ISBN 3-621-27378-6

Vorwort

Das Szenario erscheint auf den ersten Blick absurd: Wie kann die Sucht nach Arbeit ein Forschungsthema sein, wo uns die Medien doch fast täglich mit neuen Horrormeldungen über Arbeitslosigkeit, über Stellenabbau und Massenentlassungen überschwemmen? Bei über vier Millionen offiziell gemeldeten Arbeitslosen bekommen auch diejenigen es mit der Angst zu tun, die noch in Lohn und Brot stehen: Wie lange wird mein Arbeitsplatz noch sicher sein? Wann muß auch ich den oftmals frustrierenden und erniedrigenden Gang zum Arbeitsamt antreten und mich mit den immer zahlreicher werdenden Mitbewerbern um das immer knapper werdende Gut "Arbeitsplatz" balgen? Die Vorstellung, daß ein Zuviel an Arbeit für den Einzelnen zum Problem werden kann, wird angesichts solcher Existenznöte eher belächelt. Dabei sind die Angst vor dem Verlust der Arbeit und das Phänomen der Sucht nach Arbeit vielleicht nur zwei Seiten ein und derselben Medaille. Die Arbeit ist "überlebensnotwendig" für das Funktionieren unseres Staats- und Wirtschaftssystems, und je wichtiger und wertvoller Arbeit *für* eine Gesellschaft und *in* einer Gesellschaft wird, um so zentraler und unverzichtbarer wird sie auch für das einzelne Individuum, das in dieser Gesellschaft lebt. Dabei geht es nicht nur um die materielle Sicherung der Lebensgrundlagen, die durch die Arbeit ermöglicht wird. Man kann sagen, daß wir *abhängig* geworden sind von der Arbeit, als Gesamtgesellschaft, aber auch als einzelnes Individuum. Wer in diesem System überleben will, der muß Arbeit haben, der muß etwas hervorbringen können, nicht nur, um seinen Lebensunterhalt zu sichern, sondern auch, um Aktivität und Kompetenz zu demonstrieren, um Kooperation und Kontakt zu pflegen, um sich soziale Anerkennung zu verschaffen, um die Zeit zu strukturieren, und schließlich auch, um eine persönliche Identität aufzubauen. Bei soviel positiven Effekten der Arbeit wird gerne verkannt (oder verdrängt), daß Arbeit als zentraler Bezugspunkt des gesellschaftlichen und individuellen Lebens auch negative Folgen nach sich ziehen kann. Arbeit kann zur Sucht werden - und damit zu einem ernsthaften Problem für die Betroffenen und ihre Umgebung.

Über Arbeitssucht wird viel geredet, insbesondere die Massenmedien stürzen sich mit Hingabe auf dieses Thema. Doch was läßt sich aus wissenschaftlicher Sicht zu dieser Sucht sagen? Das vorliegende Buch stellt die derzeit komplexeste Sammlung von theoretischen und empirischen Erkenntnissen zur Arbeitssuchtsymptomatik dar. Es werden unterschiedliche Erklärungsansätze zur Entstehung von Arbeitssucht vorgestellt, die Folgen der Arbeitssucht werden aus verschiedenen Perspektiven beleuchtet, Therapienotwendigkeiten und Therapiemöglichkeiten bei Arbeitssucht werden kritisch diskutiert. Besondere Aufmerksamkeit wird der Prävention und Intervention bei Arbeitssucht als Personal- oder Organisationsentwicklungsmaßnahme gewidmet. Dabei beschränkt sich die Betrachtung nicht nur auf die Wiedergabe von Literaturquellen, sondern es werden auch Ergebnisse einer empirischen Studie vorgestellt.

Die folgenden Ausführungen basieren in weiten Teilen auf den Inhalten und Ergebnissen meiner Dissertation zum Thema "Arbeitssucht" (vgl. Poppelreuter, 1996). Mein besonderer Dank gilt Frau Dipl.-Psych. Karin Ohms von der Psychologie Verlags Union für die kompetente und allzeit freundliche verlegerische Betreuung bei der Erstellung des Buches, sowie Frau Dipl.-Psych. Helga Sahlmüller, die die oftmals undankbare Aufgabe der redaktionellen Bearbeitung des Manuskriptes trotz Zeitdruck engagiert und souverän bewältigt hat.

Bonn/Sechtem, im Sommer 1997 *Dr. Stefan Poppelreuter*

1 Einleitung

"Ich liebe meine Arbeit mit einer frenetischen, pervertierten Liebe,
wie ein Asket sein härenes Hemd, das ihm den Bauch zerkratzt."
(Gustav Flaubert, 1852)

"Wer seinen Beruf leidenschaftlich liebt, leistet oft mehr, als er sich leisten kann.
Doch wenn die körperlichen und seelischen Grenzen überschritten werden,
ist auch mit den größten Erfolgen nichts gewonnen.
Eine harmonische Beziehung zur Arbeit braucht hin und wieder etwas Abstand."
(aus einer Anzeigenserie des Deutschen Bäderverbandes e.V., 1994)

Die exzessive Liebe zu Arbeit und Beruf und der daraus resultierende Hang zum Vielarbeiten sind Themen, die sowohl historische Tradition als auch aktuelle Relevanz besitzen. Ein solches Verhalten wird in unserer Zeit, dem angeblich allgemein gegebenen Bedürfnis nach Prägnanz und Etikettierung folgend, oftmals als "Arbeitssucht" oder "Workaholism" bezeichnet. Die Termini tauchen in den verschiedensten Zusammenhängen und bezogen auf unterschiedlichste Verhaltensmuster und Lebensstile immer wieder auf. Im alltagssprachlichen Bereich kann der Begriff der "Arbeitssucht" als etabliert bezeichnet werden.

Das Thema "Arbeitssucht" ist bislang jedoch nur selten zum Gegenstand wissenschaftlicher Erörterung gemacht worden. Die für den deutschsprachigen Raum bisher einzige Studie zur Arbeitssuchtproblematik wurde erst kürzlich vorgelegt (Poppelreuter, 1996).

Dies überrascht nicht, hat doch die Anfang der achtziger Jahre (wieder) entbrannte Diskussion um die sogenannten "neuen" oder "stoffungebundenen" Suchtformen, zu denen auch die Arbeitssucht gerechnet wird, innerhalb und außerhalb der "scientific community" zu einer kontroversen Debatte über die prinzipielle Möglichkeit der Existenz von Tätigkeitssüchten im allgemeinen sowie der Sinnhaftigkeit der Etikettierung exzessiver Verhaltensweisen als "Sucht" im besonderen geführt. Der subjektive Charakter dieser Diskussion erschwert eine wissenschaftliche Behandlung und Untersuchung der (Arbeits-) Suchtproblematik (Harten, 1991). Begriffliche Unklarheiten, methodische Probleme sowie fehlender intra- und interdisziplinärer Konsens behindern zudem ein wissenschaftliches Aufgreifen der Thematik. Weiterhin scheinen extreme Vorbehalte gegenüber einer Auseinandersetzung mit dem Thema "Arbeitssucht" zu bestehen, weil damit eine der zentralen Stützen der Industrie- und Leistungsgesellschaft, nämlich wirtschaftlich produktives Denken und Handeln, in die Nähe zu einem als pathologisch betrachteten Zustand, der Sucht, gerückt wird. Oft wird dabei verkannt, daß sich der Begriff "Arbeitssucht" keinesfalls auf jede Form der Arbeit, noch nicht einmal auf jede Form der Vielarbeit beziehen läßt (vgl. Gross, 1990a). Wie die Studie von Poppelreuter (1996) zeigte, kann das Vorliegen einer Arbeitssuchtproblematik sogar mit einer nur *unterdurchschnittlichen* zeitlichen Arbeitsbelastung einhergehen.

Fassel (1991, S. 158) betont explizit den Unterschied zwischen Arbeit und Arbeitssucht: "Die Arbeit als solche ist nicht die Sucht. Der Suchtprozeß verläuft in der Gesellschaft und beim Individuum. Er wird beim Individuum aktiviert und führt zu einem exzessiven, zwanghaften Arbeitsstil. Ebenso wie Alkohol gewisse Eigenschaften hat, die schädlich sein können, aber nicht müssen, ist auch die Arbeit als solche nicht zwangsläufig schädlich. Es kommt darauf an, wie wir damit umgehen." Eine kategorische Ablehnung der Beschäftigung mit dem Phänomen der "Arbeitssucht" ("Arbeit hat noch nie geschadet", "Wir arbeiten eher zu wenig als zu viel") ignoriert wesentliche Erkenntnisse verschiedener Forschungsdisziplinen zum Thema Arbeit und vernachlässigt individuell durchaus auftretende Probleme bei der Steuerung und Kontrolle des persönlichen Arbeitsverhaltens.

Zahlreiche in jüngerer Zeit beobachtbare Entwicklungen machen zudem deutlich, daß eine intensive (wissenschaftliche) Auseinandersetzung mit dem Phänomen des süchtigen Arbeitens dringend geboten ist. Zu nennen wären hier u.a. eine zunehmende Zahl von Betroffenen, die gehäufte Gründung von Selbsthilfegruppen für Arbeitssüchtige nach dem Vorbild der Anonymen Alkoholiker insbesondere in den USA und Deutschland, die Institutionalisierung von Hilfeleistungen zur Befreiung von der Arbeitssucht in Japan, wo das japanische Arbeitsministerium ab 1992 die Einrichtung von 347 Zentren zur Behandlung von Arbeitssüchtigen in Angriff nahm, die Öffnung zahlreicher psychosomatischer und Rehabilitationskliniken für diesen Problembereich (auch wenn sich diese Institutionen nicht auf die Therapie von "Arbeitssucht", sondern auf Hilfe bei "psychovegetativen Erschöpfungssyndromen", bei "vegetativer Dystonie" oder bei "allgemeinen psychosomatischen Syndromen" beziehen) und schließlich eine immer wiederkehrende Beschäftigung mit der Arbeitssuchtproblematik in der breiten Öffentlichkeit, sowohl begleitet als auch ausgelöst von zahlreichen (wissenschafts-) journalistischen Publikationen (z.B. Breitenstein, 1991; Fassel, 1991; Gross, 1990a, 1990b; Orthaus, Knaak & Sanders, 1993; Rentrop, 1989) und Beiträgen in Rundfunk- und Fernsehmedien.

Der Berufsverband deutscher Psychologinnen und Psychologen (BDP) veranstaltete im Februar 1996 einen Kongreß zum Thema "Karriere(n) in der Krise", in dessen Rahmen das Problem der Arbeitssucht intensiv diskutiert wurde und bei Fach- wie Medienvertretern auf großes Interesse stieß (vgl. Poppelreuter, 1996a, 1996b, 1997).

Ohne den weiter unten ausführlich dargestellten und diskutierten Ansätzen zur Definition und Erklärung von "Arbeitssucht" vorgreifen zu wollen, soll zunächst kurz erläutert werden, wo der Terminus "Arbeitssucht" erstmals Erwähnung findet. Die Entstehung des deutschen Begriffs "Arbeitssucht" bzw. des englischsprachigen Pendants "Workaholism" muß dabei für beide Sprachräume getrennt betrachtet werden.

Für den angloamerikanischen Sprachraum wird immer wieder Oates (1971) als "Erfinder" des Begriffs "Workaholism" genannt (siehe z.B. Machlowitz, 1978; vgl. aber anderslautende Ausführungen bei Haas, 1989). Oates (1971) selbst gibt denn auch an, daß "Workaholism" ein von ihm geschaffener Neologismus sei, der - in Anlehnung an den Begriff "alcoholism" - ein exzessives Bedürfnis nach Arbeit bezeichnet, welches ein solches Ausmaß erreicht hat, daß es zu unübersehbaren Beeinträchtigungen der

körperlichen Gesundheit, des persönlichen Wohlbefindens, der interpersonalen Beziehungen und/oder des von Oates (1971) so bezeichneten "sozialen Funktionierens" allgemein kommt.
Für den deutschsprachigen Raum wird häufiger Mentzel (1979) als erster Autor benannt, der sich mit dem Phänomen der "Arbeitssucht" befaßt bzw. den Begriff in Deutschland bekannt gemacht hat (so z.B. Gross, 1990a, 1990b; Harten, 1991; Puttkammer, 1991). Eine genauere Analyse zeigt jedoch, daß die "Arbeitssucht" schon sehr viel früher in wissenschaftlichen Aufsätzen Erwähnung fand, obgleich die beobachteten und beschriebenen Phänomene z.T. nicht unter diesem Stichwort fungierten. Auch wurde der Begriff der "Arbeitssucht" zuvor schon aufgegriffen (so z.B. bei Kielholz, 1973; bei v. Gebsattel, 1954 oder Laubenthal, 1964 ist von "Arbeitswut" die Rede).
Eine Arbeit des Psychoanalytikers Ferenczi aus dem Jahre 1919 beschäftigt sich mit "Sonntagsneurosen", die er bei einem Teil seiner Patienten diagnostizierte. Damit bezeichnet Ferenczi (1919) regelmäßig am Sonntag wiederkehrende Beschwerden wie Kopfschmerzen, Unwohlsein, Erbrechen usw. Das Auftreten der Beschwerden wird als Reaktion auf die fehlende Arbeit am Sonntag interpretiert. Ferenczi (1919) betrachtet die Betroffenen als von der Arbeit abhängig wie Morphinisten von ihrem gewohnten Gift. In der Auslegung von Wacker (1987) beschreibt Ferenczi (1919) nichts anderes als muße- und freizeitunfähige Personen. Diese Merkmale kennzeichnen unter anderem ebenfalls, wie noch ausführlich dargestellt werden wird, den "Arbeitssüchtigen".
Der französische Sozialist Paul Lafargue, Schwiegersohn von Karl Marx, beklagte schon 1883 in seiner Schrift "Das Recht auf Faulheit" die Folgen der Arbeitssucht (vgl. Fetscher, 1966, S. 19):
"Eine seltsame Sucht beherrscht die Arbeiterklasse aller Länder, in denen die kapitalistische Zivilisation herrscht, eine Sucht, die das in der modernen Gesellschaft herrschende Einzel- und Massenelend zur Folge hat. Es ist dies die Liebe zur Arbeit, die rasende, bis zur Erschöpfung der Individuen und ihrer Nachkommenschaft gehende Arbeitssucht".
Nicht zuletzt auch die Literatur bietet Beispiele für arbeitssüchtige Verhaltensweisen. Ob Ernst Bloch (1959), Wilhelm Busch (1959), Hans Fallada (1986) oder Gustav Flaubert (1852), um nur beispielhaft einige Namen zu nennen, sie alle beschreiben - an sich selbst oder an anderen beobachtet - exzessive arbeitsbezogene Verhaltensmuster.
Diese kurzen Erläuterungen weisen allerdings auf eine Gefahr hin, der man bei der Beschäftigung mit dem Thema "Arbeitssucht" ausgesetzt ist: Wird hier nicht "altbekanntes" unter einem neuen, dramatisierenden Schlagwort, möglicherweise sogar noch ideologisch verbrämt, in die Öffentlichkeit getragen? Ist die Diskussion um die "Arbeitssucht" nichts anderes als eine medienwirksam vorgetragene Kultur- und Gesellschaftskritik?
Die Bezeichnung "Arbeitssucht" führt zwei Bereiche menschlichen Denkens und Handelns zusammen, denen über alle Individuen hinweg universale Bedeutung zugeschrieben wird. Semmer & Udris (1993) z.B. betonen die zentrale Stellung der Arbeit

(im weitesten Sinne) im Leben der Menschen, während u.a. Solms & Steinbrecher (1975) Sucht und Süchtigkeit als allgemein-menschliches Problem betrachten. Das Zusammentreffen dieser beiden Aspekte menschlichen Daseins in einer kognitive, affektive und konative Komponenten betreffenden Symptomatik wird vielfach für unmöglich gehalten (vgl. z.B. Herwig-Lempp, 1987; Maes, 1983). Es wird abgestritten, daß es eine Verbindung zwischen diesen den Menschen kennzeichnenden Merkmalen gibt oder geben kann. "Arbeit" und "Sucht" werden als sich einander ausschließende, inkompatible Verhaltensbereiche betrachtet (vgl. die vehemente Kritik am Begriff der "Arbeitssucht" von Schmale in Reinke, 1985). Unbestritten ist zwar, daß Arbeit und mit ihr verbundene Bedingungen einen Mißbrauch oder eine Abhängigkeit von psychotropen Substanzen auslösen oder fördern kann, aber es wird als absurd empfunden, daß die Arbeit selbst Bezugspunkt für süchtiges Verhalten sein soll. Die Ursachen und Gründe für eine Ablehnung ebenso wie für eine Befürwortung des Begriffs "Arbeitssucht" und der damit verbundenen Konsequenzen sind vielfältiger Natur. Historische, ideologische, ökonomische und fachliche Argumente werden für beide Positionen angeführt.
Das vorliegende Buch ist insbesondere zu verstehen als Quellensammlung zum Thema Arbeitssucht. Es wird versucht, die bisherigen Erkenntnisse zur Arbeitssuchtthematik, sowohl theoretischer als auch empirischer Natur zusammenzutragen, zu ordnen, systematisch darzustellen und, wo es angebracht ist, auch zu bewerten. Zudem soll die Arbeitssuchtthematik auch in ihren gesamtgesellschaftlichen Rahmenbedingungen betrachtet werden. Schließlich wird der Frage nachgegangen, welche Notwendigkeiten bzw. Möglichkeiten zur Prävention und Intervention bei Arbeitssucht gegeben sind. Dabei wird nicht nur auf individuelle Maßnahmen bei Arbeitssuchtproblemen eingegangen, sondern es werden auch Möglichkeiten zur Prävention und Intervention bei Arbeitssucht auf Organisationsebene vorgestellt und diskutiert.
Sollte durch das vorliegende Buch insbesondere die wissenschaftliche, aber auch die gesellschaftliche Diskussion über das Phänomen der Arbeitssucht angeregt, intensiviert und - vielleicht auch nur in Teilbereichen - weitergeführt werden, so wäre eines der zentralen Anliegen bereits erfüllt.

Abschließend wird ein kurzer Überblick über den Aufbau und den Inhalt der folgenden Kapitel gegeben, um so dem Leser eine erste Orientierung zu ermöglichen.

Zur Klärung des Terminus "Arbeitssucht" werden in den Kapiteln 2 und 3 zunächst die Begriffskomponenten "Arbeit" und "Sucht" getrennt voneinander betrachtet. Es würde jeweils eigenständige Abhandlungen erfordern, wollte man beide Themenbereiche ausführlich und umfassend besprechen. Auf Zusammenfassungen, Verkürzungen und Schwerpunktbildungen im Hinblick auf die hier behandelte Thematik kann daher leider nicht verzichtet werden. Es wurde jedoch versucht, die Informationsverdichtung ohne grobe Sinnentstellungen und nicht zu Lasten der Verständlichkeit vorzunehmen.

Im Anschluß daran wird im vierten Kapitel die im Zusammenhang mit Arbeit und Arbeitssucht relevante Werte- und Normenproblematik ausführlicher erörtert. Diese Werte- und Normenproblematik muß als ursächlich für die weit verbreitete Ansicht betrachtet werden, daß Arbeit in jeglicher Hinsicht ehrbar und sinnvoll ist und selbst exzessive Vielarbeit keinesfalls in irgendeiner Form schlecht sein kann.
Kapitel 5 faßt die nur spärlich vorhandenen Forschungsergebnisse zum Thema "Arbeitssucht und ihre Folgen für das Unternehmen" zusammen. Zugleich werden Ursachen dieses defizitären Forschungsstandes diskutiert.
Das sechste Kapitel stellt den Versuch dar, eine Systematik für die unterschiedlichen Erklärungsansätze zur Entstehung arbeitssüchtigen Verhaltens zu entwickeln. Neben jeweils zusammenfassenden Darstellungen verhaltenstheoretischer und psychodynamischer Erklärungsansätze (arbeits-) süchtigen Verhaltens werden in vier Unterkapiteln beispielhaft explizit auf Arbeitssucht eingehende theoretische und/oder empirische Studien vorgestellt. Die Kategorisierung der Ansätze ergibt sich aus den den Studien jeweils zugrundeliegenden Annahmen.
Während Kapitel 7 einen Überblick über bisherige Checklisten und Fragebögen zur Erfassung von Arbeitssucht gibt, gehen Kapitel 8 und 9 auf individuelle bzw. organisationsbezogene Möglichkeiten und Notwendigkeiten der Prävention und Intervention bei Arbeitssucht ein.

Im zehnten Kapitel werden die Ergebnisse einer empirischen Studie zur Arbeitssuchtsymptomatik zusammenfassend dargestellt (vgl. Poppelreuter, 1996).

Das Buch schließt mit einer Diskussion der Studie von Poppelreuter (1996) sowie einem Ausblick auf wünschenswerte zukünftige Forschungsaktivitäten und Diskussionsnotwendigkeiten ab (Kapitel 11).

Bei der Arbeitssucht handelt es sich um ein Phänomen, von dem sowohl Frauen als auch Männer betroffen sind. In der deutschen Sprache ist es nicht möglich, dies zum Ausdruck zu bringen, ohne den Sprachfluß zu stören. Aus Gründen der besseren Lesbarkeit wurde die männliche Form gewählt.

2 Bedeutung und Bewertung von Arbeit

Nach einer Beschreibung des Spannungsfeldes, in dem sich die Bewertung menschlicher Arbeit festmachen läßt, sowie einigen kurzen Anmerkungen zur Etymologie des Begriffs "Arbeit" wird der Versuch unternommen, einen zusammenfassenden Überblick über die Bedeutungs- und Bewertungsvielfalt menschlicher Arbeit unter Berücksichtigung geschichtlicher und gesellschaftlicher Wandlungsprozesse zu geben. Ausführungen zu quantitativen Entwicklungen der Arbeit und eine Zusammenfassung wesentlicher Aspekte beschließen Kapitel 2.

2.1 Menschliche Arbeit und ihre Bewertung - ein Spannungsfeld

Menschliche Arbeit und ihre Beurteilung steht von jeher in einem Spannungsfeld, das gekennzeichnet ist durch die Pole "notwendiges Übel" oder "zentrale Lebensäußerung" (Semmer & Udris, 1995), "unmenschliche Plage" oder "fundamentale Wesensbestimmung des Menschen" (Guggenberger, 1988), "Mühsal, Zwang und Last" oder "selbstbestimmtes Werk" (Wacker, 1987). Auch Lewin (1981) beschreibt diese Dualität menschlicher Arbeitserfahrung. Arbeit sei einerseits nichts als ein Mittel, das die Möglichkeit zum Leben schafft, und das auch nur dann zu bejahen sei, wenn es diese Möglichkeit schaffe. Andererseits aber, so Lewin (1981), *suche* jeder Mensch auch nach einer Arbeit, einem Wirkungsfeld. Und weiter schreibt er (S. 134): "Dieses Bedürfnis nach Arbeit, die Flucht vor dauerndem Müßiggang, die bei zu kurzer Arbeitszeit zur Arbeit außerhalb des Berufes treibt, beruht nicht auf bloßer Gewohnheit zu arbeiten (...). Weil die Arbeit selbst Leben ist, darum will man auch alle Kräfte des Lebens an sie heranbringen und in ihr auswirken können."

Die Ausführungen Lewins (1981) beziehen sich - dies wird durch die Verwendung des Begriffes "Wirkungsfeld" deutlich - nicht nur auf Erwerbs- oder Berufsarbeit, sondern auf ein allgemeines produktives Tätigsein des Menschen. Diese erweiterte Auffassung des Begriffs "Arbeit" ist für die Erörterung der Thematik "Arbeitssucht" von grundlegender Bedeutung, da nicht nur berufliche Arbeit/Erwerbsarbeit ein "hervorragendes Exerzierfeld der Arbeitssucht" (Wacker, 1987, S. 60) ist, sondern man auch arbeitssüchtig werden kann, ohne je im Leben einen erwerbswirtschaftlichen Arbeitsplatz innegehabt zu haben (Wacker, 1987).

Forschungen zum Thema Arbeit, insbesondere die Psychologie der Arbeit, konzentrieren sich allerdings in aller Regel auf berufliche oder erwerbswirtschaftliche Arbeit (vgl. dazu z.B. Schmale, 1983; Ulich, 1994).

Die in der heute als nahezu unüberschaubar zu bezeichnenden Literatur zum Thema "Arbeit" vorfindbaren Definitionen des Untersuchungsgegenstandes konvergieren nach Neuberger (1985) in einer Reihe von Bestimmungsstücken. Man kann im Sinne eines "kleinsten gemeinsamen Nenners" der wissenschaftlichen Definitionen von "Arbeit" feststellen, daß Arbeit

- eine Tätigkeit oder Aktivität ist,
- gesellschaftlich organisiert ist (i.d.R. im "Lohnarbeitsverhältnis", also unselbständig und abhängig),
- den fortgesetzten, dauerhaften Einsatz körperlicher, geistiger, seelischer Kräfte erfordert,
- im Vollzug meist als Last, Mühsal und Anstrengung erlebt wird (was Stolz und Freude über das Ergebnis nicht ausschließt),
- geregelt und planmäßig strukturiert abläuft und zielbestimmt ist,
- in materiellen Produkten (Güter oder Dienstleistungen) resultiert und somit die materielle und soziale menschliche Umwelt verändert,
- gleichzeitig aber auch den arbeitenden Menschen selbst verändert (Entfaltung vs. Entfremdung),
- die Befriedigung individueller und/oder sozialer Bedürfnisse ermöglicht,
- vom Arbeitgeber mit "Gegenleistungen" honoriert wird, in denen sich die Wertschätzung der geleisteten Arbeit widerspiegelt (vgl. Neuberger, 1985).

Eine in Facetten andere, den Aspekt der Berufs-/Erwerbsarbeit weniger explizit betonende Definition von Arbeit geben Semmer & Udris (1995, S. 134):
"Arbeit ist zielgerichtete menschliche Tätigkeit zum Zwecke der Transformation und Aneignung der Umwelt aufgrund selbst- oder fremddefinierter Aufgaben, mit gesellschaftlicher, materieller oder ideeller Bewertung, zur Realisierung oder Weiterentwicklung individueller oder kollektiver Bedürfnisse, Ansprüche und Kompetenzen."
Für die vorliegende Untersuchung erscheint ein noch umfassenderes, über die Ausführungen von Lewin (1981), Neuberger (1985) und Semmer & Udris (1995) hinausgehendes Verständnis von "Arbeit" sinnvoll. Dazu sei auf Rohrlich (1984) verwiesen, der zwischen Arbeit als Tätigkeit und Arbeit als Geisteshaltung unterscheidet. Zum ersten Aspekt schreibt er (S. 29): "Arbeit ist jede Tätigkeit, die vor allem zur Erreichung eines Ziels da ist, gleichgültig welcher Art das Ziel sein mag." Der von Rohrlich (1984) vorgeschlagene umfassendere Arbeitsbegriff findet sich auch in der Sozial-Enzyklika *Laborem excercens* von Papst Johannes Paul II. (1981), in der er in einem weiten Sinn unter Arbeit jede zielbewußte Tätigkeit ohne Unterschied des Sachgehalts versteht, der Arbeitsbegriff also nicht beschränkt wird auf die bezahlte Erwerbsarbeit oder die Produktion materieller Güter (vgl. Kerber, 1993). Dieser Auffassung folgt auch v. Nell-Breuning (1985, S. 18) mit seiner Definition von Arbeit, obschon er dem durch die Arbeit verfolgten Ziel *keine* Beliebigkeit unterstellt: "Der Mensch arbeitet, wenn er seine geistigen oder körperlichen Kräfte betätigt in der Richtung auf ein ernstgemeintes Ziel, das erreicht oder verwirklicht werden will." Auch hier wird deutlich, daß eine Beschränkung des Arbeitsbegriffes auf bezahlte und/oder materiell-produktive Tätigkeit unzulässig ist.

Arbeit als Geisteszustand definiert Rohrlich (1984, S. 30) wie folgt: "Arbeit ist die erlernte Organisation, Handhabung und Steuerung der äußeren und inneren Umwelt, um ein angestrebtes Ziel so tüchtig und wirksam zu erreichen wie möglich." Und an anderer Stelle schreibt er (S. 28): "Wenn man sich im Geist auf das (...) Erreichen eines festgelegten Endpunktes konzentriert, ist man an der Arbeit." Zielorientiertes Handeln erfordert Konzentration und Disziplin. Konzentration bedeutet für Rohrlich (1984, S. 32) in diesem Zusammenhang "eine Trennung von allem und jedem in der unmittelbaren Umgebung des Arbeitenden, ausgenommen jenes und jene, die mit der spezifischen Aufgabe und dem spezifischen Ziel zu tun haben." Disziplin bezeichnet die Steuerung und Aufrechterhaltung der Kontrolle über die psychischen und körperlichen Kräfte (Rohrlich, 1984).

Es wird deutlich, daß Rohrlichs (1984) Auffassung von Arbeit über die reine Tätigkeit hinausgeht und eine bestimmte Haltung, Verfassung, Motivationslage, eben einen "Geisteszustand" beschreibt. Arbeitssucht ist nach seiner Überzeugung daher auch weniger zu sehen als ein spezifisches Verhaltensmuster, sondern als eine *bestimmte Art von Annäherung an und Verarbeitung von inneren und äußeren Reizen* (z.B. im Sinne von spezifischen Typisierungen von Erfahrungen oder Beziehungen), die in einem bestimmten Verhalten resultiert.

2.2 Anmerkungen zur Etymologie des Begriffs "Arbeit"

Eine kurze etymologische Betrachtung des Begriffs "Arbeit" soll an dieser Stelle verdeutlichen, daß sich die heute feststellbare positive Einschätzung der Arbeit nicht aus den sprachlichen Ursprüngen des Begriffs "Arbeit" und seiner Äquivalente ableiten läßt. Auffällig ist zunächst, daß der Begriff "Arbeit" und verwandte Termini in allen Sprachen zu den wichtigsten und zuerst gebrauchten Ausdrücken gehören. Es wird eine der elementarsten menschlichen Tätigkeiten bezeichnet, wobei der Arbeitsbegriff allerdings erst zu dem Zeitpunkt systematisches Gewicht erhielt, als der Mensch zu einem reflektierten Bewußtsein über seine Stellung in der modernen industriellen Zivilisation gelangte (vgl. Chenu, 1956, 1971).

Die Begriffe für Arbeit haben in allen Sprachen eine immer wiederkehrende Grundbedeutung: Sie bezeichnen das Mühsame der Tätigkeit, die harte Anstrengung (vgl. v. Nell-Breuning, 1985). Das deutsche Wort "Arbeit" kommt vom lateinischen "arvum, arva", was soviel bedeutet wie "gepflügter Acker" (vgl. Chenu, 1971). Das englische "labour" und das italienische "lavorare" gehen auf "laborare" (= leiden) zurück, im französischen spricht man von "travailler", im spanischen von "trabajo". Beide Ausdrücke hängen mit "tribuler" (= foltern, plagen) und "tripolium" (= Folterinstrument) zusammen. Russisch "rabota" kommt von "rab" (= Sklave) (siehe Florio, 1971, S. 343).

Dieser eher abwertenden, negativen Bedeutung der die Arbeit beschreibenden Begriffe (insbesondere hinsichtlich körperlicher Arbeit) steht in der Neuzeit die Aufwertung der

Arbeit und der zur Arbeit motivierenden Haltungen gegenüber. Die seit der Antike bekannte Trennung zwischen körperlicher und geistiger Arbeit verliert an Relevanz, da man zum einen an der Schaffung eines produktions- und sozialisationsfördernden Arbeitsethos interessiert ist, zum anderen geistige Arbeit in den Produktionsprozeß integriert wird.

Wesentlich für ein allgemeines Verständnis des Begriffs "Arbeit" (als Tätigkeit) ist offenbar, daß "Arbeit" weder ungeschichtlich noch übergesellschaftlich betrachtet werden kann (vgl. Neuberger, 1985). Ziel, so Neuberger (1985), sei somit nicht, möglichst viele Aspekte von "Arbeit" zu erfassen, sondern die Wandlungen des Begriffsverständnisses im geschichtlichen und gesellschaftlichen Kontext nachzuzeichnen. Eine solche, im folgenden kurz zusammengefaßt dargestellte Analyse verdeutlicht die ausgeprägte Zeitpunkt- und Standortgebundenheit der Definition und Bedeutung von "Arbeit". Diese Bedeutungs- und Bewertungsvielfalt menschlicher Arbeit ergibt sich nicht zuletzt aus der Tatsache, daß es eine große Anzahl von Wissenschaftsdisziplinen gibt, die sich mit der Thematik, teilweise über Jahrtausende hinweg, auseinandergesetzt haben.

2.3 Bedeutungs- und Bewertungsvielfalt menschlicher Arbeit im geschichtlichen und gesellschaftlichen Wandel

Es werden zur Verdeutlichung der geschichtlichen und gesellschaftlichen Wandlungsprozesse bei der Bedeutungsbeimessung und Bewertung menschlicher Arbeit griechische und christlich-jüdische Traditionen, die protestantisch-reformatorische Arbeitsauffassung sowie Entwicklungen im Zeitalter der Industrialisierung bis in die Gegenwart skizziert. Vieles kann in diesem Zusammenhang nur angedeutet werden. Dennoch bietet der Überblick eine Vielzahl von Anhaltspunkten zur Diskussion des ideologischen und gesellschaftlichen Rahmens, in dem sich Arbeitssucht entwickeln kann (vgl. dazu auch Hank, 1995).

2.3.1 Griechische und jüdisch-christliche Traditionen

Zwei wesentliche Einflußquellen unseres heutigen Verständnisses von Arbeit sind die griechische und die jüdisch-christliche Tradition, die übereinstimmend durch eine eher ambivalent-negativ geprägte Einschätzung von Arbeit gekennzeichnet sind (Neuberger, 1985).

Arendt (1983) führt aus, daß in der griechischen Polis Arbeit, die der Sicherung des Lebensunterhalts diente, als Pflicht der Sklaven galt. Sie war geprägt von Zwang und Notwendigkeit und somit kennzeichnend für Unfreiheit. Als körperliche Verrichtung war die Arbeit für den freien Menschen - und nur er galt in vollem Sinn als Mensch - unwürdig. Arbeit hinderte den Menschen an der Muße der Kontemplation, die das eigentliche Tun der Weisen war.

Wichtiger Aspekt bzgl. der Bewertung von Arbeit war allerdings, daß nicht Arbeit an sich den Menschen entwürdigte, sondern entscheidender Bewertungsmaßstab war die mit der Unabhängigkeit verbundene Freiheit von Arbeit (Bellebaum, 1990, S. 84).
Doch nicht nur in der Antike, auch für die alttestamentlichen Juden hatte Arbeit negative Aspekte. Im ersten Buch der Bibel, Genesis, werden Adam und Eva von Gott bestraft, weil sie vom Baum der Erkenntnis gegessen haben: Eva mußte unter Schmerzen Kinder gebären und Adam untertan sein, Adam mußte "im Schweiße seines Angesichts" sein Brot verdienen. Allerdings war von Gott Garten- und Feldarbeit auch schon im Garten Eden als Aufgabe des Menschen vorgesehen (vgl. Wallraff, 1957). Nach Wachten (1985) wird im Alten Testament Arbeit als eine dem Menschen von Anfang an von Gott gestellte Aufgabe betrachtet. Nicht, wie fälschlicherweise häufig behauptet wird (siehe z.B. Euson, 1990; Neuberger, 1985; Rohrlich, 1984), die Arbeit an sich wird als Folge und Strafe des Sündenfalls verstanden, sondern lediglich die Schwere und das häufige Mißlingen der Arbeit (vgl. Gremmels, 1986). "Arbeit bleibt das gottgewollte Propium des Menschen, wird aber in ihrem Vollzug eine Last des Menschen" (Brakelmann, 1980, S. 105). Im Christentum ist Arbeit im allgemeinen nicht so verachtet wie bei Griechen und Römern (vgl. Chenu, 1971; Korff, 1993). Vielmehr gilt sie als göttlicher Auftrag für den Menschen. "Das Geschöpf übernimmt in treuhänderischer Verantwortung die konkrete Aufgabe, Gottes Schöpfung so zu erhalten und so zu gestalten, daß sie zum menschlichen Lebensunterhalt dient" (Brakelmann, 1980, S. 104). Die Arbeit ist also auch Bedingung für die Möglichkeit menschlichen Lebens. Sie dient der Selbstversorgung und ermöglicht die Unterstützung anderer. Arbeit ist Last und Lust zugleich (Kramer, 1985). Gott selbst wird im Alten und im Neuen Testament nicht als untätiger Philosoph, sondern als ein arbeitender, den Kosmos und den Menschen schaffender Gott dargestellt (Brakelmann, 1980). Jesus und seine Jünger üben verschiedene Handwerke aus.
Wesentlich ist jedoch, daß Arbeit nicht Selbstzweck ist. "Der Sinn des Lebens besteht nicht in Arbeiten. Arbeiten hat keinen Wert an sich" (Kramer, 1985, S. 47). "Arbeit ist eine fundamentale Äußerungsform des Menschen, macht aber nicht das Menschsein des Menschen aus. Das zentrale Ereignis seiner Menschwerdung liegt in dem Geschaffensein von Gott und in dem Angesprochenwerden durch das Wort Gottes" (Brakelmann, 1980, S. 106). Und weiter schreibt Brakelmann (1980, S. 107; Hervorh. d. Verf.): "Das Leben im Glauben an Gott den Schöpfer anzunehmen bedeutet, dem Menschen einen *arbeits- und leistungslosen Selbstwert zu geben.* Es bedeutet ferner, ihn nicht mit seinem Arbeits- und Leistungsvermögen zu identifizieren. Der Glaube an die Vorgegebenheit des Menschseins vor aller Aktivität des Menschen kann *vor dem Irrweg bewahren, in der Arbeit und durch die Arbeit seine Selbstverwirklichung und damit den Sinn des Lebens schlechthin zu finden.*" Chenu (1956, S. 68) warnt ebenfalls vor der Überbetonung der Arbeit: "Man darf sicher nicht die Arbeit vergötzen. Diejenigen, welche solchem Götzendienst erliegen, der die Persönlichkeit vernichtet und zugleich auch Gott leugnet,

genügen nur einem Bedürfnis nach dem Sakralen, indem man sich in dem Objekt täuscht."
Zur christlichen Auffassung von Arbeit gehört unabdingbar auch die Arbeitsruhe (vgl. v. Nell-Breuning, 1985, S. 38). Die Einhaltung des Gebotes der Arbeit und der Arbeitsruhe wird als Nachahmung Gottes verstanden, was sowohl der Arbeitsruhe als auch der Arbeit Heiligkeit und hohen Wert beimißt (Wachten, 1985). Der Ruhetag soll korrigierende Ergänzung zu einer möglichen Überbewertung der Arbeit sein und Raum bieten für eine Rückbesinnung des Menschen darauf, wo er eigentlich herkommt und wer sein letztes Ziel ist (Trzaskalik, 1985). Das Sabbatgebot begrenzt die Neigung des Menschen, sein Leben durch dauerndes Durcharbeiten zu sichern oder zu steigern (Gremmels, 1986). Allerdings gab es im Rahmen der Entwicklung des Christentums immer wieder Diskussionen und unterschiedliche Auffassungen darüber, ob am Sabbat prinzipiell keine Alltagsarbeiten, sondern allenfalls religiöse Arbeiten, oder ob nur bestimmte Alltagsarbeiten verrichtet werden sollten. Zum Teil herrschte sogar die Auffassung, am Sabbat sei genauso zu arbeiten wie an den Werktagen auch, mit Ausnahme einer kurzen Pause für die Teilnahme am Gottesdienst (vgl. Steinmetzer, 1950).
Die christliche Sozialethik betont im übrigen die herausragende Bedeutung einer gesellschaftlichen Ordnung, die es *allen* Beteiligten ermöglicht, "sich durch Arbeit am sozialen Leben zu beteiligen und die eigenen Bedürfnisse zu befriedigen" (Kerber, 1993, Spalte 922). Dabei geht es jedoch nicht um eine vordergründige, formale Vollbeschäftigung, sondern um die Einbindung möglichst aller Gesellschaftsmitglieder in eine *sinnvolle*, für die Gemeinschaft *nützliche* Tätigkeit (v. Nell-Breuning, 1985, S. 70). Aus diesem Anspruch läßt sich auch die Forderung nach *Sabbatjahren* ableiten, in denen nicht der Berufstätigkeit nachgegangen wird und andere Ziele verfolgt werden sollen als während der Arbeitstätigkeit. Müßiggang oder einfaches Nichtstun sind jedoch keineswegs Inhalte eines solchen Sabbatjahres (vgl. Kapitel 9).

Bellebaum (1990) weist darauf hin, daß die Geschichte der christlichen Arbeitsauffassungen lang und verzweigt ist. Er erwähnt beispielhaft den hl. Paulus ("Wer nicht arbeiten will, soll auch nicht essen"), den hl. Augustinus (nur geistig, nicht körperlich zu arbeiten, ist ein Zeichen der Faulheit) und den hl. Benedikt von Nursia mit seiner berühmten Anweisung für die Mönche "ora et labora" (= bete und arbeite). Es wird deutlich, daß körperliche Arbeit in der frühchristlichen Auffassung anders, nämlich positiver bewertet wurde als in der Antike. Insbesondere das in den gebildeten Kreisen der griechischen und römischen Welt als entehrend betrachtete Handwerk erhält im Christentum einen neuen Status (vgl. v. Reiterer, 1993). In frühen christlichen klösterlichen Gemeinschaften gilt die Bereitschaft, ein Handwerk auszuüben, sogar als Aufnahmekriterium (Trzaskalik, 1985).
Es kann an dieser Stelle nicht weiter darauf eingegangen werden, ob die Meinung der Verfasser von Schriften in der Antike, im Christentum oder in der Neuzeit zum Thema

Arbeit als *repräsentativ* für die "allgemeine Volksauffassung" gesehen werden können. Tenfelde (1986, S. 6) äußert dazu: "Arbeiter sind nicht sprachlos, aber sie schreiben wenig, und wenn sie es dennoch tun, wird das Geschriebene der Überlieferung in der Regel für nicht wert befunden. Es erscheint beim jetzigen Kenntnisstand kaum möglich, den historischen Wandel der Arbeitsprozesse zugleich mit den Empfindungen und Wahrnehmungen der von solchem Wandel Betroffenen über längere Zeiträume hinweg zu dokumentieren."
Bei der Betrachtung und Interpretation alter überlieferter Texte ist dies immer zu bedenken und im Einzelfall zu berücksichtigen.

2.3.2 Die protestantisch-reformatorische Arbeitsauffassung

Im Spätmittelalter kam es zu einer Befreiung von immer mehr Menschen aus feudalen Verhältnissen (Leibeigenschaft, Hörigkeit, Frondienst), den Städten fiel bei wachsender Bevölkerungszahl eine immer größer werdende wirtschaftliche Bedeutung zu. Ökonomisch belastet wurden die Kommunen vor allem durch die große Zahl von Armen, die zuvor durch die Feudalherren oder durch Almosen der Bessergestellten versorgt worden waren. Die Städte mußten, um ihrer Fürsorgepflicht zu genügen, die Armen zu wertschaffender Arbeit anhalten oder zwingen (Neuberger, 1985).
Ideologische Basis für diese veränderte Situation bildete die protestantisch-reformatorische Arbeitsauffassung (siehe auch Weber, 1963). War Arbeit in der ursprünglichen Auffassung Luthers zu einem "weltlichen Gottesdienst" (Gremmels, 1986, Spalte 239) geworden, der sich im Dienst am Nächsten vollzieht und dessen Abstellung ausschließlich auf eigenen Nutzen als "falscher Dienst" (Gremmels, 1986, Spalte 240) verstanden wird, so werden unter dem Einfluß von Calvinismus und Puritanismus "Arbeitsleistung und Arbeitserfolg zum innerweltlichen Zeichen der Erwählung (Prädestination). Arbeit wird um des Gewinnes willen zweckvoll" (Gremmels, 1986, Spalte 240).
Bellebaum (1990, S. 93f.) faßt zusammen: "Luther begreift Arbeit als Dienst an Gott, lehnt die im späten Mittelalter wieder übliche höhere Bewertung geistiger und geistlicher Tätigkeiten ab und betont die Gleichwertigkeit aller Berufe/Arbeit vor Gott. Für Calvin, Calvinismus und insbesondere englischen Puritanismus des 17. Jahrhunderts ist Arbeit ein Auftrag Gottes und Arbeitserfolg ein Gnadenerweis, der belegt, für das ewige Leben auserwählt zu sein. Arbeit gilt sozusagen als Gottesdienst. Die Lebenszeit ist kurz und will verantwortungsbewußt genutzt werden. Demgemäß stehen Tugenden der Arbeit, Leistung, Disziplin und Pflichterfüllung hoch im Kurs. Müßiggang bedeutet Verschleuderung von Zeit, und Zeitvergeudung gefährdet die Erlösung".
Während Luther die Arbeit noch als *Mittel zum Leben* verstanden hatte, wird im Zuge der neuzeitlichen Ökonomisierung die Arbeit zum *einzigen Lebenszweck.* "Die Steigerung der Arbeitsfähigkeit - Produktivität - wird zur Pflicht vor Gott" (Gremmels, 1986, Spalte 240).

Weber (1963, S. 167f.) führt aus: "Nicht Muße und Genuß, sondern nur Handeln dient nach dem unzweideutig geoffenbarten Willen Gottes zur Mehrung seines Ruhms. Zeitvergeudung ist also die erste und prinzipiell schwerste aller Sünden. Die Zeitspanne des Lebens ist unendlich kurz und kostbar, um die eigene Berufung 'festzumachen'. Zeitverlust durch Geselligkeit, 'faules Gerede', Luxus, selbst durch mehr als der Gesundheit nötigen Schlaf (...) ist sittlich absolut verwerflich." Der seinen Erwerbsinteressen folgende bürgerliche Unternehmer darf nach Weber (1963, S. 198) das Bewußtsein haben, "in Gottes voller Gnade zu stehen und von ihm sichtbar gesegnet zu werden." Eine als genußvoll erlebte *arbeitsfreie* Zeit ist unter diesen Voraussetzungen undenkbar. Vielmehr gilt ein Leben ohne Zeitdruck als unmoralisch (vgl. Rinderspacher, 1985, S. 53).

Die Gründe für den Bedeutungswandel der Arbeit im lutherischen Protestantismus liegen u.a. in der Veränderung der sozialen und wirtschaftlichen Gegebenheiten. Krüger (1971) präzisiert: "Die Arbeitstheorien in Philosophie, Theologie und Ökonomie sind zwar weitgehend in Korrespondenz zu der wirtschaftlichen Entwicklung zu lesen, keineswegs aber als bloße Folge. Ihre Funktion war oft eine antizipierende und wirtschaftliche Entwicklungen einleitende." Durch die Entstehung kapitalkräftiger Zentren (Städte) ergab sich eine ökonomische Basis für Produktionserweiterungen, die Ausweitung des Handels führte zu verstärktem Nachfragedruck und zur Einführung der Geldwirtschaft. Die erforderlichen Produktivitätssteigerungen waren nur erreichbar über Verbesserungen der Arbeitsorganisation, Disziplinierung der Arbeit und optimale Ausnutzung des Potentials an menschlicher Arbeitskraft.

2.3.3 Industrialisierung und Gegenwart

Erst mit dem Aufkommen der Industrialisierung erhält die Arbeit als wertschöpfender Faktor auch ökonomische Bedeutung. Deutlich wird dies z.B. in den Schriften von John Locke oder Adam Smith (vgl. Eggebrecht, Flemming, Meyer, v. Müller, Oppolzer, Paulini & Schneider, 1980; Krüger, 1971; Wallraff, 1957). Bis zum Beginn des Frühkapitalismus war davon ausgegangen worden, daß nur die Natur wertschöpfende Arbeit ermöglicht. "Die in der Landwirtschaft Tätigen (cultivateurs) bilden deswegen die produktive Klasse. Die rohstoffbearbeitenden Tätigkeiten werden als nützlich, aber unproduktiv bezeichnet, die entsprechende Klasse der Arbeiter als classe stérile" (Krüger, 1971).

Arbeit und Arbeitsteilung werden mit der Industrialisierung zentrale Begriffe innerhalb eines politisch-ökonomischen Systems. Die arbeitsteilige Produktion wird noch vor Kapital und Boden zum wichtigsten Produktionsfaktor und realem Wertmaßstab der Ware (Krüger, 1971). Die Arbeit erst gibt den Dingen ihren Wert und begründet damit ein natürliches Recht auf Eigentum (vgl. Korff, 1993).

Die Entwicklung des Kapitalismus führte zu einem beschleunigten Zentralisierungsprozeß, denn durch die Entwicklung neuer Technologien und Produktionsverfahren wurde die Zusammenziehung von Arbeitern in Fabriken und Manufakturen notwendig. Gleichzeitig mußten die Arbeiter an "industrielles", d.h. methodisches, exaktes und zuverlässiges, an Fertigungsorganisation und Fertigungstechnologie ausgerichtetes Handeln gewöhnt werden (Neuberger, 1985; vgl. auch Krüger, 1971, Spalte 483; Rinderspacher, 1985, S. 49). Wichtig dafür war u.a. ein zeitlich koordiniertes und definiertes Tätigsein. Eine solche Routinisierung und Automation von Handlungen und Abläufen führte nicht nur zu Belastungen der Arbeitnehmer, sondern schuf durch Reduktion von Entscheidungsunsicherheit und Informationszeit wiederum freie Zeit für andere Aktivitäten. Zu Beginn der Industrialisierung kam es jedoch zu einem erbitterten Widerstand der Menschen gegen die durch die Technisierung erforderlich gewordene Trennung von Wohnen, Arbeiten, Erholen und Feiern, was sich exemplarisch anhand des Aufstandes der englischen Weber zeigen läßt. Diese zerstörten nur jene Maschinen, die wegen ihrer Größe lediglich in Fabrikhallen aufgestellt werden konnten, was darauf hindeutet, daß sie sich nicht gegen die Technisierung an sich, sondern viel mehr gegen die Zerschlagung der Hausindustrie sowie die Ausgrenzung und Disziplinierung der Arbeit durch das Fabriksystem wehrten (Dickson, 1978).

Folge der verstärkten Automatisierung, die auch in der Landwirtschaft Einzug hielt, war letztlich allerdings eine zunehmende Wanderungsbewegung der Bevölkerung in die Städte, um in den dortigen Fabriken Arbeit zu finden. Das Überangebot an Arbeitskräften führte zu sehr niedrigen Lohnniveaus, woraus wiederum extrem schlechte Arbeits- und Lebensbedingungen für das städtische Proletariat resultierten. Arbeit war existentielle Notwendigkeit. Eine Verbesserung der Lage der Arbeiter wurde nach Neuberger (1985) allerdings nicht von den humanistischen Appellen einiger Parlamentarier, Journalisten und (sogar) Unternehmern der damaligen Zeit begründet, sondern resultierte vielmehr aus einer Konstellation ineinandergreifender Ursachen (Neuberger, 1985):

- Die Arbeiter wurden als Konsumenten entdeckt; dies beschleunigte die Verbesserung der Massenkaufkraft und ermöglichte die Ausweitung der Produktion.
- Komplexere Maschinen und Fertigungsprozesse erforderten das Mitdenken und die spontane Kooperation der Arbeiter, die durch Besserstellung sicherer zu erreichen war als durch Zwang und Druck.
- Das aufkommende Bürgertum verbündete sich mit den Proletariern, um den alten herrschenden Ständen Privilegien abzutrotzen.
- Die mit großen Opfern erkämpfte Koalitionsfreiheit der Arbeiter führte in den Gewerkschaften zur solidarischen Interessendurchsetzung.
- Die extreme innenpolitische Instabilität zwang die Herrschenden zu einer Beruhigungsstrategie: Die "soziale Frage" des 19. Jahrhunderts wurde durch gesetzliche Regelungen entschärft.

Dennoch blieb die Abhängigkeit und Fremdbestimmung der Arbeit bestehen, die Frage, wie eine menschengerechte Arbeit auszusehen hat, blieb ein bis in die heutige Zeit diskutiertes Problem.

Krämer (1991, S. 58) verweist darauf, daß diese widersprüchliche Konstruktion der Arbeit, nämlich die Akzeptanz von Fremdbestimmtheit und Abhängigkeit zur Erreichung individueller und gesellschaftlicher Ziele "für bestimmte Funktionsträger in gesellschaftlich bedeutsamen Bereichen und Inhaber gesellschaftlich geschätzter Berufe (...) ausgeschlossen bleibt". Durch eine ganzheitliche Aufgabenstellung, durch Zusammenarbeit und schöpferische Pausen in der Arbeit bestehe für sie zumindest prinzipiell die Chance, sowohl fachliche wie auch innovatorische Qualifikationen als auch kooperative Fähigkeiten zu entwickeln. "Für sie stellt sich weniger die Aufgabe, Arbeit und Freizeit in irgendeiner Weise zu koordinieren, als vielmehr, *ihre Arbeit nicht zum einzigen Lebensinhalt zu machen*" (Krämer, 1991, S. 58; Hervorh. d. Verf.). Diese Aussage Krämers (1991) könnte so interpretiert werden, daß das Risiko der Entwicklung einer Arbeitssuchtproblematik in Abhängigkeit von spezifischen Berufs- und Arbeitsmerkmalen unterschiedlich einzuschätzen ist. An dieser Stelle sei jedoch angemerkt, daß eine Einengung der Arbeitssuchtproblematik nur auf Tätigkeiten mit den von Krämer (1991) genannten Merkmalen nicht angemessen erscheint. Arbeitssüchtiges Verhalten läßt sich ebenso bei Personen finden, deren Arbeit durch Fremdbestimmtheit und Abhängigkeit gekennzeichnet ist. Dies läßt sich möglicherweise darauf zurückführen, daß auch solche durch Fremdbestimmung und Abhängigkeit gekennzeichneten Arbeitstätigkeiten und Arbeit im allgemeinen von breiten Schichten der Bevölkerung positiv beurteilt werden, was von Kern & Schumann (1977) damit begründet wird, daß im Sinne der bürgerlichen Arbeitsmoral eine erfolgreiche, zufriedenstellende Arbeit ein gültiger Indikator für den Wert einer Person ist und eine solche gesellschaftliche Norm eine positive Selbstinterpretation in bezug auf die eigene Arbeitstätigkeit geradezu gebietet.

Das Aufkommen des protestantischen Arbeitsethos gilt auch heute noch als ein wichtiger Grund dafür, "daß selbst in hochindustrialisierten Ländern die Erwerbsarbeit - unangesehen einiger inzwischen veränderter Einstellungen gegenüber Arbeit - weiterhin positiv bewertet wird" (Bellebaum, 1990, S. 94f.). Giegler (1982, S. 109) ergänzt: "Daß man in unseren Breiten auch ohne unmittelbaren materiellen Zwang im allgemeinen einer regelmäßigen Arbeit nachgeht (...), ist in nicht unerheblicher Weise dieser mittlerweile allerdings kaum noch religiös fundierten Arbeitshaltung zu verdanken." Welche Bedeutung die (falsch interpretierte) protestantische Arbeitsethik für die Entstehung arbeitssüchtigen Verhaltens hat, haben zahlreiche Forscher zu erklären versucht (so z.B. Cherrington, 1980; Mirels & Garrett, 1971; Sprankle & Ebel, 1987). Auf einige dieser Ansätze wird in Kapitel 6 näher eingegangen.
Rohrlich (1984, S. 23) führt im Hinblick auf die heutige Sichtweise von Arbeit aus: "Die aktuelle Anschauung von der Arbeit in der westlichen Welt gibt Gott als Brennpunkt der Verehrung auf und verehrt stattdessen den Begriff von der Selbstverwirklichung des Individuums. Die Arbeit dient nicht so sehr Gott als vielmehr der seelischen Entwicklung und Bereicherung des Einzelmenschen."
Die Säkularisierung der Bedeutung von (Erwerbs-) Arbeit zeigt sich auch bei Udris &

Semmer (1995, S. 134), die insbesondere folgende psychosoziale Funktionen der Erwerbsarbeit betonen:

- Sicherung des Einkommens,
- Aktivität und Kompetenz,
- Zeitstrukturierung,
- Kooperation und Kontakt,
- soziale Anerkennung,
- persönliche Identität (vgl. dazu auch Baitsch & Ulich, 1990; Frese, 1990; Hoff, 1990; Jahoda, 1995; Kieselbach, 1983; Warr, 1984).

Diese sozial hochgradig positiv bewerteten Funktionen von Arbeit dienen Arbeitssüchtigen möglicherweise als Begründung für ihr exzessives Arbeitsverhalten. Insofern wäre in ihrem Fall die positive Beurteilung dieser Aspekte sicherlich zu relativieren und im Zusammenhang zu sehen mit den durch ihre spezifische Arbeitshaltung entstehenden Kosten und Nachteilen, die z.T. bewußt oder zumindest billigend in Kauf genommen werden, die z.T. aber auch (zunächst) unbemerkt eintreten.

Die Frage nach dem Wandel der Bedeutung von Arbeit in unserer Gesellschaft ist in jüngster Zeit wiederholt diskutiert worden. Ein näheres Eingehen auf die umfangreiche, z.T. recht widersprüchliche Literatur zum Thema Wertewandel (siehe beispielhaft Inglehart, 1977, 1985; Klages & Kmieciak, 1979; Noelle-Neumann & Strümpel, 1984; Pawlowsky, 1986 u.v.a.) erscheint an dieser Stelle jedoch wenig zielführend. Zum einen lassen die Ergebnisse der Wertewandelforschung, insbesondere bzgl. der Arbeitstätigkeit kaum eindeutige Schlußfolgerungen zu, zum anderen ist nicht davon auszugehen, daß das Problem der "Arbeitssucht" ein isoliert durch gesellschaftliche Wandlungsprozesse bedingtes Phänomen ist (wenn auch bestimmte Autoren von dieser Annahme ausgehen; vgl. Peele, 1975, Kapitel 7; Sprankle & Ebel, 1987). Natürlich sind Umweltfaktoren bei der Entstehung und Fortentwicklung arbeitssüchtigen Verhaltens mitzuberücksichtigen, aber dennoch fällt gesamtgesellschaftlichen Wandlungsprozessen zur Erklärung der Arbeitssucht nicht das Hauptgewicht zu. Der spekulativen Argumentation auf Basis von aggregierten Daten überlegen wäre eine Analyse des (möglichen) Einstellungswandels und dessen Auswirkungen bei tatsächlich betroffenen Arbeitssüchtigen. Dies würde jedoch Zeitreihenanalysen an einer entsprechenden Untersuchungsstichprobe erfordern, was aufgrund der bislang fehlenden Operationalisierung des Forschungsgegenstandes, der mangelnden Anerkennung der Existenz einer so gelagerten Problematik und der (offiziell) geringen Prävalenz der Arbeitssucht als derzeit nicht realisierbare Wunschvorstellung angesehen werden muß. Die Ausklammerung der Ergebnisse der Wertewandelforschung bedeutet nicht, daß die Begriffe "Werte" und "Normen" bzgl. der Arbeitssuchtthematik irrelevant sind. Da im Gegenteil die Werte- und Normenproblematik im Zusammenhang mit Arbeit und Arbeitssucht von zentraler Bedeutung ist, wird in Kapitel 4 ausführlich darauf eingegangen.

2.4 Arbeit unter quantitativen Gesichtspunkten

Betrachtet man abschließend die historische Entwicklung des Anteils der Arbeitszeit an der Gesamtlebenszeit eines Individuums unter *rein quantitativen* Gesichtspunkten (als Indikator für die Bedeutung der Arbeit im menschlichen Leben), so fällt auf, daß nicht - wie man vielleicht erwarten könnte - eine über Jahrzehnte oder gar Jahrhunderte hinweg monoton verlaufende Abnahme der Arbeitszeit zu verzeichnen ist. Bellebaum (1990, S. 207) macht z.B. darauf aufmerksam, daß die heutige durchschnittliche Arbeitszeit pro Jahr in etwa der des 14. und auch des 13. Jahrhunderts entspricht (vgl. auch Wendorff, 1985, S. 527). Schon im Mittelalter gab es Berufsgruppen, die neben den obligatorischen Feiertagen Ferien von 30 Tagen hatten.

Stengel (1988) weist darauf hin, daß es im 13. Jahrhundert ca. 100 Feiertage (!) gab (neben den 52 Sonntagen), die allerdings, ebenso wie die Sonntage, nicht der Zerstreuung, sondern der religiösen Sammlung dienten.
Das Aufkommen des Individualismus am Ende des Mittelalters hat zur Folge, daß Prinzipien der Arbeitsorganisation und der Berufszugehörigkeit fortan die Gesellschaft bestimmen. Es kommt zu einer Durchrationalisierung des Lebens. Ein Resultat dieser Rationalisierung ist die Trennung von Wohnung und Arbeitsplatz. Freie Zeit ist die verbleibende Restzeit nach der beruflichen Pflichterfüllung. Die Arbeitszeit (und damit auch die Freizeit) erschien beliebig teil- und manipulierbar. Es kommt zu einer ständigen Zunahme der wöchentlichen Arbeitszeit des Industriearbeiters, die - so Stengel (1988) - in der Mitte des 19. Jahrhunderts mit über 4000 Stunden im Jahr ein Maximum erreicht. Es herrscht die 6- oder 7-Tage-Woche, die Zahl der Feiertage wird drastisch reduziert, Urlaub ist nicht vorgesehen. Technische Entwicklungen machen eine Entkoppelung des Tages- und Jahresrhythmus von Naturgegebenheiten möglich. Berücksichtigt man die genannten Zahlen, wird deutlich, daß eine rein quantitative Operationalisierung eines Phänomens wie "Arbeitssucht" unzureichend ist. Andernfalls wäre davon auszugehen, daß das gesamte Proletariat des 19. Jahrhunderts aus Arbeitssüchtigen bestand.
Beginnend in der zweiten Hälfte des 19. Jahrhunderts kommt es zu einer Senkung der wöchentlichen Arbeitszeit. Zunächst war es das Interesse der damals neu gegründeten Gewerkschaften, die gewonnene freie Zeit für die Arbeiterbildung zu nutzen. Erst später vertraten die Gewerkschaften den Standpunkt, daß jeder einzelne selbst bestimmen sollte, wie er seine Freizeit nutzt, wobei Erholung und Regeneration in den Mittelpunkt der Freizeitnutzung gerückt wurden.
Wendorff (1985) zeigt, daß freie Zeit zunächst in kleineren und erst später in größeren Zeiteinheiten vermehrt wurde: Der Forderung nach dem 8-Stunden-Tag (erstmals gestellt 1889 anläßlich der 100-Jahr-Feier der Französischen Revolution bzw. ein Jahr später bei den ersten international begangenen Feiern zum 1. Mai) folgte das Bestreben, die 5-Tage-Woche durchzusetzen. Nach Realisierung dieses Zieles wurde der 6-wöchige Jahresurlaub eingefordert, und in der jüngsten Zeit wurde sogar eine Flexibilisierung der

Altersgrenze bzw. ein generelles Vorziehen des Pensionsalters diskutiert. Obschon von diesen Plänen in der Zwischenzeit wieder Abstand genommen wurde.
Nimmt man den Anteil der Arbeitszeit an der Gesamtzeit eines Tages oder einer Woche bzw. die Anzahl der Urlaubstage als Indikator für die zur Verfügung stehende freie Zeit, so läßt sich seit Mitte des 19. Jahrhunderts eine ständige Abnahme der durchschnittlichen Wochenarbeitszeit bei gleichzeitiger Zunahme der Urlaubstage, also eine Zunahme der freien Zeit feststellen. Betrug die effektive Arbeitszeit pro Woche (Durchschnitt der Industriearbeiter) nach Scheuch (1969) im Jahr 1850 in Deutschland noch 85 Stunden, so waren es 1985 nur noch 40 Stunden Arbeitszeit pro Woche (bezogen auf die Bundesrepublik Deutschland, vgl. Statistisches Bundesamt, 1988). Im Jahr 1996 lag die durchschnittliche Wochenarbeitszeit der Industriearbeiter bei 38,8 Stunden (alte Bundesländer) bzw. 39,7 Stunden (neue Bundesländer) (Statistisches Bundesamt, 1996). Wählt man die Anzahl der Urlaubstage als Indikator, so ist zwischen 1960 und 1995 die tarifliche Urlaubsdauer im Durchschnitt aller Arbeitnehmer um ca. 15 auf 31 Tage angestiegen (Institut der Deutschen Wirtschaft, 1996). Das Statistische Bundesamt (1992) kommt in diesem Zusammenhang zu geringfügig anderen Zahlen und gibt eine Erhöhung der tariflichen Urlaubsdauer im Durchschnitt aller Arbeitnehmer von 17 Tagen auf insgesamt 29 Urlaubstage pro Jahr für den Zeitraum von 1960 bis 1990 an.
Wendorff (1985) verweist zusätzlich darauf, daß das Verhältnis von Arbeitszeit und Freizeit auch verändert wird durch die Erweiterung des Zeitraumes der durchschnittlichen Lebenserwartung als Folge vielfältiger medizinischer und sozialer Entwicklungstendenzen. Während Mitte des 19. Jahrhunderts der durchschnittliche Anteil der erwerbswirtschaftlichen Arbeitsstunden an der Gesamt-Lebensstundenzahl eines Erwerbstätigen über 30 % betrug, liegt er heute bei knapp 14% (Wendorff, 1985, S. 52).
Eine weitere Verringerung der absoluten Arbeitszeit wird zudem angestrebt bzw. wurde in zahlreichen Industrie- und Dienstleistungsbereichen bereits umgesetzt. Allerdings sind derzeit auch wieder gegenläufige Tendenzen erkennbar, die auf eine Verlängerung der Arbeitszeit hinauslaufen (vgl. Wagner, 1993).
Die oben beschriebene rein quantitative Abnahme der jährlichen sowie der Lebensarbeitszeit wird von zahlreichen Forschern (vgl. beispielhaft Kmieciak, 1976; Noelle-Neumann & Strümpel, 1984; Rinninsland, 1992) gerne als ein Beleg für eine generelle Abnahme des Arbeitsengagements und des Leistungsethos gewertet (vgl. allerdings auch gegenteilige Befunde bei Statistisches Bundesamt, 1992 oder Wagner, 1993). Im Umkehrschluß könnte möglicherweise somit eine hohe (zeitliche) Arbeitsleistung als ein auch nach außen sichtbarer Indikator für ein ausgeprägtes (Arbeits-) Engagement und Leistungsethos interpretiert werden. Inwiefern dieses Verhaltens- und Interpretationsmuster speziell für Arbeitssüchtige zutrifft, muß noch überprüft werden. Viel wesentlicher ist jedoch, daß es sich bei Arbeitszeitdaten um aggregierte Werte handelt, die nicht mit individuellem Arbeitsverhalten in Zusammenhang stehen müssen. Die in den Studien immer wieder vorfindbare Gleichsetzung von Arbeit mit Erwerbs-/Berufsarbeit

schränkt ihren Aussagewert im Hinblick auf die Erforschung des Phänomens "Arbeitssucht" zusätzlich ein.

2.5 Zusammenfassung der wesentlichen Aspekte

Abschließend sollen folgende, für das Thema "Arbeitssucht" wesentlichen Aspekte nochmals hervorgehoben werden:

- Die Komponente "Arbeit" im Begriff "Arbeitssucht" ist umfassender zu sehen als dies in zahlreichen Forschungsarbeiten zum Thema "Arbeit" geschieht. Arbeitssüchtiges Verhalten bezieht sich keinesfalls ausschließlich auf Erwerbs- und Berufsarbeit. Möglicherweise findet Arbeitssucht dort jedoch ihren prägnantesten Ausdruck.
- Arbeitssucht ist kein rein quantitativ bestimmbares Syndrom. Nicht ein bestimmtes Verhalten, sondern vielmehr eine spezifische Haltung (Geisteshaltung i.S.v. Rohrlich, 1984) kennzeichnet die Arbeitssucht. Diese Haltung gilt es genauer zu definieren und zu operationalisieren.
- Aus den Ausführungen ergibt sich auch, daß die Arbeit als eine zutiefst menschliche Verhaltensweise zu verstehen ist. Daher kann nicht jede Arbeit, auch nicht jede Vielarbeit, mit dem Begriff der Arbeitssucht in Zusammenhang gebracht werden. Welche Aspekte für die Diagnose einer Arbeitssucht wesentlich sein können, wird an späterer Stelle noch genauer herausgearbeitet werden.

3 Sucht - Stoffgebundene Abhängigkeiten vs. stoffungebundene Suchtformen

Nachdem im vorangegangenen Kapitel der Versuch unternommen wurde, menschliche Arbeit als Gegenstand der Forschung aus verschiedenen Blickwinkeln näher zu beleuchten, impliziert die Beschäftigung mit dem Thema Arbeitssucht ebenfalls eine intensivere Auseinandersetzung mit dem Begriff der Sucht. Die Vielfalt von unterschiedlichen Suchtdefinitionen, die große Zahl von verwandten Begriffen, verbunden mit der Problematik ihrer jeweiligen Abgrenzung sowie inter- und intradisziplinär fehlende Übereinstimmungen zur Suchtthematik bestimmen dabei die Zielsetzung des Kapitels: Es soll versucht werden, die Bedeutung der zentralen Begriffe stoffgebundener Mißbrauch, stoffgebundene Abhängigkeit und stoffungebundene Sucht herauszuarbeiten, ihre Unterschiede und Geltungsbereiche deutlich zu machen und so einen begrifflichen Rahmen für die Einordnung und Beurteilung des Konzeptes "Arbeitssucht" zu schaffen.
Zunächst werden einige Anmerkungen zur Etymologie der Sucht gemacht. Damit soll verdeutlicht werden, daß die geradezu als babylonisch zu bezeichnende Sprachverwirrung im Bereich der Sucht- und Abhängigkeitsforschung die Wissenschaft schon seit Jahrhunderten bewegt.
Anschließend wird auf die bislang wohl als fehlgeschlagen zu beurteilenden Bemühungen der Weltgesundheitsorganisation (World Health Organization, WHO) eingegangen, den Begriff der "Sucht" durch die Termini "Mißbrauch" und "Abhängigkeit" zu ersetzen. Am Beispiel des Diagnostischen und Statistischen Manuals Psychischer Störungen (DSM-IV, 1996) wird die Problematik der Definition eines Abhängigkeitssyndroms über die Zusammenstellung verschiedener Symptome erörtert.
Schließlich wird der Versuch unternommen, die Begriffe "Stoffgebundene Abhängigkeit" und "Stoffungebundene Sucht" als Termini mit jeweils eigenständigem Geltungsbereich zu differenzieren und als zentrale Konzepte näher zu erläutern. Eine Zusammenfassung der wesentlichen Aspekte schließt das dritte Kapitel ab.

3.1 Anmerkungen zur Etymologie des Begriffs "Sucht"

Die begriffliche Ausbildung des Wortes "Sucht", eines Verbalsubstantives zum gotischen "siukan" (krank sein) (Vogt, 1987), wird in der medizinischen Fachliteratur häufig in die Mitte des letzten Jahrhunderts datiert (vgl. Thamm, 1987). Daraus läßt sich ableiten, daß die Sucht im Sinne einer Krankheit erst relativ spät Eingang in den medizinischen Begriffskodex fand. Der Begriff "Sucht" muß aber vor seiner Verwendung als medizinisch-krankheitsbezogener Terminus eine andere Bedeutung gehabt haben. Eine genauere Betrachtung zeigt nämlich, daß der Begriff "Sucht" im deutschen Sprachraum (und nur dort kommt er vor) eine sehr lange Geschichte hat. Harten (1991) kommt nach einer

Literaturdurchsicht zu insgesamt 121(!) als süchtig bezeichneten Verhaltensweisen, wobei einige bereits im 12. Jahrhundert erwähnt werden. Die Liste Hartens (1991) kann dabei jedoch keinesfalls als vollständig betrachtet werden. Diesem Sachverhalt leistet auch die deutsche Sprache Vorschub, da sich das Wort "Sucht" in quasi beliebiger Form als tätigkeits- oder objektbezogenes Kompositum verwenden läßt.

Bevor das Suchtkonzept als Krankheit im medizinischen Sinne Anerkennung und Akzeptanz fand, wurde süchtiges Verhalten "als moralische Entgleisung, als Ausdruck von Charakter- und Willensschwäche" (Lempke, 1990, S. 18) gesehen, Sucht galt "als Störung im rechten Sittlichkeits- und Sozialverhalten" (Lempke, 1990, S. 18).

Der Begriff "Sucht" diente jedoch fatalerweise zunächst "als Gattungsbegriff für (sämtliche; Anm. d. Verf.) Krankheiten, die nicht auf Verletzungen oder Verwundungen zurückgehen, ja er ersetzt lange Zeit den Begriff Krankheit, der erst im 16. und 17. Jahrhundert aufkommt" (Vogt, 1987, S. 140). Nach damaliger medizinischer Auffassung handelte es sich bei einem süchtigen Verhalten weder um eine körperliche, noch um eine geistige Störung, also nicht um eine Krankheit im eigentlichen Sinne, sondern um eine individuelle Willensschwäche, deren Behebung nicht in den Aufgabenbereich der Medizin fiel. Entsprechend wurden andere Institutionen und Methoden als die der Medizin für die Betreuung und Behandlung der Süchtigen relevant. "Die Behandlungs- oder richtiger gesagt Umgangsformen waren erzieherisch, punitiv-sanktionierend, sozial strafend und kirchlich mahnend" (Lempke, 1990, S. 18). Sucht wurde mit Aufkommen des Krankheitsbegriffes zu einem "religiös-moralischen Wertbegriff für die Umschreibung der aus der Leidenschaftlichkeit/Triebhaftigkeit der Menschen resultierenden Sündenhaftigkeit bzw. Lasterhaftigkeit menschlichen Handelns" (Fahrenkrug & Quack, 1985, S. 345).

Zur Verdeutlichung sei festgehalten: Der Begriff Sucht wurde bis zum 16. Jahrhundert an Stelle des erst dann auftretenden Begriffs der Krankheit verwendet. "Sucht" war das Wort, mit dem damals das lateinische "morbus" übersetzt wurde (Harten, 1991). Sucht bezeichnete also bis zu diesem Zeitpunkt eben gerade nicht die spezifischen Phänomene, die heute mit diesem Etikett belegt werden, sondern bezog sich auf Krankheiten im allgemeinen.

Beginnend im 16. Jahrhundert wird die allgemeine Krankheitsbezeichnung "Sucht" als selbständiges Substantiv nach und nach durch die Begriffe "Krankheit", "Seuche" und "Siechtum" ersetzt. Lediglich in Sammelbegriffen und Zusammensetzungen bleibt der Begriff der "Sucht" erhalten, wobei sich hiervon nur einige auf Krankheiten im eigentlichen Sinne beziehen (Gelbsucht, Schwindsucht, Fallsucht etc.), während der größere Teil dieser Komposita exzessive Eigenschaften und/oder Bedürfnisse bezeichnet (Rachsucht, Gewinnsucht, Tobsucht etc.). Einen zusammenfassenden Überblick über die Entstehung, Entwicklung und z.T. auch das Verschwinden verschiedener Suchtbegriffe gibt Harten (1991).

Rieger wies schon 1905 auf die aus dieser Entwicklung resultierende sprachliche Konfusion und Unklarheit bei der Verwendung des Wortes "Sucht" und entsprechender Komposita hin, die er über die in der Philologie bekannte Problematik der "Kontamination" von Begriffen zu erklären versucht. Mit "Kontamination" ist gemeint, daß in einem Begriff bestimmte Worte und damit bestimmte Sinnbedeutungen miteinander verschmolzen sind und so ein zwei- oder mehrdeutiges Verständnis eines Begriffs ermöglicht wird. Im Fall des Begriffs "Sucht" werden nach Rieger (1905, S. 9) "kontaminiert oder verschmolzen: erstens das Wort für *Seuche*, Siechtum, Krankheit, zweitens ein Wort, das unmittelbar mit *Suchen* zusammenhängt". Während der erste Bestandteil der Kontamination etymologisch begründet ist (vgl. auch Puttkammer, 1991), ist die zweite Komponente sprachhistorisch falsch und kann nur als "volkstümliche Ableitung" des Suchtbegriffs vom Verb "suchen" betrachtet werden (Grüner, 1992; Puttkammer, 1991; Schmitz-Moormann, 1987).

Rieger (1905, S. 16) verweist darauf, daß eine Konfusion bei der Verwendung des Suchtbegriffes nur dadurch zu vermeiden ist, daß "man die Kontamination zwischen Seuche und Suchen immer genau im Bewußtsein hat." Er unterscheidet in seinem Artikel "fünfzehn Beispiele rein moralischer Suchten, die bloß mit Suchen aber nicht mit Seuche in Verbindung gebracht werden können" (S. 16), "siebzehn Beispiele rein pathologischer Suchten, die bloß mit Seuche und nicht mit Suchen in Verbindung gebracht werden können" (S. 27) sowie "neunzehn Beispiele von Kompositis mit Sucht, in welchen Kontamination besteht zwischen Seuche und Suchen" (S. 34). Rieger (1905) betrachtet seine jeweiligen Aufzählungen keinesfalls als erschöpfend.

Bei einer moralischen Sucht handelt es sich nach Rieger (1905, S. 18) um "nichts anderes als Trieb oder Gier oder Begierde, ohne jede Beimischung von Pathologischem." Unter rein pathologischen Suchten versteht Rieger (1905, S. 27) die Suchten, bei denen man "an gar nichts anderes denken kann als an die Seuche oder Krankheit." Bei den Komposita mit Sucht schließlich, die eine Kontamination zwischen Seuche und Suchen aufweisen, handelt es sich gemäß Rieger (1905, S. 40) um etwas, "was sowohl Gegenstand des Begehrens ist als auch giftig und der Gesundheit schädlich."

Als Beispiele für "moralische Süchte" nennt Rieger (1905) die Gefallsucht, die Genußsucht, die Gewinnsucht, die Habsucht, die Herrschsucht, die Klatschsucht, die Lebsucht, die Prahlsucht, die Putzsucht, die Ruhmsucht, die Scheelsucht, die Selbstsucht, die Spielsucht, die Streitsucht und die Verleumdungssucht. Zu den rein "pathologischen Süchten" rechnet er die Blausucht, die Bleichsucht, die Fallsucht, die Fettsucht, die Gelbsucht, die Hundesucht, die Kriebelsucht, die Perlsucht, die Lungensucht, die Milzsucht, die Mondsucht, die Nesselsucht, die Schwarzsucht, die Schwindsucht, die Starrsucht, die Trommelsucht und die Wassersucht. Die dritte Unterscheidungskategorie Riegers (1905) schließlich umfaßt die Betsucht, die Bettsucht, die Cocainsucht, die Eifersucht, die Grübelsucht, die Haschischsucht, die Mordsucht, die Morphiumsucht, die Opiumsucht, die Prozeß-Sucht, die Schlafsucht, die Sehnsucht, die Selbstmordsucht, die Stehlsucht, die Tanzsucht, die Tobsucht, die Trunksucht, die Verschwendungssucht und die Zerstörungssucht.

Einige der von Rieger (1905) genannten Suchtformen sind auch heute noch bekannt, andere werden unter neue Begrifflichkeiten gefaßt (z.B. Fallsucht = Epilepsie), und einige erscheinen uns heute skuril und exotisch (z.B. Betsucht). Die Einteilung und Aufzählung mutet eher willkürlich an, auf den hier besonders interessierenden Begriff der Arbeitssucht geht Rieger (1905) nicht ein. Eine Zuordnung der Arbeitssucht wäre sowohl zur ersten als auch zur dritten Kategorie Riegers (1905) möglich, eine endgültige Aussage diesbezüglich ist wegen der unklaren Zuordnungskriterien des Autors jedoch ausgeschlossen.

3.2 Terminologischer Wandel von der "Sucht" zu "Mißbrauch" und "Abhängigkeit"

Es läßt sich feststellen, daß der früher allgemeine Krankheiten beschreibende Begriff der "Sucht" verwandt wurde sowohl für (Fehl-) Verhaltensweisen, als auch für spezifische Krankheiten, als auch für den Mißbrauch von Stoffen. Die in den 80-er Jahren als "neu" propagierte Trennung von stoffgebundenen und stoffungebundenen Suchtformen ist daher keinesfalls neu, sondern schon seit langem bekannt. Das heute in der Alltagssprache benutzte Unterscheidungskriterium zur Differenzierung von stoffgebundenen und stoffungebundenen Suchtformen ist relativ simpel: Liegt eine Abhängigkeit von einer psychotropen Substanz vor, spricht man (wohlgemerkt in der Alltagssprache) von einer stoffgebundenen Sucht, andernfalls ist von stoffungebundener Sucht die Rede. Im DSM-IV (1996, S. 221) werden folgende Gruppen psychotroper Substanzen unterschieden: Alkohol, Amphetamine oder ähnlich wirkende Sympathomimetika, Cannabis, Halluzinogene, Inhalantien, Koffein, Kokain, Nikotin, Opiate, Phencyclidine (PCP) oder ähnlich wirkende Arylcyclohexylamine und Sedativa, Hypnotika oder Anxiolytika.
Der Begriff "Sucht" findet im DSM-IV (1996) allerdings keine Verwendung. Dort wird von Störungen durch psychotrope Substanzen gesprochen. Während der Begriff der Sucht heute häufig mit dem der Krankheit gleichgesetzt wird (siehe z.B. Dörner & Plog, 1978, S. 175 ff.), waren im Gegensatz dazu in früheren Jahren süchtiges Verhalten oder süchtige Eigenschaften teilweise zwar als unmoralisch verpönt, sie galten aber lange noch nicht als krank (vgl. Rieger, 1905). Wanke (1986) weist darauf hin, daß unsere Alltagssprache auch heute noch dieses weniger krankheitsbezogene Verständnis von Sucht im Sinne von Faszination, überwältigendem Interesse und Ausschließlichkeit der Zuwendung kennt. Die Gleichsetzung von "süchtig" und "krank" ist zurückzuführen auf die Entwicklung der Psychiatrie als Wissenschaft, die die "Giftsuchten" als umschriebene Krankheitsgruppe mit ähnlichen Merkmalen festlegte (Vogt, 1987). Allerdings konzentrierte sich die psychiatrische Forschung voll und ganz auf substanz-/stoffgebundene Süchte (Drogen, Gifte, Alkohol), während die durchaus bekannten stoffungebundenen Suchtformen nur sehr wenig Berücksichtigung fanden.
Im folgenden entwickelte sich ein bis heute andauernder Disput über die Definition, die

Operationalisierung und die Entstehung von (stoffgebundener) Sucht, der zu der resignativen Feststellung führte, daß weder innerhalb der Psychologie noch in der Psychiatrie eine einheitliche Auffassung über die Ätiologie der (stoffgebundenen) Sucht gewonnen werden konnte (Feser, 1986). Schenk (1975) spricht in diesem Zusammenhang von "Sprachverwirrung". Auch die Bemühungen der WHO um eine konkretere Definition und Abgrenzung relevanter Begriffe konnte nichts Entscheidendes in dieser Hinsicht ändern. Schon 1950 definierte die WHO den Begriff der Drogensucht (wobei der Begriff "Droge" Alkohol, Medikamente und Rauschmittel umfaßt; vgl. Wanke, 1978) als einen Zustand periodischer oder chronischer Vergiftung, der für das Individuum und/oder die Gesellschaft schädlich ist und der sich auf seiten des/der Betroffenen äußert durch ein unbezwingbares Verlangen (Kontrollverlust), eine Tendenz zur Dosissteigerung (Toleranzentwicklung) und eine psychische und manchmal auch physische Abhängigkeit von den Wirkungen der Droge (Auftreten von Entzugserscheinungen bei Ausbleiben der Drogenzufuhr) (Remschmidt, 1988; vgl. auch Laubenthal, 1964). 1957 ergänzte die WHO die Begriffspalette um den Begriff "Drogengewöhnung", der gekennzeichnet wird durch den Wunsch nach Konsum einer Droge, wobei eine Tendenz zur Dosissteigerung aber nicht (oder nur kaum) feststellbar ist und eine psychische, aber keine physische Abhängigkeit besteht (Schenk, 1975). Im Jahr 1964 schließlich ließ die WHO die Begriffe "Drogensucht" und "Drogengewöhnung" fallen und ersetzte diese durch den Terminus "Drogenabhängigkeit". Unter Drogenabhängigkeit wird ein Zustand seelischer und/oder körperlicher Abhängigkeit von einer Droge mit zentralnervöser Wirkung verstanden, der durch die periodische oder ständig wiederholte Einnahme der Substanz charakterisiert ist und dessen Merkmale je nach Art des Suchtstoffes unterschiedlich sind (Eddy, Halbach, Isbell & Seevers, 1965; WHO Expert Committee on Dependence Producing Drugs, 1965). Die Merkmale der Drogenabhängigkeit sind also für jeden Drogentyp einzeln zu bestimmen (vgl. Remschmidt, 1988). Drogenabhängigkeit wird von der WHO als wertungsfreier Begriff verstanden, der der internationalen Verständigung dienen soll. Die Abhängigkeit wird aufgespalten in einen physischen und einen psychischen Bereich. Psychische Abhängigkeit von Drogen bezeichnet im Sinne der WHO einen Zustand, "in dem eine Droge zu einem Gefühl der Befriedigung führt und gleichzeitig einen psychischen Antrieb auslöst, der eine periodische oder kontinuierliche Einnahme der Droge erforderlich macht, um angenehme Gefühle zu erleben, oder um unangenehme Gefühle zu vermeiden" (Eddy et al., 1965, p. 721, Übers. d. Verf.), während unter physischer Abhängigkeit verstanden wird, daß es mit fortschreitender Zeit zum zunehmend unkontrollierteren Konsum immer größerer Mengen einer psychotropen Substanz kommt. Der Nachweis der physischen Abhängigkeit von einer psychotropen Substanz ist in der Regel vergleichsweise leicht, nämlich durch das Auftreten des Entzugssyndroms bei abruptem Entzug der Substanz zu erbringen (Vogt, 1987).

Die psychische Abhängigkeit ist dagegen weitaus schwieriger feststellbar. Dies gilt um so mehr, als daß Gewöhnungen bzw. Gewohnheiten (in Form von psychischen Abhängigkeiten) nicht nur im Zusammenhang mit stofflichen Substanzen, sondern auch in bezug auf Personen, Dinge, Situationen usw. auftreten können. Solche "Abhängigkeiten" gehören zum Alltagsrepertoire des Menschen; sie machen zu einem erheblichen Teil menschliche Existenz überhaupt erst möglich (Vogt, 1987). Auch Peele (1975, p. 224, Übers. d. Verf.) weist auf das Problem der Abgrenzung von abhängigem und gewohnheitsmäßigem Verhalten hin, wenn er schreibt: "Generell können wir nicht immer ohne weiteres die Sucht vom normalen und universell feststellbaren Phänomen der Gewohnheit unterscheiden. Ein geordnetes Leben umfaßt notwendigerweise ein großes Maß an Struktur und Wiederholung." Peele (1975) warnt daher davor, den Suchtbegriff allzu weit auszudehnen und als auf jede Form menschlichen Verhaltens potentiell anwendbar zu betrachten.

Eine nicht-stoffgebundene Abhängigkeitskonzeption sehen allerdings weder die WHO, noch die klinische Diagnostik vor. Das DSM-IV (1996) führt die Kategorie "Substanzabhängigkeit" auf, in deren Mittelpunkt der Bezug zwischen dem Konsum einer Substanz und den daraus resultierenden Folgewirkungen steht. Deutlich wird, daß es i.S.d. DSM-IV (1996) keine Substanzabhängigkeit ohne den Konsum von Substanzen geben kann. Auf ähnlichen Annahmen basiert auch die Internationale Klassifikation psychischer Störungen (ICD-10, 1991), des weiteren bedeutsamen Diagnoseschlüssels für die psychiatrische Praxis. (Auf grundlegende Unterschiede zwischen dem DSM-IV und dem ICD-10 soll an dieser Stelle nicht eingegangen werden; vgl. dazu Dose, 1992).

Sowohl im ICD-10 (1991) als auch im DSM-IV (1996) wird der Begriff der "Substanzabhängigkeit" nicht definiert, sondern im Sinne eines Syndroms als überzufällig häufige Kombination von einzelnen Symptomen beschrieben (Wanke, 1986). Beispielhaft wird nachfolgend die entsprechende Vorgehensweise im DSM-IV (1996) näher erläutert.

3.3 Symptome des Mißbrauchs- bzw. Abhängigkeitssyndroms gemäß DSM-IV (1996)

Im DSM-IV (1996, S. 221f.) wird als Hauptmerkmal der als Substanzabhängigkeit bezeichneten Störung ein Komplex kognitiver, verhaltensbezogener und physiologischer Symptome genannt, die anzeigen, daß das Individuum den Substanzgebrauch trotz einschneidender substanzbezogener Probleme fortsetzt.

Das Abhängigkeitssyndrom umfaßt Symptome wie Toleranzerwerb und Entzugserscheinungen bei ausbleibendem Substanzkonsum und unwiderstehlichen Drang ("craving") zur Drogeneinnahme, ist aber nicht darauf beschränkt. Insgesamt listet das DSM-IV (1996) neun Leitsymptome auf, von denen mindestens drei erfüllt sein müssen und zu irgendeiner Zeit in demselben 12-Monats-Zeitraum auftreten müssen, damit die Abhängigkeitsdiagnose gestellt werden kann. Zusammengefaßt sind die neun Leitsymptome wie folgt zu charakterisieren (vgl. DSM-IV, 1996, S. 222):

- Toleranzentwicklung, gekennzeichnet durch eines der folgenden Kriterien:
  a) Verlangen nach ausgeprägter Dosissteigerung, um einen Intoxikationszustand oder erwünschten Effekt herbeizuführen,
  b) deutlich verminderte Wirkung bei fortgesetzter Einnahme derselben Dosis.
- Entzugssymptome, die sich durch eines der folgenden Kriterien äußern:
  c) charakteristisches Entzugssymptom der jeweiligen Substanz,
  d) dieselbe (oder eine sehr ähnliche) Substanz wird eingenommen, um Entzugssymptome zu lindern oder zu vermeiden.
- Die Substanz wird häufig in größeren Mengen oder länger als beabsichtigt eingenommen.
- Anhaltender Wunsch oder erfolglose Versuche, den Substanzgebrauch zu verringern oder zu kontrollieren.
- Viel Zeit für Aktivitäten, um die Substanz zu beschaffen (z.B. Besuch verschiedener Ärzte oder Fahrt langer Strecken), sie zu sich zu nehmen (z.B. Kettenrauchen) oder sich von ihren Wirkungen zu erholen.
- Wichtige soziale, berufliche oder Freizeitaktivitäten werden aufgrund des Substanzmißbrauchs aufgegeben oder eingeschränkt.
- Fortgesetzter Substanzmißbrauch trotz Kenntnis eines anhaltenden oder wiederkehrenden körperlichen oder psychischen Problems, das wahrscheinlich durch den Substanzmißbrauch verursacht oder verstärkt wurde (z.B. fortgesetzter Mißbrauch trotz des Erkennens kokaininduzierter Depressionen oder trotz des Erkennens, daß sich ein Ulcus durch Alkoholkonsum verschlechtert).

Das DSM-IV (1996) grenzt von der Kategorie "Substanzabhängigkeit", sozusagen als Vorstufe die Kategorie "Substanzmißbrauch" ab, welche "ein fehlangepaßtes Muster von Substanzgebrauch <beschreibt>, das sich in wiederholten und deutlich nachteiligen Konsequenzen infolge des wiederholten Substanzgebrauchs manifestiert" (DSM-IV, 1996, S. 228). Die Kriterien für Substanzmißbrauch umfassen keine Toleranzentwicklung, keine Entzugssymptome und keine Muster zwanghaften Substanzgebrauchs. Ein unangepaßtes Muster von Substanzgebrauch liegt vor, wenn sich mindestens eines der folgenden Kriterien innerhalb desselben 12-Monats-Zeitraumes manifestiert:

- Wiederholter Substanzgebrauch, der zu einem Versagen bei der Erfüllung wichtiger Verpflichtungen bei der Arbeit, in der Schule oder zu Hause führt (z.B. wiederholtes Fernbleiben von der Arbeit und schlechte Arbeitsleistungen im Zusammenhang mit dem Substanzgebrauch, Schulschwänzen, Einstellungen des Schulbesuchs oder Ausschluß von der Schule in Zusammenhang mit Substanzgebrauch, Vernachlässigung von Kindern und Haushalt).
- Wiederholter Substanzgebrauch in Situationen, in denen es aufgrund des Konsums zu einer körperlichen Gefährdung kommen kann (z.B. Alkohol am Steuer oder das Bedienen von Maschinen unter Substanzeinfluß).
- Wiederkehrende Probleme mit dem Gesetz in Zusammenhang mit dem Substanzge-

brauch (Verhaftungen aufgrund ungebührlichen Betragens in Zusammenhang mit dem Substanzgebrauch).
- Fortgesetzter Substanzgebrauch trotz ständiger oder wiederholter sozialer oder zwischenmenschlicher Probleme, die durch die Auswirkungen der psychotropen Substanz verursacht oder verstärkt werden (z.B. Streit mit dem Ehegatten über die Folgen der Intoxikation, körperliche Auseinandersetzungen).

Die Mißbrauchsdiagnose macht zudem erforderlich, daß die Kriterien zur Abhängigkeit von einer psychotropen Substanz zu keinem Zeitpunkt erfüllt wurden.

Weder die Kriterien der Mißbrauchsdiagnose noch der Abhängigkeitsdiagnose lassen sich ohne weiteres auf nicht-stoffgebundene Süchte ausdehnen. Vielmehr sind sowohl im DSM-IV (1996) als auch im ICD-10 (1991) für stoffungebundene Süchte (deren mögliche Existenz nicht bestritten wird, deren Kategorisierung als Abhängigkeit bzw. isomorphe Vergleichbarkeit mit Substanzabhängigkeit allerdings abgelehnt wird) entweder eigenständige Kategorien vorgesehen (bspw. pathologisches Spielen, Schlüssel 312.31 im DSM-IV, 1996), oder die unter dem Schlagwort "stoffungebundene Suchtformen" bekanntgewordenen Verhaltensmuster werden unter anderen Diagnosen eingeordnet (z.B. narzißtische Persönlichkeitsstörung, Störung der Impulskontrolle, zwanghafte Persönlichkeitsstörung etc.).

3.4 Stoffgebundene Abhängigkeit und stoffungebundene Sucht: Versuch einer Differenzierung

Die alltagssprachliche Ausdehnung des stoffgebundenen Abhängigkeitsbegriffs auf stoffungebundene Suchtformen ließ sich durch die von der WHO und der klinischen Diagnostik festgelegten Begriffsabgrenzungen dennoch nicht verhindern. Vielmehr hatte sie zur Folge, daß die Begriffe Abhängigkeit und Sucht gleichgesetzt wurden, was indirekt - aufgrund der Einschätzung der Sucht als Krankheit - eine Gleichsetzung von Abhängigkeit und Krankheit mit sich brachte. Ist diese Schlußfolgerung bezüglich der Abhängigkeit von psychotropen Substanzen auch im Sinne von DSM-IV (1996) und ICD-10 (1991) schon nicht unproblematisch, da auch stoffgebundenes abhängiges Verhalten in jüngster Zeit eher als "erlernte Verhaltensstörung" denn als "Krankheit" aufgefaßt wird (vgl. Fahrenkrug & Quack, 1985, S. 346; Orford, 1985), so ist eine Gleichsetzung von Abhängigkeit und Krankheit bei den stoffungebundenen Süchten nicht nur in aller Regel falsch (Ausnahmen bilden der "Kern süchtiger Anorektiker und/oder Bulimiker" sowie "eine kleine Gruppe von wirklich süchtigen Spielern", vgl. Böning, 1991, S. 10), sondern nach Auffassung zahlreicher Autoren unzulässig und sogar gefährlich (Caspari, 1989; Hand & Kaunisto, 1984; Herwigg-Lempp, 1987; Puschmann & Wegener, 1992; Thamm, 1987, 1989; Vogt, 1987).

Bochnik (1988) weist darauf hin, daß die Gleichsetzung von Sucht und Abhängigkeit auch deshalb unzulässig ist, weil zwar jeder Süchtige abhängig sei, aber nicht jeder Ab-

hängige zugleich auch süchtig. Süchtig sei nur der Abhängige, dessen Verstandeskräfte vom Richter über Bedürfnisse zum Organisator von Bedürfnissen verkommen seien. Und zur Differenzierung der beiden Begriffe führt er aus: "Abhängigkeiten sind in die normale Lebensführung integrierbar, während süchtiges Verlangen selbstzerstörerisch ist. Es vernichtet Chancen der sozialen Lebensgestaltung, im Beruf, in Partnerschaften und perspektivischen Lebenszielen. Alles wird im Zweifelsfall dem gegenwärtigen süchtigen Verlangen geopfert" (Bochnik, 1988, S. 636). Kritisch an der Definition Bochniks (1988) ist anzumerken, daß er Abhängigkeit als Vorstufe der Sucht betrachtet. Diese Abgrenzung erscheint nach dem bereits Gesagten nicht zweckmäßig, da Sucht und Abhängigkeit *unterschiedliche* Verhaltensbereiche betreffen. Sie ist zudem nicht mit der im DSM-IV (1996) vorgeschlagenen Systematik vereinbar.
Die Diskussion der Frage, ob neben stoffgebundenen Abhängigkeiten, denen unter bestimmten Bedingungen der Charakter einer Krankheit zuerkannt wird, auch stoffungebundene Süchte mit Krankheitswert existieren können, ist erheblich von den gesellschafts- und sozialpolitischen Rahmenbedingungen beeinträchtigt worden. Eine Gleichstellung stoffgebundener Abhängigkeiten und stoffungebundener Süchte würde möglicherweise eine Anerkennung auch nicht-stoffgebundener süchtiger Verhaltensmuster als Krankheit im Sinne der Reichsversicherungsordnung (RVO) implizieren, was erhebliche finanzielle und politische Konsequenzen und möglicherweise auch eine Verharmlosung psychotroper Substanzabhängigkeit zur Folge hätte. Auf die entsprechende Diskussion, die im Zusammenhang mit der Frage nach der Existenz einer "Spielsucht" geführt wurde, sei hier nur verwiesen (vgl. dazu z.B. Maes, 1983; Meyer, 1988). Nicht zuletzt daher wird von Gegnern der Anerkennung stoffungebundener Suchtformen immer wieder gefordert, die Begriffe Mißbrauch, Abhängigkeit und Sucht nur im Zusammenhang mit dem Konsum einer spezifischen Substanz (festgelegt durch die WHO) zu verwenden.
Diese Forderung mag aus finanzpolitischer Perspektive (oberflächlich) berechtigt sein, ignoriert aber die psychologische Erkenntnis, daß "jedes Interesse in eine süchtige Entwicklung einmünden kann, wenn es affektiv aufgeladen und verwandelt wird in einen schwer zu steuernden, anhaltenden Affekt, der in der Umgangssprache z.B. als Gier, Wut oder Leidenschaft beschrieben wird" (Ladewig & Graw, 1986, S. 63). Auch Hobi (1982, S. 580) führt diesbezüglich aus: "Im weiten Sinne des Wortes kann jedes Bedürfnis und jede Tätigkeit des Menschen zur Sucht werden. Als Abgrenzung zu lieb gewordenen Gewohnheiten, auf die man nicht verzichten möchte, gehört zur Sucht ein zwanghaftes Moment. Der Süchtige kann in der Regel nicht aufhören, der Süchtige 'muß'. (...) Süchtiges Verhalten hat somit an einem äußersten Ende seinen Ursprung im menschlichen Verhalten, Bedürfnisse zu haben und diese auch einer Befriedigung zuzuführen." Die Art und Intensität, in der die Bedürfnisbefriedigung betrieben wird, ist nach Hobi (1982) entscheidend für die Frage, ob ein Mensch süchtig ist oder nicht. Hobi (1982) geht demnach davon aus, daß Sucht/Abhängigkeit sowohl stoffgebunden als auch stoffungebunden existieren kann. In diesem Sinne ist auch die Suchtdefinition von Hatterer (1980, p.

17, Übers. d. Verf.) zu verstehen: "Eine Person sollte dann als süchtig bezeichnet werden, wenn ein übermächtiges, immer wiederkehrendes Bedürfnis nach einer Substanz, einem Objekt, einem Gefühl, einer Handlung, einer Umgebung oder einer personellen Interaktion um jeden Preis besteht (...)". Perlwitz (1986) fordert, ein enges und ein erweitertes Verständnis süchtigen Verhaltens voneinander zu unterscheiden. "Süchtiges Verhalten im *engeren* Sinne umfaßt demzufolge die übersteigerte Zuwendung zu speziellen Suchtmitteln. Süchtiges Verhalten im *erweiterten* Sinne ist demgegenüber die übersteigerte Zuwendung zu Objekten, die keine unmittelbare organische Drogenwirkung entwickeln" (Perlwitz, 1986, S. 12). Eine ähnliche Perspektive vertritt Peele (1975; vgl. auch Peele, 1977), der Sucht als "bösartigen Auswuchs, als eine extreme, ungesunde Manifestation normaler menschlicher Neigungen" (S. 15f.; Übers. d. Verf.) betrachtet (vgl. auch Battegay, 1992; Schumacher, 1986). Von einigen Autoren (so z.B. Bochnik, 1988; Croissant, 1988; Giese, 1962; v. Gebsattel, 1954) wird sogar geäußert, daß die als Sucht oder Abhängigkeit bezeichnete anthropologische Abwandlung und die mit Süchtigen in Zusammenhang gebrachten Phänomene sich in nicht-stoffgebundenen Formen besser studieren ließen, da durch den Wegfall der toxischen Wirkung "das reine Wesen süchtiger Entartung zur Darstellung gelange" (Schumacher, 1986, S. 165f.).

Bejerot (1983), der das Auftreten einer stoffungebundenen Sucht, also einer Sucht ohne Drogen ebenfalls für möglich hält, regt eine Differenzierung in *destruktive* und *konstruktive* Süchte an. Führt die Sucht zu einer Verschlechterung des Gesundheitszustandes eines Individuums und/oder seiner sozialen Fertigkeiten, so ist die Sucht destruktiv. Nach Bejerot (1983) gehören zu solchen Süchten sämtliche Formen des übersteigerten Drogenkonsums, übermäßiges Essen, die Spielsucht und andere. Steigert eine Sucht hingegen die Gesundheitsqualität oder die sozialen Fertigkeiten eines Individuums, so ist sie als konstruktiv zu bezeichnen. Zu den konstruktiven Süchten zählt Bejerot (1983, S. 279) "die kreative Besessenheit von Wissenschaftlern, Schriftstellern, Künstlern und Politikern (...), ebenso die extreme Leistungsfixierung erfolgreicher Athleten und Geschäftsleute." Ein solches nach positiven und negativen Konsequenzen süchtigen Verhaltens differenzierendes Einteilungsraster ist unzweckmäßig, da jedes süchtige Verhalten aufgrund seiner Zwanghaftigkeit und Eindimensionalität sowie der auftretenden "Entzugserscheinungen" bei Nichtpraktizierung des Verhaltens immer auch destruktive Elemente in sich trägt (sonst wäre es kein *süchtiges* Verhalten) (vgl. auch Bieber, 1988). Die Behauptung Bejerots (1983), kreative Besessenheit und extreme Leistungsfixierung könnten als *konstruktive Süchte* verstanden werden, vernachlässigt die möglichen mittel- und langfristigen physischen, psychischen und sozialen Folgen solcher Lebenshaltungen. Bejerot (1983) versäumt es überdies, definitorische Merkmale solcher konstruktiver Süchte weiter auszuführen. So bleibt z.B. unklar, zu welchem Zeitpunkt und von wem festgestellt wird, ob ein süchtiges Verhalten konstruktive oder destruktive Konsequenzen hat. Unverständlich ist auch, warum kreative *Besessenheit* und *extreme* Leistungsfixierung zu einer *Verbesserung* des Gesundheitszustandes und/oder der sozialen Fertigkeiten beitragen sollen.

Glasser (1976) formulierte eine Theorie der Steigerung innerer Stärke durch die Entwicklung *positiver Süchte*. Allerdings versteht Glasser (1976) unter einer positiven Sucht eine Aktivität, die *gerade eben nicht* konstruktiv im Sinne von Bejerot (1983) ist. Zu den möglichen positiven Süchten zählt Glasser (1976) die Meditation und das Jogging. Im Prinzip kann nach seiner Auffassung jedoch jede Aktivität/Tätigkeit zu einer positiven Sucht werden, wenn sie folgende Kriterien erfüllt (vgl. Suojanen, 1983):

- Die Aktivität/Tätigkeit ist nicht-kompetitiv und nimmt pro Tag ungefähr eine Stunde Zeit in Anspruch.
- Die Durchführung der Aktivität/Tätigkeit ist relativ einfach und erfordert keine große mentale Anstrengung.
- Man kann diese Aktivität/Tätigkeit unabhängig von anderen und alleine durchführen.
- Der Durchführende erlebt die Aktivität/Tätigkeit als physisch, psychisch und/oder spirituell nützlich.
- Ob die Aktivität/Tätigkeit nützlich ist und/oder ob es zu Verbesserungen in der Befindlichkeit kommt, kann nur der Durchführende selbst beurteilen.
- Die Aktivität/Tätigkeit darf beim Durchführenden keine Kritik oder Selbstabwertung bewirken.

Diese Kriterien treffen insbesondere auf Entspannungstechniken oder Streßbewältigungsübungen zu. Speziell die ersten beiden Kriterien lassen es jedoch als unmöglich erscheinen, die Arbeitstätigkeit als eine positive Sucht im Sinne Glassers (1976) zu verstehen. Der Terminus positive Sucht ist überdies unglücklich gewählt, da, wie Glasser (1976) selbst einräumt, die Unterlassung solcher die positive Sucht begründenden Verhaltensmuster zu Entzugserscheinungen führt und somit wiederum eine Form der Abhängigkeit gegeben ist. Allerdings ist nicht zu verkennen, daß eine solche Abhängigkeit günstiger zu bewerten ist als eine Abhängigkeit von psychotropen Substanzen und/oder spiel-, eß- oder arbeitssüchtigen Verhaltensmustern. Dennoch wird der Begriff der positiven Sucht wegen seiner euphemistischen Konnotationen abgelehnt.

Im vorliegenden Buch wird *nicht* davon ausgegangen, daß die sogenannten stoffungebundenen Suchtformen in Ätiologie, Diagnose und den Folgewirkungen absolut vergleichbar sind mit der Substanzabhängigkeit (die alltagssprachlich bis heute hierfür fälschlicherweise synonym verwandten Begriffe sind immer noch Drogenabhängigkeit oder Drogensucht). Es erfolgt zudem *nicht* eine kritiklose Übernahme oder gar künstliche Aufpfropfung der Terminologie und Erkenntnisse der biochemischen, pharmakologischen, physiologischen, soziologischen, psychologischen und philosophischen Forschung zur Frage der stoffgebundenen Abhängigkeitserkrankungen auf nicht-stoffgebundene süchtige Verhaltensmuster. Es wird aber der Gedanke aufgegriffen, daß es Individuen geben kann, die in bestimmten Bereichen (hier insbesondere in Bezug auf Arbeit) Verhaltens-, Erlebens- und Reaktionsstile entwickeln, die als "süchtig" bezeichnet werden können. Dies erfordert eine Abgrenzung und Definition der verwendeten Begrifflichkeiten einerseits sowie andererseits die Akzeptierung zumindest der Möglichkeit, daß es verhaltensbezogene Sucht und Abhängigkeit geben kann, die mit Substanzabhängigkeit zwar nicht gleichgesetzt werden kann, die aber ebenso wie eine Substanzabhängigkeit bestimmte "typische Merkmale" aufweist und erhebliche Konsequenzen für den Betroffenen und sein näheres und weiteres Umfeld haben kann. Zentral werden somit Alltagserfahrungen und subjektive Einstellungs- und Wahrnehmungskategorien, emotionale Zustände und Erlebensweisen sowie persönliche Verhaltenspräferenzen spezieller, von Arbeitssucht betroffener Personen.

Auf die Verwendung des Begriffes "Sucht" soll hier bewußt *nicht* verzichtet werden. Zum einen ermöglicht die Einführung des Terminus "(Substanz-) Abhängigkeit" in die Diagnosemanuale der klinischen Psychologie und der Psychiatrie die weitere Verwendung des Suchtbegriffs *in Abgrenzung* von der Terminologie der psychiatrischen Diagnostik, zum anderen wird insbesondere im Zusammenhang mit exzessiven Verhaltensmustern in den Bereichen Spielen, Essen, Arbeiten der Begriff "Sucht" verwendet und nicht auf die Bildung von "Ismen" - wie z.B. Alkoholismus - zurückgegriffen oder von "Abhängigkeit" gesprochen. Es wird so möglich, Sucht als einen psychologischen Terminus zu verstehen, der in seiner Bedeutung vom psychologisch-medizinischen Abhängigkeitsbegriff abweicht, durchaus aber psychiatrische Diagnosekriterien dieses Störungsbildes einbezieht. Dieser Standpunkt steht im Einklang mit der Argumentation Webers (1984, S. 173), der ausführt: "Sucht ist primär ein psychologisches Problem. Als Problem existiert es ganz unabhängig von Suchtmitteln. Die Verfügbarkeit von Suchtmitteln gibt ihm eine neue Dimension, und es kann so weit kommen, daß man über die Beschäftigung mit den pharmakologischen Effekten der Suchtmittel das vorbestehende Suchtproblem ganz vergißt." Im folgenden verweist Weber (1984) darauf, daß neben dem Konsum psychotroper Substanzen auch Tätigkeiten wie z.B. rastlose Arbeit dem Ziel dienen können, ein inneres Unbehagen, eine innere Spannung zu betäuben.

Schließlich wird der Terminus "Sucht" verwandt, weil der Begriff der Sucht nach wie vor im Zusammenhang mit substanzunabhängigen exzessiven Verhaltensstilen gebräuchlich ist, obwohl der Terminus "Sucht" massiv mit negativen Konnotationen assoziiert wird. Aus diesem Grund wäre daher *langfristig* eine Modifikation der Terminologie wünschenswert (vgl. dazu Orford, 1985, p. 1ff.). Bis auf weiteres wird der Begriff der "Arbeits*sucht*" jedoch beibehalten, nicht zuletzt auch in Ermangelung eines geeigneten alternativen Terminus.

Ein erster Schritt in Richtung einer differenzierteren und eigenständigeren Betrachtung stoffungebundener Suchtformen könnte die hier vorgeschlagene und im folgenden praktizierte Verwendung des Suchtbegriffs *ausschließlich* für Symptomatiken und exzessive Verhaltensmuster, die *nicht* mit der Einnahme psychotroper Substanzen (gem. DSM-IV, 1996) in Zusammenhang stehen, darstellen. In Abgrenzung dazu wird von Mißbrauch und Abhängigkeit nur dann gesprochen, wenn auf Verhaltensmuster und Symptomatiken Bezug genommen wird, die mittelbar oder unmittelbar durch die Verwendung/Einnahme

psychotroper Substanzen begründet oder damit in Verbindung zu bringen sind.
In Anlehnung an Gross (1992, S. 13), der hier stellvertretend für zahlreiche andere Autoren genannt werden soll, wird Sucht definiert als ein "unabweisbares Verlangen nach einem bestimmten Gefühls-, Erlebnis- und Bewußtseinszustand". Ein solcher Bewußtseinszustand kann sowohl durch psychotrope Substanzen als auch durch süchtig entgleiste Verhaltensweisen hervorgerufen werden. Im ersten Fall sollten nach der hier vorgeschlagenen sprachlichen Differenzierung die Begriffe Mißbrauch und Abhängigkeit verwendet werden, während im zweiten Fall der Begriff der Sucht angemessener ist. Diese Trennung ist jedoch auch nicht unproblematisch, da die eigentliche Sucht in bezug auf den Gefühls-, Erlebnis- oder Bewußtseinszustand besteht, der durch die Substanz/das Verhalten hervorgerufen wird, nicht aber in bezug auf die Substanz/das Verhalten selbst. Die Funktionalität des süchtigen Verhaltens berücksichtigt Battegay (1982, S. 11), wenn er Süchtigkeit definiert als "das Vorhandensein eines unwiderstehlichen und unersättlichen Verlangens nach - wenigstens scheinbarer - Überwindung der dem Individuum in der sozialen Realität gesetzten Schranken mit Hilfe von *Mitteln* oder *Handlungen*, die dem Lustgewinn, der Unlustverhütung, der Verminderung sozialer Distanz und der Leistungssteigerung dienen. (...) Dabei kommt es zu einem Lernprozeß in bezug auf dieses ‘Problemlöseverhalten’." Laubenthal (1964, S. 2) definiert Süchtigkeit vollkommen ohne Bezug zu spezifischen Mitteln als "ein starkes, hemmungsarmes, dominierendes Verlangen nach bestimmten Werten oder Scheinwerten, das aus der Persönlichkeit heraus, im wesentlichen entsprechend dieser Persönlichkeit, auch aktiv geformt ist, das gewöhnliche Maß überschreitet und daher auch zerstörerisch und selbstzerstörerisch wirkt." Dabei ist nach Laubenthal (1964) süchtigen Menschen eine Entscheidungsmöglichkeit noch gegeben. Wanke (1986, S. 185) betont die Ähnlichkeit dieser Definition "mit Begriffen wie Hang, Neigung oder Monomanie im Sinne von Arbeitssucht oder Putzsucht."
Den Aspekt der Fixierung sowie die Folgen süchtigen Verhaltens erfaßt Peele (1975, p. 61, Übers. d. Verf.): "... Eine Sucht besteht dann, wenn die Bindung einer Person an ein Gefühl, an ein Objekt, oder an eine andere Person ihre Fähigkeit zur Wertschätzung und/oder Auseinandersetzung mit anderen Dingen und Personen in der Umgebung so stark reduziert, daß die Person zunehmend abhängig wird von dieser Bindung als einziger 'Belohnungsquelle'". Auch Harten (1988, S. 36) betont in seiner Suchtdefinition den Aspekt des Ausweichens, bezieht aber gleichzeitig auch die sprachhistorisch zwar falsche, aber seines Erachtens bei zahlreichen Süchten zutreffende Ableitung des Begriffs "Sucht" vom deutschen Verb "suchen" (Puttkammer, 1991; siehe auch weiter oben) ein. "In diesem Sinne verstehen wir unter Sucht ein regelmäßiges Ausweichen vor scheinbar unlösbaren und unerträglichen Konflikten, die Flucht in scheinbar bequeme Lösungen, ständige Wiederholung und eine zwanghafte Suche nach immer stärkeren Reizen, verbunden mit dem Verlust der Kontrolle über die betreffenden Verhaltensweisen, Entzugssymptomen bei mangelndem Nachschub, extremer Rückfallgefahr und einem Verhaltensautomatismus" (Harten, 1988, S. 36). Ein solchermaßen erweitertes Suchtverständnis,

das auch Verhaltenssüchte anerkennt, erfordert stärker noch als ein "traditionelles" stoffgebundenes Abhängigkeitskonzept eine Differenzierung zwischen "normalen" und "übermäßigen" Verhaltensmustern. Während der Konsum psychotroper Substanzen auf einer quantitativen Ebene oder durch Berücksichtigung der Frage, ob er medizinisch indiziert ist oder nicht, hinsichtlich seiner Übermäßigkeit beurteilt werden kann, ist eine solche Festlegung bei Verhaltensweisen problematisch. Im Rahmen der Suchtforschung wird immer wieder betont, daß der Übergang von einem "normalen" zu einem "übermäßigen" Verhaltensmuster fließend ist (z.B. Gross, 1992; Hobi, 1982; Rußland, 1988). Zusätzlich erscheint im Hinblick auf Verhaltensweisen problematisch, daß bestimmte Formen der Angewiesenheit (z.B. Essen, Trinken, Schlaf, aber auch Sexualität, Gemeinschaft, sozialer Kontakt) jedem Menschen zu eigen sind, sich demnach kein Individuum völlig diesen Verhaltensweisen entziehen kann. Die folgende in Anlehnung an Gross (1992) konzipierte Zusammenstellung von Begrifflichkeiten soll eine Differenzierung zwischen "normalem" Gebrauch eines Mittels oder Verhaltensmusters und einem "nicht-normalen" Umgang erleichtern und gleichzeitig als Grundlage für das in der vorliegenden Arbeit vertretene Verständnis von relevanten Termini dienen:

- *Gebrauch:* sinnvolle und hilfreiche Verwendung von Dingen zur persönlichen, gesellschaftlichen und natürlichen Weiterentwicklung.
- *Genuß:* Einsatz von Mitteln/Ausführung von Verhaltensweisen, die zu angenehmen Gefühlszuständen führen. Genuß ist etwas, was Individuen nicht unbedingt brauchen, was sie aber als angenehm erleben.
- *Mißbrauch:* eine körperlich, psychisch oder sozial schädigende Verwendungsweise von psychotropen Substanzen. Wesentlich in diesem Zusammenhang sind quantitative und qualitative Aspekte (vgl. Feuerlein, 1989).
- *Ausweichendes Verhalten:* Einsatz eines Mittels oder Verhaltensmusters zur Vermeidung unangenehmer Gefühlszustände/Situationen.
- *Abweichendes/auffälliges Verhalten:* Einsatz eines Mittels oder Verhaltensmusters in einer Form, die nicht gesellschaftlichen Werten oder Normen entspricht. Im Gegensatz zum ausweichenden Verhalten wird das abweichende Verhalten von äußeren Werten und Normen determiniert (zur Werte- und Normenproblematik im Zusammenhang mit Arbeitssucht siehe Kapitel 4). Der Terminus des abweichenden/auffälligen Verhaltens ist im Zusammenhang mit dem Begriff Mißbrauch zu sehen.
- *Gewöhnung:* Bei der Gewöhnung handelt es sich um die graduelle Reaktionsminderung nach fortgesetzter Reizwiederholung (Levy, 1958). Von der Gewöhnung zu unterscheiden ist die Bildung von Gewohnheiten. "Darunter werden relativ automatisierte Reaktionsabläufe verstanden, die in der Terminologie der Lerntheorie (...) entweder als eingeschliffene Antwort auf einen diskriminativen Stimulus oder als ein operantes Verhalten mit hoher Auftretenswahrscheinlichkeit aufzufassen sind. Gewohnheiten entstehen durch Konditionierung einer spezifischen Reaktionsweise, die die Wahrscheinlichkeit des Auftretens anderer möglicher Verhaltensweisen verringert.

(...) Die Gewohnheitsbildung kann für die Entstehung des Mißbrauchs bedeutsam sein" (Feuerlein, 1989, S. 4). Abhängig von der Art der Verhaltensweise oder des Mittels, an das man sich gewöhnt hat, können Leidensdruck oder Gesundheitsstörungen auftreten.

- *Abhängigkeit:* Zustand einer problematischen Interaktion zwischen einer Person einerseits und einer psychotropen Substanz andererseits. Eine Unterscheidung von physischer bzw. psychischer Abhängigkeit ist sinnvoll.
- *Sucht:* unabweisbares Verlangen nach einem bestimmten Gefühls-, Erlebnis- und Bewußtseinszustand, der durch die Einnahme psychotroper Substanzen (dann wäre von Abhängigkeit zu sprechen) oder durch die Praktizierung bestimmter Verhaltensweisen erzielt wird. Kriterien zur Diagnose einer Abhängigkeit bzw. Sucht können nach Gross (1992) sein:
  - die Toleranzentwicklung,
  - der Kontrollverlust,
  - Entzugserscheinungen,
  - der Wiederholungszwang,
  - die Dosissteigerung ("more-effect"),
  - die Interessenabsorption und -zentrierung,
  - der gesellschaftliche Abstieg,
  - psychischer und körperlicher Zerfall,
  - der Rückfall.

An dieser Stelle wird deutlich, daß die hier vorgeschlagene Trennung der stoffgebundenen Abhängigkeit und der stoffungebundenen Sucht künstlich und keinesfalls überschneidungsfrei ist. Die vorgeschlagenen Kriterien zur Suchtdiagnose orientieren sich an der Feststellung stoffgebundener Abhängigkeiten einerseits, andererseits wird aber auch von verhaltensbezogener Abhängigkeit i.S.v. Fixierung auf eine bestimmte Verhaltensweise gesprochen. Aus Differenzierungsgründen wird es jedoch für sinnvoll gehalten, den Begriff der Abhängigkeit nur im Zusammenhang mit dem Gebrauch psychotroper Substanzen zu verwenden, während der Begriff der Sucht Verhaltensmustern ohne von außen zugeführten psychotropen Substanzen vorbehalten bleiben sollte.
Eine zu Gross (1992) ähnliche Aufzählung von Merkmalen süchtigen Verhaltens gibt Schumacher (1986), der sich explizit auf süchtiges Spielverhalten bezieht, die Merkmale aber als allgemeingültig auch für andere nicht-stoffgebundene Süchte betrachtet (auch Schumacher (1986) verwendet die Begriffe "Abhängigkeit" und "Sucht" leider synonym). Er nennt als Indikatoren für eine nicht-stoffgebundene Sucht:

- die Exzessivität (eine qualitative und quantitative Steigerung bei der Ausführung des Verhaltens),
- den Verfall an das Verhalten (die Zentrierung des gesamten Vorstellungs- und Denkraumes auf das in Frage kommende Verhalten),

- kontinuierlich oder periodisch auftretende Drang- und Spannungszustände in Richtung der Verhaltenssituation,
- den Kontrollverlust (die Unfähigkeit, Dauer und Umfang des Verhaltens zu bestimmen),
- die Abstinenzunfähigkeit (es wird subjektiv als unmöglich erlebt, sich kürzere oder längere Zeit des Verhaltens zu enthalten),
- das Auftreten von Entzugserscheinungen bei gewollter oder erzwungener Enthaltung (die sich - auch bei stoffungebundenen Suchtformen - in vegetativen Symptomen äußern können),
- die Abnahme der Satisfaktion bei gleichzeitig ansteigender Frequenz (vgl. Toleranzentwicklung),
- den Verlust der Hemmschwelle bei Minimalverführung,
- die Mehrfachabhängigkeit,
- das Auftreten psychosozialer und psychoreaktiver Störungen.

Wanke (1986) resümiert, daß in der psychiatrischen Diagnostik eine Entwicklung der Begriffsbestimmung in Richtung operationalisierbarer Verhaltensauffälligkeiten feststellbar sei (vgl. auch DSM-IV, 1996, S. XVIII). Kritisch an solchen "Checklisten" sei jedoch anzumerken, daß körperliche Befunde oft nicht vorhanden oder nicht eindeutig seien. Eine Ausrichtung ausschließlich auf beobachtbares Verhalten bleibe jedoch nicht selten unbefriedigend, da es z.B. durchaus psychische Abhängigkeiten ohne manifestes Suchtverhalten geben könne oder die Psychiatrie auch sozial nicht bemerkbare psychische Störungen kenne. Die rein deskriptive Vorgehensweise bei der Diagnose psychischer Störungen, die Definition eines Syndroms durch Zusammenstellung von überzufällig häufigen Kombinationen von einzelnen Symptomen ist problematisch, da kein einzelnes psychopathologisches Symptom für sich genommen abnorm oder gar krankhaft ist, "denn alle Zeichen können auch beim Gesunden unter besonderen Umständen angetroffen werden" (Scharfetter, 1976). Daraus folgt, so v. Zerssen (1986), daß die fließenden Übergänge zwischen psychiatrischen Krankheitsbildern und der sogenannten "Normalität" sowie die multifaktorielle Genese der meisten psychischen Störungen und das Fehlen einer spezifischen Therapie dazu zwingen, eher "typische Bilder" statt klarer Begriffsdefinitionen in den Mittelpunkt der Diagnose zu stellen. Eine psychiatrische Diagnose ähnelt so jedoch eher einer "Typognose" als einer logisch eindeutigen Klassifizierung eines Falles (vgl. Wanke, 1986). Gleichzeitig warnt Wanke (1986) davor, den Bezugsrahmen der in ihrer Trennschärfe verbesserten neuen Definitionen von Mißbrauch und Abhängigkeit zu weit auszudehnen. "Nicht jede Progredienz psychischer Besetzung ist als süchtiges Erleben interpretierbar, nicht jede monomane Ausdrucksform als süchtiges Verhalten" (Wanke, 1986, S. 189). Er fordert daher auch und gerade im Hinblick auf nicht-stoffgebundene Suchtformen verstärkte Definitionsarbeit, schließt sich aber ebenfalls einem erweiterten Verständnis von Sucht als einem unabweisbaren Verlangen nach einem bestimmten Erlebniszustand an und ermöglicht somit auch die Berücksichtigung substanzungebundener Handlungsmuster bei der Definition und Diskussion der umfassenden und in ihren Grenzen unscharfen Thematiken "Sucht" und "Abhängigkeit".

3.5 Zusammenfassung der wesentlichen Aspekte

Zusammenfassend läßt sich feststellen:

- Der Begriff der Sucht hat eine jahrhundertelange Bedeutungsentwicklung hinter sich. Die Diskussion um die "stoffungebundenen Suchtformen" ist dabei nicht neu, sondern allenfalls neu entbrannt.
- In Übereinstimmung mit v. Gebsattel (1954) wird davon ausgegangen, daß jede Form menschlicher Tätigkeit süchtig entarten kann.
- Der in der psychiatrischen und klinischen Terminologie etablierte Begriff der (Substanz-) Abhängigkeit ermöglicht die Beibehaltung des Suchtbegriffs in bezug auf Verhaltensweisen. Sucht wird in der vorliegenden Arbeit verstanden als psychologischer Terminus, der psychiatrische Diagnosekriterien der Abhängigkeit zum Teil einbezieht, aber auch darüber hinausgeht.
- Der Begriff der "Arbeitssucht" wird im folgenden als Oberbegriff für den im Mittelpunkt des Interesses stehenden Forschungsgegenstand verwendet. Weder der Begriff "Arbeitoholismus" (vgl. Mentzel, 1979), noch der Terminus "Arbeitsabhängigkeit" werden benutzt, um eine Abgrenzung zu substanzgebundenen Abhängigkeiten zu verdeutlichen. Diese Abgrenzung soll auch dazu beitragen, daß Erkenntnisse und Ergebnisse der substanzbezogenen Abhängigkeitsforschung nicht beliebig von Befürwortern der Existenz von tätigkeitsbezogenen Süchten okkupiert und/oder adaptiert werden. Die Beschäftigung mit Tätigkeitssüchten ist ein eigenständiges Forschungsareal, das nur zum Teil Vergleiche und Parallelisierungen mit der Substanzabhängigkeitsforschung zuläßt.

4 Werte- und Normenproblematik im Zusammenhang mit Arbeit und Arbeitssucht

In Kapitel 2 wurde auf den geschichtlichen und gesellschaftlichen Wandlungsprozeß in der Bedeutungszuweisung und Bewertung menschlicher Arbeit hingewiesen. Es wurde deutlich, daß sich gesellschaftliche Wert- und Normvorstellungen hinsichtlich menschlicher Arbeit im Laufe der Zeit vielfach gewandelt haben und ein fortlaufender Veränderungsprozeß zu erwarten ist.

Die Auseinandersetzung mit Begriffen wie "Sucht" und "Abhängigkeit" bedingt ebenso wie die Diskussion der Bedeutung und Bewertung menschlicher Arbeit die Beschäftigung mit gesellschaftlichen und individuellen Normen. Diese haben erheblichen Einfluß darauf, ob für bestimmte Sachverhalte, Verhaltensweisen und/oder Objekte Begrifflichkeiten und Etikettierungen wie "süchtig" oder "abhängig", oder Kategorisierungen wie "exzessiv" oder "viel", um nur einige weitere für den Forschungsgegenstand relevante Termini zu nennen, verwendet werden sollen oder nicht (vgl. Gaßmann, 1995; Puschmann & Wegener, 1992).

Die folgenden Ausführungen sollen dabei weniger die mit unterschiedlichen Wert- und Normvorstellungen verbundenen Positionen bei der Beurteilung menschlicher Arbeit im allgemeinen bzw. gegenüber der Arbeitssuchtproblematik im besonderen erschöpfend abhandeln. Vielmehr soll auf das Problem aufmerksam gemacht werden, daß eine einseitige Verabsolutierung der positiven Bedeutung menschlicher Arbeit sowie ein rigides Festhalten an zumindest überdenkenswerten Vorstellungen von "normaler Arbeit" einer Auseinandersetzung mit der Arbeitssuchtproblematik entgegenwirken. Ein Grund für die defizitäre wissenschaftliche Aufarbeitung dieser Problematik könnte in den in unserer Gesellschaft bzgl. Arbeit vorherrschenden Werten und Normen und in der psychologischen Angewiesenheit (siehe Guggenberger, 1988 bzw. weiter unten) auf die Arbeit zu finden sein.

Ohne auf die umfangreiche theoretische und empirische Literatur zum Thema Werte und Normen weiter einzugehen (vgl. hierzu beispielsweise Graumann, 1965; Klages, 1984; Klages & Kmieciak, 1981; Kmieciak, 1976; Scholl-Schaaf, 1975; Schlöder, 1993) sollen Werte als explizite oder implizite, für ein Individuum kennzeichnende oder für eine Gruppe charakteristische Konzeption des Wünschenswerten verstanden werden, die die Selektion verschiedener vorhandener Arten, Mittel und Ziele des Handelns beeinflußt (Kluckhohn, 1954; vgl. Schürmann, 1988; Windhorst, 1985). Unter sozialen Normen werden in Gruppen anerkannte implizite oder explizite Handlungs- und Werte-Standards in Form von meist ungeschriebenen Regeln verstanden (vgl. Schürmann, 1988; Stroebe, Hewstone, Codol & Stephenson, 1990). Die Abgrenzung von Werten und Normen ist dabei nur akzentuierend möglich (Schürmann, 1988), Schlöder (1993, S. 135) beschreibt die Unterscheidung von Werten und Normen als "im allgemeinen eher eine Frage des

Grades als eine Frage der Art." Als wesentliche Unterscheidungsmerkmale von Werten und Normen nennt er den im Vergleich zu Normen größeren Allgemeinheitsgrad der Werte und ihren eher internal und personenbezogenen Charakter. Werte werden zudem nicht so sehr durch "Zwang" als vielmehr durch "Überzeugung" aufrechterhalten, und Werte können zur Begründung und/oder zur Legitimation von Normen benutzt werden.
Im Hinblick auf das Thema "Arbeitssucht" ist die Werte- und Normenproblematik in zweifacher Hinsicht von Relevanz. Zum einen sind Werte- und Normen bzgl. menschlicher Arbeit und Arbeitstätigkeit zu berücksichtigen, zum anderen haben Werte und Normen einen erheblichen Einfluß auf Einschätzungen im Bereich der klinischen Diagnostik im allgemeinen und im Bereich der stoffgebundenen Abhängigkeiten und der stoffungebundenen Süchte im besonderen (vgl. Keupp, 1972, 1979, 1988).
"Normaler" oder "nicht normaler" Umgang mit psychotropen Substanzen ist dabei keinesfalls eindeutig abgrenzbar, die Kriterien zur Bewertung von "normalem" und "nicht normalem" Verhalten in diesem Bereich sind wenig einheitlich und heftig umstritten. Inter- und intrapersonelle sowie inter- und intrakulturelle Unterschiede machen deutlich, daß Begriffe wie "Sucht" und "Abhängigkeit" sich nicht objektivieren lassen, sondern nur in Zusammenhang mit personalen, situativen und kulturellen Gegebenheiten, wozu auch individuelle Werte und soziale Normen zählen, gesehen werden können. "Abnormalität" ergibt sich insbesondere im Bereich der Sucht und Abhängigkeit ausschließlich durch willkürliche Setzungen, die jedoch großen individuellen, regionalen, epochalen und/oder situationsspezifischen Schwankungen unterliegen (können). Im Bereich der psychotropen Substanzen zeigt sich dies u.a. in der Kulturspezifität von Rauschmitteln, wie z.B. der Legalität von Alkoholkonsum bzw. der erst jüngst gelockerten Illegalität von Cannabisgenuß in Deutschland, wohingegen in einigen islamischen Ländern genau das Gegenteil gültig ist (vgl. Pfeiffer, 1986, 1987), in zeitgeschichtlichen Entwicklungen, wie z.B. dem Einsatz von Heroin zu medizinischen Zwecken im Deutschland der Jahrhundertwende (vgl. Davison & Neale, 1996) und in individuell und situativ unterschiedlichen Einschätzungen von z.B. "viel" oder "wenig" Alkoholkonsum (vgl. Lungershausen, 1988). Friedrich (1988) weist zudem darauf hin, daß es bei kulturspezifisch unterschiedlichen Barrieren gegenüber dem Gebrauch bestimmter Suchtmittel auch zu einem Angebot interkulturell differierender Alternativmöglichkeiten des Ausweichverhaltens kommt. Er nennt explizit den religiösen Ritualismus, die Ekstase, Gebete, Trancezustände, exzessives Essen, *Arbeiten*, Sexualität, Glücksspiele oder das Ausweichen in eine andere Sucht (S. 116; Hervorh. d. Verf.).
Glatt & Marks (1982) haben ein Koordinatensystem zur Demonstration der fließenden Grenzen zwischen "deviantem" und "normalem" Verhalten entwickelt (vgl. Abb. 4.1).

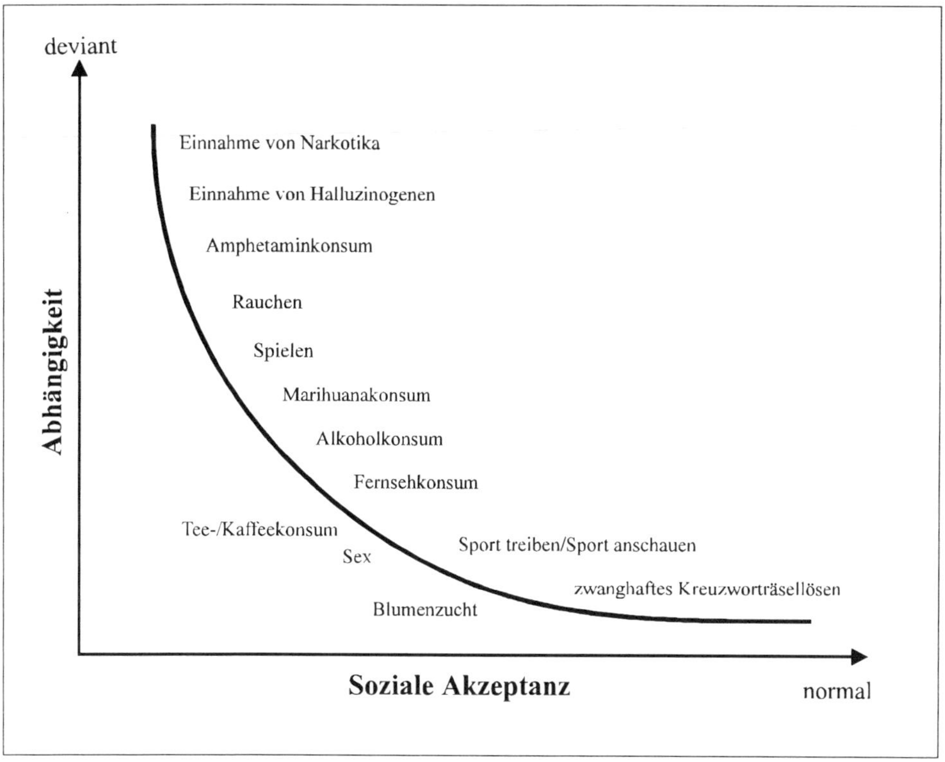

Abbildung 4.1: Skala sozialen Verhaltens zwischen "normal" und "deviant" (nach Glatt & Marks, 1982; Übers. d. Verf.)

Die Anordnung der einzelnen Verhaltensmuster unterliegt mit Sicherheit interindividuellen und intergesellschaftlichen Unterschieden und ist hier *beispielhaft* zu verstehen. Platz (1986) sieht explizit die Möglichkeit, auf diesem Kontinuum auch die Arbeitssucht einzuordnen. Gleichzeitig verweist er auf die hohe soziale Akzeptanz arbeitssüchtigen Verhaltens, was eine Plazierung der Arbeitssucht auf der Skala schwierig macht.

Verschärft wird die Problematik der Differenzierung von "normalem" und "nicht-normalem" Verhalten durch die Tatsache, daß die Diskussion um "Normalität" und "Abweichung" nicht im fachlichen Raum blieb, sondern zu einer "öffentlich-kulturellen Debatte über Kriterien alltäglicher Normalitäten und in ihnen enthaltenen Alltagspathologien" (Keupp, 1988, S. 86) führte. Versuchen der "Entpathologisierung" von Verhaltensweisen stehen Bemühungen um eindeutige Kriterien für die Diagnose von "Normalität" und "Abweichung" gegenüber. Der Wunsch nach klarer Grenzziehung zwischen "normal" oder "abnorm" im Bereich der Psychodiagnostik ließ sich bis heute nicht erfüllen. Die zur Grenzziehung vorgeschlagenen Kriterien (z.B. somatische Ursachen für "abnormes" Verhalten, statistische Seltenheit eines Verhaltens, Erleben des

persönlichen Leidens, Verletzung sozialer Normen bzw. Verletzung/Schädigung anderer Personen; vgl. Keupp, 1988, S. 65f.) haben sich als unzureichend erwiesen, Aussagen über "Normalität" und "Abweichung" lassen sich immer nur auf dem Hintergrund und in Abhängigkeit von den o.g. Einflußvariablen Individuum, Aussageobjekt, Umwelt, Kultur, Zeit treffen (vgl. dazu auch Doubrawa, 1995).
Keupp (1988, S. 86) schreibt dazu: "Durch die systematische Verknüpfung von Normalitäts- und Abweichungsvorstellungen mit den jeweils als verbindlich angesehenen Bedingungen sozialer Ordnung wird die historische Relativität jener Kriterien erkennbar, die als Meßlatte für Normalität und Abweichung jeweils Geltung erlangt haben. So sehr sich das jeweils dominierende Verständnis mit Zügen universeller Gültigkeit auszustatten bemüht ist, so wenig kann dies letztlich gelingen. In der Regel bedarf es nur einer geringen historischen Distanz, um die Zeitgebundenheit der Definitionen offensichtlich werden zu lassen."
Wanke (1985, S. 12) versteht unter einer Norm "einen Vergleichswert, auf den bei der Beurteilung individueller Leistungen, Merkmalsausprägungen oder Verhaltensweisen Bezug genommen wird." Er unterscheidet zwischen idealen (= wertenden) und realen (= statistischen) Normen und betont deren Wandelbarkeit. Herwig-Lempp (1987, S. 56) berücksichtigt die von Wanke (1985) aufgeführte Unterscheidung nur teilweise: "Normen stellen einen rein rechnerischen Mittelwert mit nur spezifisch historischer und kultureller Gültigkeit des in einer bestimmten Gesellschaft akzeptierten Verhaltens dar. Sie drücken das aus, was man in dieser Gesellschaft oder Gruppe gerade für normal, gesund oder richtig hält. Solange man diese Auffassung teilt, mag man sie dann oft für unzweifelbar und absolut halten. Doch Normen sind keine dem menschlichen Wesen von der Natur vorgegebenen Einstellungen - sie verändern sich ständig (...). Mit Hilfe unserer eigenen Normen, mit unserer gegenwärtigen Auffassung von 'normalem', 'gesundem' und 'angemessen-richtigem' Verhalten in Bezug auf Essen, Spiel, Arbeit und Sexualität, wird es uns erst möglich zu bestimmen, welches Verhalten aus unserer Perspektive unmäßig, unnormal und ungesund erscheint". Damit spricht Herwig-Lempp (1987) einen Aspekt an, der unter dem Begriff "Labeling-Perspektive" (Becker, 1981; vgl. Keupp, 1988) Eingang in die soziologische und psychologische Forschung gefunden hat. Becker (1981) betont, daß unnormales oder abweichendes Verhalten keine Qualität einer Handlung an sich ist, sondern daß abweichendes Verhalten Verhalten ist, das Menschen so bezeichnen. Orford (1985, p. 216, Übers. d.Verf.) stellt heraus, "daß die Erkennung von Exzessivität nicht nur die Frage einer korrekten 'Diagnose' ist. Was 'exzessiv' ist, ist individuell oder gesellschaftlich definiert und hängt ab vom Alter einer Person, ihrem Geschlecht, ihrem sozioökonomischen Status, ihrem sozialen Netzwerk, ihren Verantwortlichkeiten und einer Reihe anderer Faktoren. Gleichermaßen relevant sind Charakteristika der Familie oder auch des betreuenden Arztes, die eine Person gut genug kennen, um in der Lage zu sein, ein Urteil darüber abzugeben, ob ein Verhalten exzessiv ist, oder nicht".
Die sich aus der "Labeling-Perspektive" ergebenden Implikationen sind im Zusammen-

hang mit der Entstehung "neuer Süchte" vehement diskutiert worden. Hand & Kaunisto (1984) betrachten die Verwendung des Suchtbegriffes als rein funktional-absichtlichen Etikettierungsprozeß und vernachlässigen die Möglichkeit der tatsächlichen Existenz einer Sucht. Die Autoren unterscheiden zwei funktionale Aspekte der Verwendung des Suchtbegriffs: Eine eher erklärend-verantwortungsabweisende Funktion erhält die Verwendung des Begriffes "Sucht", wenn "mit der Suchtzuordnung eine Konfrontation mit möglichen individuellen, familiären und gesellschaftlichen Ursachen von Problemverhaltensweisen vermieden wird" (Hand & Kaunisto, 1984, S. 60). Dies ist z.B. der Fall, wenn Personen sich als "spielsüchtig" bezeichnen, um von strafrechtlicher Schuld entlastet zu werden (Selbst-Etikettierung). "Sucht" dient hier dem Individuum als Argument zur Verantwortungsabweisung, als Erklärung für einen Autonomieverlust in bezug auf Handlungen, weswegen es für diese Handlungen auch nicht zur Rechenschaft gezogen werden kann (vgl. Orford, 1985, p. 238). In bezug auf die Arbeitssucht ließe sich diese Verantwortungsabweisung möglicherweise festmachen an Vernachlässigungen familiärer und/oder sozialer Aufgaben, an einer fehlenden Auseinandersetzung mit persönlichen Problemen und Fehlern und an einer zunehmend "eindimensionalen" Lebensführung (zu den möglicherweise positiven Aspekten der Selbstetikettierung als "arbeitssüchtig" siehe Kapitel 8).

Hand & Kaunisto (1984, S. 61) weisen darauf hin, daß der Suchtbegriff aber häufig auch dann benutzt wird, "wenn eine in der Bevölkerung verbreitete Verhaltensnorm von einer bestimmten Untergruppe der Bevölkerung für 'schlecht' gehalten wird" (Fremd-Etikettierung).

Der Suchtbegriff als Fremdetikettierung ermöglicht es, für und über andere zu entscheiden. "Weil man selbst keinen Sinn mehr im Handeln des anderen erkennen kann, versucht man, sich sein Verhalten als durch Krankheit, Fehlentwicklung oder Dysfunktion bedingt zu erklären" (Herwig-Lempp, 1987, S. 57). Und weiter: "Die verschiedenen Süchte 'entstehen' also dadurch, daß man bestimmte ungewöhnliche Verhaltensweisen ab einem definierten Punkt, von dem ab sie 'zu sehr' von normalem Verhalten abweichen, mit Abhängigkeit und damit der Unfähigkeit zu selbstbestimmtem und eigenständig kontrolliertem Verhalten zu begreifen und sich zu erklären beschließt" (Herwig-Lempp, 1987, S. 62).

Puschmann & Wegener (1992), die Arbeitssucht als ein Phänomen betrachten, "das einer Sozialpathologie entspricht" (S. 33), also ein gesamtgesellschaftliches Problem darstellt, kritisieren diese Vorgehensweise massiv. In der Darlegung von Arbeitssucht, so die Autoren, werde die Möglichkeit der Verinnerlichung sozialer Bedingungen zugunsten individueller Aspekte stark vernachlässigt. Arbeitssucht sei eine "kollektive Verhaltensform" (S. 36), durch die Anwendung des Begriffs auf bestimmte Personen sollten diese in eine Art Außenseiterrolle gedrängt und von der persönlichen Verfangenheit des Begriffsverwenders in gesellschaftlich bedingte Sachzwänge abgelenkt werden. Puschmann & Wegener (1992) halten es für fraglich, ob sich eine Person überhaupt diesen gesellschaft-

lichen Sachzwängen entziehen kann und eine rein individuelle Bestimmung des Verhältnisses Person-Tätigkeit möglich ist, ob es in unserer auf Besitz und Konsum ausgerichteten Gesellschaft also realistisch ist, daß jemand "nicht-arbeitssüchtig" ist. Einen Maßstab dafür zu finden, ab wann jemand in Konkurrenzgesellschaften als arbeitssüchtig zu bezeichnen ist, halten Puschmann & Wegener (1992) für schwerlich möglich. Auch Herwig-Lempp (1987) betrachtet die Bestimmung eines Punktes, ab dem das Arbeitsverhalten einer Person zu sehr vom "normalen Verhalten" abweicht, als problematisch und letztlich völlig willkürlich.
Eine rein quantitative Bestimmung erscheint nicht zielführend, wandelte sich doch die durchschnittliche Arbeitszeitdauer im Lauf der letzten Jahrzehnte erheblich (vgl. Kapitel 2). Allenfalls als Orientierungspunkt kann die Berücksichtigung einer statistischen Norm (z.B. durchschnittliche Arbeitszeit pro Woche) dienen. Fraglich bleibt dennoch, ab wieviel Stunden wöchentlicher Arbeitszeit ein Verhalten als "unnormal" zu bezeichnen ist.
Die von Herwig-Lempp (1987) und Puschmann & Wegener (1992) vorgetragenen Kritikpunkte dürfen zwar nicht unberücksichtigt bleiben; sie sind aber keinesfalls als überzeugende Argumente zur Vernachlässigung der empirischen Auseinandersetzung mit der Arbeitssuchtproblematik zu werten. Zum einen ist die im Rahmen der "Labeling-Perspektive" geführte Diskussion kein (arbeits-) suchtspezifisches Phänomen, sondern ein die Verwendung von Sprache generell begleitender Effekt. Zum anderen läßt sich innerhalb verschiedener Gesellschaften und zwischen verschiedenen Gesellschaftsmitgliedern eine erhebliche Varianz in der Bewertung und Ausführung von Arbeit und Arbeitstätigkeit feststellen. Diese individuelle Vielfalt gilt es nicht zu vernachlässigen, sondern im Gegenteil *in den Mittelpunkt der Betrachtung* zu stellen. Insbesondere sollten die Personen, die ihr Arbeitsverhalten und ihre Einstellung zur Arbeit als belastend und destruktiv wahrnehmen, gerade wegen der von Puschmann & Wegener (1992) genannten gesellschaftlichen Sachzwänge in ihrer subjektiven Wahrnehmung ernstgenommen werden. Ebenso besteht die Notwendigkeit, auf möglicherweise selbst- und fremdschädigende Verhaltensmuster *hinzuweisen*, um eine frühzeitige Möglichkeit zur individuellen Reflexion und Rekapitulation persönlicher Einstellungen und Verhaltensweisen bieten zu können. Im Bereich der Gesundheitspsychologie ist dieses primärpräventive Vorgehen bzgl. anderer Verhaltensbereiche (z.B. Alkohol- und Nikotinkonsum, Ernährung, Bewegung, Hygiene etc.) selbstverständlich.

Viel problematischer bei der Bestimmung von Arbeitssucht jedoch ist, daß die überwiegend positive Einstellung der Gesellschaft zur Arbeit immer wieder zu erheblichen Abwehrreaktionen dem Thema Arbeitssucht gegenüber führt (Harten, 1991). Auf die grundlegenden psychosozialen Funktionen der Arbeit und deren soziale Anerkennung, die sich empirisch immer wieder bestätigen ließen (vgl. Jahoda, 1995; Kieselbach, 1983; Warr, 1984 u.a.), wurde bereits in Kapitel 2 verwiesen. Die Zentralität der Arbeit im menschlichen Leben betonen auch Udris & Semmer (1995, S. 161): "Nicht zu unterschätzen bleibt (...) die Bedeutung, die die Arbeit für Zufriedenheit und Wohlbefinden, für die Entwicklung der Persönlichkeit insgesamt hat und - trotz aller gegenteiliger Unkenrufe - auf unabsehbare Zeit behalten wird." Die Betrachtung bestimmter Arbeitsstile und Arbeitsfunktionalitäten unter dem Aspekt möglicher nachteiliger Auswirkungen für das Individuum, sein Umfeld und/oder die Gesellschaft wird daher häufig als prinzipieller Angriff auf grundlegende Norm- und Wertvorstellungen unseres Gesellschaftssystems mißverstanden. Die Arbeit als zentrale Basis der Identitätsentwicklung, des Kompetenzerlebens, des sozialen Kontaktes und der sozialen Anerkennung und nicht zuletzt als unverzichtbares Fundament für Wohlstand und Konsum erscheint unantastbar. Es wird, trotz sich abzeichnender struktureller und ideeller Wandlungsprozesse und daraus resultierenden wirtschaftlichen, kulturellen und psychologischen Veränderungsnotwendigkeiten an der Vorstellung festgehalten, materielle Arbeit sei für das Wesen des Menschen konstitutiv und unwandelbar gültige Bestimmung (Guggenberger, 1988). "Wir sind in den letzten 200-300 Jahren so gründlich durch die Schule der Arbeit gegangen, haben uns so sehr mit ihr eingelassen, daß wir kaum mehr über sie hinauszudenken vermögen. Für die meisten von uns gilt, daß sie und ihre Hervorbringungen von unserer ganzen Existenz Besitz ergriffen haben, daß sie das Gesamt unserer Hoffnungen und Sehnsüchte umschreiben. Wir haben nur noch Augen und Ohren für die Arbeit, ihre Erfordernisse und das, was durch sie unmittelbar bewirkt und ermöglicht wird: Konsum, Verzehr ihrer Hervorbringungen" (Guggenberger, 1988, S. 15). Diese Einseitigkeit und Verabsolutierung erschwert, ganz abgesehen von ihren sonstigen Konsequenzen, auch die Thematisierung und Auseinandersetzung mit der Problematik der Arbeitssucht. Hochgradig anerkannte Werte wie Aktivität, berufliche Leitsungsfähigkeit und beruflicher (materieller) Erfolg lassen jede Diskussion über möglicherweise schädigendes, verfehltes Verhalten im Umgang mit Arbeit und in der Beziehung zur Arbeit häufig verstummen. Erst eine Distanzierung von dieser psychologischen Angewiesenheit auf Arbeit schafft (gedankliche) Spielräume zur Beschäftigung mit dem Syndrom des süchtigen Arbeitsverhaltens. Ob dies unter der Überschrift "Arbeitssucht" oder einer beliebigen anderen Terminologie geschieht, ist dabei eher zweitrangig. Vielmehr erscheint die prinzipielle Auseinandersetzung mit der Problematik geboten. Auch wenn Legnaro & Zill (1983) davon ausgehen, daß ein als abweichend etikettiertes Verhalten allgemein erst dann als soziales Problem anerkannt wird, wenn die Aspekte *Massenhaftigkeit des Phänomens* und *Verletzung zentraler kultureller Axiome* erfüllt sind, sollte mit Präventions- und Interventionsmaßnahmen bzgl. der Arbeitssucht angesichts der möglichen weitreichenden individuellen und auch gesellschaftlichen Konsequenzen nicht so lange gewartet werden.

Während im vorliegenden Buch Arbeitssucht als individuelle Problematik behandelt wird (vgl. Haase, 1988), gehen andere Autoren schon weiter und betrachten Arbeitssucht als ein gesamte Organisationen (Schaef & Fassel, 1988) oder komplette Gesellschaften betreffendes Syndrom (Peele, 1975, Kapitel 7; Schaef, 1987; Sprankle & Ebel, 1987;

Wacker, 1987; vgl. auch Killinger, 1992; Passett, 1981).
Rombach (1980) beklagt die in der modernen Leistungsgesellschaft feststellbare Erhöhung der Leistungsanteile bei gleichzeitig abstrakteren Arbeitsformen und entleerteren Erholungsmöglichkeiten, die den Gesamtcharakter des gesellschaftlichen Lebens unmenschlicher machen würden. Und weiter führt er aus (Rombach, 1980, S. 51): "Dem Menschen geht es zwar besser, aber er fühlt sich schlechter; er wird zwar immer reicher, fühlt sich aber ärmer; er hat immer mehr Mittel zum Leben und immer weniger Leben selbst. Dieses eigentümliche *Perversionssyndrom*, an dem alle in unterschiedlichen Graden leiden, ist noch nicht einmal in seinem Zwangszusammenhang erkannt, geschweige denn auf grundlegende Fehler abgesucht." Interpretiert man die von Rombach (1980) genannte steigende Leistungsbezogenheit als Merkmal arbeitssüchtigen Verhaltens, so spricht auch er von einem gesamtgesellschaftlichen Problem der Arbeitssucht.
Haase (1988) betrachtet in seinem polarisierenden Aufsatz die Entstehung von arbeitssüchtigen Verhaltensmustern als ein "Zeitgeistphänomen", das seine Grundlagen zwar in einer auf vordergründigen und schnellen Konsum ausgerichteten Leistungsgesellschaft habe, das aber nicht als unabweisliches und zwangsläufiges Schicksal aller Gesellschaftsmitglieder betrachtet werden sollte. Ein Zuviel an Arbeit ist "in erster Linie die Folge einer *Persönlichkeitsproblematik*, ein Thema des *inneren Schicksals*, seltener des äußeren Schicksals im Sinne einer existentiellen Belastung" (Haase, 1988, S. 345; Hervorh. d. Verf.). Daher ist die Neigung zum süchtigen Arbeiten nach Haase (1988) auch nur individualtherapeutisch zu bewältigen, wobei allerdings zur Sicherung des therapeutischen Erfolges gesamtgesellschaftliche Umdenkens- und Umstrukturierungsprozesse ebenfalls notwendig seien. Haase (1988) nennt diesbezüglich jedoch leider nur abstrakt-ideologische Schlagworte wie Auflösung der Vereinzelung, Vereinsamung und Anonymisierung, Rückentwicklung von einer materiellen (Schein-) Geborgenheit zu einer "Geborgenheit im Glauben" (S. 348), größere Mitmenschlichkeit und Ersetzung eines auf Sofortbefriedigung ausgerichteten Konsumverhaltens durch auf Dauerbefriedigung orientiertes Anstreben geistiger Lebensinhalte (S. 349).
Die Diskussion der Individualproblematik "süchtiges Arbeiten" beinhaltet darüber hinaus auf dem Hintergrund sich verändernder Arbeitsmarktlagen und der Notwendigkeit zur Umstrukturierung des Arbeitsverteilungssystems in westlichen Industrienationen (als Stichwort sei hier nur die Utopie vom unter gegenwärtigen und in Zukunft absehbaren Bedingungen kaum mehr realisierbaren Anspruch auf Vollbeschäftigung verwiesen) zahlreiche Anknüpfungspunkte für gesellschafts- und sozialpolitische Diskussionen. Die für den Arbeitssüchtigen notwendige individuelle Umorientierung, die Entwicklung neuer Wert- und Zielvorstellungen, der Aufbau arbeitsunabhängigerer Identitätsmerkmale und nicht zuletzt eine weniger ausgeprägte Fixierung auf äußere Werte stellt möglicherweise auch eine gesamtgesellschaftliche Aufgabe dar, um die "anhaltende psychologische Angewiesenheit auf Arbeit" (Guggenberger, 1988, S. 138) zu überwinden. Guggenberger (1988, S. 138f.) äußert sich jedoch zurückhaltend, was die Geschwindigkeit eines sol-

chen Umorientierungs- und Umstrukturierungsprozesses angeht, womit er einen Problempunkt anspricht, der aus der Therapie mit Arbeitssüchtigen schon seit langem bekannt ist (vgl. Kapitel 8): "Der Wandel soziokultureller Deutungsmuster braucht in der Regel viel Zeit. Der geforderte Wandel in der Einstellung zur Arbeit reicht so tief in die Struktur der Persönlichkeit, er wird so grundlegende Veränderungen des Zusammenlebens mit sich bringen, daß wahrscheinlich erst die nächste, vielleicht auch erst die übernächste Generation sich aufgrund ihrer psychischen Disposition und ihrer veränderten Wahrnehmungsfähigkeit der 'Nacherwerbsgesellschaft' der Muße und der selbstbestimmten Tätigkeit wird zugehörig und verpflichtet fühlen können."

Zusammenfassend läßt sich festhalten:

- Individuelle und gesamtgesellschaftliche Werte und Normvorstellungen spielen bei der Auseinandersetzung mit dem Thema Arbeitssucht eine zentrale Rolle.
- Ihre Existenz beeinflußt sowohl Fragen der Diagnose als auch der Interventionsmöglichkeiten und -notwendigkeiten bei Arbeitssucht (siehe dazu auch Kapitel 8).
- Werte und Normvorstellungen können individuell, regional, epochal und/oder situationsspezifisch variieren, was auch zu veränderten Sichtweisen gegenüber der Arbeitssuchtsymptomatik beitragen kann.
- Die Berücksichtigung der "Labeling-Perspektive" (Becker, 1981) ist bei der Verwendung des Begriffes "Sucht" nützlich, aber als Begründungsansatz für das Auftreten arbeitssüchtiger Verhaltensmuster nicht ausreichend.

5 Arbeitssucht und ihre Folgen für das Unternehmen

Der Faktor "Gesundheit" findet im Bereich der arbeits-, betriebs- und organisationspsychologischen Forschung der letzten Jahre eine immer größere Beachtung. Zahlreiche Publikationen zu unterschiedlichsten Aspekten verdeutlichen, daß die menschengerechte und gesundheitsfördernde oder zumindest gesundheitserhaltende Gestaltung der Arbeit als dringliches Anliegen betrachtet wird. Das Themenspektrum reicht von Untersuchungen, die sich allgemein mit dem Zusammenhang von Arbeit und Gesundheit beschäftigen (z.B. Seibel & Lühring, 1984; Warr, 1987), über Fragen der idealen Arbeitsgestaltung (z.B. Ulich, 1990) bis hin zu Ansätzen erfolgreicher Präventions- und Interventionsarbeit zur Gesundheitsförderung und -erhaltung am Arbeitsplatz (z.B. Westermayer & Bähr, 1994). Zum Thema Arbeitssucht hingegen finden sich nur sehr wenige Forschungsbeiträge.

Möglicherweise bedingt durch die Tatsache, daß Arbeitssucht als eigenständiges Verhaltensmuster oder gar Krankheitsbild höchst umstritten ist, haben sich weder Unternehmen noch Forscher der Frage gewidmet, ob und inwiefern arbeitssüchtiges Verhalten ein für Organisationen bedeutsames Problem darstellt.

Während stoffgebundene Störungen wie Alkoholismus, Tabletten- und Rauschmittelabhängigkeit in den letzten Jahren, auch und gerade im Bereich Arbeit und Beruf, verstärkte Beachtung finden, weil solche Störungen erhebliche ökonomische und psychologische Konsequenzen für die Organisation mit sich bringen, werden stoffungebundene Suchtformen kaum problematisiert.

Im Sinne einer ganzheitlichen Perspektive kann aber davon ausgegangen werden, daß jede Form süchtigen oder abhängigen Verhaltens letztlich negative Konsequenzen für eine Person und damit mit großer Wahrscheinlichkeit auch für das diese Person beschäftigende Unternehmen hat. Nach Taylor (1984) ist mit folgenden, sowohl seitens des Betroffenen als auch seitens des Unternehmens unerwünschten Effekten arbeitssüchtigen Verhaltens zu rechnen:

- Ein Mitarbeiter wird während der regulären Arbeitszeit weniger effektiv arbeiten, da er die Abend- und Nachtstunden als "Ausweichraum" für unerledigte Arbeit betrachtet.
- Mit wachsender Arbeitszeit kommt es zu einem Verlust an Aufnahme- und Verarbeitungsleistung, die Arbeitserledigung wird zunehmend ineffektiver.
- Es kommt zu Zeitverlusten für wesentliche andere Tätigkeiten (Planung, Innovationsförderung, Erholung).
- Eine unbalancierte Beziehung zwischen Arbeitszeit und Freizeit entsteht.
- Arbeitssucht verhindert die Entstehung und/oder Fortentwicklung anderer am Arbeitsplatz erwünschter Verhaltensmuster (Delegation, Verantwortungsabgabe, Kooperation und Teamarbeit etc.).

Im folgenden sollen die Ausführungen von Machlowitz (1978, 1981), Fassel (1991), Spruell (1987) und Steinmann, Richter & Goßmann (1984) zur Frage der Kosten und des Nutzens arbeitssüchtiger Verhaltensmuster für Unternehmen vorgestellt werden.
Die wenigen in der Literatur auffindbaren Quellen zum Problem der Arbeitssucht in Unternehmen stützen sich dabei zumeist auf Plausibilitätsüberlegungen. Auch in diesem Bereich ist, wie nicht anders zu erwarten war, ein Defizit an empirischer Forschung unübersehbar.

5.1 Arbeitssucht als "Segen" für das Unternehmen (Machlowitz, 1978, 1981)

Machlowitz (1978, 1981) kam im Rahmen ihrer empirischen Arbeit, die in Kapitel 6.3.3 noch ausführlicher behandelt wird, zu dem Ergebnis, daß Arbeitssüchtige sich im allgemeinen als gesund, glücklich und voller Energie beschreiben. Zur Kategorie der Arbeitssüchtigen rechnet Machlowitz (1978, 1981) dabei nur Personen, die sich insbesondere durch ihren Hang zum *Vielarbeiten* kennzeichnen lassen. Somit bedient sich die Autorin eines nicht unproblematischen rein quantitativen Maßstabes zur Operationalisierung von Arbeitssucht. Die von Machlowitz (1978, 1981) befragten Arbeitssüchtigen waren durchweg sehr erfolgreich in ihrem Beruf und bekleideten gehobene Positionen in Unternehmen, Organisationen, Institutionen und Verbänden. Die Autorin sieht weder eine Notwendigkeit zur Intervention bei Arbeitssucht, noch glaubt sie überhaupt an eine Möglichkeit, Arbeitssüchtige in ihrer Einstellung zur Arbeit und in ihrem Arbeitsverhalten verändern zu können. Daher empfiehlt sie Unternehmen, Arbeitssüchtige auf jeden Fall einzustellen oder als Personal zu halten, denn "viele, die hart arbeiten, arbeiten auch gut" (Machlowitz, 1981, S. 123).
Mitarbeitern, die unter einem arbeitssüchtigen Vorgesetzten leiden, rät sie zur Kündigung. Der betroffene Arbeitssüchtige sollte nach Machlowitz (1981) alle Möglichkeiten erhalten, sein Bedürfnis nach Arbeit auszuleben. Ein Unternehmen sollte einem betroffenen Mitarbeiter demnach entsprechende Möglichkeiten der Entfaltung zur Verfügung stellen (Arbeitsaufgaben, Arbeitszeit, Arbeitsmittel etc.).
Machlowitz (1981) bestreitet, daß Arbeitssüchtige sich oder ihrem Umfeld in irgendeiner Form durch ihr exzessives Vielarbeiten schaden. Angehörigen, Kollegen und Mitarbeitern empfiehlt sie, sich entweder an den Lebens- und Arbeitsrhythmus des Arbeitssüchtigen anzupassen oder aber "aus dem Felde" zu gehen.
Machlowitz (1978, 1981) sieht im exzessiven Vielarbeiten eher einen Segen als ein mögliches Problem für den Betroffenen und sein Umfeld. Ihr liegt es fern, Arbeitssucht als problematisches oder gar therapiebedürftiges pathologisches Verhaltensmuster zu betrachten.
Da auf die Arbeit von Machlowitz (1978, 1981) an anderer Stelle noch intensiver eingegangen wird, soll hier auf kritische Anmerkungen zu ihrer Studie zunächst verzichtet

werden. Statt dessen sollen drei Arbeiten angesprochen werden, die Machlowitz' (1978, 1981) Enthusiasmus in der Beurteilung von Arbeitssucht nicht teilen.

5.2 Arbeitssucht als Problem für das Unternehmen (Fassel, 1991; Spruell, 1987)

Spruell (1987) weist in ihrem Aufsatz ohne weitere empirische Vertiefung ihrer Auffassung darauf hin, daß ein Unternehmen unbedingt sensibel sein muß für Mitarbeiter, die einen arbeitssüchtigen Verhaltensstil praktizieren, um die kurzfristig sicherlich möglichen Gewinne durch arbeitssüchtige Mitarbeiter nicht mit sich langfristig einstellenden erheblichen Einbußen in finanzieller wie personeller Hinsicht bezahlen zu müssen.
Fassel (1991) kommt aufgrund ihrer Erfahrungen als Unternehmensberaterin sowie auf Basis (nicht weiter erläuterter) Interviews sogar zu dem Ergebnis, daß Arbeitssucht "eine fortschreitende, tödliche Krankheit ist, bei der die oder der Betroffene süchtig nach Arbeit ist. Die Folge dieser Sucht besteht darin, daß der Mensch sein Leben in bezug auf die Arbeit immer weniger bewältigen kann, was auch sämtliche anderen Lebensbereiche beeinträchtigt" (Fassel, 1991, S. 19). Die "Krankheit Arbeitssucht" betrifft nach Fassel (1991) also nicht nur das Individuum selbst, sondern ebenso sein direktes persönliches Umfeld, seine Arbeitsumgebung und letztlich die gesamte Gesellschaft.
Fassels (1991) Position ist der von Machlowitz (1978, 1981) diametral entgegengesetzt. Fassel (1991) betrachtet Arbeitssucht weder als positive Suchtform, noch sind Arbeitssüchtige nach ihren Erkenntnissen besonders produktive Mitarbeiter. Wirkliche Arbeitssüchtige sind nach Fassel (1991) auch nicht glücklich. Sie betrachtet die Interviewaussagen z.B. der Machlowitz-Studie (1978, 1981) als Rationalisierungen der Befragten, die begünstigt würden durch ein soziales und gesellschaftliches Umfeld, das die Arbeitssucht durch die Etablierung und Tradierung von Tugenden wie Fleiß, Strebsamkeit, Pünktlichkeit, Ausdauer und Leistungsbereitschaft auch noch belohne (vgl. auch Fassel & Schaef, 1991).
Für Unternehmen stellen Arbeitssüchtige nach Fassel (1991) langfristig eine immense Belastung dar. Ihr von Hektik und Getriebenheit gekennzeichneter Arbeitsstil führe zu Fehlern, die mit zeitlichem, finanziellem und emotionalem Aufwand verbunden seien (Fassel, 1991, S. 29). Die volkswirtschaftlichen Kosten, die durch Arbeitssucht entstehen, betrachtet Fassel (1991) als immens, ohne dabei jedoch in irgendeiner Form über spekulative Aussagen hinauszugehen.
Entsprechend ihrer negativen Haltung gegenüber Arbeitssucht verweist Fassel (1991) insbesondere auf die verheerenden Wirkungen, die diese "Krankheit" für ein Unternehmen hat. Der Schaden, den Arbeitssüchtige in einer Organisation anrichten würden, würde den vermeintlichen Nutzen der exzessiven Vielarbeiter bei weitem übertreffen (Fassel, 1991, S. 107). Ursache dafür seien die von Zwanghaftigkeit und Sucht gekennzeichneten Verhaltensmuster der Betroffenen. Sie lebten ständig in der Vergangenheit

oder der Zukunft, nicht aber im "Hier-und-Jetzt", was es ihnen unmöglich mache, sich auf ihre aktuelle Tätigkeit zu konzentrieren. Arbeitssüchtige seien schlechte Teamarbeiter, weil sie alles kontrollieren und bestimmen und anderen ihren Arbeitsrhythmus aufzwingen wollten. Sie seinen perfektionistisch, was ihren Arbeitsfluß extrem beeinträchtige.

Als Vorgesetzte seien Arbeitssüchtige wenig geeignet, weil sie ihre eigenen Grenzen nicht kennen oder aber ignorieren würden und somit auch keine Vorstellung von den Grenzen anderer Menschen hätten. Sie hätten auch wenig Verständnis für die Bedürfnisse ihrer Mitarbeiter. Durch ihren Egoismus machten sie die eigene Person zum Maßstab aller Dinge. Letztlich, so Fassel (1991), führe die Arbeitssucht bei allen Betroffenen früher oder später auch zu Konzentrationsschwierigkeiten, psychischen und physischen Belastungen und zu totaler Erschöpfung. Daraus entstehende Absentismus- und/oder Fluktuationskosten belasteten ein Unternehmen immens.

Interessant ist der Hinweis Fassels (1991), daß nicht nur von arbeitssüchtigen Individuen, sondern auch von arbeitssüchtigen Organisationen gesprochen werden muß. Strukturen, Ziele und Handlungsmuster von Organisationen fördern nach Fassel (1991) nicht nur arbeitssüchtiges Individualverhalten, vielmehr seien bestimmte Organisationen für ihr eigenes Überleben sogar auf die Krankheit Arbeitssucht angewiesen und entwickelten selbst "süchtige" Handlungsmuster (vgl. dazu Kapitel 9.3, bzw. Fassel & Schaef, 1991). Fassel (1991) subsumiert hierunter insbesondere Organisationen, die eigene Interessen über alles andere stellen, deren erklärtes (und oftmals einziges) Ziel größtmögliche Profitmaximierung ist, die "kurzfristige" Lösungen einer langfristigen Planung vorziehen, die hektisch und kurzfristig ihre Strategien ändern und so unkalkulierbar werden, und die "ihre Mission" aus den Augen verloren haben. Leider führt Fassel (1991) ihren systemorientierten Ansatz theoretisch nicht weiter aus. Auch belegt sie ihre Ausführungen nicht durch empirische Untersuchungen. Insoweit bleiben ihre Aussagen subjektiv-intuitiv. Zwar erwähnt Fassel (1991) immer wieder, daß sich ihre Ausführungen auf Ergebnisse von "hunderten von Interviews" (siehe z.B. Fassel, 1991, S. 33) stützen. An keiner Stelle jedoch führt die Autorin näher aus, wie sich ihre Interviewstichprobe zusammensetzt, wie die Stichprobe gewonnen wurde, wie die Interviews durchgeführt und ausgewertet wurden, welche Themenbereiche angesprochen wurden, welche Kriterien für Kategorisierungen wie z.B. arbeitssüchtig - nicht-arbeitssüchtig, glücklich - unglücklich, produktiv - unproduktiv usw. angelegt wurden.

Insofern kann ihre Arbeit nicht den Anforderungen genügen, die an eine wissenschaftliche Aufarbeitung eines Forschungsgegenstandes zu stellen sind, sondern allenfalls als auf subjektiven Erfahrungen und Plausibilitätsüberlegungen beruhende Meinungsdarstellung betrachtet werden.

Dennoch sollte der Hinweis, daß Organisationen auch von sich aus Maßnahmen ergreifen können, um arbeitssüchtiges Verhalten zu erschweren und/oder abzubauen, hervorgehoben werden. Süchtiges bzw. abhängiges Verhalten, auch Tätigkeitssucht, entsteht immer im Rahmen eines multikausalen Prozeßgeschehens (siehe z.B. Feuerlein, 1989; Perlwitz, 1986; Remschmidt, 1988; Wanke, 1985). Fassel (1991) macht bzgl. der Arbeitssucht darauf nachdrücklich aufmerksam, wenn sie die beruflichen Umgebungsfaktoren der Betroffenen als möglicherweise mitverursachend für die Entwicklung eines (arbeits-) süchtigen Verhaltens betont.

Die Empfehlungen Fassels (1991) zur Bewältigung einer Arbeitssuchtproblematik, die sich u.a. auch auf organisatorische Maßnahmen beziehen, werden an anderer Stelle (siehe Kapitel 8) nochmals aufgegriffen.

5.3 Arbeitssucht und ihre Folgen für das Unternehmen aus betriebswirtschaftlicher Sicht (Steinmann, Richter & Goßmann, 1984)

Steinmann, Richter & Goßmann (1984) nähern sich dem Thema Arbeitssucht und den Konsequenzen eines solchen Verhaltens aus betriebswirtschaftlicher Sicht. Sie folgen in ihrer Argumentation Mentzel (1979; vgl. Kapitel 6.6.2), betrachten Arbeitssüchtige also als den Alkoholabhängigen vergleichbare Individuen und leiten darauf aufbauend ab, daß Arbeitssüchtige ebenso wie alkoholabhängige Mitarbeiter für Unternehmen zu einem Problem werden können. Insbesondere diskutieren sie in ihrem Aufsatz die zu erwartenden Konsequenzen für das personalwirtschaftliche System einer Organisation, wenn davon ausgegangen wird, daß die Einstellung/Förderung arbeitssüchtiger Mitarbeiter *vermieden* werden soll.

Steinmann et al. (1984, S. 3) definieren Arbeitssucht als "ein pathologisches und relativ überdauerndes Bedürfnis nach Arbeit (...)", welches nicht geschlechtsspezifisch auftritt und nicht auf bestimmte Berufsgruppen beschränkt ist.

Da sich die Autoren bei der Charakterisierung, Verlaufsbeschreibung und Wirkungsanalyse der Arbeitssucht allgemein auf Machlowitz (1981), Mentzel (1979) und Rohrlich (1982) stützen (siehe dazu Kapitel 6.3.3, 6.6.1 bzw. 6.6.2), soll zur Vermeidung von Redundanzen hier sofort auf Steinmanns et al. (1984) Ausführungen zur Frage der Arbeitssucht als personalwirtschaftlichem Problem eingegangen werden.

Personalwirtschaftliche Maßnahmen haben danach das Ziel, jede im Unternehmen/der Organisation vorhandene Stelle mit einem hinreichend geeigneten Mitarbeiter zu besetzen. "Die Ziel- und Zweckerreichung des Unternehmens soll damit auch durch eine ökonomisch rationale Personalauswahl, Personalerhaltung und Personalentwicklung auf Dauer gewährleistet werden" (Steinmann et al., 1984, S. 7). Die Befriedigung von Mitarbeiterbedürfnissen wird dabei "regelmäßig nur im Hinblick auf ihre Funktionalität für die ökonomisch effiziente Ziel- und Zweckverfolgung des Unternehmens berücksichtigt" (S. 7). Durch arbeitssüchtige Menschen komme es, so Steinmann et al. (1984), zu Veränderungen in und Reaktionen aus der Arbeitsumwelt. Diese Prozesse könnten dysfunktionale Rückwirkungen auf das Unternehmen/die Organisation haben, insbesondere weil sich der Arbeitssüchtige im Gegensatz zu dem in den grundlegenden (betriebswirtschaftlichen) Organisationstheorien immer wieder postulierten "homo oeconomicus" keinesfalls rational verhalte.

Im folgenden unterscheiden Steinmann et al. (1984) analytisch zwei Typen von Arbeitssüchtigen, nämlich:

a) den "konstruktiv" Arbeitssüchtigen, der sowohl qualitativ als auch quantitativ den Unternehmenszielen dienlich ist, bei dem also Individual- und Unternehmensinteresse zusammenfallen, und

b) den "destruktiv" Arbeitssüchtigen, der durch sein süchtiges Verhalten die Unternehmensinteressen behindert.

Beide Typen, so Steinmann et al. (1984), sind aus personalwirtschaftlicher Sicht als problematisch zu betrachten. Da diese Annahme beim ersten Typus, zumindest vordergründig, wenig plausibel erscheint, führen die Autoren näher aus, warum auch der konstruktiv Arbeitssüchtige für ein Unternehmen / eine Organisation ein Problem sein kann. Sie begeben sich wie Fassel (1991) explizit in eine Gegenposition zu Machlowitz (1978, 1981), die eine völlige Anpassung der (Organisations-, Familien-) Umwelt an den Arbeitssüchtigen fordert, ohne daß dieser sich in seinen Einstellungs- und Verhaltensmustern in irgendeiner Form zu ändern habe (vgl. weiter oben).

Steinmann et al. (1984) gehen davon aus, daß eine Lösung des Problems durch Anpassung der Umwelt an die Bedürfnisse des Arbeitssüchtigen aus ökonomischer Sicht zu kurz greifen dürfte. Diese Auffassung begründen sie folgendermaßen:

Jede im Rahmen der Personalauswahl, -erhaltung und -entwicklung zu fällende Entscheidung ist als Investitionsentscheidung zu betrachten. Solche Entscheidungen müssen immer auf der Basis von Wahrscheinlichkeiten getroffen werden und sind daher mit einem gewissen Investitionsrisiko verbunden. Dieses Risiko wird nach Steinmann et al. (1984) durch die Einstellung bzw. den Verbleib arbeitssüchtiger Mitarbeiter in Unternehmen/Organisationen erhöht, da einerseits durch die von den betroffenen Mitarbeitern ausgehenden kaum vermeidbaren Konflikte mit der betrieblichen Umwelt Koordinations- und Konfliktbewältigungskosten anfielen, zum anderen aber auch, weil bei arbeitssüchtigen Mitarbeitern die Wahrscheinlichkeit eines krankheitsbedingten Ausscheidens aus dem Unternehmen vor Ablauf der "Amortisationsdauer" vergrößert sei (vgl. Steinmann et al., 1984, S. 10).

Steinmann et al. (1984) konkretisieren ihre Ausführungen bzgl. der Bereiche "Aufgabenerfüllung", "Interaktionen mit der Arbeitsumwelt" und "sinkende Leistungsfähigkeit arbeitssüchtiger Mitarbeiter".

5.3.1 Negativer Einfluß von Arbeitssucht auf die Aufgabenerfüllung

Die Autoren relativieren die Ansicht, daß konstruktive Arbeitssüchtige aufgrund ihrer zielgerichteten Arbeitsweise produktive Aufgabenerfüller seien, da bei arbeitssüchtigen Mitarbeitern tendenziell die Gefahr bestehe, "daß sie in einen Konflikt kommen mit der

Logik arbeitsteiliger Organisationen. So gerät die Konstruktionsidee der Zuordnung einer relativ genau umrissenen Teilaufgabe auf einen Mitarbeiter im Verlauf der Krankheit immer mehr in Widerspruch zu dem sich steigernden Bedürfnis nach der Droge `Arbeit`" (Steinmann et al., 1984, S. 11).

Mögliche Konsequenzen einer solchen Entwicklung können sein (vgl. Steinmann et al., 1984, S. 11):

- Der Mitarbeiter verläßt die Organisation und verursacht so Fluktuationskosten.
- Er widmet sich nicht (nur) den ihm übertragenen Aufgaben, wodurch wegen drohender Reibungsverluste erhöhte Koordinationskosten anfallen und/oder aufgrund entstehender Kompetenzprobleme Konfliktbewältigungskosten das Unternehmen belasten.
- Der Mitarbeiter wechselt seine Arbeitsgebiete innerhalb der Organisation, was ebenfalls zu erhöhten Koordinationskosten führt und die angestrebte Verstetigung des organisationalen Gesamtgefüges behindert.

5.3.2 Negativer Einfluß von Arbeitssucht auf das Interaktionsverhalten

Hinsichtlich der Interaktionen des arbeitssüchtigen Mitarbeiters mit seiner Umwelt befürchten Steinmann et al. (1984) Beeinträchtigungen sowohl in horizontaler wie vertikaler Richtung.

Auf horizontaler Ebene werden die Interaktionen insbesondere durch die zunehmend gestörte Kommunikationsfähigkeit des betroffenen Mitarbeiters, durch seine Verteidigungshaltung und seine Konkurrenzangst gegenüber Kollegen beeinflußt. Eine drastische Verschlechterung des Betriebsklimas ist die Folge. Bei Kundenkontakten kann eine negative Außenwirkung nicht ausgeschlossen werden.

Hat der arbeitssüchtige Mitarbeiter eine Vorgesetztenposition inne, kommt es nach Steinmann et al. (1984) zu einer massiven Belastung der vertikalen Interaktionen, wenn der arbeitssüchtige Vorgesetzte von seinen Mitarbeitern gleichen Arbeitseinsatz fordert und bei Enttäuschung seiner Erwartungen übertrieben hart reagiert. Die Unfähigkeit des Arbeitssüchtigen zur Delegation und Kommunikation begünstigt Demotivierungen bei den unterstellten Mitarbeitern, was wiederum zu Fluktuation, Absentismus, Minderleistung usw. führen kann.

Auch der umgekehrte Fall erscheint Steinmann et al. (1984) problematisch: Soll der Vorgesetzte einen arbeitssüchtigen Mitarbeiter führen, verbietet sich der Einsatz des herkömmlichen Instrumentariums der Führungslehre, da es nicht darum geht, einen Mitarbeiter zu motivieren, sondern im Gegenteil zu "demotivieren". Steinmann et al. (1984, S. 13) resümieren: "Insgesamt erhöht sich das Konfliktpotential und der Koordinationsaufwand; die traditionellen Steuerungsmechanismen für arbeitsteilige soziale Systeme werden zumindest teilweise ineffizient."

5.3.3 Negativer Einfluß von Arbeitssucht auf die individuelle Leistungsfähigkeit

Schließlich problematisieren die Autoren die schwindende Leistungsfähigkeit auch des konstruktiven Arbeitssüchtigen als eine das Investitionsrisiko steigernde Variable. Da sie Arbeitssucht als eine dem Alkoholismus vergleichbare Krankheit begreifen, befürchten sie mit fortschreitender Zeit vermehrt auftretende physische und psychische Auffälligkeiten bei betroffenen Mitarbeitern mit der Folge, daß krankheitsbedingte Abwesenheiten zunehmen und längere Arbeitsunfähigkeit und/oder Frühinvalidität droht.

5.3.4 Schlußfolgerungen aus betriebswirtschaftlicher Sicht

Steinmann et al. (1984) plädieren auf Basis der vorgenannten Argumentation für geeignete Maßnahmen zur Prävention, Identifikation und Therapie der Arbeitssucht. Suchtfördernde Arbeitsbedingungen seien zu vermeiden, betroffene Mitarbeiter zu erkennen und therapeutische Maßnahmen einzuleiten.
Die Autoren regen u.a. dazu an, daß Unternehmen

- über ihre Personalauswahlverfahren und ihre Anforderungsprofile bei Stellenbesetzungen nachdenken, um die frühzeitige Kultivierung einer suchtfördernden Organisationsumgebung zu verhindern,
- ihre Anreizsysteme ("Qualität statt Quantität") sowie ihre Arbeitszeit-, Pausen- und Urlaubsregelungen im Hinblick auf suchtbegünstigende Aspekte untersuchen,
- sich bemühen, Arbeitssucht in ihrer Organisation zu identifizieren, die Organisationsmitarbeiter insgesamt für die Problematik zu sensibilisieren und geeignete Maßnahmen zur Rehabilitation Betroffener zu realisieren (vgl. auch Kapitel 9.1).

Abschließend fordern Steinmann et al. (1984) systematische empirische Untersuchungen zum Thema Arbeitssucht, um auch auf breiterer Basis zu geeigneten Problemvermeidungs- bzw. Problemlösungsansätzen zu gelangen. Dabei erscheint ihnen eine interdisziplinäre Zusammenarbeit sowie eine aktive Mithilfe der Wirtschaftspraxis unabdingbar.

Die Forderung nach empirischer Erforschung der Arbeitssucht im Rahmen von Unternehmen/Organisationen ist schwierig umzusetzen, da weder wirtschaftliche noch gesellschaftliche Rahmenbedingungen für eine Thematisierung und Problematisierung dieser stoffungebundenen Suchtform gegeben sind. Das Forschungsdefizit in diesem Bereich ist nicht zuletzt darauf zurückzuführen, daß die These der möglichen Schädlichkeit des süchtigen Arbeitens (wie zuvor bereits ausgeführt) Grundüberzeugungen und Grundlagen unseres Wirtschafts- und Gesellschaftssystems zu attackieren scheint, und von daher mit Vehemenz und Rigidität zurückgewiesen wird. Insofern stellen die Arbeiten von Steinmann et al. (1984) und Fassel (1991) erste Versuche einer Aufbrechung dieses Tabus dar, ohne die geäußerten Hypothesen empirisch untermauern zu können. Dennoch bieten sie Anhaltspunkte für weitere Überlegungen und Forschungserfordernisse im Hinblick auf die möglichen wirtschaftlichen Konsequenzen exzessiver Vielarbeit. Ihr heuristischer Wert sollte daher im Hinblick auf eine Erhellung des Forschungsgegenstandes nicht unterschätzt werden.

6 Erklärungsansätze zur Entstehung von Arbeitssucht

Die Überschrift dieses Kapitels mag den Eindruck erwecken, daß die Problematik "Arbeitssucht" wenn schon nicht auf empirischer, so doch zumindest auf theoretischer Ebene eingehender behandelt wurde und hier als Ergebnis dieser Aktivitäten voneinander unterscheidbare theoretische Ansätze und Modelle der Arbeitssucht referiert werden können. Betrachtet man jedoch den aktuellen Forschungsstand, so wird deutlich, daß weder in bezug auf stoffgebundene Abhängigkeiten noch im Hinblick auf stoffungebundene Süchte eine einheitliche, allgemein akzeptierte und anerkannte Auffassung über die Ätiologie von Abhängigkeit und Sucht besteht (vgl. beispielhaft Böning, 1985; Feser, 1986; Feuerlein, 1989; Funke, 1990; Hobi, 1982; Lempke, 1990; Schmitz-Moormann, 1987). Einigkeit herrscht allenfalls darüber, daß die Entstehung von Sucht oder Abhängigkeit immer ein hochkomplexes dynamisches Geschehen ist (Böning, 1991) und nur "durch die Begriffe verschiedener Wissenschaften in kooperativem Vorgehen zu beschreiben <ist>" (Feser, 1986, S. 1). Die Forderung nach Interdisziplinarität beschränkt sich dabei nicht nur auf den Bereich der Erforschung der Ursachen von Sucht/Abhängigkeit, sondern auch auf diesbezügliche präventive, prophylaktische und therapeutische Maßnahmen (Pfeiffer, 1986). Im Zusammenhang mit Arbeitssucht wird auf diesen Aspekt noch eingegangen werden.

Übereinstimmung läßt sich bei der Erörterung der Frage nach Sucht/Abhängigkeitsursachen ebenfalls in der Auffassung der Multikonditionalität und der Interaktion zwischen drei Ursachenfaktoren, nämlich der *Droge*/dem *Suchtmittel*, physiologischen und psychologischen Aspekten des *Individuums* sowie *Umweltvariablen* feststellen (vgl. Feuerlein, 1989; Funke, 1990). Folgende in Anlehnung an Puttkammer (1991) erstellte Abbildung (siehe Abb. 6.1) veranschaulicht und differenziert diese als "Suchtdreieck" bekannte Zusammenstellung von Suchtentstehungsursachen (vgl. auch Kielholz, 1973). Erweitert wird das "traditionelle Suchtdreieck" insofern, als daß die *Umweltvariablen* aufgeteilt werden in die Bereiche *Sozialer Mikrokosmos* und *Sozialer Makrokosmos*. Es bleibt noch zu überprüfen, ob sich eine solche Differenzierung empirisch nachvollziehen läßt und Vorteile für eine Theoriebildung und damit Erklärung von Sucht/Abhängigkeit bietet.

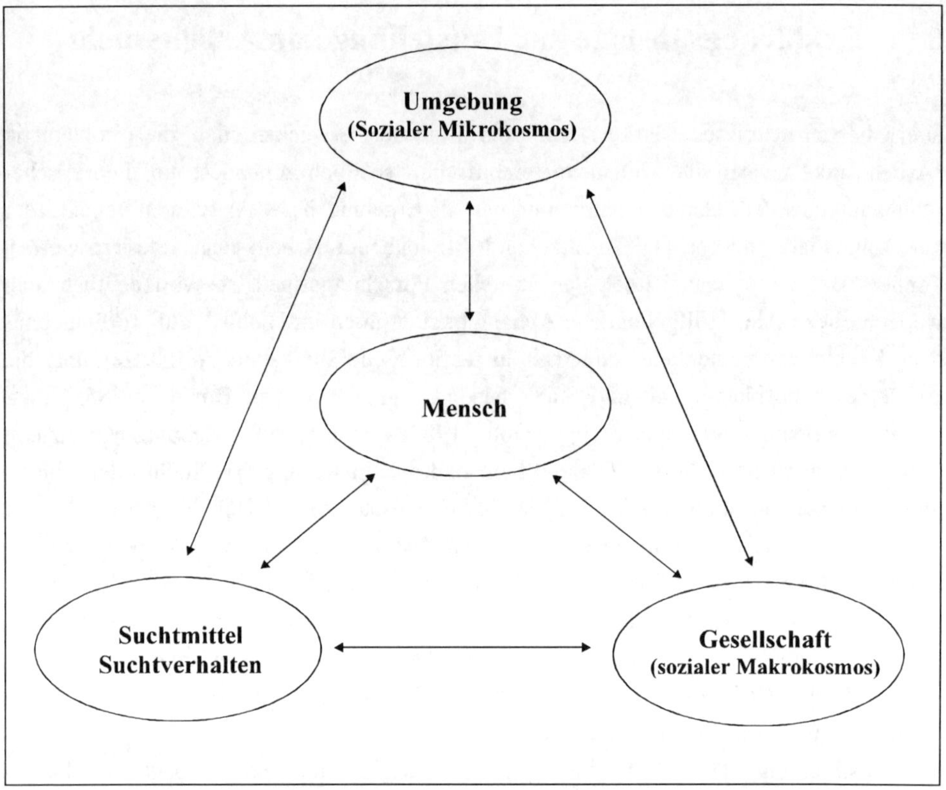

Abb. 6.1: Bedingungsfaktoren der Suchtentstehung (in Anlehnung an Puttkammer, 1991, S. 9)

Die Gewichtung der einzelnen Faktorengruppen bzgl. der Erklärung von Sucht/Abhängigkeit fällt je nach theoretischer Orientierung unterschiedlich aus.
Im folgenden soll ein Überblick über einige theoretische Erklärungsansätze zur Entstehung von (Arbeits-) Sucht gegeben werden. Verhaltenstheoretische und psychoanalytische Erklärungsmodelle werden dabei im Vordergrund stehen, da sich die wenigen theoretischen Arbeiten (besser sollte man sagen: die wenigen auf theoretische Aspekte überhaupt Bezug nehmenden Publikationen) zum Thema Arbeitssucht bzw. stoffungebundene Süchte im allgemeinen fast ausschließlich auf die Grundannahmen dieser beiden Paradigmen stützen (vgl. dazu auch die Diskussion möglicher theoretischer Modelle der Arbeitssucht bei Haymon, 1992).

Eine spezielle Theorie der *Arbeits*sucht existiert weder im verhaltenstheoretischen noch im psychoanalytischen Bereich. Sowohl Verhaltenstheorie als auch Psychoanalyse vertreten den Anspruch, menschliches Verhalten in seiner Komplexität analysieren, erklären und unter gewissen Umständen auch dessen Veränderung ermöglichen zu können. Es ist daher konsequent, daß in beiden Ansätzen süchtiges Verhalten als eine spezielle Form menschlichen Verhaltens verstanden wird, ohne hinsichtlich der Erklärung der Entste-

hung von Sucht zwischen einzelnen Suchtmitteln zu differenzieren. Eine Unterscheidung zwischen stoffgebundener Abhängigkeit und stoffungebundener Sucht, wie sie in der vorliegenden Arbeit angeregt wird, läßt sich demnach weder aus dem verhaltenstheoretischen, noch aus dem psychoanalytischen Ansatz heraus begründen. Verhaltenstheoretiker betonen den Vorteil des Begriffs "Abhängigkeit", der im Gegensatz zum undefinierten Konzept der Sucht operationalisierbar sei (Ferstl & Kramer, 1976).
In der Psychoanalyse wird dagegen der Suchtbegriff präferiert, wobei unter Sucht eine abnorme Verhaltens- und Erlebensweise verstanden wird, die auf Basis einer süchtigen Fehlhaltung entsteht. Süchtige werden einheitlich betrachtet, unabhängig von der Art der eingenommenen psychotropen Substanzen oder der Frage, ob überhaupt solche Substanzen verwendet werden (Feuerlein, 1980).
Die folgenden Ausführungen stellen daher Übertragungen allgemeiner verhaltenstheoretischer oder psychoanalytischer Annahmen zur Abhängigkeits- bzw. Suchtthematik auf den spezifischen Bereich der Arbeitssucht dar.
Bevor sich den verhaltenstheoretischen und psychoanalytischen Konzepten gewidmet wird, soll noch kurz auf einige andere Sucht-/Abhängigkeitstheorien zumindest hingewiesen werden, auch wenn diese Ansätze nicht weiter vertieft werden. Auf eine intensive Auseinandersetzung mit diesen Ansätzen kann hier u.a. deswegen verzichtet werden, weil ihre Anwendbarkeit im Bereich der Erforschung stoffungebundener Suchtformen bislang nicht ausreichend überprüft ist. Insbesondere bzgl. der Arbeitssuchtproblematik wurde ihnen nur wenig oder bislang sogar gar keine Aufmerksamkeit gewidmet.

* Biochemische Erklärungsansätze

Biochemische Erklärungsmodelle für die Entstehung nicht-stoffgebundener Süchte (vgl. Alsen, 1988; Zehentbauer, 1992) haben ihre Grundlage in dem Nachweis, daß der menschliche Körper zur autonomen Produktion von Substanzen in der Lage ist, die in ihrem Aufbau und in ihrer Wirkung exogen zugeführten psychotropen Substanzen entsprechen. Zu diesen endogen erzeugten Produkten gehören schmerzstillende, morphinähnliche Stoffe (Endomorphine), angstlösende, valiumähnliche Substanzen (Endovalium), LSD-ähnliche endogene Stoffe, anregende, den Wachheitsgrad erhöhende Neurohormone (Noradrenalin) und phantasiefördernde Transmittermoleküle (Dopamin) (vgl. Jensen, 1990; Zehentbauer, 1992, S. 36). Auch ist belegt worden, daß man diese körpereigenen Substanzen durch bestimmte Handlungsweisen und Verhaltenstechniken mobilisieren kann, wobei die eingesetzten Verhaltensmuster z.T. schon Jahrtausende alt sind, der Nachweis ihrer Stimulierung körpereigener Substanzen aber erst in jüngster Zeit im Rahmen eklatanter Fortschritte der biochemischen Forschung möglich wurde.
Suojanen & Hudson (1981) stellten im Zusammenhang mit Arbeitssucht die (empirisch bislang allerdings nicht bestätigte) Hypothese auf, daß arbeitssüchtige Personen physisch angewiesen sind auf die in Streß- oder Belastungssituationen endogen produzierten Katecholamine Adrenalin und Noradrenalin. Arbeitssüchtige provozieren und produzie-

ren nach Ansicht der Autoren daher immer wieder Situationen, die zu erhöhter Ausschüttung dieser Stoffe führen. Hart (1986) sowie Pace, Suojanen, Bessinger, Lee, Fredrick & Miller (1987) formulierten eine ähnliche Annahme in bezug auf den weiter unten noch ausführlich besprochenen Typ-A-Verhaltensstil (vgl. Friedman & Rosenman, 1975). Ihre Aussage, daß zum Typ-A-Verhalten neigende Personen eine Abhängigkeit von körpereigen produzierten Adrenalinen aufweisen, muß jedoch ebenfalls als bislang empirisch nicht bestätigte Behauptung betrachtet werden.
Im deutschsprachigen Raum hat sich Böning (1991) intensiver mit der Neurobiologie und Psychopathologie süchtigen Verhaltens beschäftigt. Er betont, daß sich süchtiges Verhalten im Schnittpunkt neurobiochemischer, individualpsychologischer und sozialer Bereiche entwickelt, wobei Böning (1991) in seine Überlegungen auch explizit Tätigkeitssüchte einbezieht. Zentrale Bedeutung für die Neurobiologie süchtigen Verhaltens hat dabei das in verschiedenen Strukturen des menschlichen Hirns lokalisierte und für Lust/Unlust-Gefühle bedeutsame "Belohnungssystem" (Feuerlein, 1989), das durch die Neurotransmitter Dopamin und Noradrenalin, Serotonin und durch die Endomorphine moduliert wird (Feuerlein, 1989). Böning (1985, 1991) spricht dem katecholaminerg und endophinerg gesteuerten "Belohnungssystem" eine zentrale Funktion beim Verstärkungs- bzw. Vermeidungslernen zu. Durch die Aktivität des Belohnungssystems werden automatisierte kognitiv-emotionale und motorische Schablonen süchtigen Verhaltens ankonditioniert. "Dies gilt für Toxikomanien wie auch für den harten Kern der nichtstoffgebundenen Tätigkeitssüchte und charakterisiert süchtiges Verhalten immer auch als neuronal fixiertes \`Gedächtnismuster\`" (Böning, 1991, S. 23).
Insgesamt jedoch, das belegen auch die Ausführungen Bönings (1991), muß davon ausgegangen werden, daß die neurobiologische Forschung zur Sucht/Abhängigkeit noch in den Anfängen steht. Diese Aussage gilt sowohl für stoffgebundene Abhängigkeiten als auch, und hier in noch stärkerem Maße, für stoffungebundene Süchte. Die Komplexität des Forschungsgegenstandes macht jedoch zweifelsohne die Berücksichtigung der neurobiologischen Basis menschlichen Verhaltens als einem Begleit- oder sogar Erklärungsfaktor süchtigen/abhängigen Verhaltens erforderlich. Sollten biochemische Prozesse bei der Aneignung und Aufrechterhaltung süchtigen Verhaltens von Bedeutung sein, so wäre diesem Aspekt auch im Rahmen der Therapie einer Sucht-/Abhängigkeitserkrankung Beachtung zu schenken (zur Therapie von Arbeitssucht vgl. Kapitel 8). Da diesbezügliche Erkenntnisse noch nicht als gesichert betrachtet werden können, kann auf diesen Sachverhalt hier nur hingewiesen werden. Im übrigen erscheint in diesem Zusammenhang folgender Einwand von Weber (1984, S. 173) bzgl. der hirnphysiologischen Suchtforschung bemerkenswert: "All' diese Forschungen klären uns höchstens darüber auf, auf welchem Weg Unlustgefühle chemisch durch Lustgefühle übertönt werden können, und wie die körperliche Abhängigkeit entsteht. Aus welcher seelischen Konstellation heraus das Erleben der alltäglichen Realität so unerfreulich wird, daß der Drang es zu betäuben und zu übertönen, unwiderstehlich wird, ist damit noch nicht gesagt."

* Persönlichkeitspsychologische Erklärungsansätze

Die Versuche, süchtiges/abhängiges Verhalten über das Vorliegen einer speziellen Suchtpersönlichkeit hinreichend erklären zu können, dürfen als erfolglos bezeichnet werden. Hobi (1982) bezeichnet die Ergebnisse der Forschung im Hinblick auf die Entdeckung prämorbider und morbider Dispositionen bei Süchtigen als "eher dürftig". Und weiter führt er aus: "Weder gelingt es, prämorbid oder morbid die Suchtpersönlichkeit von neurotischen, psychosomatischen und teilweise sogar endogenen psychischen Erkrankungen statistisch signifikant zu trennen, noch läßt sich eine differentielle Persönlichkeitstypologie in Abhängigkeit der bevorzugten Suchtmittel erhärten (toxische Veränderungen im Gefolge des Abusus ausgenommen)" (Hobi, 1982, S. 579; siehe auch Ladewig & Graw, 1986).

Körkel & Lauer (1988, S. 70) bestätigen dies für den Bereich der Alkoholabhängigkeit: "Die Suche nach der typischen Rückfallpersönlichkeit kann (...) ebenso wie die Suche nach der typischen Alkoholikerpersönlichkeit als weitgehend gescheitert betrachtet werden."

Im Zusammenhang mit der Frage, welchen Erklärungswert Persönlichkeitsmerkmale für das pathologische Glücksspiel ("Spielsucht") haben, fordert Meyer (1988) nach einer Literaturdurchsicht weitere empirische Studien. Er bemängelt die insgesamt geringe Anzahl bzw. die kleinen Stichprobengrößen der bislang durchgeführten Untersuchungen zur Thematik, die überdies zu sehr widersprüchlichen Ergebnissen geführt hätten. Zudem wiesen die Studien erhebliche Mängel in der Stichprobenauswahl, den Gütekriterien der eingesetzten Instrumente und im Untersuchungsdesign auf. Eine eindeutige Unterscheidung von Ursache- und Wirkungsfaktoren sei auf Grundlage dieser Untersuchungen keinesfalls möglich. Meyer (1988) fordert darüber hinaus eine Berücksichtigung sozialer, struktureller und situativer Faktoren zur Erklärung des Phänomens "pathologisches Glücksspiel", da Persönlichkeitsfaktoren als prädisponierende Faktoren keinesfalls isoliert betrachtet werden dürften.

Umfassende persönlichkeitstheoretische Ansätze zur Erklärung der Entstehung arbeitssüchtigen Verhaltens lassen sich in der Literatur nicht finden. Es wird zwar häufig versucht, Arbeitssüchtige über Persönlichkeitsmerkmale zu beschreiben oder bestimmte Persönlichkeitsmerkmale für ihr exzessives Arbeitsverhalten verantwortlich zu machen (vgl. z.B. Machlowitz, 1978; einen Überblick über Arbeiten, die Persönlichkeitsmerkmale von Arbeitssüchtigen referieren, gibt Doty, 1984). Die Ableitung dieser Traits geschieht jedoch in aller Regel atheoretisch und willkürlich und hat allenfalls deskriptiven Wert. Offen bleibt, inwiefern diese Persönlichkeitsmerkmale tatsächlich charakteristisch für Arbeitssüchtige sind, da Vergleichsuntersuchungen mit Nicht-Arbeitssüchtigen fehlen. Die Kategorisierung "arbeitssüchtig vs. nicht-arbeitssüchtig" basiert zudem auf unklaren und/oder subjektiven und über verschiedene Studien hinweg unterschiedlichen Kriterien. Geringe Stichprobengrößen schmälern den Aussagegehalt vieler Studien. Völlig offen bleibt die Frage, ob die untersuchten Persönlichkeitsmerkmale *Ursache* oder *Folge* der

Arbeitssucht sind.

* Soziologische Erklärungsansätze von Sucht

Auch isoliert soziologisch orientierte Ansätze zur Erklärung der Entstehung von Sucht bzw. Arbeitssucht müssen als unbefriedigend zurückgewiesen werden. Renn (1986, S. 111) kritisiert zurecht Versuche, der Gesamtgesellschaft eine soziogene Wirksamkeit global zuzuschreiben. Schmieder (1992) betont, daß die gesellschaftlichen Verhältnisse nicht isoliert erfaßbar sind, sondern durch individuelles Verhalten entstehen. Die gesellschaftlichen Verhältnisse sind nach Ottomeyer (1976, S. 67) "die gesellschaftliche Seite individuellen Verhaltens." Das indifferenzierte Unterstellen eines "Suchtpotentials" in modernen Industriegesellschaften ist ebenso unangemessen wie die pauschalisierende Rede von der "Suchtgesellschaft" (Renn, 1986). Schmieder (1992, S. 12) bezeichnet die Anführung der Gesellschaft als "krankmachende(m) Gesamtzusammenhang" zur Begründung süchtigen Verhaltens als vorschnell und allenfalls beschreibenden, aber nicht erklärenden Ansatz.

Renn (1986, S. 111f.) präzisiert: "Die Gesellschaft als einheitlich wirkenden Faktor gibt es nicht. Gesellschaft ist vielmehr ein Bündel einzelner Wirkungsgrößen. Diese bestimmen die soziale Lage, in der sich einzelne Personen befinden. Von diesen Faktoren gehen jeweils einzelne Wirkungen aus. Gesellschaftsvergleichende sowie kritische Untersuchungen solcher Faktoren *im einzelnen* sind daher notwendig". Die isolierte Übertragung allgemeiner soziologischer Ansätze auf die Bereiche Mißbrauch und Abhängigkeit sei wenig zielführend. Vielmehr sei ein Einbringen soziologischer Ergebnisse in integrierende und interdisziplinäre Ansätze zur Erklärung von Mißbrauch und Abhängigkeit anzustreben (Renn, 1986). "Die Frage nach der Wirksamkeit gesellschaftlicher Faktoren kann daher immer nur eine Frage nach dem relativen Stellenwert <dieser Faktoren; Anm. d. Verf.> sein" (Renn, 1986, S. 103). Andererseits kritisiert Schmieder (1992) aber auch eine häufig feststellbare allzu starke Vernachlässigung sozialer Faktoren bei der Erklärung der Entstehung und (Nicht-) Bewältigung von Verhaltensproblemen. "Im Selbstverschuldenstheorem bleiben arbeits- und umweltbedingte Risikofaktoren außen vor, Selbstkontrolle ist das Ansinnen und vermehrte individuelle Anstrengung die häufigste Reaktion" (Schmieder, 1992, S. 99). Auch Schmieder (1992) plädiert für eine Interdisziplinarität bei der Erforschung süchtigen Verhaltens, die die kulturelle und soziale Bestimmtheit der Persönlichkeit sowie "typische Merkmale von Individuen, wie sie durch die und von den gesellschaftlichen Lebensverhältnissen ansozialisiert werden", berücksichtigt (Schmieder, 1992, S. 16).

Isoliert soziologische Theorien können nicht erklären, warum es einzelne Süchtige/Abhängige gibt, sondern lediglich versuchen, eine Erklärung für die mehr oder minder große Häufigkeit und die Rahmenbedingungen des Auftretens von Sucht/Abhängigkeit in einzelnen Gruppen oder Kulturen zu geben (vgl. Feuerlein, 1989). Dabei stellen soziologische Konzepte kulturelle, gesellschaftliche, schichtenspezifische, familiäre und berufsbedingte Einflußfaktoren menschlichen Verhaltens in den Vordergrund (Meyer, 1988). Soziologische Untersuchungen zum Thema Sucht sollten daher Variablen berücksichtigen wie Suchtmittelverfügbarkeit, Suchtmittelnachfrage, Werte, Normen und Traditionen einer Gesellschaft, gesellschaftliche Reaktion auf Suchtverhalten, soziale Lebenslagen, berufliche Milieus, Sozialisationsfaktoren etc. (Renn, 1988).

Systematische soziologische Untersuchungen zur Arbeitssucht finden sich in der Literatur nicht. Vereinzelt wird zwar in Publikationen kollektive Arbeitssucht als ein gesamtgesellschaftliches und quasi alle Gesellschaftsmitglieder (Sprankle & Ebel, 1987) oder zumindest komplette Belegschaften spezifischer Organisationen (Schaef & Fassel, 1988) betreffendes Problem betrachtet. Auch wird von manchen Autoren Arbeitssucht als dominanter Lebensstil der Industriegesellschaft beschrieben (so z.B. Puschmann & Wegener, 1992; Wacker, 1987), letztlich aber werden weder nachvollziehbare Begründungen noch empirische Belege für diese pauschalen Behauptungen geliefert. Schließlich wird von den Urhebern solcher Aussagen auch verkannt, daß durch derartige unbedachte Generalisierungen eine adäquate Auseinandersetzung mit dem Problem der Arbeitssucht verhindert wird, da keine differentialdiagnostische Aussage mehr möglich ist, wenn alle Mitglieder einer Gesellschaft "Symptomträger" sind. Renn (1988, S. 105) bezeichnet solche pauschalisierenden Konzepte als "pseudosoziologisch".

Es sollte deutlich geworden sein, daß die im folgenden dargestellten Erklärungsansätze zur Entstehung von Arbeitssucht fernab davon sind, als Theorien der Arbeitssucht bezeichnet zu werden. Die Zusammenstellung sollte eher als Orientierungsschema aufgefaßt werden, in das die wesentlichen Literaturquellen zum Thema Arbeitssucht eingeordnet wurden. Während in den Kapiteln 6.1 und 6.2 grundlegende verhaltenstheoretische bzw. psychoanalytische Annahmen über die Entstehung süchtigen Verhaltens allgemein dargestellt werden, behandeln die Kapitel 6.3 bis 6.6 spezifischere, explizit auf Arbeitssucht Bezug nehmende Ansätze. Wegen der unterschiedlichen Abstraktionsebenen der Kapitel 6.1/6.2 bzw. 6.3-6.6 lassen sich Überschneidungen in der Einordnung veröffentlichter Arbeiten nicht immer vermeiden. Da mit der Zusammenstellung jedoch lediglich ein *Überblick* über vorfindbare Erklärungsheuristiken zum Thema Arbeitssucht intendiert ist, wird dieser Mangel in Kauf genommen. Angesichts der Komplexität und der Multikausalität des in Frage stehenden Verhaltens sollten die vorgelegten Erklärungskonzepte als Basis der Hypothesengenerierung, nicht aber als erschöpfende Begründungsmodelle betrachtet werden.

Es wird zudem darauf hingewiesen, daß die dargestellten Erklärungskonzepte sich einander nicht ausschließen, sondern eher als miteinander integrierbare und in eine übergeordnete Heuristik überführbare Überlegungen betrachtet werden sollten.

Die Reihenfolge der Besprechung einzelner Erklärungsansätze folgt dabei speziell in den Kapiteln 6.3 bis 6.6 keinem spezifischen zeitlichen oder inhaltlichen Ordnungsschema.

Vielmehr werden die Arbeiten verschiedener Autoren relativ unabhängig voneinander referiert, wobei die Reihenfolge der Darstellung frei gewählt ist.
Die Bedeutung einzelner Publikationen für den Bereich der Arbeitssuchtforschung läßt sich jedoch aus dem Umfang erschließen, der der Besprechung der einzelnen Arbeiten gewidmet wird.

6.1 Verhaltenstheoretische Erklärung (arbeits-) süchtigen Verhaltens

Verhaltenstheoretische Erklärungsansätze arbeitssüchtigen Verhaltens gehen von der Grundannahme aus, daß das Arbeitsverhalten eines Individuums (wie jedes Verhalten) ein auf Basis allgemeiner Lerngesetze erworbenes, aufrechterhaltenes und veränderbares Verhalten ist. "Süchtiges" und "normales" Arbeitsverhalten unterscheiden sich demnach a priori nicht grundsätzlich voneinander. Beide Verhaltensformen kommen durch vergleichbare lerntheoretische Prozesse zustande, die lediglich verschieden verlaufen (Lange, 1974).
Die zahlreichen Lerntheorien, die in den letzten 90 Jahren entwickelt wurden (wesentliche Namen in diesem Zusammenhang sind Hull, Pawlow, Skinner, Thorndike, Tolman, Watson u.a.), haben in großem Umfang theoretisches Wissen bezüglich des Erlernens, der Erhaltung, der Veränderung und der Löschung menschlichen Verhaltens akkumuliert (Vogler & Revenstorf, 1978). Grundlage aller Lernvorgänge bildet die funktionale Verknüpfung zwischen einem Umweltreiz einerseits und der Reaktion eines Individuums andererseits (Lange, 1974).
Es lassen sich im Rahmen der Lerntheorie folgende zentrale Lernprinzipien beim Aufbau, der Beibehaltung, der Modifikation und der Aufgabe von Verhaltensweisen unterscheiden: die klassische Konditionierung, die operante Konditionierung und das Modellernen (vgl. hierzu und zu den folgenden Ausführungen Vollmer, 1988).

Das Prinzip der klassischen Konditionierung besagt, daß die Koppelung eines neutralen, bis dahin nicht-reaktionsauslösenden Reizes (bedingter Reiz) mit einem eine bestimmte Reaktion auslösenden Reiz (unbedingter Reiz) unter bestimmten Voraussetzungen dazu führen kann, daß auf den ursprünglich neutralen Reiz gleiche oder ähnliche Reaktionen (bedingte Reaktion) erfolgen wie auf den eigentlichen reaktionsauslösenden Reiz (unbedingte Reaktion). Für den bedingten Reiz gelten die Gesetze der Wiederverstärkung bzw. Löschung. D.h., daß jedes Vorkommen eines unbedingten Reizes im zeitlichen Zusammenhang mit einem bedingten Reiz diesen verstärkt bzw. daß der bedingte Reiz geschwächt oder inaktiviert wird, wenn keine Koppelung mit dem unbedingten Reiz erfolgt. Die Löschung ist kein Vorgang des passiven Verschwindens oder Vergessens, sondern das aktive Erlernen einer Tendenz, nicht zu reagieren.
Weitere wichtige Konzepte der klassischen Konditionierung sind die Generalisierung (auch dem bedingten Reiz ähnliche Reize können die bedingte Reaktion auslösen) sowie

die Diskriminierung (Unterscheidung von Reizen).
Bei der operanten Konditionierung (Skinner, 1953) wird eine Reaktion (dazu gehören beobachtbares Verhalten, Kognitionen, Emotionen, physiologische Reaktionen) in ihrer Auftretenswahrscheinlichkeit durch Belohnung erhöht. Belohnungen können dabei in Form von positiven oder negativen Verstärkungen auftreten. Positive Verstärkung meint, daß auf ein bestimmtes Verhalten eine Belohnung (ein angenehmer Reiz) folgt, während die negative Verstärkung gekennzeichnet ist durch die Vermeidung oder den Wegfall einer Bestrafung (eines unangenehmen Reizes). Eine Reaktion kann zudem in ihrer Auftretenswahrscheinlichkeit sinken, wenn sie bestraft wird (durch Darbietung eines unangenehmen Reizes oder Wegnahme eines angenehmen Reizes). Die intermittierende Verstärkung führt zur höchsten, die kontinuierliche Verstärkung zur geringsten Löschungsresistenz eines Verhaltensmusters (vgl. Bredenkamp & Wippich, 1977).

Die klassische Konditionierung ist für die Erklärung komplexer menschlicher Verhaltensmuster weniger relevant als die operante Konditionierung. Besondere Bedeutung kommt diesbezüglich dem Modellernen zu (Bandura, 1979). Nicht nur durch die Prinzipien der klassischen und der operanten Konditionierung entwickeln und erweitern Individuen ihr Verhaltensrepertoire, sondern insbesondere durch Beobachtung des Verhaltens und der Erfahrungen anderer lernt die Person sowohl neue Verhaltensweisen als auch Kontingenzen zwischen Verhalten und Verhaltenskonsequenzen (Stroebe, 1980).

Die Lerntheorien stellen jedoch nur einen Teil der Grundlagen verhaltenstheoretischer Ansätze zur Erklärung von (Arbeitssucht-) Verhalten dar. Wesentlich für das Verständnis menschlichen Verhaltens ist ebenso die Berücksichtigung "innerer Vorgänge" wie Gedanken, Gefühle, Wahrnehmungsprozesse (Vollmer, 1988), aber auch Einstellungen, Werthaltungen und Erwartungen (Schneider, 1985). Die modernen Verhaltenstheorien sehen nach Hadler (1988, S. 183; Hervorh. im Text) "den Menschen (...) als reagierendes *und* agierendes, zielgerichtetes *und* von Emotionen geleitetes, bewußtes *und* unbewußtes Wesen. Verhalten bedeutet: Handeln, Fühlen, Wahrnehmen, Behalten usw., mit anderen Worten kognitiv-emotionales Reagieren und Agieren. Verhalten ist das Ergebnis der Wechselwirkung zwischen den Personen und ihrer Umgebung."
Daher gehen die neueren Verhaltenstheorien zur Entstehung von Sucht- und Abhängigkeitsproblematiken von der Grundannahme aus, daß eine Erforschung der vielfältigen Wechselbeziehungen von kognitiven, behavioralen, sozialen und biologischen Faktoren zur schlüssigen Aufklärung der Suchtproblematik notwendig ist (Feuerlein, 1989; vgl. Ferstl, 1989; Schneider, 1985). Diese sogenannten sozial-kognitiven Lern- oder Verhaltenstheorien basieren auf der Annahme, daß ein Organismus auf eine vorgegebene Stimulussituation mit einem Verhalten reagiert, das aus den drei Komponenten Kognition, Emotion und Handlung zusammengesetzt ist. Zu allen drei Prozessen (Emotion, Kognition, Handlung) gibt es physiologische Korrelate. Handlungsabläufe werden, ebenso wie

Kognitionen und Emotionen, in Lernprozessen auf- und abgebaut. Dieser feste Bestand an emotionalem, kognitivem und motorischem Repertoire, der auch als Lerngeschichte des Individuums bezeichnet wird, entwickelt sich in Abhängigkeit von sozialen Kontingenzen (Belohnung und Bestrafung im weitesten Sinn). Soziale Kontingenzen sowie materielle Verstärker tragen ebenfalls zur Aufrechterhaltung von Verhaltensweisen bei (Revenstorf & Metsch, 1986).

Bandura (1979) nennt folgende Faktoren, die im Sinne der sozial-kognitiven Lerntheorie Einfluß darauf haben, ob ein Individuum sich ein bestimmtes Verhalten aneignet und/oder aufrechterhält:

a) die Anreize für das Verhalten,
b) die vom Individuum antizipierten Befriedigungen,
c) die vom Individuum beobachteten Vorteile,
d) der vom Individuum schon erfahrene Funktionswert des Verhaltens,
e) das wahrgenommene Risiko,
f) die Selbstbewertung,
g) soziale Barrieren und ökonomische Einschränkungen.

Im Zusammenhang mit Alkoholmißbrauch und Alkoholabhängigkeit hat die verhaltenstheoretisch orientierte Forschung *Bedingungen* eines exzessiven Alkoholkonsums erarbeitet (vgl. Schneider, 1982). Übertragen auf den Verhaltensbereich des süchtigen (Viel-) Arbeitens lassen sich folgende Voraussetzungen eines solchen Verhaltensmusters postulieren, deren empirische Gültigkeit jedoch noch erst nachgewiesen werden muß (vgl. Schneider, 1985):

- Die Häufigkeit von Situationen, in denen gearbeitet wird oder die arbeitsbezogen sind.
- Die Arbeitsregeln und -normen der Gemeinschaft, der man sich zugehörig fühlt.
- Die Stärke und die subjektive Auffälligkeit der positiven und negativen Folgen des süchtigen Arbeitsverhaltens.
- Die Fähigkeit zur Selbstbeobachtung und -einschätzung.
- Die subjektive Verfügbarkeit von Verhaltensalternativen, die akzeptabel sind und die ähnlich positive Konsequenzen wie das (Viel-) Arbeiten haben.
- Die Bedeutsamkeit der Erlebnisse und Verhaltensmuster, die nur im Zusammenhang mit der Arbeit möglich sind oder möglich erscheinen.
- Die Stellung des "Vielarbeiters" im Netz der Werthaltungen des Betroffenen.

Verhaltenstheoretische Erklärungsansätze zur Entstehung *exzessiver Vielarbeit* finden sich u.a. bei Cherrington (1980), Haymon (1992), Machlowitz (1978) und Orford (1985).

Die genannten Autoren gehen davon aus, daß die Grundlagen (arbeits-) süchtigen Verhaltens zunächst zu suchen sind in Verstärkungen und Bekräftigungen spezifischer (Arbeits-) Verhaltensweisen. Dabei wird angenommen, daß Arbeitssüchtige schon in frühester Kindheit Verhaltensmuster und Einstellungen/Werthaltungen erlernen, die eine enge Beziehung zu Leistung und produktivem Tätigsein aufweisen.

Orford (1985) beschreibt auf verhaltenstheoretischer Basis die Entstehung und Beibehaltung exzessiver Verhaltensmuster, wobei er sich insbesondere auf Alkoholkonsum, Spielen, Drogenkonsum, Essen und sexuelles Verhalten bezieht, das Arbeiten hingegen mit der kaum als allgemeingültig zu wertenden Begründung ausspart, daß exzessives Arbeiten wohl nicht zu derart problematischen Situationen führe wie das exzessive Praktizieren der vorgenannten Verhaltensweisen. Allerdings ist Orford (1985) zuzustimmen, wenn er darauf hinweist, daß die von ihm berücksichtigten Verhaltensmuster im Vergleich zum Verhaltensbereich Arbeit gesamtgesellschaftlich *eher* ambivalent betrachtet werden. Insofern erregen Verhaltensexzesse in diesen Bereichen frühzeitiger die gesellschaftliche Aufmerksamkeit als arbeitssüchtiges Verhalten. Auch kann angenommen werden, daß fortgesetzter übermäßiger Alkohol- oder Drogenkonsum, übermäßiges Essen oder Spielen oder exzessives Sexualverhalten langfristig eher negative Auswirkungen auf das Selbstwertgefühl einer Person hat als die exzessive Vielarbeit, bei der im Gegenteil selbstwerterhaltende oder -steigernde Effekte zu erwarten sind (vgl. Orford, 1985, p. 229). Orford (1985) betrachtet exzessives Verhalten als erlerntes Verhalten, das beeinflußt u.a. von individuellen, sozialen und ökologischen Variablen und abhängig von inter- und intrapersonell bzw. inter- und intrakulturell variablen Gegebenheiten zahlreiche verschiedene Funktionen erfüllen kann. Orford (1985) nennt als Funktionen des exzessiven Verhaltens explizit die Stimmungsveränderung, die Selbstverwirklichung, den Aufbau einer Selbstidentität und die Spannungsreduktion. Er nimmt einen dynamisch-prozeßhaften Entwicklungsverlauf exzessiver Verhaltensmuster an, wobei die meisten Individuen in bezug auf die von ihm näher analysierten exzessiven Verhaltensweisen ein ausbalanciertes Verhältnis aufweisen würden, d.h. entweder abstinent oder bzgl. des in Frage stehenden Verhaltens kontrolliert leben würden. Orford (1985) geht davon aus, daß ein Appetenz-Aversions-Konflikt Ursache für dieses ausbalancierte Verhältnis der meisten Individuen gegenüber exzessiven Verhaltensmustern ist. Allerdings fänden sich bei einigen Individuen auch verhaltenstheoretisch begründbare "Prozesse zunehmender Bindung" an exzessives Verhalten (Orford, 1985, p. 320; Übers. d. Verf.). Die aus dieser zunehmenden Bindung zwangsläufig folgenden zunehmenden Kosten würden, so Orford (1985), über kurz oder lang für ein Individuum zu ambivalenten Gefühlen bzw. zu Konflikten führen. Nur aus einem solchen "Leidensdruck" heraus sei eine Aufarbeitung und Veränderung exzessiver Verhaltensmuster möglich, wobei Orford (1985) einräumt, daß aufgrund der Multifunktionalität exzessiven Verhaltens eine erfolgreiche Bewältigung einer solchen Verhaltensproblematik nur durch eine vollständige "Selbstrekonstruktion", d.h. die Entwicklung einer neuen Identität und grundlegender Einstellungs- und Werteänderungen möglich ist.

Cherrington (1980, p. 120f.) fand bei Interviewstudien heraus, daß besonders arbeitsorientierte Untersuchungsteilnehmer über ähnliche Kindheits- und Jugenderfahrungen bzgl. Arbeit bzw. über ähnliche "Erziehungsschwerpunkte" ihrer Eltern berichteten. Besondere Betonung in der Erziehung fanden dabei die Aspekte Disziplin und Gehorsam,

Bedeutsamkeit der Arbeit, Religiösität, Bereitschaft zu unbequemen Arbeiten, Mäßigkeit und Sparsamkeit sowie persönliche Anstrengungsbereitschaft zur Erfolgserzielung.
Der Erwerb dieser Einstellungs- und Verhaltensmuster erfolgt über Modellernen und/oder operante Konditionierung. Positiv verstärkend wirken z.B. Anerkennung und Lob der Eltern, Lehrer, Freunde, materielle Belohnungen oder die Gewährung von Privilegien für "erfolgreiches" Arbeiten, das Bewußtsein, etwas richtig getan zu haben usw.
Orford (1985) betont ebenso wie Cherrington (1980) allerdings, daß auch negative Verstärkung Ursache sein kann für exzessives Arbeitsverhalten, z.B. wenn durch die Vielarbeit eine Auseinandersetzung mit Problemsituationen, eigenen Unzulänglichkeiten oder unangenehmen Gefühlszuständen vermieden wird.
Diese Verstärkungserfahrungen führen zum Aufbau von Erwartungen hinsichtlich der Konsequenzen bestimmter Verhaltensweisen (in bestimmten Situationen) einerseits, aber auch bzgl. persönlicher Kompetenzen zur Erreichung der erwarteten Konsequenzen andererseits (Ergebnis- und Wirksamkeitserwartungen; vgl. Vollmer, 1988).
Eine Aufrechterhaltung und Stabilisierung eines Verhaltensmusters ist aus verhaltenstheoretischer Sicht nur dann zu erwarten, wenn das Verhalten (zumindest manchmal) die gewünschten/angestrebten Konsequenzen hat und persönlicher Einfluß in der Herbeiführung dieser Konsequenzen wahrgenommen wird. Cherrington (1980) argumentiert, daß Arbeitssüchtige die Arbeit mißbrauchen, um Gefühle der Angst, der Schuld oder der Unsicherheit zu verdrängen, oder um das eigene Selbstwertgefühl zu stärken. Ihnen fehlt es an der Fähigkeit, außerhalb ihrer Arbeitstätigkeit Sinn zu sehen (Cherrington, 1980, p. 257). Die Bedeutung der eigenen Person wird vollständig determiniert durch die Bedeutsamkeit der verrichteten Arbeit. Man ist so bedeutsam wie die Arbeit, die man leistet. Es ist für Arbeitssüchtige nach Cherrington (1980) nicht möglich, außerhalb von Arbeits- oder arbeitsähnlichen Situationen Befriedigung zu erleben, weil sie im Rahmen ihrer "Lerngeschichte" keine positiv bewerteten alternativen Verhaltensmuster erworben haben.
Unter Bezugnahme auf Revenstorf & Metsch (1986) ist zu erwarten, daß die positive Verstärkerwirkung einer bestimmten Verhaltensweise insbesondere dann zur Zunahme dieser spezifischen Verhaltensweise führt, wenn andere Verstärkerquellen mit vergleichbaren Wirkungen nicht verfügbar sind. Ein solches Verstärkerdefizit, das eindimensionale Verhaltensorientierungen begünstigt, hat nach Revenstorf & Metsch (1986) seine Ursachen in mangelnder sozialer Kompetenz oder in mangelnden Ressourcen zur Bewältigung von Problemsituationen. Diese Erkenntnis birgt Implikationen für eine Therapie (arbeits-) süchtigen Verhaltens.
Das folgende vom Autor in Anlehnung an Miller (1976) erstellte Modell (vgl. Abb. 6.1.1) faßt die Bedingungen (arbeits-) süchtigen Verhaltens aus verhaltenstheoretischer Perspektive zusammen. Arbeitssucht läßt sich demnach als ein Verhaltensmuster verstehen, welches beeinflußt wird von längerfristigen, kulturellen und individuell-biographischen sowie über Konditionierungsprozesse erworbenen Bedingungen einerseits, welches

andererseits aber auch durch nachfolgende, als Verstärkung postulierte Bedingungen in seiner Entstehung und seiner Beibehaltung geprägt ist (vgl. Kraemer, 1982). Das Modell dokumentiert zugleich, daß neuere verhaltenstheoretische Ansätze, ebenso wie andere Erklärungsmodelle zur Entwicklung von Sucht und Abhängigkeit, eine Vielzahl von Bedingungsfaktoren zur Aufhellung eines so komplexen Phänomens wie Sucht/Abhängigkeit berücksichtigen (vgl. Schneider, 1985).

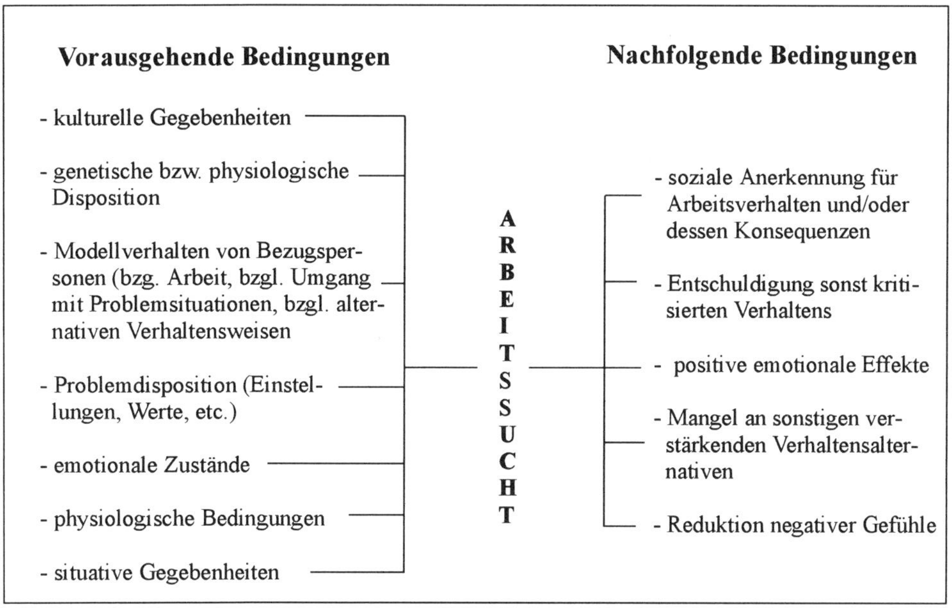

Abb. 6.1.1: Verhaltenstheoretische Analyse der Arbeitssucht (in Anlehnung an Miller, 1976)

Es ergibt sich aus der Logik der verhaltenstheoretischen Grundannahmen und aus der Betrachtung des süchtigen Verhaltens als einem dynamischen prozeßhaften Geschehen, daß die "nachfolgenden Bedingungen" gleichzeitig "vorausgehende Bedingungen" für Verhalten sind, Verhalten also interagierend von Person- und Umweltvariablen beeinflußt wird, ebenfalls aber auf Person und Umwelt einwirkt. Bandura (1979) nennt diese ständige wechselseitige Beeinflussung "reziproken Determinismus". Eine eindeutige Analyse der Ursachen eines spezifischen Verhaltens wird durch diese Tatsache extrem schwierig.

Zusammenfassend lassen sich folgende Merkmale verhaltenstheoretischer Erklärungsansätze (arbeits-) süchtigen Verhaltens feststellen (vgl. Revenstorf & Metsch, 1986):

- die externe Determination des Verhaltens (Verhaltensauslöser, Verhaltenskonsequenzen) wird betont,
- in der Verhaltensanalyse richtet sich die Konzentration vorzugsweise auf beobachtbares Verhalten,
- Verhaltensaspekte werden vielfältig und so objektiv wie möglich gemessen,

- Basis der verhaltenstheoretischen Erklärungsansätze bilden die Lerntheorien, die neben aus Tierexperimenten bekannten Gesetzmäßigkeiten auch soziale und kognitiv-affektive Gesetzmäßigkeiten berücksichtigen,
- die Aussagen lassen sich zumindest prinzipiell in kontrollierten Experimenten überprüfen,
- süchtiges Verhalten wird als eine erlernte Verhaltensstörung betrachtet, die durch geeignete Therapiemethoden auch wieder verlernt oder modifiziert werden kann. Das Konzept der Sucht- oder Abhängigkeits*krankheit* wird abgelehnt.

6.2 Psychoanalytische Erklärung (arbeits-) süchtigen Verhaltens

Die psychoanalytisch orientierte Literatur zum Thema "Sucht" hat bis heute einen enormen Umfang erreicht und kann auf eine jahrzehntelange Tradition zurückblicken, so daß der im folgende unternommene Versuch, psychoanalytische Erklärungsansätze süchtigen Verhaltens zu skizzieren, nicht erschöpfend ausfallen kann. Dennoch erscheint ein Überblick über die zum Teil sehr unterschiedlichen, in Abhängigkeit von ihrem Entstehungszeitpunkt divergierenden psychoanalytischen Erklärungsmodelle wesentlich, da die Psychoanalyse stärker als z.B. soziologische, medizinische oder pharmakologische Ansätze zur Suchterklärung die individuelle Entwicklung, die Persönlichkeitsstruktur und die Psychodynamik des Süchtigen, kurz seine *innere Problematik* in den Vordergrund stellt (vgl. Friedrich, 1988; Lürßen, 1976; Rost, 1992).
Eine Differenzierung der Begrifflichkeiten "Sucht", "Abhängigkeit" und "Mißbrauch" findet im Rahmen der Psychoanalyse nicht statt. Sigmund Freud, der Begründer der Psychoanalyse, hat dem Thema "Sucht" selbst keine eigenständige Arbeit gewidmet, aber in seinem Werk finden sich eine Reihe von Mitteilungen zur Suchtthematik, die für die psychoanalytische Theoriebildung von größter Bedeutung waren. Zentral war z.B. Freuds Annahme, "daß nicht die chemische Wirkung der Rauschgifte über Entstehung und Charakter der Sucht entscheidet, sondern die psychische Struktur des Drogenbenutzers" (Rost, 1992, S. 29). Fenichel (1975, S. 259) führt hierzu aus: "Ursprung und Wesen der Sucht werden nicht durch die chemische Wirkung der Rauschmittel bestimmt, sondern durch die seelische Struktur eines Patienten. Die prämorbide Persönlichkeit entscheidet (...)" (vgl. auch Rado, 1934). Fenichel (1975) macht zudem deutlich, daß sich psychoanalytische Erklärungsmodelle zur Suchtentstehung nicht nur auf den Konsum von psychoaktiven Substanzen beziehen, sondern auch Anwendung finden können bei "rauschmittellosen Süchten" (Fenichel, 1975; vgl. auch Feuerlein, 1980). Die Psychoanalyse macht demnach auch Aussagen zur Entstehung einer *Arbeits*suchtproblematik.
Lürßen (1976, S. 838) gibt eine psychoanalytische Definition des Begriffs "Sucht": "Die Psychoanalyse versteht unter Sucht ganz allgemein einen inneren Zwang, die hemmungslose unbezwingbare Gier, einen bestimmten Stoff einzunehmen, ohne Rücksicht bzw. sogar unter bewußter oder unbewußter Einbeziehung seiner schädigenden Folgen." Den

Bezugsrahmen dieser an die Einnahme von (psychoaktiven) Substanzen gebundenen Definition erweitert er später: "Die Sucht hat ihre Vorbilder, Vorläufer und *Parallelen* in nichttoxischen Süchten (...)" (Lürßen, 1976, S. 841; Hervorh. d. Verf.). Auch weist Lürßen (1976) auf die in der Psychoanalyse betonte enge Verbindung von Sucht und bestimmten Gewohnheiten und Gewöhnungen hin, wobei er explizit die Eßsucht und die Liebessucht nennt. In diese Aufzählung läßt sich ohne weiteres auch die Arbeitssucht einreihen (Mentzel, 1979; Passett, 1981; Rost, 1992).
Glover (1933) betrachtet in diesem Sinne Sucht als eine Abhängigkeit von einer Substanz, Aktivität oder Person, die einerseits Befriedigung vermittelt, andererseits aber auch befreiend wirkt im Hinblick auf psychischen Schmerz und Traumen. Friedrich (1988) sieht Sucht als eine Kompromißlösung, um das Individuum vor schwerwiegenden Folgen seiner psychodynamischen Fehlentwicklung zu schützen. Süchtiges Verhalten, so Friedrich (1988), sei ein repetitiver, nicht adaptiver Versuch der aktiven Bewältigung von zuvor passiv erlittenen Situationen. Unter dem Suchtbegriff könnten somit zahlreiche Symptome bzw. Symptomformationen subsumiert werden. Wie schon in Kapitel 4 betont nennt Friedrich (1988, S. 120) an dieser Stelle explizit auch die Arbeitssucht.

Die Psychoanalyse bietet keinesfalls ein einheitliches und ausschließliches Modell zur Erklärung des Suchtgeschehens an. Vielmehr lassen sich unterschiedliche theoretische Ansätze zur Suchtproblematik innerhalb der Psychoanalyse erkennen, die divergierende Schwerpunkte setzen und damit "verschiedenartige Beiträge zur Theorie der Sucht liefern" (Rost, 1992, S. 23). Rost (1992) unterscheidet:

a) triebpsychologische Ansätze zum Suchtgeschehen,
b) das ich- (struktur-) psychologische Modell der Sucht,
c) das objektpsychologische Konzept.

Dabei betont Rost (1992), daß sich diese Erklärungsmuster einander nicht ausschließen, sondern sich gegenseitig ergänzen, unterschiedliche Facetten des Problems Sucht beleuchten und immer wieder auf dem zeitgeschichtlichen Hintergrund ihrer Entstehung und der Person des jeweiligen Autors gesehen werden müssen. Zentral für die unterschiedlichen Erklärungsansätze ist, daß sie der Funktion einer bestimmten Suchtproblematik bei einer Person besondere Aufmerksamkeit widmen. Die einzelnen Ansätze sollen im folgenden näher beschrieben werden.

6.2.1 Triebpsychologische Modelle süchtigen Verhaltens

Die *triebpsychologischen Ansätze* zum Suchtgeschehen greifen auf das von Freud um die Jahrhundertwende entwickelte Triebmodell zurück, in dessen Mittelpunkt die Entwicklung und Unterdrückung des Sexualtriebes steht. Die Bildung psychischer Symptome, auch die Entwicklung einer Sucht, wird als mißglückte Lösung eines Triebkonfliktes und als Ersatzbildung betrachtet (Rost, 1992, S. 30). Freud (1950) betrachtet die Masturbation als die "Ursucht", die durch andere Süchte ersetzt und abgelöst wird. Während süchtigem Verhalten anfänglich von Freud die Funktion des Lustgewinns zugesprochen wird (z.B. in "Drei Abhandlungen zur Sexualtheorie", 1905a; "Der Witz und seine Beziehung zum Unbewußten", 1905b; "Beiträge zur Psychologie des Liebeslebens II", 1910), rückt er später den Aspekt der Unlustvermeidung durch das süchtige Verhalten stärker in den Mittelpunkt seiner Überlegungen (z.B. in "Das Unbehagen in der Kultur", 1930).

In Anlehnung an Lürßen (1976) und Rost (1992) lassen sich folgende Kernaussagen aus Freuds Schriften für eine Theorie der Sucht extrahieren:

1) Sucht ist ein Ersatz für den sexuellen Akt, sie ist eine Form der Onanie.
2) Der Rausch ist zu verstehen als Realitätsflucht und Schutz vor dem alltäglichen Elend.
3) Die Sucht ist gekennzeichnet durch eine enge Beziehung zur konstitutionellen Oralerotik, zu entsprechenden oralen Perversionen und zur Homosexualität.
4) Das Suchtmittel stellt ein Liebesobjekt dar, und zwar ein Idealobjekt.
5) Das Suchtmittel hebt Hemmungen auf, führt zu Stimmungsveränderungen und macht die Sublimierung rückgängig.

Orientiert man sich an dem oben genannten Schema, so fallen die Aussagen 1), 3) und 5) unter das triebpsychologische Modell, während Aussage 2) einen zentralen Punkt des ich-psychologischen Modells der Sucht, nämlich den Versuch, sich durch Suchtmittelmißbrauch gegen bedrohliche, vom Ich nicht bewältigbare Reize aus der inneren wie der äußeren Welt zu schützen, bezeichnet (Rost, 1992). Aussage 4) schließlich ist dem objektpsychologischen Konzept zuzuordnen.

Zentraler Kritikpunkt des triebpsychologischen Ansatzes zum Suchtgeschehen ist die Überbetonung des Lustcharakters süchtigen Verhaltens. Rost (1992) weist darauf hin, daß sich Süchtige im Gegenteil durch eine besondere Genußunfähigkeit auszeichnen. Greaves (1983) sieht in dieser Genußunfähigkeit sogar die eigentliche Ursache für süchtiges Verhalten.

6.2.2 Ich- (Struktur-) psychologische Modelle der Sucht

Das *ich- (struktur-) psychologische Modell der Sucht*, dessen Ursprünge in zwei Aufsätzen des ungarischen Psychoanalytikers Rado (1926, 1934) zu finden sind, rückt Störungen der Entwicklung der Persönlichkeitsstruktur, die aus den Instanzen Ich, Es und Über-Ich besteht (Freud, 1938), anstelle von Triebkonflikten zur Erklärung der Suchtentstehung in den Vordergrund (Rost, 1992). Besondere Betonung findet dabei das Ich bzw. die Störung seiner zentralen Funktionen. Suchtmittelmißbrauch wird nicht mehr als Ausdruck eines Konfliktes, sondern als Resultat eines Defektes in der Persönlichkeitsstruktur betrachtet. Die Ichpsychologie setzt viel stärker als das triebpsychologische Modell zum Suchtgeschehen eine idealtypische Persönlichkeitsentwicklung voraus. Störungen dieser Entwicklung führen zu Schäden und/oder Defiziten in der Ich-Organisation, die in irgendeiner Form kompensiert werden müssen. Eine Möglichkeit zur Kompensation ist der Gebrauch von Suchtmitteln, eingesetzt zur Selbstheilung eines in seiner Struktur geschwächten Ich, "um Funktionen, die das Ich des Süchtigen aus sich heraus nicht wahrnehmen kann, zu ersetzen bzw. um die in der Struktur vorhandenen Lücken zu überdecken" (Rost, 1992, S. 52).

Rado (1934) sieht als Ursache für das geschwächte Ich eine gestörte Lust-Unlust-Regulierung im seelischen Apparat des Süchtigen, ausgelöst durch einen Defekt der psychischen Organisation hinsichtlich eines Reizschutzes nach innen. Der gestörte natürliche Reizschutz wird durch den künstlich erzeugten Reizschutz eines süchtigen Verhaltens kompensiert. Die Herabsetzung oder sogar Aufhebung des Schmerzempfindens erlebt der Süchtige ebenso als angenehm wie auch die Förderung der Ich-Funktion durch die stimulierende Wirkung des süchtigen Verhaltens. Die künstlich herbeigeführte Entlastung ist allerdings nur von beschränkter Dauer und führt nach Rado (1934) zu einer Unterjochung und Verödung des Ichs. Daraus resultiert wiederum eine Intensivierung des süchtigen Verhaltens, um den Ich-Schutz durch die zuvor verwandte Technik weiter zu gewährleisten. Rado (1934) beschreibt, daß solche künstlichen Mittel zur Aufrechterhaltung des Selbstwertgefühls und der Befriedigung zu schweren Störungen von Ich-Funktionen und Realitätskonflikten führen.

Grundlegende Funktionen des Ichs sind die sogenannte Realitätsprüfung (Wahrnehmungsvorgänge, Kontrolle der Motorik, Gedächtnisfunktionen, Reizbeantwortung), es gleicht Lustgewinn und Unlustvermeidung aus und es trägt durch Verhinderung direkter Triebbefriedigung und Umleitung von Trieben, mithin durch Verhaltensfestlegung, zur Charakterbildung bei (Fisseni, 1984). "Im sogenannten *Sekundärprozeß* plant und entscheidet das Ich und trägt damit der Tatsache Rechnung, daß das uneingeschränkte Vorherrschen des Lustprinzips, wie es dem Es entspräche, kaum der effektivste Weg zur Erhaltung des Lebens ist. Das Ich hat also zwischen den Anforderungen der Realität und den Ansprüchen des Es zu vermitteln und folgt dabei dem *Realitätsprinzip*" (Davison & Neale, 1988, S. 39). Maßstab für Ich-Stärke und emotionale Stabilität ist nach psychoanalytischer Auffassung die Frustrationstoleranz (Rost, 1992). Ich-Schwäche und mangelnde Frustrationstoleranz wurden von Goertz (1972) in mehreren Untersuchungen als zentrale Persönlichkeitsmerkmale von Süchtigen (hier Alkoholikern) ausgemacht.

Auch Heigl-Evers (1985), die sich intensiv der Entwicklung eines ichpsychologischen Modells der Sucht gewidmet hat, betont die fehlende Frustrationstoleranz und die mangelnde Impulskontrolle des Süchtigen. Das Suchtverhalten dient bei solchen Defiziten der Affektregulierung, der Verstärkung der Reizschutzbarriere gegen Einflüsse innerer und äußerer Natur (Rost, 1992).

Deutlich sei nochmals auf die Akzentverschiebung bzgl. der Funktion süchtigen Verhaltens vom Lustgewinn (wie im triebpsychologischen Modell angenommen) auf die Unlustvermeidung (Grundannahme des ichpsychologischen Modells) hingewiesen. Insofern versteht die Ichpsychologie süchtiges Verhalten als "letzte Abwehrbastion gegen eine noch weitergehende Regression von unter Umständen psychotischem Ausmaß" (Rost,

1992, S. 60). Auf die sich aus dieser Perspektive ergebenden erheblichen Implikationen für die therapeutische Arbeit mit Suchtkranken macht Rost (1992) aufmerksam.
Die Ichpsychologie der Sucht kann hier nur ansatzweise dargestellt werden. Vertiefende Aspekte finden sich u.a. bei Heigl-Evers (1980, 1985), Krystal & Raskin (1983) und Wurmser (1978). Auch die Übersichtsartikel von Lürßen (1976) und Yorke (1970) beinhalten weiterführende Informationen zum ichpsychologischen Verständnis süchtigen Verhaltens.

Als Zweig der Ichpsychologie kann die Selbstpsychologie (Narzißmustheorie) betrachtet werden, auf die an dieser Stelle kurz eingegangen werden soll. Die Selbstpsychologie hat nach Rost (1992) vorwiegend Bestandteile der Ichpsychologie aufgegriffen und erweitert und ist von daher *nicht* als eigenständiges psychoanalytisches Suchtmodell zu sehen.
Kohut (1984), ein prominenter Vertreter der Selbstpsychologie, rückt das Selbst als den konstituierenden Teil der Persönlichkeit in den Mittelpunkt seiner Überlegungen. Das Selbst ist nach seiner Definition "ein tiefenpsychologisches Konzept und bezieht sich auf den Kern der Persönlichkeit, der aus verschiedenen Bestandteilen im Zusammenspiel mit den frühesten Selbstobjekten des Kindes entstanden ist. Es enthält die grundlegenden Bestrebungen einer Persönlichkeit, ihre zentralen idealisierten Ziele, die grundlegenden Begabungen und Fertigkeiten, die zwischen Strebungen und Zielen vermitteln - all das verbunden mit dem Gefühl, eine Einheit in Raum und Zeit zu sein, Empfänger von Eindrücken und Initiator von Handlungen" (Kohut, 1984, S. 194). Durch einen traumatischen Verlust der idealisierten Elternimago kommt es zu narzißtischen Störungen, die Grundlage der zur Sucht prädisponierenden Entwicklung sind (Rost, 1992). Das traumatische Geschehen macht es dem Kind unmöglich, sich sukzessive vom idealisierten Objekt zu lösen und psychische Strukturen zu entwickeln, die die Aufgaben des idealisierten Selbstobjektes übernehmen. Kohut (1984, S. 200) führt dazu aus: "Während eines Entwicklungsstadiums, in dem das Kind eine narzißtisch erlebte andere Person (ein Selbst-Objekt) zur Aufrechterhaltung seines Selbst (seines Selbstwertgefühls) braucht, fehlt dieses Selbst-Objekt. (...) Das Kind ist also mit dem Verlust der psychischen Struktur konfrontiert (das Selbst-Objekt *ist* zu dieser Zeit die psychische Struktur des Kindes). Um das Selbst-Objekt zu ersetzen (...) greift das Kind zur Selbst-Stimulation." Durch das süchtige Verhalten wird nach Kohut (1984) der Versuch wiederholt, das Selbst-Objekt (die psychische Struktur) zu ersetzen, welches der Süchtige frühzeitig und traumatisch verloren hat. Das süchtige Verhalten verleiht ihm Selbstachtung und Selbstvertrauen, da er durch dieses Verhalten mit dem idealisierten Selbst-Objekt verschmilzt. Die Selbstpsychologie bietet so auch eine Erklärungsmöglichkeit für die bei Süchtigen häufig feststellbaren Grandiositätsvorstellungen. Da es Süchtigen nicht genügend gelungen ist, über stabile, ausreichend gute Introjektionen und Identifizierungen bis hin zu einer tragfähigen Identität ihr Selbst zu entwickeln, bleiben sie einem grandiosen Selbst verhaftet, "das heißt einem vagen inneren Bild eigener Grandiosität, in der das Ideal-Selbst, das Real-

Selbst und das idealisierte Objekt gleichsam zusammenfließen" (Heigl-Evers, 1985, S. 28). Bei solchen narzißtischen Persönlichkeiten dient das süchtige Verhalten als vorherrschender Mechanismus, "um das pathologische Größen-Selbst gleichsam wieder aufzutanken und sich dessen Omnipotenz und Schutzfunktion gegenüber einer überwiegend als frustrierend und feindlich erlebten Umwelt, die nicht mehr genügend an Befriedigung und Bewunderung zu bieten hat, zu versichern" (Kernberg, 1980, S. 255). Ähnlich argumentiert Passett (1981, S. 175), "daß man die Sucht sinnvollerweise verstehen kann als einen Versuch, einen Fehlschlag der narzißtischen Entwicklung im Bereich des Größenselbst zu reparieren, und zwar durch Integration eines Verhaltensmusters, welches durch eine Art Aufpumpung oder Stimulation des Selbst das Gefühl der eigenen Grandiosität annäherungsweise wieder vermittelt und das andererseits größtmögliche Unabhängigkeit vom versagenden Selbstobjekt verspricht." Rohrlich (1984) weist darauf hin, daß solche narzißtischen Persönlichkeitsstörungen bei Arbeitssüchtigen häufig vorzufinden sind und zur Folge haben, daß der Arbeitssüchtige aufgrund des engen Zusammenhangs zwischen Arbeit und Identität durch ein ständiges (Mehr-) Arbeiten ein Gefühl eigener Größe und persönlicher Identität zu erlangen versucht (vgl. auch Kets De Vries, 1978, p. 41). Tartakoff (1966) umschrieb diese unrealistischen Ansprüche des Ideal-Ichs mit dem Begriff "Nobelpreis-Komplex".

Auch Heigl-Evers (1985) führt als Ursache für das fehlende oder defizitäre Bewußtsein des eigenen Selbst, der eigenen Realität Defizite in der frühkindlichen Organisation an. Insbesondere verweist sie auf eine fehlende zunehmende Differenzierung kindlicher Bedürfnisse bzw. die mangelnde Verknüpfung der Bedürfnisse mit dem bedürfnisbefriedigenden Objekt (was eine affektive Unterscheidung zwischen Selbst und Nicht-Selbst ermöglicht und die Fähigkeit verleiht, Befriedigungen abzuwarten und ihnen vertrauensvoll entgegenzusehen; vgl. Heigl-Evers, 1985, S. 30). Vielmehr vermutet die Autorin, daß Früherfahrungen Süchtiger durch das Angebot undifferenzierter Bedürfnisbefriedigungen bestimmt waren (überreichliches oder überlanges Stillen, Süßigkeiten als Ersatz für emotionales Verstehen und emotionalen Trost, Abgespeistwerden hinsichtlich emotionaler Kontaktwünsche mit materieller Zuwendung, Bedürfnisbefriedigung durch apersonale Mittel; vgl. Heckmann, 1980).

Mentzel (1979, S. 122) zitiert in einer Kasuistik einen seiner arbeitssüchtigen Patienten, der diese Form der Bedürfnisbefriedigung mit "Nachtisch statt Zärtlichkeit" umschreibt. Mentzel (1979) zieht bzgl. der Psychodynamik der Arbeitssucht Parallelen zu anderen Suchtformen und erkennt im beschriebenen Fall "eingestreute Verwöhnungserlebnisse meist oraler Art bei sonst emotionaler Kargheit" (S. 122).

Heigl-Evers (1985, S. 31) resümiert: "Auf diese Weise wird eine Differenzierung von Bedürfnissen verhindert. So konnte süchtiges Verlangen entstehen, dessen Träger fortwährend auf der Suche ist nach etwas, was er selbst nicht kennt und daher auch nicht finden kann."

Rost (1992) kritisiert an den ich- und selbstpsychologischen Ansätzen zur Sucht ihre lediglich allgemeine Charakterisierung einer Pathologie der Selbst- bzw. Ichentwicklung, ohne im spezifischen Fall erklären zu können, warum es zur Ausbildung einer *Sucht*problematik kommt und sich nicht andere Symptome (Borderline-Symptomatik, psychosomatische Erkrankung, Perversion, Neurose o.ä.) als Reaktion auf die "narzißtische Lücke" (Rost, 1992, S. 75) entwickeln. Eine stärkere Spezifität ließe sich nach Rost (1992) dadurch erreichen, daß man die im triebpsychologischen Modell berücksichtigten Konflikte als Basis der Sucht in ichpsychologische Modellvorstellungen integriert und gleichzeitig dem in beiden Konzepten vernachlässigten Aspekt der Aggressivität des Süchtigen mehr Aufmerksamkeit widmet. Dies versucht das objektpsychologische Konzept der Sucht.

6.2.3 Das objektpsychologische Konzept der Sucht

Das *objektpsychologische Konzept der Sucht*, das nach Rost (1992) nicht als selbständige Schule oder eigenständige Lehrmeinung innerhalb der Psychoanalyse zu verstehen ist, hat das Ziel, den Menschen als ein soziales Wesen zu begreifen. Entsprechend wird der Einfluß von Umweltvariablen im Hinblick auf die Suchtentwicklung stärker hervorgehoben als in den beiden zuvor angesprochenen Modellen. Die Mutter-Kind-Beziehung findet im objektpsychologischen Ansatz besondere Beachtung. Es finden sich eine Vielzahl von objektpsychologischen Arbeiten zur Theorie der Sucht. Hingewiesen sei an dieser Stelle insbesondere auf die Arbeiten von Adams (1978), Bergler (1946), Fairbairn (1952, 1963), Glover (1933), Klein (1972), Schilder (1941) und Simmel (1948).

Es lassen sich folgende Grundannahmen der objektpsychologischen Perspektive zur Suchtentstehung formulieren (Rost, 1992):

Eine symbiotische Verbindung von Mutter und Kind ist kennzeichnend für den Zustand nach der Geburt des Kindes, wobei die Mutter die für das Kind existentiell notwendigen Ernährungs- und Schutzfunktionen übernimmt. Das Kind erlebt sich und die Mutter zunächst noch als Einheit, wird aber im Laufe der Zeit immer wieder Frustrationserlebnisse haben, wenn seine Unlustspannungen nicht unmittelbar durch die Mutter beiseitigt werden. Die Bewältigung solcher Frustrationen ist jedoch Voraussetzung für die psychische Aktivierung und damit Entwicklung des Säuglings.

Um eine bessere Kontrolle über das böse, frustrierende Objekt zu haben, internalisiert das Kind dieses Objekt. Das daraus resultierende Ungleichgewicht wird durch die Errichtung eines guten Objektes im Inneren des Kindes kompensiert. Klein (1972) spricht von einer "bösen Brust" und einer "guten Brust", die sich das Kind schafft. In die erstere projiziert es alle Enttäuschungen, Haß, Neid, Gier und destruktive Phantasien, in zweiterer lokalisiert es Erfahrungen von Liebe, Wärme, Gesättigtwerden usw. Während die "gute Brust" zum allmächtigen Idealobjekt wird, muß sie durch den Abwehrmechanismus der Spaltung von der "bösen Brust" getrennt werden. Durch Projektion und Introjektion werden gute und böse Brust nach und nach zu inneren (Teil-) Objekten des Kindes, bleiben aber vorerst auch im Inneren des Kindes getrennt. Erst später lernt das Kind, daß

"gute" und "böse Brust" zu einer Person gehören. Es erkennt, daß die Mutter seine Bedürfnisse zwar befriedigen kann, es die Mutter aber nicht beherrscht und kontrolliert. Zu diesem Zeitpunkt ist die Ausdifferenzierung des Kindes aus der Symbiose mit der Mutter und damit seine Integrierung als eigene Person vollzogen.
Die "gute Brust" als inneres Objekt hat zentrale autonomiefördernde Funktionen. Durch die Internalisierung eines guten Objektes als stabilem Ich-Kern wird die Grundlage für die Bewältigung von Lebenskrisen geschaffen. Bei fehlender Internalisierung eines guten Objekts kommt es zu grundlegenden Störungen in der Entwicklung der Persönlichkeit. Wenn die Mutter als überwiegend böse erlebt und introjiziert wird und kein ganzes mütterliches Objekt, das gute und böse Anteile in sich vereinigt, verinnerlicht werden kann, fehlt die Basis für die Entwicklung einer stabilen Identität. Es kommt zu einer Vermischung von "gut" und "böse", von Liebe und Haß. Diese Ambivalenz der Mutter-Kind-Beziehung zeigt sich in der Beziehung des Süchtigen zu seinem Suchtmittel. Das Suchtmittel wird mit positiven, mit mütterlichen Eigenschaften ausgestattet, als "gute Brust" erlebt, weil es von Ängsten und Schuldgefühlen befreit. Gleichzeitig aber nimmt der Süchtige auch den schädigenden Charakter des Suchtmittels wahr, was zu Gefühlen des Versagens, Verzweifelns, der Schuld usw. führt, welche dann wieder Auslöser für eine erneute Verwendung des Suchtmittels sind. Zentral für die Objektpsychologie der Sucht ist somit die fehlende Gut-Böse-Integration. Rost (1992, S. 91) schreibt über den Süchtigen aus objektpsychologischer Perspektive: "Die bösen bzw. die ambivalenten Objekte befinden sich in seinem Inneren, zerstören ihn, werden auf die Droge projiziert und inkorporiert, während die Mutter mit allen guten, idealen Eigenschaften ausgestattet wird und ferngehalten werden muß, um nicht ebenfalls von der bösen Brust vergiftet zu werden."
Adams (1978) verdeutlicht, daß der Süchtige alles "Gute" in das mütterliche Objekt externalisiert. Geschützt wird diese idealisierte und mystifizierte Mutter durch die Internalisierung der bösen Mutter, die der Süchtige dann zu zerstören versucht, indem er alle Aggressionen gegen die introjizierte "böse Brust" richtet. Die Vernichtung des bösen Introjekts ist aber nur über eine Selbstzerstörung möglich. Lürßen (1976) weist auf die stark selbstzerstörerische Tendenz der Sucht hin. Rost (1992) äußert, "daß (...) bei vielen Süchtigen gar wohl von einer *primären autodestruktiven* Tendenz ausgegangen werden kann" (S. 92). Menninger (1938) spricht von der Sucht als "protrahiertem Selbstmord".
Rost (1992) beschreibt umfassender die selbstzerstörerischen Tendenzen der Sucht, wobei er jedoch explizit darauf hinweist, daß nicht alle Süchtigen von Natur aus als selbstzerstörerisch veranlagt und potentielle Selbstmörder betrachtet werden können. Allerdings, so Rost (1992), sei es auch verhängnisvoll, wenn übersehen werde, "daß der Sucht in einer großen Zahl der Fälle eine aggressive, destruktive Dynamik zugrundeliegt, verhängnisvoll auch deswegen, weil dann die Therapie nicht greifen kann" (S. 104).

Als zentralen Nachteil der objektpsychologischen Auffassung der Sucht nennt Rost

(1992), daß sie weniger die Bedeutung des Suchtmittelgebrauchs für das Funktionieren des Ichs herausarbeitet als dies das ichpsychologische Konzept tut.
Resümierend spricht Rost (1992) allen drei genannten psychoanalytischen Modellen einen Geltungsbereich zu, wobei das objektpsychologische Konzept die am schwersten gestörten Süchtigen beschreibe.

6.2.4 Funktionen süchtigen Verhaltens aus psychoanalytischer Sicht

Abschließend soll kurz auf eine Arbeit von Pongratz (1986) eingegangen werden, die einen Überblick über die Funktionen süchtigen Verhaltens aus tiefenpsychologischer Sicht gibt. Einerseits lassen sich in diesen Funktionsbeschreibungen zentrale Aspekte der dargestellten psychoanalytischen Suchtkonzepte wiederfinden, andererseits wird es möglich, Hypothesen über die Gründe der Entstehung *arbeits*süchtigen Verhaltens aufzustellen.

Pongratz (1986) unterscheidet Sucht im Dienst der *Befriedigung*, Sucht im Dienst der *Abwehr* und Sucht im Dienst der *Kompensation*.
Grundlage für süchtiges Verhalten im Dienst der *Befriedigung* sind frühkindliche Verwöhnungsschäden außergewöhnlicher Art. Diese können durch die Versagung der Befriedigung von Triebansprüchen ebenso begründet sein wie auch durch deren übermäßige Erfüllung. Im Zusammenhang mit Arbeitssucht wäre fehlende Anerkennung der Eltern für "Leistungen" des Kindes eine mögliche Ursache für späteres exzessives Vielarbeiten, aber auch eine übergroße Zuwendung der Eltern und (materielle) Belohnungen für "Arbeiten" des Kindes könnten ursächlich für das süchtige Arbeiten sein (vgl. Haymon, 1992). "Arbeiten" und "Leistungen" des Kindes sind im Rahmen der psychosexuellen Entwicklung eng verknüpft mit der Kontrolle über körperliche Prozesse, mit dem Erreichen bestimmter Reifegrade usw. Zentral ist dabei aus tiefenpsychologischer Sicht die frühe Mutter-Kind-Beziehung. Balint (1970) beschreibt die Sehnsucht nach der primären Mutterliebe und nach Harmonie als die wesentlichste Ursache jeder Form von Süchtigkeit (vgl. dazu bzgl. Arbeitssucht Mentzel, 1979).
Pongratz (1986) sieht durch süchtiges Verhalten die Möglichkeit zur Befriedigung oraler, sexueller und sozialer Sehnsüchte wie auch (auto-) aggressiver Impulse gegeben. Auf den Aspekt der Autoaggressivität süchtigen Arbeitsverhaltens verweist ebenfalls Mentzel (1979).
Während durch süchtiges Verhalten bestimmte Triebe und Bedürfnisse befriedigt werden, kann Suchtverhalten nach Pongratz (1986) auch zur *Abwehr* unerwünschter Gedanken, Gefühle oder unerwünschten Verhaltens dienen. Pongratz (1986, S. 97f.) nennt als Objekte der Abwehr die Depression, die Angst (insbesondere, wenn sie mit Schuldgefühlen gekoppelt ist und das Selbstwertgefühl betrifft), homosexuelle Regungen und das Gefühl der Leere. "Die Abwehrfunktion ist eine *Ichfunktion*. Das Ich organisiert die Abwehr, weil es sich bedroht und schwach fühlt, weil seine Frustrationstoleranz und

seine Reizschranke niedrig liegt" (Pongratz, 1986, S. 98). Arbeitssüchtiges Verhalten als Abwehrmechanismus wird z.B. von Haymon (1992) (siehe Kap. 6.3.9) und von Rohrlich (1984) beschrieben (siehe Kap. 6.6.1). In Anlehnung an Kets De Vries (1978) läßt sich arbeitssüchtiges Verhalten als Abwehrmechanismus zur Bewältigung narzißtischer Verletzung interpretieren. Ammon (1983, S. 142) verweist auf die Funktion der Arbeitssucht als "einer Flucht vor einer Auseinandersetzung mit sich selbst, mit zwischenmenschlichen Beziehungen, einer Flucht vor Ängsten, die eine Angst vor der Angst ausdrücken (...)." Wasylenki (1984) schließlich sieht in einem zwanghaften Arbeitsverhalten den Versuch, die überzogenen Anforderungen eines strengen Über-Ichs abzuwehren.
Zuletzt nennt Pongratz (1986) als eine weitere mögliche Funktion süchtigen Verhaltens den Versuch, Minderwertigkeiten und Minderwertigkeitsgefühle auszugleichen *(Kompensation)*. Kompensatorische Effekte (arbeits-) süchtigen Verhaltens beschreiben z.B. Hatterer (1980) und Haymon (1992).
Abschließend sei auf die Schwierigkeit der differentialdiagnostischen Abgrenzung von Sucht, Neurose, Zwang und Borderline-Persönlichkeit hingewiesen (vgl. dazu auch Lürßen, 1974). Als weiterer zentraler Kritikpunkt an den tiefenpsychologischen Erklärungsansätzen zur Suchtentstehung ist deren fehlende empirische Bestätigung zu nennen. Allerdings ist aufgrund des hermeneutischen Ansatzes der psychodynamischen Modelle eine streng wissenschaftliche Überprüfung der Auffassungen über Gründe und Ursachen der Suchtentstehung auch gar nicht intendiert.

6.3 Arbeitssucht als spezieller Verhaltensstil

Im folgenden werden einige Ansätze zur Beschreibung und Erklärung von Arbeitssucht vorgestellt, die sich auf exzessives Vielarbeiten beziehen und dieses als eine eigenständige Form des Arbeitsverhaltens betrachten. Dabei ist anzumerken, daß die hier vorgenommene Kategorisierung einzelner Ansätze nicht überschneidungsfrei gelingen kann und somit die Einteilung eher Überblicks- als Differenzierungscharakter hat.

6.3.1 Arbeitssüchtiges Verhalten als Reaktion auf Deprivation: Der Ansatz von Oates (1971)

Oates (1971), dem fälschlicherweise zuerkannt wird, den Begriff "Workaholism" in die öffentliche Diskussion eingeführt zu haben, betrachtet die Entwicklung von Arbeitssucht als einen phasisch verlaufenden Prozeß, der in unterschiedlichen Abschnitten durch unterschiedliche Verhaltensmerkmale gekennzeichnet ist. Unter "Workaholism" versteht er, daß man süchtig ist nach Arbeit, den Zwang oder das unkontrollierbare Bedürfnis hat, *unaufhörlich* zu arbeiten (Oates, 1971, p. 1; Übersetzung durch Verf.). Auslöser für ein solches Verhalten ist nach Oates (1971) eine ökonomische, kulturelle und emotionale Deprivation während der Kindheit. Unklar bleibt, ob zwischen den einzelnen Deprivationsfeldern eine "oder-" oder eine "sowohl-als-auch-Beziehung" besteht.

Arbeitssüchtiges Verhalten wird gemäß Oates (1971) im zweiten und dritten Lebensjahrzehnt verstärkt, wenn institutionale Anerkennung und Wertschätzung ausbleiben. In der vierten und fünften Lebensdekade führt arbeitssüchtiges Verhalten zu gesundheitlichen und interpersonellen Krisen. Fehlendes oder unzureichendes Gegensteuern in dieser Situation bringt eine Chronifizierung des Arbeitssuchtverhaltens mit sich, was im Extremfall zum vorzeitigen Tod führen kann (Oates, 1971).
Der Autor beschreibt zunächst die Nähe des Begriffs "workaholism" zum Begriff "addiction" (= Sucht) und definiert eine arbeitssüchtige Person (= workaholic) als ein Individuum, dessen *Bedürfnis nach Arbeit so exzessiv ist, daß es zu auffälligen Störungen oder Beeinträchtigungen der Gesundheit, der persönlichen Zufriedenheit, der zwischenmenschlichen Beziehungen und des sozialen Zusammenlebens ("social functioning") bei diesem Individuum kommt.* Allerdings verweist Oates (1971) darauf, daß aufgrund des unterschiedlichen Grades an "Normabweichung" innerhalb der Gesellschaft ein fundamentaler Unterschied zwischen Drogen- und Alkoholsucht auf der einen und Arbeitssucht auf der anderen Seite zu sehen ist (siehe dazu auch Kapitel 4 der vorliegenden Arbeit).
Im Rahmen seines Phasenmodells der Entwicklung von Arbeitssucht geht Oates (1971) davon aus, daß sich arbeitssüchtiges Verhalten zunächst nicht vom "normalen" Arbeitsverhalten unterscheiden läßt. In der frühen oder Prodromal-Phase äußert sich arbeitssüchtiges Verhalten nach Oates (1971) vor allem in Äußerungen des "Workaholics": Er spricht in aller Öffentlichkeit darüber, wie früh am Morgen er mit der Arbeit begonnen hat, wie lange er abends gearbeitet hat und wie wenig Schlaf er arbeitsbedingt findet. Er betont, wieviel mehr an Arbeit er im Vergleich zu anderen schafft. Er beschwert sich über die mangelhafte Arbeitseinstellung anderer Kollegen und/oder Mitarbeiter. Ein weiteres Frühsymptom der Arbeitssucht ist gemäß Oates (1971) die Unfähigkeit, "Nein" zu sagen, was sich z.B. in einer kontinuierlichen Steigerung der Arbeitsmenge oder einer Zunahme an Vorträgen, vermehrter Mitarbeit in Ausschüssen, einer größerwerdenden Klienten-, Patienten- oder Kundenzahl oder verstärkten administrativen Verantwortlichkeiten zeigen kann. Es werden vom Betroffenen weder formale, noch physische oder psychische Beschränkungen hinsichtlich der Arbeitstätigkeit adäquat berücksichtigt.
Oates (1971) geht davon aus, daß sich diese Einstellungs- und Verhaltensmuster insbesondere im zweiten und dritten Lebensjahrzehnt herausbilden, wo die physische und psychische Leistungsfähigkeit besonders ausgeprägt ist. Das fehlende Erleben von körperlichen Grenzen oder gesundheitlichen Beeinträchtigungen verführt zu der Annahme, daß es für die eigene Person keinerlei Grenzen gibt. Erfolgreiches Agieren (wie auch immer definiert) verstärkt dieses Gefühl der Omnipotenz.
Die kritische Phase der Arbeitssucht beginnt mit dem ersten "Zusammenbruch" des Betroffenen. Dieser "Zusammenbruch" muß nach Oates (1971) nicht zwangsläufig körperlicher Natur sein, er kann sich z.B. auch in ernsthaften zwischenmenschlichen Problemen aufgrund des gezeigten Arbeitsverhaltens äußern (Trennung, Scheidung, Konflikte mit

Kollegen oder Mitarbeitern, familiäre Konflikte o.ä.). Ein grundlegender Wandel des Lebensstiles wäre nach Oates (1971) zu diesem Zeitpunkt nötig, um den Eintritt in die chronische Phase der Arbeitssucht verhindern zu können. Findet keine Entwicklung in Richtung "Rehabilitation" statt, so kommt es zu einer Anpassung des gesamten Lebensstiles an das Arbeitsverhalten. In der extremsten Form bewegt sich der Arbeitssüchtige nur noch in drei Verhaltensbereichen: Essen, Schlafen und Arbeiten.
Die Ausführungen von Oates (1971), die sich nah an das aus der älteren Alkoholismusforschung bekannte Phasenmodell der Alkoholabhängigkeit (vgl. Jellinek, 1960) anlehnen, basieren auf seinen persönlichen Erfahrungen als Seelsorger und finden keine weitere empirische Absicherung. Insofern liefert seine Arbeit allenfalls einen kasuistischen Beitrag zur Erforschung der Arbeitssucht.

6.3.2 Arbeitssüchtiges Verhalten als neurotische Tendenz: Der Ansatz von Horney (1950, 1979)

Obschon sich Horney (1950, 1979) nicht primär mit Fragen der Entstehung und Behandlung von Arbeitsstörungen, also auch Arbeitssucht, beschäftigt hat, wird die Anwendung ihrer Neurosentheorie auf diesen Symptombereich als "besonders lohnend und hilfreich" (Symonds & Symonds, 1988, S. 193) bezeichnet. Daher soll im folgenden Horneys (1950, 1979) psychoanalytisch orientierte Theorie kurz dargestellt werden, obschon ihr Geltungsbereich weit über die hier im Mittelpunkt stehende Arbeitssuchtproblematik hinausgeht und der Erklärungsanspruch der Theorie im Vergleich zu den übrigen in Kapitel 6.3 dargestellten Ansätzen sehr viel umfassender ist.
Horney (1950, 1979) geht davon aus, daß für die menschliche Entwicklung zentral die Entfaltung des wahren Selbst ist, worunter sie "das innere Bewußtsein der Ganzheit und Integration, das trotz ständiger Entwicklung stets erhalten bleibt" (Symonds & Symonds, 1988, S. 183) versteht. Durch das wahre Selbst wird der Prozeß der Selbstverwirklichung, die Entfaltung und Entwicklung individueller Anlagen und die Aufnahme menschlicher Beziehungen ermöglicht. Umwelteinflüsse und frühkindliche Erfahrungen führen jedoch dazu, daß der Mensch von seinem wahren Selbst entfremdet und abgetrennt wird, da eine spontane, gesunde Entwicklung bei bestimmten Umwelt- und/oder Erfahrungskonstellationen nicht möglich ist. Es entsteht eine von Horney (1937) so bezeichnete *Grundangst*, die sich aus den gleichzeitig auftretenden Komponenten Hilflosigkeit, Isolation und Bedrohung durch eine feindselige Umgebung zusammensetzt. Die Grundangst verhindert eine freie Nutzung der für die Entwicklung des wahren Selbst notwendigen Kräfte. Horney (1950) unterscheidet drei Möglichkeiten, wie sich ein Kind vor dieser Grundangst schützen kann: es versucht, Liebe und Anerkennung zu erhalten, es wird aggressiv und feindselig, es zieht sich zurück. Die individuelle Erfahrung des Kindes bestimmt, welche dieser Strategien zum Schutz vor sich entwickelnder Grundangst praktiziert wird. "Sobald (...) eine bestimmte Haltung belohnt oder von der Umwelt akzeptiert wird, beginnt das Kind diese Haltung auf Kosten aller anderen Bedürfnisse zu ver-

stärken oder zu übertreiben" (Symonds & Symonds, 1988, S. 186). Die so entstehende einseitige Situation, in der nur eine Seite der Persönlichkeit anerkannt und entwickelt wird, führt zu komplexen, relativ starren Ansichten über sich selbst und anderen gegenüber, die allmählich das gesamte Leben dominieren. Diese Ansichten nennt Horney (1979) neurotische Tendenzen. Ausgehend von der Haltung gegenüber anderen Menschen unterscheidet Horney (1950) drei Hauptgruppen von neurotischen Tendenzen, nämlich

a) *den nachgiebigen, selbstverleugnenden Typ*, der gekennzeichnet ist durch Unterordnung, Rücksichtnahme auf andere, Angewiesenheit auf die Akzeptanz anderer, Zurückhaltung eigener Bedürfnisse etc.,
b) *den aggressiven, expansiven Typ*, der durch Macht, Beherrschung anderer, massive (Selbst-) Kontrolle, Überlegenheitsgefühle, Härte und Durchsetzung Selbstbestätigung zu erlangen versucht,
c) *den distanzierten, resignierten Typen*, der konfliktscheu, zurückgezogen und freiheitsbetonend jede Form gefühlsmäßiger Einlassung auf andere vermeidet.

Um den sich aus den neurotischen Tendenzen ergebenden Konflikten und inneren Spannungen auszuweichen, entwickelt der Neurotiker durch Mechanismen wie Rationalisierung, Überhöhung, Verzerrung und Übertreibung ein idealisiertes Selbstbild, das von ihm mit fortschreitender Zeitdauer immer mehr als wahres Selbst wahrgenommen wird. Um das nur in der Phantasie existierende wahre Selbst zu verwirklichen und nach außen zu demonstrieren, wird immer mehr Energie aufgewandt. Horney (1950) bezeichnet diesen Vorgang als "die Suche nach Ruhm", die verbunden ist mit zwanghaftem Perfektionismus und höchsten Anforderungen an die eigene Person. Der Neurotiker läßt sich nach Horney (1950) kennzeichnen durch starre Forderungen gegenüber der Außenwelt und hohen Sollenserwartungen gegenüber sich selbst, durch ein Pendeln zwischen Selbsthaß und ausgeprägtem neurotischem Stolz und schließlich völliger Selbstentfremdung, "die den Patienten betäubt, so daß er Konflikte, Gefühle, Spontaneität und sein wahres Selbst nicht mehr spürt" (Symonds & Symonds, 1988, S. 190).

Die neurotischen Tendenzen führen zu vielfältigen inter- und intrapersonellen Problemen, wobei die Behandlung von Arbeitsstörungen ein Bereich ist, der sich nach Symonds & Symonds (1988) explizit als Anwendungsbereich der Horney'schen Neurosentheorie anbietet. Der Arbeitssüchtige dürfte dabei am ehesten in die Kategorie des zwanghaft expansiven Typs einzuordnen sein, der nach Symonds & Symonds (1988, S. 193) "für gewöhnlich seine Fähigkeiten und die Qualität seiner Arbeit <überschätzt>. Er neigt dazu, andere zu unterschätzen und ist taub für Kritik. Es gibt für ihn keine Grenzen für die eigene Kreativität und Begabung, da er Grenzen und Hindernisse als Niederlage und Schwäche ansieht. Er fängt vieles an, verliert meist schon bald das Interesse und führt seine Arbeit nicht zu Ende. Handelt es sich um einen Perfektionisten, ist er schnell überarbeitet und erschöpft."

Welche Anregungen sich aus dem Ansatz Horneys (1950, 1979) zur Therapie von Ar-

beitssüchtigen ableiten lassen, wird in Kapitel 8.3 näher erläutert werden. Auf die Nähe dieses Ansatzes zur Erklärung arbeitssüchtigen Verhaltens zu der in Kapitel 6.5 dargestellten Perspektive, Arbeitssucht als besessen-zwanghaftes Verhalten zu betrachten, wird hingewiesen.
Wie bei den meisten psychoanalytisch orientierten Theorieansätzen ist auch bei der Horney'schen Neurosentheorie die fehlende empirische Überprüfung zu bemängeln.

6.3.3 Arbeitssucht als wünschenswerte Eigenschaft: Der Ansatz von Machlowitz (1978, 1981)

Machlowitz (1978, 1981) veröffentlichte die erste empirische Arbeit zum Thema "Arbeitssucht". In ihrer Dissertation mit dem Titel "Determining the Effects of Workaholism" bemüht sich Machlowitz (1978) allerdings weniger um eine eindeutige Definition und Operationalisierung des Forschungsgegenstandes, sondern sie untersucht, inwiefern bestimmte intervenierende Variablen einen Einfluß darauf haben, ob ein Arbeitssüchtiger zufrieden oder unzufrieden mit seiner Situation ist. Sie versteht unter "workaholism" eher einen bestimmten Arbeitsstil als eine festgelegte Menge an Arbeitszeit. Machlowitz (1978) macht damit deutlich, daß Arbeitssucht nicht nur quantitativ, sondern auch und vor allem qualitativ bestimmt werden muß. Dies unterscheidet die stoffungebundene Suchtform Arbeitssucht von stoffgebundenen Abhängigkeiten wie z.B. Alkoholismus, wo ab einer bestimmten Konsummenge, die durchaus nur periodisch auftreten kann, von einem problematischen Verhalten gesprochen werden muß, (zunächst) unabhängig von der Art, wie und warum der Alkohol konsumiert wird.
Kritisch ist an dieser Stelle anzumerken, daß sich Machlowitz (1978) bei der Auswahl ihrer Untersuchungsteilnehmer trotz der Betonung der Wichtigkeit quantitativer und qualitativer Merkmale zur Definition von Arbeitssucht letztlich primär eines quantitativen Kriteriums ("exzessive Vielarbeiter") bedient.
Machlowitz (1978) betrachtet den Begriff "workaholism" wegen seiner Nähe zum Begriff "alcoholism" als unglückliche Bezeichnung, da so dem arbeitssüchtigen Verhalten ähnlich negative Attribute zugeschrieben würden wie dem alkoholabhängigen Verhalten. Dies hält sie für völlig unangemessen und kritisiert die häufig anzutreffende Auffassung, daß arbeitssüchtiges Verhalten als pathologisch einzustufen sei. Die abwertenden Stereotypisierungen, die mit dem Begriff "workaholism" verbunden seien, sind nach Auffassung von Machlowitz (1978) u.a. zurückzuführen auf die sehr kleinen und stark verzerrten Untersuchungspopulationen, die Forschern und Therapeuten als Grundlage für die Untersuchung des Phänomens "Arbeitssucht" gedient hätten. Die Arbeitssüchtigen, die sich als Patienten in Therapie und Behandlung begeben, hätten möglicherweise völlig andere psychosoziale Probleme gehabt. "Workaholics" hätten zudem ein Negativimage, weil Nicht-Arbeitssüchtige, die im Privat- und/oder Berufsleben mit Arbeitssüchtigen zusammenleben/-arbeiten würden, unter ihrem Verhalten eher leiden würden. Deshalb, so Machlowitz (1978), würde das exzessive Vielarbeiten in zahlreichen Publikationen und in

der Öffentlichkeit weniger definiert als vielmehr verdammt und verspottet.
Als Ursache für die Entstehung einer hohen Arbeitsbezogenheit (i.S. einer hohen Identifikation mit der eigenen Arbeit), die sie als Grundlage der exzessiven Vielarbeit betrachtet, nennt Machlowitz (1978) nach Literaturanalysen individuelle Charakteristika und/oder situative Gegebenheiten. So wurden z.B. Untersuchungen darüber angestellt, inwiefern Arbeit "zentrales Lebensinteresse" von Mitgliedern unterschiedlicher Berufsgruppen ist (Dubin, 1956, 1958; Orzack, 1959) oder ob Arbeitsbezogenheit variiert mit der psychologischen Identifikation mit der Arbeit (Lawler & Hall, 1970; Bailyn & Schein, 1977). Eine hohe Arbeitsbezogenheit wurde auch von bestimmten Arbeits-, Positions- und Organisationsgegebenheiten wie z.B. Rollenambiguität (French & Caplan, 1972), Rollenkonflikt (Gowler & Legge, 1975), zeitlich offene Berufe (Rhoads, 1977), quantitativer und qualitativer Arbeitsüberschuß (Caplan & Jones, 1975; Weiman, 1977) abhängig gemacht. Ebenfalls untersucht wurden die Zusammenhänge zwischen Arbeitsbezogenheit und intrapsychischen Bedürfnissen (z.B. besessen-zwanghaftes Verhalten, Shapiro, 1965), dem Typ-A-Verhalten (Friedman & Rosenman, 1975), dem Anhaften an der protestantischen Arbeitsethik (Weber, 1963, Mirels & Garrett, 1971), der Überwindung der eigenen Unangemessenheit (Maccoby, 1976), dem "sensation-seeking" (Zuckerman, 1978) und der Anstrengungsmotivation (McClelland & Burnham, 1976).
Machlowitz (1978) verweist jedoch darauf, daß alle diese Studien das Phänomen des exzessiven Vielarbeitens nicht erschöpfend erklären können. Eine hohe Arbeitsbezogenheit muß zum einen nicht zwangsläufig zu exzessivem Vielarbeiten führen. Andererseits kann es zu arbeitssüchtigem Verhalten auch dann kommen, wenn nur eine niedrige Identifikation mit der eigenen Arbeit vorhanden ist. Der letztgenannte Aspekt wird von Machlowitz (1978) in ihrer Studie allerdings völlig vernachlässigt.
Machlowitz (1978) plädiert für einen interdisziplinären Ansatz zur Erforschung der physiologischen, psychologischen und soziologischen Grundlagen der Arbeitssucht. Die Autorin will zudem mit ihrer Studie nicht die Ursachen, sondern die Konsequenzen von Arbeitssucht untersuchen. Sie betont folgende Charakteristika als typisch und allgemeingültig für Arbeitssüchtige (Machlowitz, 1978, p. 7; Übers. und ergänzt d. Verf.):

- Arbeitssüchtige sind stark, energisch, wettbewerbsorientiert und angetrieben. Sie gewinnen durch ihre Arbeit Energie. Sie sind weder macht- noch geldbesessen, sondern nur davon angetrieben, die Nummer eins zu sein. Sie konkurrieren zwanghaft mit anderen und mit sich selbst.
- Arbeitssüchtige haben starke Selbstzweifel. Sie arbeiten, um diese Zweifel zu überdecken oder zu kompensieren.
- Arbeitssüchtige bevorzugen die Arbeit der Freizeit. Sie sind intolerant gegenüber Inaktivität, sie bevorzugen Wochentage den Sonntagen, der Gedanke an die Pensionierung erfüllt sie mit Angst und Unwohlsein, sie machen kaum oder gar keinen Urlaub.
- Arbeitssüchtige können immer und überall arbeiten (und tun dies auch).

- Arbeitssüchtige nutzen ihre Zeit optimal. Sie schlafen höchstens sechs Stunden pro Tag, Mahlzeiten erfolgen funktionalisiert (Geschäftsessen) oder schnell ("fast food"). Arbeitssüchtige nutzen intensiv technische Hilfsmittel (Telefon, Fax, Laptop), sie sind ungeduldig.
- Arbeitssüchtige verschleiern den Unterschied zwischen Arbeit und Freizeit, sie betreiben Hobbies mit derselben Leidenschaft und Hingabe, mit der sie ihre Arbeit erledigen.

Machlowitz (1978) geht davon aus, daß der "affektive Ertrag" der Arbeitssucht (damit meint sie das Verhältnis von positiven bzw. negativen Auswirkungen der Arbeitssucht) für den Arbeitssüchtigen abhängig ist von folgenden Variablen:

- von seiner Beteiligung an der Hausarbeit ("domestic freedom"),
- von seinem Gesundheitszustand ("health"),
- von seiner Selbständigkeit ("autonomy"),
- vom Abwechslungsreichtum seiner Arbeit ("variety") und
- von seiner Anpassungsfähigkeit ("matching abilities").

Machlowitz (1978) kategorisiert diese Untersuchungsvariablen in personenbezogen (häusliche Verantwortung, Gesundheit), positionsbezogen (Abwechslung bzw. Autonomie bei der Arbeit) und person-positions-bezogen (Anpassungsfähigkeiten/-möglichkeiten i.S.v. Passung zwischen Fähigkeiten der Person und Anforderungen der Position).

Sie nimmt an, daß sich zufriedene bzw. frustrierte Arbeitssüchtige hinsichtlich dieser Variablen unterscheiden, somit Arbeitssucht nicht prinzipiell negative Konsequenzen hat, sondern in Abhängigkeit von den genannten Variablen gesehen werden muß.

Demnach sind *zufriedene Arbeitssüchtige* gekennzeichnet durch:

- Freiheit von häuslichen Verpflichtungen,
- gute Gesundheit,
- abwechslungsreiche Arbeit,
- Selbständigkeit bei der Arbeit,
- hohe Passung von persönlichen Fähigkeiten und Arbeitsanforderungen.

Für *frustrierte Arbeitssüchtige* gilt nach Machlowitz (1978) das genaue Gegenteil. Zusätzlich untersuchte die Autorin die Rolle von (finanziellen) Belohnungen, die interpersonellen Beziehungen von Arbeitssüchtigen, die Einstellungen von Arbeitssüchtigen zu Leistung und Erfolg sowie die Persistenz von Arbeitssucht.

Machlowitz (1978) führte mit insgesamt 50 Personen Interviews, bzw. ließ diese Interviewpartner Fragebögen bearbeiten, um

1. Arbeitssüchtige und Nicht-Arbeitssüchtige zu identifizieren,
2. zufriedene und nicht-zufriedene Arbeitssüchtige zu identifizieren,
3. die Untersuchungshypothesen bzw. die Rolle der zusätzlich erhobenen Variablen zu überprüfen.

Bei der Auswahl der Stichprobe strebte Machlowitz (1978) an, möglichst viele "Workaholics" und möglichst wenige "Nicht-Workaholics" in die Untersuchung einzubeziehen. Bei der Auswahl ihrer Probandinnen und Probanden stützte sie sich

a) auf Zeitungs-/Zeitschriftenartikel, in denen über Arbeitsstile von namentlich bekannten Personen berichtet wurde,
b) auf beobachtbare "ungewöhnlich hohe Arbeitsbezogenheit" und auf
c) Empfehlungen von bereits interviewten Probanden/-innen hinsichtlich weiterer potentieller Untersuchungspersonen.

Es wird deutlich, daß sich die Autorin somit keineswegs um eine einheitliche Definition und Operationalisierung des Forschungsgegenstandes bemüht hat. Die Kategorisierung erfolgte nach subjektiven Kriterien von Journalisten, Betroffenen, der Autorin selbst, die letztlich unklar bleiben. Es nahmen Personen an der Untersuchung teil, von denen man *annahm* oder die, ohne "Leidensdruck" zu empfinden, *von sich behaupteten*, daß sie arbeitssüchtig seien.

Die Kategorisierung arbeitssüchtig vs. nicht-arbeitssüchtig erfolgte anhand einer subjektiven Gesamtbeurteilung nach Abschluß des Interviews und dem Antwortverhalten bei einigen nicht weitergehend validierten Fragen aus dem Fragebogen, die als Schlüsselitems festgelegt wurden. Schlüsselitems waren z.B. "Um wieviel Uhr stehen Sie wochentags bzw. am Wochenende auf?", "Freuen Sie sich auf Ihre Pensionierung?", "Hat irgendjemand Sie schon einmal arbeitssüchtig genannt?". Zentral für die Unterscheidung von arbeitssüchtigen und nicht-arbeitssüchtigen Untersuchungsteilnehmern waren offensichtlich insbesondere *quantitative Merkmale* des Arbeitsverhaltens.

Ebenso wurde eine Unterscheidung in zufriedene bzw. frustrierte Arbeitssüchtige anhand eines Interviewgesamteindrucks bzw. der Antworten auf lediglich zwei (!) Fragebogenitems vorgenommen. Machlowitz (1978) erhielt mit ihrem Vorgehen zwei Gruppen mit insgesamt 27 zufriedenen und 7 frustrierten Arbeitssüchtigen. Auf dieser Grundlage überprüfte sie die oben genannten Untersuchungshypothesen. Durch schrittweise multiple Regressionen fand Machlowitz (1978) alle Untersuchungshypothesen bestätigt, d.h. zufriedene Arbeitssüchtige wiesen signifikant höhere Werte auf den fünf Variablen "häusliche Freiheit", "Gesundheit", "Autonomie", "Abwechslung" und "Anpassungsfähigkeit" auf als frustrierte Arbeitssüchtige. Den höchsten Effekt zeigte dabei die Variable "häusliche Freiheit", d.h. je weniger Arbeitssüchtige mit häuslichen Verpflichtungen belastet sind, um so zufriedener sind sie. Weiterhin zeigte sich, daß Arbeitssüchtige um so zufriedener sind, je mehr Autonomie und Abwechslungsreichtum sie in ihrer Arbeit erleben. Zudem stellte Machlowitz (1978) fest, daß mit zunehmender Übereinstimmung von persönlichen Fähigkeiten und Arbeitsanforderungen das Gefühl der Zufriedenheit bei der Untersuchungsstichprobe wuchs. Schließlich fühlen sich Arbeitssüchtige um so zufriedener, je besser ihr Gesundheitszustand ist.

Weitere Regressionsanalysen zeigten, daß ausgewählte demographische Variablen Zufriedenheit nicht zuverlässig vorhersagen konnten.

Bezüglich der zusätzlich untersuchten Variablen kommt Machlowitz (1978) zu dem Ergebnis, daß Arbeitssüchtige selten oder gar nicht über finanzielle Belohnungen nach-

denken, daß sie eher wenig Kontakt zu ihrer Familie und ihren Kindern haben und daß sie nicht zwangsläufig die besten Arbeiter sind. Ihre endlose Aktivität ist kein Garant für Produktivität. Arbeitssüchtige schaffen sich selber neue Probleme und Aufgaben, weil sie ständige Stimulanz brauchen, sie sind intolerant und ungeduldig gegenüber Kollegen. Die Motivation von Arbeitssüchtigen ist eher gekennzeichnet durch Versagensängste als durch Erfolgswünsche. Arbeitssüchtige stellen hohe Leistungsansprüche an sich selbst und sie sind stark zukunftsorientiert. Sie interessieren sich wenig für das, was sie erreicht haben, sondern nur für das, was sie noch erreichen können. Pensionierung ist für die Arbeitssüchtigen kein Thema, sie gehen davon aus, daß sie bis zu ihrem Tod arbeiten werden. Ihr Familienleben wird stärker durch ihre Arbeit beeinflußt als dies umgekehrt der Fall ist.
Arbeitssucht wird schließlich von Machlowitz (1978) als ein Verhaltensmuster verstanden, das sich frühzeitig im Leben eines Individuums entwickelt (bereits in der Kindheit) und das über die Lebensspanne hinweg stabil bestehen bleibt (vgl. auch Maslach, 1986).

Kritisch anzumerken sind zur Machlowitz-Studie (1978) insbesondere folgende Punkte:
- Ihre Ergebnisse beruhen auf einer kleinen, keinesfalls repräsentativen Stichprobe.
- Sie definiert und operationalisiert den Forschungsgegenstand Arbeitssucht nur äußerst unzureichend und nach subjektiven Plausibilitätsüberlegungen.
- Die von ihr berücksichtigten Variablen sind eher willkürlich ausgewählt und auch nicht, wie es für eine Regressionsanalyse notwendig wäre, unabhängig voneinander.
- Die Untersuchungsteilnehmer erleben keinen Leidensdruck bezüglich ihrer "Arbeitssucht", was zu einer verzerrten Wahrnehmung und Darstellung der tatsächlichen Situation führen dürfte.
- Machlowitz (1978) Untersuchung hat nur eine sehr begrenzte Perspektive (ein Meßzeitpunkt, geradezu willkürliche Kategorisierungen, beschränktes Berufsfeld etc.).
- Sie begreift "Workaholism" als einen bestimmten Verhaltensstil, berücksichtigt dann aber lediglich ausschließlich das *Arbeits*verhalten der Probanden, nicht aber das Verhalten *außerhalb* von Arbeitssituationen.
- Sie berücksichtigt weder Organisations- noch Umweltvariablen.

In einer später veröffentlichten, eher populärwissenschaftlichen Publikation verdeutlicht Machlowitz (1981) nochmals ihre Auffassung, daß die Arbeitssucht als solche nicht das Problem ist. Daher sollte man keinesfalls versuchen, Arbeitssüchtige in ihrem Verhalten zu ändern. Vielmehr komme es darauf an, sich mit ihnen zu arrangieren. Arbeitssüchtige seien, so Machlowitz (1981), in der Regel ziemlich gesund, glücklich und voller Energie. Deshalb solle man sie so belassen wie sie sind und sich ihnen anpassen. Sollte dies nicht möglich sein, so wäre es sinnvoller, sich von einem Arbeitssüchtigen (beruflich oder privat) zu trennen, als ihn durch aufwendige und in der Regel nutzlose Therapiemaßnahmen ändern zu wollen. Angesichts der in der empirischen Studie ermittelten problematischen Einstellungs- und Verhaltensmuster von Arbeitssüchtigen (intolerant und ungeduldig gegenüber Kollegen, Versagensängste u.a.m.) verwundert es, daß Machlowitz in ihrer Publikation von 1981 ein uneingeschränkt positives Bild vom Arbeitssüchtigen entwirft.

6.3.4 Überzogene Arbeitsdominanz und Arbeitssucht: Der Ansatz von McLean (1979)

Ein weiterer Forscher, der Arbeitssuchtverhalten als einen speziellen Verhaltensstil begreift, ist McLean (1979). Er beschreibt einen "Workaholic" als ein Individuum, dessen Arbeit der alles bestimmende Lebensfaktor geworden ist. Die Arbeit hat im Leben eines "Workaholics" eine solche Dominanz erlangt, daß nicht mehr von einer ausgeglichenen Lebensführung, wie sie die meisten Menschen für "normal" halten würden, gesprochen werden kann. McLean (1979) entwickelte einen 23 Fragen umfassenden Selbstbeschreibungsfragebogen zur Überprüfung der Dominanz der Arbeit im eigenen Leben. Die Fragen beziehen sich sowohl auf Verhalten in Arbeits- wie Freizeitsituationen als auch auf generelle Einstellungen bzgl. Arbeit (vgl. Kapitel 7 der vorliegenden Arbeit). Nähere Angaben zur Entstehung des Fragebogens bzw. zu dessen empirischer Überprüfung macht McLean (1979) nicht. Ebenso äußert er sich nicht zu Gründen und Ursachen der Entstehung einer so stark ausgeprägten Dominanz der Arbeit im Leben einer Person, daß von einem arbeitssüchtigen Verhalten gesprochen werden muß. Seine normative Definition von Arbeitssucht ist wenig brauchbar, da sie unpräzise ist und allenfalls *ein* kennzeichnendes Merkmal arbeitssüchtigen Verhaltens thematisiert. Positiv hervorzuheben ist, daß McLean (1979) das *Freizeitverhalten/-erleben* zur Diagnose von Arbeitssucht berücksichtigt.

6.3.5 Die protestantische Arbeitsethik und arbeitssüchtiges Verhalten: Der Ansatz von Mirels & Garrett (1971)

Obschon Mirels & Garrett (1971) ihre Forschungen ausrichten auf die Untersuchung der protestantischen Arbeitsethik als Persönlichkeitsvariable (siehe zur protestantischen Arbeitsethik auch Kapitel 2) und sie die psychologische Bedeutung der protestantischen Arbeitsethik erhellen wollen, kann man ihren Ansatz zur Erklärung von Arbeitssucht auch zur Gruppe der Ansätze zählen, die eine spezifische Art zu arbeiten bzw. eine spezifische Einstellung zur Arbeit als charakteristisch für den Arbeitssüchtigen betrachten.
Sie entwickelten auf der Basis von Faktorenanalysen eine Skala zur Messung der Einstellung gegenüber den Werten und Normen der protestantischen Ethik (Weber, 1963), die sie zusammen mit weiteren Persönlichkeitsmeßinstrumenten zunächst einer Stichprobe von 117 Studenten vorlegten. Es fand sich eine positive Beziehung zwischen den Ausprägungen auf der Skala "Protestantische Ethik" und den Werten auf den Mosher-Skalen "Sexuelle Schuldgefühle" bzw. "Sittlich-moralische Schuldgefühle" (Mosher, 1966). Kein

Zusammenhang bestand zwischen den Skalen "Protestantische Ethik" und "Schuldgefühle wegen feindlichem Verhalten". Mirels & Garrett (1971) interpretierten diese Zusammenhangsmuster als vollkommen übereinstimmend mit der in der protestantischen Ethik anzutreffenden Verdammung der moralischen Laxheit in weltlichen Angelegenheiten, der Bestrafung sexueller Gelüste und der Toleranz gegenüber aggressiver Durchsetzung eigener Ziele. Weiterhin fanden sich Zusammenhänge zwischen "Protestantischer Ethik" und "Obrigkeitshörigkeit" sowie internaler Kontrollüberzeugung (im Sinne von Verantwortung für persönliche Arbeitsergebnisse). Kein Zusammenhang fand sich zur eingesetzten "Sensation-seeking"-Skala. Mirels & Garrett (1971) schlossen eine Verzerrung der Skala "Protestantische Ethik" durch eine Tendenz, sozial erwünscht zu antworten, aus, da die Skala nur schwach negativ mit der ebenfalls eingesetzten Marlowe-Crone-Social-Desirability-Skala (Crowne & Marlowe, 1960) korrelierte.
In einer zweiten Studie wurde die Skala "Protestantische Ethik" 54 Studenten und 55 Studentinnen vorgelegt und mit den Antworten der Probanden in einem Berufsinteressentest verglichen. Es zeigte sich, daß Anhänger der protestantischen Ethik eine Präferenz für Berufe aufwiesen, die eine konkrete, pragmatische Arbeitsorientierung erfordern (Tierarzt, Waldarbeiter), während sie weniger interessiert sind an Berufen, die emotionales Einfühlungsvermögen, theoretische Interessen und humanistische Werte erfordern (Bibliothekar, Psychologe). Geschlechtsspezifische Unterschiede hinsichtlich der Einstellung zur protestantischen Ethik fanden sich nicht. Mirels & Garrett (1971) gehen implizit von der Annahme aus, daß Arbeitssüchtige höher ausgeprägte Werte auf der "Arbeitsethik"-Skala aufweisen als Nichtarbeitssüchtige (über die Bedeutung der protestantischen Arbeitsethik für die Entstehung einer bestimmten Arbeitsmoral und auch arbeitssüchtiger Verhaltensmuster vgl. Cherrington, 1980, bzw. Kapitel 6.1). Eine empirische Überprüfung ihrer Annahme legen sie jedoch nicht vor.

6.3.6 "Gesunde" und "kranke" Arbeitssucht: Der Ansatz von Doty (1980, 1984)

Doty (1980, 1984) unterscheidet zwei Typen von "Workaholics". Zum einen gibt es nach ihrer Auffassung "Workaholics", deren Arbeitseingebundenheit zwar immens ist, die dadurch aber ihr Leben erweitern. Davon abzugrenzen sind die exzessiven Vielarbeiter, deren Arbeitsverpflichtung extrem und destruktiv ist und die man, so Doty (1984), eher als süchtig beschreiben sollte.
Doty & Betz (1981) konstruierten zur Überprüfung der postulierten Unterscheidung sowie zur Differenzierung der beiden Gruppen von Arbeitssüchtigen einen Fragebogen ("Work Attitude Questionnaire", WAQ). Der Fragebogen umfaßt zwei Skalen, die a) das Ausmaß an Hingabe zur Arbeit ("commitment-to-work"), und b) das Ausmaß an psychologisch gesunden bzw. ungesunden Einstellungen und Verhaltensweisen bzgl. der Arbeit erfassen sollen. Die "commitment-to-work"-Skala, die zur Differenzierung zwischen Personen mit hoher bzw. niedriger Hingabe zur Arbeit entwickelt wurde, besteht aus 23 die Einstellung zur Arbeit und das allgemeine Arbeitsverhalten betreffenden Items. Die

"Gesundheitsskala" umfaßt 22 Items und soll dazu dienen, "gesunde" und "ungesunde" Arbeitsbezogenheit zu unterscheiden. Aus beiden Skalenwerten wird ein Gesamtwert gebildet. Die Kodierung der Items wurde so gestaltet, daß ein hoher WAQ-Gesamtwert Indikator für eine hohe Arbeitsbezogenheit bei gleichzeitig fehlangepaßten, ungesunden Einstellungs- und Verhaltensmustern bzgl. Arbeit ist.

Eine erste Evaluationsstudie des WAQ an einer Stichprobe von N=93 ausschließlich männlichen Managern (Doty & Betz, 1981) erbrachte positive Ergebnisse sowohl bzgl. der Reliabilität (interne Konsistenz) als auch der Konstruktvalidität der beiden Einzelskalen und der Gesamtskala. Der WAQ ermöglicht eine Unterscheidung zwischen Personen, die in hohem Maße arbeitsbezogen sind, und Personen, die arbeitssüchtig sind (Doty, 1984).

Ein hohes Maß an Arbeitsbezogenheit kombiniert mit der psychologischen Gesundheit förderlichen Einstellungen und Verhaltensweisen ist kennzeichnend für Personen, die durch ihre Arbeit herausgefordert, stimuliert und befriedigt werden. Die Kombination von intensiver Arbeitsverpflichtung mit "ungesunden" Einstellungen und Verhaltensweisen ist charakteristisch für diejenigen Berufstätigen, die gesundheitliche Schwierigkeiten, emotionale und zwischenmenschliche Probleme aufweisen und die potentiell ineffektiv in ihrem Arbeitsverhalten sind. Doty (1984) unterscheidet somit innerhalb der Gruppe der Arbeitssüchtigen zwischen "gesunden" und "kranken" "Workaholics". Das Problem der Arbeitssucht liegt nach Doty (1984) daher nicht in der qualitativen und quantitativen Zentralität der Arbeit, sondern in den Einstellungen und Verhaltensweisen der Betroffenen im Bereich der *psychologischen Gesundheit*. Die "Workaholics", die sich gesundheitsbewußt verhalten, erfahren durch ihre Arbeit keine Beeinträchtigung. Geht eine hohe Arbeitsbezogenheit jedoch einher mit fehlendem Gesundheitsbewußtsein, so kommt es zu physischen, psychischen und sozialen Schwierigkeiten.

Es ist zu beachten, daß Doty (1984) einen eigenwilligen Gesundheitsbegriff in ihrer Arbeit verwendet, der sich *nicht* auf übliche gesundheitsbezogene Einstellungen und Verhaltensweisen bezieht (wie z.B. Ernährung, körperliche Bewegung, Alkohol- und Nikotinkonsum etc.), sondern ausschließlich in Zusammenhang gesehen wird mit spezifischen *arbeitsbezogenen* Einstellungs- und Verhaltensmustern. Die Aufteilung der WAQ-Items in zwei Subskalen ist inhaltlich nicht nachvollziehbar, die Benennung der Skalen erscheint bei näherer Betrachtung der einzelnen Iteminhalte unangemessen. Es wäre sinnvoller, die Items des WAQ als kennzeichnend für eine Dimension zu betrachten und entsprechend zu interpretieren. Demnach wäre ein hoher WAQ-Wert ein Hinweis auf das Vorliegen einer Arbeitssuchtproblematik, während ein niedriger Wert einer solchen Annahme widerspräche.

Doty (1984) macht ebenfalls keine Aussagen über Gründe und Ursachen der Entstehung arbeitssüchtigen Verhaltens. Ihre Studie bestätigt allerdings einmal mehr, daß nicht jede Form von exzessiver Vielarbeit als arbeitssüchtiges Verhalten verstanden werden kann, sondern zusätzliche Variablen einen Einfluß darauf haben, ob eine ausgeprägte Arbeitsbezogenheit schädliche Konsequenzen hat oder nicht. Unklar bleibt allerdings, ab wann eine *ausgeprägte* Arbeitsbezogenheit und ein *exzessives* Vielarbeiten vorliegt.

6.3.7 Arbeitssüchtiges Verhalten als Fluchtmittel: Der Ansatz von Gross (1990a, 1990b)

Im deutschsprachigen Raum hat sich insbesondere Gross (1990a, 1990b) mit dem Phänomen der Arbeitssucht beschäftigt. Auch er geht davon aus, daß sich Arbeitssucht nicht nur an der Menge der geleisteten Arbeit, sondern insbesondere an der Einstellung zur Arbeit und dem Arbeitsstil festmachen läßt. Bestimmte Arbeitsstile bzw. Arbeitseinstellungen führen zu einem Arbeitsverhalten, das nach Gross (1990a, 1990b) Parallelen zu süchtigem Verhalten aufweist (vgl. Kapitel 6.6).
Bei seinen Ausführungen zum Thema Arbeitssucht bezieht sich Gross (1990a, 1990b) auf Fallanalysen aus seiner therapeutischen Praxis. Er verdeutlicht, daß nicht jedes Arbeiten, nicht einmal jedes übermäßige Arbeiten mit Arbeitssucht gleichzusetzen ist. "Arbeitssüchtige arbeiten immer mehr als man von ihnen verlangt. Sie stellen vor allem zu große Anforderungen an sich selbst. Sie sind unfähig, ihre eigenen Leistungen anzuerkennen und mit sich zufrieden zu sein, wenn das angebracht ist. Statt dessen suchen sie dauernd nach neuen Zielen und Möglichkeiten, sich zur Geltung zu bringen. Arbeitssüchtige arbeiten nicht nur unmäßig, sondern auch hektisch und verkrampft. Sie sind ungeduldig und überpünktlich. Sie meinen, nur wenn sie alles alleine machen, werde alles zuverlässig, ordentlich und schnell erledigt. Sie können keine Arbeit delegieren, weil sie Wichtiges nicht von Unwichtigem unterscheiden können und einem falsch verstandenen Perfektionismus frönen. Andere etwas tun zu lassen, bedeutet für sie, die Kontrolle abgeben oder verlieren. Und Kontrolle - oder die Einbildung, alles unter Kontrolle zu haben - ist für den Arbeitssüchtigen lebensnotwendig" (Gross, 1990a, S. 109f.).
Gross (1990a) grenzt ebenso wie z.B. Doty (1984) oder Machlowitz (1978, 1981) Arbeitssüchtige von Personen ab, die in ihrer Arbeit Erfüllung und Selbstverwirklichung finden. Arbeitssüchtige, so Gross (1990a), benutzen die Arbeit, "um vor sich selbst und dem ganzen Leben davonzulaufen" (S. 110). Arbeit werde "in zunehmendem Maße als Mittel zur Flucht vor Konflikten benutzt (...). Immer mehr Menschen weichen Konflikten in der Partnerschaft oder der Familie aus, überspielen Gefühle innerer Leere und stürzen sich statt dessen lieber in Arbeit. Die Folge davon ist, daß man kaum noch aufhören kann, da andernfalls die verdrängten Konflikte wieder ins Bewußtsein zu treten drohen" (Gross, 1990b, S. 100; vgl. dazu auch Seybold & Salomone, 1994). Gross (1990b) widmet sich auch intensiv dem zusätzlichen Nutzen, den Arbeitssüchtige durch ihr Verhalten haben. Hierunter versteht er beispielsweise folgende Aspekte (S. 110f.):

"Arbeitssüchtige

- können an nichts anderes denken als an die Arbeit.
- zwingen andere Menschen, sich nach ihrem Tagesablauf zu richten und dürfen andere

Menschen warten lassen.

- brauchen keine Selbstdisziplin zu üben. Die anderen haben sich ja nach ihnen zu richten.
- dürfen ihren Zwängen nachgeben. Wer einen Schlafzwang oder einen Waschzwang hat, gilt als neurotisch. Wer einen Arbeitszwang hat, gilt als vorbildlich.
- dürfen nervös sein.
- dürfen masochistisch sein: viel rauchen, trinken und essen, ihre Gesundheit ruinieren, Raubbau mit ihren Kräften treiben.
- können alle Launen, allen Unmut durch ihre Arbeitsbelastung erklären und dürfen darüber klagen.
- sagen statt "Guten Tag" "Hat jemand für mich angerufen?"
- betreiben auch Hobbys unter Leistungsaspekten.
- haben so viel Energie, daß sie nicht stillsitzen und zuhören können.
- akzeptieren die Tatsache nicht, daß andere Menschen Freizeit oder gar Urlaub brauchen.
- dürfen zu Hause müde sein.
- können es sich erlauben, in ihrer Freizeit so vollständig abzuschlaffen, daß sie genauso unerreichbar bleiben wie während ihrer Arbeit.
- machen den Eßtisch zum Schreibtisch und das Schlafzimmer zum Büro.
- betrügen ihren Partner mit der Arbeit.
- vermeiden so die Angst, daß zwischenmenschliche Kontakte unbefriedigend sein können.
- "tun das alles" für die Familie, nur Zeit geben sie ihr nicht.
- müssen sich nicht einsetzen, wenn mal ein Familienmitglied krank wird oder Probleme hat.
- dürfen über Kleinigkeiten meckern (ungeleerte Papierkörbe, unordentliche Schreibtische, Unpünktlichkeit anderer Menschen).
- können ihre Angst vor dem Nichtstun in Arbeit ertränken.
- erheben sich über die Masse der Menschen.
- erleben immer wieder Neues und Interessantes.
- finden immer eine Möglichkeit zu dokumentieren, wie wichtig sie sind.
- nehmen sich das Recht, im Beruf wie privat arrogant zu sein.
- sind unkooperativ. Sie setzen sich gegen andere durch, befriedigen ihren persönlichen Ehrgeiz.
- versprechen immer wieder, daß "später" einmal alles anders wird, nur wann dieses "Später" ist, wissen sie trotz genauester Zeitplanung nicht."

Gross (1990b) zieht die Schlußfolgerung, daß sich hierin Fehlverhaltensweisen zeigen "in dem Sinne, daß Egoismus und Solidarität, Aktivität und Passivität, Emotion und Rationalität, Wohlbefinden und Unwohlsein nicht mehr im Gleichgewicht zueinander stehen" (S. 111).

Die Aussagen Gross' (1990a, 1990b) sind durch eine extreme Normativität gekennzeichnet. Es fällt auf, daß Gross (1990a, 1990b) in rein deskriptiver Form auf verschiedenste Aspekte und Erklärungsansätze der Arbeitssucht zurückgreift. Eine strukturierende Ordnung der Problematik ist seinen Ausführungen nicht zu entnehmen. Wegen ihrer fehlenden empirischen Überprüfung sind seine Aufzählungen eher als Ansammlungen von Stereotypen oder Vorurteilen denn als geeignete Charakterisierungen von Arbeitssüchtigen zu betrachten. Auch bleibt offen, ob diese Aufzählungen erschöpfend sind (was eher *nicht* angenommen werden kann). Gross (1990a, 1990b) orientiert sich bei seiner Beschreibung an einem idealtypischen Menschenbild, von dem Arbeitssüchtige seines Erachtens in vielfältiger Form abweichen. Arbeitssüchtige erscheinen als defizitäre Persönlichkeiten mit massiven Charakterstörungen (masochistisch, arrogant, rücksichtslos etc.), die bestimmten Anforderungen nicht genügen. Inwiefern die implizit und explizit aufgestellten Anforderungen berechtigt oder allgemein-verbindlich sind, wird von Gross (1990a, 1990b) nicht diskutiert. Eine ähnliche unsystematische Auflistung von generellen Charakteristika arbeitssüchtiger Personen findet sich bei Farrar (1992). Die zuvor genannten Kritikpunkte treffen auch auf diese Zusammenstellung zu.

6.3.8 Die "workaholic triad": Der Ansatz von Spence & Robbins (1992) und die Untersuchung von Elder (1991)

Spence & Robbins (1992) gehen ebenfalls davon aus, daß Arbeitssüchtige durch ein spezifisches Arbeitsverhalten und durch eine bestimmte Einstellung zur Arbeit gekennzeichnet sind. In ihrem Artikel "Workaholism: Definition, Measurement, and Preliminary Results" verweisen sie zunächst auf die immense Popularität des Phänomens "Arbeitssucht", die in keinem Verhältnis stehe zur fast völlig fehlenden systematischen und wissenschaftlichen Annäherung an das Problem. Sie definieren den Arbeitssüchtigen als eine Person, die über drei spezielle Merkmale verfügt: Im Vergleich zu anderen Individuen ist der Arbeitssüchtige stark arbeitsbezogen, aufgrund eines inneren Drucks fühlt er sich dazu gezwungen oder getrieben zu arbeiten, und er hat wenig Spaß an seiner Arbeit. Die Autorinnen gehen davon aus, daß diese Eigenschaften (im korrelativen Sinne) unabhängig voneinander sind, was bedeutet, daß eine Person, die stark arbeitsbezogen ist, nicht unbedingt auch einen inneren Zwang zur Arbeit verspüren muß. Auch muß eine solche Person nicht zwangsläufig keinen Spaß an ihrer Arbeit haben. Spence & Robbins (1992) grenzen daher den "Arbeitsenthusiasten" ("work enthusiast") vom "Arbeitssüchtigen" ("workaholic") ab. Der Arbeitsenthusiast ist, wie der Arbeitssüchtige, hochgradig in seine Arbeit involviert, aber im Gegensatz zum Arbeitssüchtigen erlebt er seine Arbeit als erfreulich, er verspürt keinen inneren Zwang zur Arbeit.

Spence & Robbins (1992) sprechen bzgl. der drei genannten Variablen (Ausmaß an Arbeitsbezogenheit, Getriebenheit zur Arbeit und Spaß an der Arbeit) von der "workaholic triad". Das Konzept der Arbeitsbezogenheit explizieren sie näher. Ein Individuum, das hoch arbeitsbezogen ist, ist gekennzeichnet durch eine vollkommene Hingabe in produktive Projekte und eine Präferenz für konstruktive Zeitausnutzung. Spence & Robbins (1992) unterscheiden zwischen Arbeitsbezogenheit und Berufsbezogenheit, um zu verdeutlichen, daß sich Arbeitsbezogenheit nicht zwangsläufig in berufsbezogenen Aktivitäten äußern muß, sondern sich auch zeigen kann in in der Freizeit ausgeübten Tätigkeiten (Hobbies, Sport, ehrenamtliche Tätigkeiten etc.). In dieser Unterscheidung zeigt sich der Ansatz, nicht von Arbeits-, sondern eher von Tätigkeitssüchten zu sprechen, die sich auch außerhalb des Berufslebens durch ein rast- und ruheloses Verhaltensmuster äußern.

Spence & Robbins (1992) räumen jedoch ein, daß eine Trennung von Arbeits- und Berufsbezogenheit in der Praxis oftmals nicht möglich ist und beide Konzepte miteinander korrelieren, besonders bei Personen in akademischen oder leitenden Positionen, oder auch in anderen herausfordernden Berufsfeldern.

Aufgrund von Literaturanalysen hypothetisieren Spence & Robbins (1992) folgende weitere Unterscheidungsmerkmale zwischen Arbeitssüchtigen und Arbeitsenthusiasten bzw. anderen Individuen:

- Arbeitssüchtige sind stärker perfektionistisch.
- Arbeitssüchtige sind weniger bereit zu delegieren.
- Arbeitssüchtige erleben mehr beruflichen Streß, sie fühlen sich eher erdrückt von ihrer Verantwortung und ihren Ansprüchen an sich selbst.
- Arbeitssüchtige leiden stärker unter körperlichem Unbehagen bzw. Krankheiten.
- Arbeitssüchtige sind in der Erledigung ihrer Arbeitsaufgaben den Arbeitsenthusiasten qualitativ unterlegen.

Die letztgenannte Annahme wurde von Spence & Robbins (1992) aufgrund (noch) fehlender Daten im Rahmen der von ihnen vorgelegten Studie nicht geprüft.

Zur Überprüfung der übrigen Hypothesen entwickelten die Autorinnen drei Selbstbeschreibungsskalen (Arbeitsbezogenheit, Getriebenheit, Spaß an der Arbeit) zur Identifizierung von Arbeitssüchtigen, Arbeitsenthusiasten und Individuen mit anderen arbeitsbezogenen Verhaltensprofilen.

Weiterhin wurden zusätzliche Selbstbeschreibungsskalen zur Erfassung von Berufsstreß, Berufsbezogenheit, Perfektionismus, Nichtdelegation von Verantwortung, Zeitaufwand für den Beruf sowie Gesundheitsbeschwerden und Gesundheitsverhalten entworfen.

Zur Überprüfung der psychometrischen Eigenschaften der Skalen und zur Testung der vorhergesagten Zusammenhänge führten Spence & Robbins (1992) eine postalische Befragung an einer zufällig ausgewählten Stichprobe von 800 Sozialwissenschaftlern durch, die akademische Positionen an Colleges oder Universitäten innehaben. Der Vorteil dieser Stichprobe liegt nach Auffassung der Autorinnen darin, daß es sich um eine relativ homogene Gruppe von Personen handelt, die in beanspruchenden akademischen Berufsfeldern mit offenem Verantwortungsbereich arbeiten. D.h., ihre Aufgabenbewältigung ist

nicht an bestimmte Orte und Zeiten gebunden, und es gibt so gut wie keine Grenzen hinsichtlich der zusätzlichen berufsbezogenen Aktivitäten, die man unternehmen kann. Insgesamt erhielten die Autorinnen 291 verwertbare Fragebögen zurück.
Die geschlechtsspezifische Untersuchung der Daten ergab, daß Frauen signifikant höhere Mittelwerte erzielten als Männer auf den Skalen: Getriebenheit, Spaß an der Arbeit, Berufsstreß, Berufsbezogenheit und Zeitaufwand für den Beruf. Keine signifikanten Unterschiede ergaben sich bei den Skalen Arbeitsbezogenheit, Perfektionismus und Nichtdelegation. Bezüglich der empirisch ermittelten Zusammenhangsmuster zwischen den Skalen ergaben sich für Frauen und Männer annähernd gleiche Ergebnisse, was deutlich macht, daß Arbeitssucht (in der Definition von Spence & Robbins, 1992) kein geschlechtsspezifisches Phänomen ist (vgl. ähnliche Befunde bei Doty, 1984, bzw. Machlowitz, 1978, 1981).
Eine Untersuchung der Zusammenhänge zwischen den drei "Workaholismus" definierenden Skalen ergab eine substantielle positive Korrelation zwischen der Bezogenheits- und der Getriebenheits-Skala und eine mittlere (aber immer noch signifikante) positive Korrelation zwischen der Bezogenheits-Skala und der Skala "Spaß an der Arbeit". Die Korrelation zwischen der Skala "Spaß an der Arbeit" und der Getriebenheits-Skala hingegen war nahe Null.
Weiterhin korrelierten die Arbeitsbezogenheits-Skala und die Getriebenheits-Skala signifikant mit allen anderen Skalen in der erwarteten Richtung. Für die Arbeitsbezogenheits-Skala ergab sich eine substantielle Korrelation allerdings nur mit der Skala "Zeitaufwand für den Beruf". Bezüglich der Getriebenheits-Skala ergaben sich substantielle Korrelationen (>.40) mit den Skalen "Berufsstreß", "Perfektionismus" und "Nichtdelegation". Die Skala "Spaß an der Arbeit" korrelierte substantiell lediglich mit der Skala "Berufsbezogenheit".
Spence & Robbins (1992) ziehen aus diesen Ergebnissen den Schluß, daß die drei "Workaholism" definierenden Skalen, wenn man sie als unabhängig voneinander betrachtet, unterschiedliche Korrelationsmuster aufweisen.
Im folgenden nehmen die Autorinnen Profilvergleiche vor, indem sie bestimmte Ausprägungsmuster auf den drei "Workaholismus" definierenden Skalen zu identifizieren versuchen und die Gruppen, die unterschiedliche Profile bzgl. der drei Skalen aufweisen, hinsichtlich anderer Variablenausprägungen miteinander vergleichen.
Zunächst überprüfen sie, ob es Cluster von Personen gibt, deren Ausprägungsprofile auf den drei zentralen Skalen übereinstimmen mit den von Spence & Robbins (1992) gewählten Definitionen für Arbeitssüchtige bzw. Arbeitsenthusiasten. Weiterhin sollte festgestellt werden, ob sich nicht auch weitere Ausprägungsprofile ergeben.
Die Rohwerte wurden, getrennt nach Geschlechtern, in z-Werte transformiert. Anschließend wurden die standardisierten Werte einer Clusteranalyse nach der Ward-Methode (Ward, 1963) unterzogen. Aus den empirischen Daten ließ sich als geeignetste Lösung eine Unterscheidung von sechs Clustern ableiten. Um einen Mangel der Clusteranalyse zu

umgehen, nämlich daß das Verfahren alle Personen den Profilen zuordnet, mit denen sie am ehesten übereinstimmen und daher in jedem Cluster einige Personen zu finden sind, die mit den hypothetischen Profilen nicht im gewünschten Ausmaß übereinstimmen, setzten Spence & Robbins (1992) "angemessene" Cut-off-Werte für die drei "Definitionsskalen" je Cluster fest und entfernten Probanden aus dem jeweiligen Cluster, deren Werte auf einer oder mehreren der Definitionsskalen außerhalb dieser Cut-offs lagen. Die Werte dieser Untersuchungsteilnehmer wurden darauf analysiert, ob sie eher mit irgendeinem der anderen Profile übereinstimmen. War dies der Fall, so wurden diese Personen in die jeweils angemessenere Gruppe eingeordnet. Personen, deren Ergebnisse mit keinem der für die sechs Cluster jeweils ermittelten Profile übereinstimmten, wurden aus der Stichprobe genommen. Insgesamt 84 % der männlichen und 78 % der weiblichen Versuchspersonen der Gesamtstichprobe ließen sich gemäß dieser Vorgehensweise einem der sechs Cluster zuordnen.

Zwei der sechs Cluster stimmten mit den von Spence & Robbins (1992) festgelegten Definitionen des "Arbeitssüchtigen-Profils" (überdurchschnittliche Arbeitsbezogenheit und Getriebenheit, unterdurchschnittlicher Spaß an der Arbeit) und des "Arbeitsenthusiasten-Profils" (überdurchschnittliche Arbeitsbezogenheit und Freude an der Arbeit, unterdurchschnittliche Getriebenheit) überein. Die weiteren vier empirisch ermittelten Cluster definieren die Autorinnen wie folgt:

- "Enthusiastische Arbeitssüchtige" (überdurchschnittliche Arbeitsbezogenheit, Getriebenheit, Freude an der Arbeit),
- "Unengagierte Arbeiter" (unterdurchschnittliche Arbeitsbezogenheit, Getriebenheit, Freude an der Arbeit),
- "Entspannte Arbeiter" (unterdurchschnittliche Arbeitsbezogenheit und Getriebenheit, aber überdurchschnittliche Freude an der Arbeit),
- "Desillusionierte Arbeiter" (unterdurchschnittliche Arbeitsbezogenheit und Freude an der Arbeit, aber überdurchschnittliche Getriebenheit).

Eine Analyse der demographischen Charakteristika der jeweiligen Cluster ergab, daß sowohl für männliche als auch für weibliche Versuchspersonen die Clusterzugehörigkeit unabhängig war von demographischen Variablen (Familienstand, Ausbildungsniveau, berufliche Position, Alter, Anzahl minderjähriger Kinder).

Spence & Robbins (1992) verglichen in einem weiteren Schritt die Mittelwerte der jeweiligen Clusterstichproben auf den fünf arbeitsbezogenen Skalen (Zeitaufwand für den Beruf, Berufsbezogenheit, Perfektionismus, Nichtdelegation, Berufsstreß). Dabei ließ sich feststellen, daß sich "Arbeitssüchtige" und "Arbeitsenthusiasten" nicht signifikant unterschieden in ihren Ausprägungen auf den Skalen "Berufsbezogenheit" und "Zeitaufwand für den Beruf". Signifikante Unterschiede ergaben sich allerdings bei den Skalen "Berufsstreß", "Perfektionismus" und "Nichtdelegation", auf denen "Arbeitssüchtige" (wie vermutet) signifikant höhere Werte erzielten als "Arbeitsenthusiasten". Weitere Ergebnisse waren:

- Männliche "enthusiastische Arbeitssüchtige", "Arbeitssüchtige" und "desillusionierte Arbeiter" erzielten signifikant höhere Mittelwerte als "Arbeitsenthusiasten", "entspannte Arbeiter" und "unengagierte Arbeiter" auf den Skalen "Perfektionismus", "Berufsstreß" und "Nichtdelegation". Es zeigt sich, daß eine hohe Ausprägung auf der Skala "Getriebenheit" einhergeht mit hohen Ausprägungen auf den Skalen "Berufsstreß", "Perfektionismus" und "Nichtdelegation". Bei den weiblichen Versuchspersonen zeigten sich ähnliche Ergebnisse.
- Hohe Ausprägungen auf der Skala "Arbeitsbezogenheit" (anzutreffen bei "Arbeitsenthusiasten", "Arbeitssüchtigen" und "enthusiastischen Arbeitssüchtigen") gehen geschlechtsunabhängig einher mit hohen Ausprägungen auf der Skala "Zeitaufwand für den Beruf".
- Hohe Ausprägungen auf der Skala "Arbeitsbezogenheit" gehen ebenfalls einher mit hohen Ausprägungen auf der Skala "Berufsbezogenheit". Allerdings weisen auch die "entspannten Arbeiter" einen höheren Wert auf dieser Skala auf als die "unengagierten" bzw. die "desillusionierten Arbeiter". Spence & Robbins (1992) führen die Ähnlichkeit zwischen den "entspannten Arbeitern" und den Versuchspersonen mit hohen Ausprägungen auf der "Arbeitsbezogenheits-Skala" zurück auf die hohen Ausprägungen im Bereich "Spaß an der Arbeit" (denn "Spaß an der Arbeit" wies eine substantielle Korrelation auf zur Skala "Berufsbezogenheit").
- Die Zahl der Arbeitsstunden, die nach Angaben der Untersuchungsteilnehmer in einer durchschnittlichen Woche/an einem durchschnittlichen Wochenende geleistet werden, lagen bei den männlichen Versuchspersonen in der Gruppe der "Arbeitsenthusiasten" am höchsten, gefolgt von den "Arbeitssüchtigen" und den "enthusiastischen Arbeitssüchtigen".

  Tabelle 6.3.8.1 (S.96) gibt einen Überblick über die quantitative Verteilung der Arbeit in den sechs Clustern.

  Obschon die Mittelwerte der Gruppe der "Arbeitssüchtigen" bzw. der "enthusiastischen Arbeitssüchtigen" höher waren als die der "entspannten", "desillusionierten" und "unengagierten Arbeiter", unterschieden sich nur die Mittelwerte der "Arbeitsenthusiasten" signifikant in beiden Kategorien (Wochenarbeitszeit/Wochenendarbeitszeit) von den Mittelwerten der letztgenannten Cluster.

  Bei den Untersuchungsteilnehmerinnen ergab sich ein uneinheitliches Bild. Auch hier wiesen die "Arbeitsenthusiasten" die höchste Wochenarbeitszeit auf, gefolgt von den "Arbeitssüchtigen" und den "enthusiastischen Arbeitssüchtigen". Es ergaben sich zudem signifikante Unterschiede zu den "unengagierten" und "desillusionierten Arbeitern" bzgl. der Arbeitsstundenzahl pro Woche. Der Mittelwert der "enthusiastischen Arbeitssüchtigen" war ebenfalls signifikant höher als der der "desillusionierten Arbeiter".

Tab. 6.3.8.1: Durchschnittliche mittlere Arbeitsstundenzahl pro "Arbeitsstil"- Cluster und Ergebnisse der ANOVAs bzw. paarweisen Vergleiche für Männer und Frauen (aus Spence & Robbins, 1992, p. 175; modifiziert und übersetzt v. Verf.)

	Männer		Frauen	
	Woche	Wochenende	Woche	Wochenende
1 Arbeitsenthusiasten	$52,82_{4,5,6}$	$8,27_{4,5,6}$	$50,29_{5,6}$	$4,59_{3}$
2 Arbeitssüchtige	49,27	$5,45_{3,5}$	45,86	7,19
3 Enthusiastische Arbeitssüchtige	$48,03_{6}$	$7,17_{2,4,5,6}$	$48,23_{5}$	$7,39_{1,5,6}$
4 Entspannte Arbeiter	$44,24_{1}$	$3,57_{1,3}$	45,33	5,67
5 Desillusionierte Arbeiter	$45,00_{1}$	$2,36_{1,2,3}$	$41,58_{1,3}$	$4,17_{3}$
6 Unengagierte Arbeiter	$42,46_{1,3}$	$3,62_{1,3}$	$42,74_{1}$	$4,39_{3}$
	$F(5,107)= 3,07$	$F(5,107)= 5,72$	$F(5,117)= 2,06$	$F(5,117)= 2,14$
	$p < .013$	$p < .001$	$p < .075$	$p < .065$

Hinweis: Die Indizes kennzeichnen die Nummer des Clusters, von dem sich das gegebene Cluster signifikant unterscheidet, $p < .05$.

Bezüglich der Arbeitszeit am Wochenende wiesen die "enthusiastischen Arbeitssüchtigen" sowie die "Arbeitssüchtigen" die höchsten Werte auf, während die "Arbeitsenthusiasten" einen niedrigeren Wert als erwartet erzielten. Signifikante Mittelwertdifferenzen ergaben sich allerdings lediglich zwischen den "enthusiastischen Arbeitssüchtigen" einerseits und den "Arbeitsenthusiasten", den "desillusionierten" und den "unengagierten Arbeitern" andererseits.

- Die Auswertung der Fragen zu Gesundheitsbeschwerden und Gesundheitsverhalten ergab, daß die Gruppe der "Arbeitssüchtigen" (beiderlei Geschlechts) signifikant mehr gesundheitliche Beeinträchtigungen aufwies als die Gruppe der "Arbeitsenthusiasten".

In der Diskussion ihrer Untersuchung machen Spence & Robbins (1992) darauf aufmerksam, daß es sinnvoll ist, Untergruppen von "Vielarbeitern" zu unterscheiden anstatt diese wahllos unter dem Oberbegriff "Arbeitssüchtige" zusammenzufassen. Die Berücksichtigung bestimmter Schlüsselvariablen erlaubt vielmehr eine differenziertere und erkenntnisreichere Kategorisierung. Die Autorinnen selbst machen aber auch auf folgende Probleme ihrer Studie aufmerksam:

- Es bleibt offen, ob und inwiefern sich aus den Ergebnissen tatsächliches Verhalten vorhersagen läßt.
- Offen bleibt auch die Frage, ob arbeitssüchtiges Verhalten mit schlechteren Arbeits-

resultaten einhergeht als arbeitsenthusiastisches Verhalten.

- Die Kausalrichtung bzgl. des Zusammenhangs von Arbeitsstil und Gesundheitsbeschwerden ist vollkommen unklar.

Zentraler Kritikpunkt an der Studie von Spence & Robbins (1992) ist die Tatsache, daß die Autorinnen, ähnlich wie z.B. Machlowitz (1978, 1981), bestimmten Untersuchungsteilnehmerinnen und -teilnehmern das Label "arbeitssüchtig" aufgrund spezifischer Variablenausprägungen im Rahmen ihrer Untersuchung zuattribuieren, ohne die Selbsteinschätzungen der befragten Personen hinsichtlich dieser Dimension oder ein anderes externes Kriterium zu berücksichtigen. Insofern bleibt unklar, ob die Personen innerhalb des "Arbeitssucht"-Clusters klassische Merkmale der Suchtdiagnose überhaupt erfüllen (Kontrollverlust, Entzugserscheinungen etc.) und/oder ob diese Personen im Hinblick auf ihre "Sucht" einen Leidensdruck erleben.

Insgesamt weist die Untersuchung von Spence & Robbins (1992) darauf hin, daß das Phänomen der Arbeitssucht eine differenziertere Betrachtung auf unterschiedlichen Dimensionen erfordert. Ein Vorgehen nach rein quantitativen Gesichtspunkten ist keinesfalls zielführend. Die Arbeit von Spence & Robbins (1992) gibt einen ersten Einblick in die vielfältigen Einstellungs- und Verhaltensvariablen, die bei der Diagnose einer Arbeitssucht berücksichtigt werden müssen.

Elder (1991) bestätigte in einer Replikationsstudie, die auf Basis schriftlicher Befragungen von N=237 männlichen und weiblichen Absolventen eines Wirtschaftsstudienganges mit mehrjähriger Berufserfahrung in Vollzeitbeschäftigung durchgeführt wurde, weitgehend die Ergebnisse der Untersuchung von Spence & Robbins (1992).

Elder (1991) ermittelte im Rahmen von Clusteranalysen allerdings nur fünf anstatt sechs unterschiedliche Cluster von Arbeitsprofilen, da sich das Cluster des "desillusionierten Arbeiters" nicht replizieren ließ. Die fünf von Elder (1991) beschriebenen Cluster stimmen in ihrer Charakterisierung und inhaltlichen Beschreibung mit den von Spence & Robbins (1992) beschriebenen Profilen "Arbeitssüchtige" (überdurchschnittliche Arbeitsbezogenheit und Getriebenheit, unterdurchschnittlicher Spaß an der Arbeit), "Arbeitsenthusiasten" (überdurchschnittliche Arbeitsbezogenheit und Freude an der Arbeit, unterdurchschnittliche Getriebenheit), "enthusiastische Arbeitssüchtige" (überdurchschnittliche Arbeitsbezogenheit, Getriebenheit, Freude an der Arbeit), "unengagierte Arbeiter" (unterdurchschnittliche Arbeitsbezogenheit, Getriebenheit, Freude an der Arbeit) und "entspannte Arbeiter" (unterdurchschnittliche Arbeitsbezogenheit und Getriebenheit, aber überdurchschnittliche Freude an der Arbeit) überein.

In der Studie von Elder (1991) bestätigt sich, daß im Mittel sowohl "enthusiastische Arbeitssüchtige" als auch "Arbeitssüchtige" perfektionistischer und weniger delegationsbereit sind als die Angehörigen der übrigen Cluster. Auch berichten als arbeitssüchtig klassifizierte Untersuchungsteilnehmer im Vergleich zu den übrigen Probanden über größeren beruflichen Streß sowie über stärkere gesundheitliche Beschwerden. Übereinstimmungen in den Mittelwerten der beiden Cluster "Arbeitssüchtige" bzw. "enthusiastische Arbeitssüchtige" zeigen sich im Vergleich zu den übrigen Clustermittelwerten schließlich auch in der Schwierigkeit, zusätzliche Arbeitsaufgaben abzulehnen bzw. in einem geringeren Vertrauen in Mitarbeiter und Kollegen.

Elder (1991) weist darauf hin, daß sich "Arbeitssüchtige" in einigen weiteren Bereichen von "enthusiastischen Arbeitssüchtigen" unterscheiden. "Arbeitssüchtige" widmen ihrer Arbeit relativ weniger Zeit als "enthusiastische Arbeitssüchtige", ebenfalls weisen "Arbeitssüchtige" eine geringere Berufsbezogenheit auf als "enthusiastische Arbeitssüchtige". Das objektive berufliche Fortkommen (gemessen über Einkommenshöhe, mit Einkommensverbesserungen verbundene Beförderungen bzw. Arbeitsplatzwechsel sowie Arbeitsplatzwechsel aufgrund von Kündigung) und der subjektiv wahrgenommene Karriereerfolg ist bei "Arbeitssüchtigen" geringer ausgeprägt als bei "enthusiastischen Arbeitssüchtigen", was von Elder (1991) als Hinweis auf die Richtigkeit der von Spence & Robbins (1992) nicht geprüften Hypothese von der qualitativ minderwertigen Arbeitserledigung der "Arbeitssüchtigen" im Vergleich zu den "enthusiastischen Arbeitssüchtigen" gewertet wird.

Weiterhin berichten "Arbeitssüchtige" über eine geringere Arbeitszufriedenheit bzw. Lebenszufriedenheit, über eine geringere selbstwahrgenommene Kreativität, über ein geringeres Energieniveau und über ein weniger stark ausgeprägtes Anspruchsniveau bei der Aufgabenerledigung als die Untersuchungsteilnehmer, die zur Kategorie der "enthusiastischen Arbeitssüchtigen" gehören. Die Untersuchung von Elder (1991) legt implizit die Unterscheidung einer stärker beeinträchtigenden und einer weniger stark beeinträchtigenden Form von Arbeitssucht nahe. Interessanterweise lassen sich in beiden Clustern jedoch übereinstimmend zahlreiche negative Folgen einer süchtigen Arbeitshaltung feststellen, so daß die polarisierende Differenzierung in "gesunde" und "kranke" Arbeitssucht (vgl. Doty, 1984; Machlowitz, 1978, 1981; Naughton, 1987) unangemessen erscheint.

Je nach Standpunkt dürfte der erstrebenswerte Idealtypus der in der Studie von Elder (1991) ermittelten Kategorisierungen im Cluster "Arbeitsenthusiasten" oder "entspannte Arbeiter" zu finden sein, da bei diesen Personen angemessene produktivitäts- und leistungsorientierte Einstellungs- und Verhaltensmuster ohne negative Konsequenzen für Gesundheit und/oder Zufriedenheit festzustellen sind. Diese Typen repräsentieren am ehesten einen Lebensstil, der der im Rahmen der Arbeitssuchttherapie als Zielzustand geforderten "balancierten Lebensführung" zu entsprechen scheint (vgl. dazu Kapitel 8).

Die bzgl. der Studie von Spence & Robbins (1992) vorgetragene Kritik hinsichtlich der Stichprobengewinnung gilt auch für die Untersuchung von Elder (1991). Wegen fehlender Informationen über Existenz und Ausmaß des Leidensdrucks der als arbeitssüchtig bezeichneten Untersuchungsteilnehmer und aufgrund mangelnder Angaben über das Vorhandensein klassischer Suchtmerkmale bei den "Arbeitssüchtigen" kann nicht ausgeschlossen werden, daß es sich bei den als arbeitssüchtig kategorisierten Untersuchungsteilnehmern um ein Personencluster handelt, welches *im Rahmen der Studie* so genanntes arbeitssüchtiges Verhalten praktiziert, das aber vom Verhalten *tatsächlich* arbeitssüchtiger Personen verschieden ist. Solange keine empirische Studien mit Personen vorliegen, die aufgrund geeigneter externer Kriterien wie z.B. Selbsteinschätzungen und/oder klinischen Diagnosen als arbeitssüchtig bezeichnet werden können, ist die Gefahr einer empirischen Artefaktbildung durch Untersuchungsdesigns wie in den Studien von Elder (1991), Machlowitz (1978, 1981) und Spence & Robbins (1992) groß. Die Qualität einer Untersuchung zur theoretischen und empirischen Erhellung eines Konstruktes wie Arbeitssucht ist in entscheidendem Maße abhängig von der Validität der in der Untersuchung verwendeten Kriterien. Eine dringend notwendige externe Validierung der für die Arbeitssuchtdiagnose herangezogenen Kriterien ist in keiner der genannten Studien zu finden.

6.3.9 Arbeitssucht bei jungen College-Studenten: Der Ansatz von Haymon (1992)

Der letztgenannte Kritikpunkt gilt auch für eine von Haymon (1992) durchgeführte Studie, deren kurze Besprechung die Darstellung von Ansätzen, die Arbeitssucht als eine eigenständige, überspitzte Form des "normalen" Arbeitsverhaltens auffassen, abschließen soll.

Haymon (1992) ließ männliche Collegestudenten (Durchschnittsalter 19,2 Jahre) eine von ihr konstruierte "Workaholic Adjective Checklist" (WAC) sowie weitere Fragebogeninstrumente zur Erfassung von Depression, situativer Angst, Angst als Persönlichkeitsmerkmal, situativer Wut und Wut als Persönlichkeitsmerkmal bearbeiten. Haymon (1992) betrachtet Arbeitssucht als ein durch Einstellungs- und Verhaltensmerkmale kennzeichenbares Syndrom, das auf fünf grundlegenden Faktoren basiert, die durch die Items der WAC abgedeckt werden: Angst, Zwanghaftigkeit/Besessenheit, Sucht, Intoleranz und Selbstzweifel. Haymon (1992) stellte fest, daß positive korrelative Zusammenhänge bestehen zwischen der Selbsteinschätzung als arbeitssüchtig (erhoben über die Antwort auf ein Schlüsselitem im Rahmen der WAC) und den Ausprägungen auf den fünf der WAC zugrundeliegenden Faktoren. Zudem fand Haymon (1992) positive Korrelationen zwischen den Ausprägungen auf der WAC (Gesamtscore) und den erhobenen Werten zu den emotionalen Zuständen der Depression, der situativen Ängstlichkeit, der Ängstlichkeit als Persönlichkeitsmerkmal, der situativen Wut und der Wut als Persönlichkeitsmerkmal. Schließlich ergaben die Studien von Haymon (1992) auch, daß Studenten, die auf der WAC einen hohen Wert erreichten (oberes Drittel der Stichprobe), sich signifikant von Studenten, die auf der WAC nur einen niedrigen Wert erzielten (unteres Drittel der Stichprobe), hinsichtlich der erhobenen Merkmale Depression, situative Ängstlichkeit, Ängstlichkeit als Persönlichkeitsmerkmal und situativer Wut unterscheiden.

Auch die von Haymon (1992) untersuchten Probanden können letztlich jedoch nicht als *tatsächlich betroffene Arbeitssüchtige* betrachtet werden. Zum einen wird auch hier die Arbeitssuchtdiagnose von der Antwort auf ein(!), zudem noch verklausuliert formuliertes Schlüsselitem abhängig gemacht, zum anderen werden Aspekte wie "persönlicher Leidensdruck", "Problematisierung des eigenen Verhaltens", und "negative Konsequenzen des eigenen Arbeitsverhaltens" vollkommen ausgeblendet. Auch in der Studie von Haymon (1992) findet letztlich wieder eine externe Etikettierung im Hinblick auf die Arbeitssucht statt, die die persönliche Einschätzung der untersuchten Probanden völlig außer acht läßt. Zudem handelt es sich bei den von Haymon (1992) untersuchten Personen um junge Erwachsene, die noch nicht im Berufsleben stehen, was eine Generalisierung der ermittelten Ergebnisse unmöglich macht. Interessant ist allerdings die Tatsache, daß Haymons (1992) Untersuchung als Hinweis darauf verstanden werden kann, daß die Entwicklung arbeitssüchtiger Einstellungs- und Verhaltensmuster schon in relativ jungen Jahren und außerhalb einer finanziell entlohnten Berufs-/Erwerbstätigkeit möglich sein kann.

Zahlreiche weitere Autoren beschreiben "Arbeitssucht" - ähnlich wie die hier näher erläuterten Arbeiten - als ein bestimmtes Einstellungs- und Verhaltensmuster in bezug auf Arbeit (siehe z.B. Deutsch, 1979; Doerfler & Kammer, 1986; Dougherty, 1989). Da sie kaum oder keine neuen Aspekte zur Definition und Operationalisierung des Konstruktes "Arbeitssucht" als einem speziellen Verhaltensstil erbringen, soll hier lediglich auf sie verwiesen werden.

6.4 Arbeitssucht als Spielart des Typ-A-Verhaltens

Nach einem kurzen Abriß über die Forschung zum Typ-A-Verhalten werden einige Ansätze zum Thema Arbeitssucht besprochen, die von der Annahme ausgehen, daß arbeitssüchtiges Verhalten lediglich eine Spielart des Typ-A-Verhaltens ist.

6.4.1 Allgemeine Ausführungen zum Typ-A-Verhalten

In der Literatur zum Thema Arbeitssucht bzw. "Workaholism" findet sich häufiger die Auffassung, daß Arbeitssuchtverhalten subsumierbar ist unter das aus der Forschung zur Ursache und Genese von Herz-Kreislauf-Erkrankungen bekannte Typ-A-Verhalten (zu Typ-A-Verhalten vgl. Friedman & Rosenman, 1975; zum Zusammenhang von Typ-A-Verhalten und Arbeitssuchtverhalten siehe z.B. Doty, 1984; Suojanen & Hudson, 1981, oder Pace et al., 1987).

Hatte man sich bei der Erforschung der Risiko- und Ursachenfaktoren für koronare Herzkrankheiten zunächst konzentriert auf Variablen wie Alter, Geschlecht, Nikotinkonsum, Blutdruck, Cholesterinwerte, Übergewicht, Bewegungsmangel, Diabetes, so beschäftigte man sich in jüngerer Zeit bei der Suche nach (weiteren) Ursachenfaktoren der koronaren Herzkrankheit mit eher psychologischen Variablen wie Streß und Persönlichkeit. Allerdings beschrieb bereits 1910 der kanadische Arzt Sir William Osler bei seinen Angina-Pectoris-Patienten ein bestimmtes Arbeitsverhalten, ständigen Zeitdruck und Anzeichen von allgemeiner Lebensunzufriedenheit (Romo, Siltanen, Theorell & Rahe, 1973). In zahlreichen Studien wurde versucht, einen Zusammenhang zwischen koronaren Herzerkrankungen und dem Auftreten spezifischer Streßfaktoren nachzuweisen (siehe z.B. Kornitzer, Dramaix & Gheyssen, 1979; Rahe & Lind, 1971; Siegrist, Dittmann, Rittner & Weber, 1980; Siegrist & Matschinger, 1988). Ladwig & Sund (1985) weisen darauf hin, daß die tiefenpsychologisch orientierte systematische Erforschung psychischer Grundfunktionen von Personen mit ischämischen Herzerkrankungen zu einer einheitlichen Charakterisierung solcher Patienten als "ehrgeizige, kämpferische, eher überaktive Persönlichkeiten, die sich gleichzeitig durch anankastische Wesenszüge, Rigidität, innere Unruhe und Angst auszeichnen" (S. 41) geführt hatte. Als bevorzugtes Konfliktfeld dieser Risikopatienten wird der Arbeitsbereich betont (Ladwig & Sund, 1985). Auch Arbeiten von Dunbar (1948), Aresin (1960) und Hahn (1971) kommen zu spezifischen Persönlichkeitsprofilen bei Personen mit Herzerkrankungen, wobei insbesondere Merkmale wie Zielbewußtsein, Strebsamkeit, Beharrlichkeit, Selbstbeherrschung, Ehrgeiz, Geltungsdrang, Machtstreben und Rigidität als charakteristisch für Infarktpatienten geschildert werden.

Solche persönlichkeitsorientierten Studien sahen sich allerdings einer Reihe von Kritikpunkten ausgesetzt, und erst durch den verhaltensanalytisch orientierten Ansatz von Friedman & Rosenman (1975) gelang es, ein als koronargefährdend geltendes Verhaltensmuster herauszuarbeiten, das konsistent, experimentell abgesichert und in Feldunter-

suchungen evaluiert war (Ladwig & Sund, 1985). Bei aller Euphorie, die dieses Konzept weltweit auslöste, blieb leider allzu oft unberücksichtigt, daß Friedman & Rosenman (1975) das Typ-A-Muster ohne theoretische Basis lediglich als lose Aufzählung einer Reihe von beobachtbaren Verhaltensweisen konzipierten (vgl. Fricewski, 1988).
Friedman & Rosenman (1975) bemühten sich bereits seit Ende der 50-er Jahre um den Nachweis, daß das Risiko des Auftretens einer koronaren Herzerkrankung erhöht wird, wenn ein bestimmtes Verhaltensmuster vorliegt. Dieses Verhaltensmuster wurde von Friedman & Rosenman (1975) als Typ-A-Verhalten bezeichnet. Egger (1985) charakterisiert das Typ-A-Verhaltensmuster als einen Komplex von Handlungen und Emotionen. Stübe & Kunzendorff (1985) sprechen von habitualisierten Verhaltens- und Reaktionsweisen, die als situationsmitbedingt aufgefaßt werden. Nach Ladwig & Sund (1985) ist das Typ-A-Verhalten gekennzeichnet durch "intensiven, andauernden Antrieb zum Erfolg, durch ehrgeizig-konkurrierendes Verhalten, durch ständigen Wunsch nach Anerkennung und Aufstieg sowie Verstrickung in Funktionen und Ziele, die Zeit- und Terminnot hervorrufen. Menschen, die überwiegend diesem Typ-A-Verhalten zuzuordnen sind, haben die Neigung, ihr Leben und Arbeitstempo zu beschleunigen und zeichnen sich durch außergewöhnliche geistige und psychische Beweglichkeit aus" (S. 42). Anerkennungsstreben, Ungeduld, Hast und Aggressivität, hohe Erwartungen und Zielsetzungen sowie typische Merkmale im Sprechverhalten (z.B. schneller explosiver Sprachstil) sind nach Friedman & Rosenman (1975) hervorstechende Indikatoren des Typ-A-Verhaltens. Egger (1985) weist darauf hin, daß es sich bei den Typ-A-Verhaltensmustern "im Prinzip um natürliche Verhaltensweisen <handelt>, die jedoch beim Typ-A-Menschen stark ausgeprägt sind" (S. 770).
Erfaßt wird das Typ-A-Verhalten in der Regel entweder durch speziell konstruierte Selbstbeschreibungsfragebögen (z.B. Jenkins Activity Survey von Jenkins, Rosenman & Zyzanski, 1974) oder durch strukturierte Interviews (Rosenman, Friedman, Straus, Wurm, Kositichek, Hahn & Werthessen, 1964; die deutsche Form des strukturierten Interviews beschreiben Langosch, Schmidt & Rüddel, 1985).

In der breit angelegten Western Collaborative Group Study (WCGS) lieferten Rosenman, Jenkins, Friedman, Straus & Wurm (1975) Belege für die Vorhersagevalidität des Typ-A-Musters. Es wurden insgesamt 3154 gesunde Männer im Alter von 39 bis 59 Jahren in einer 8 1/2-jährigen prospektiven Studie untersucht. Auf Basis eines strukturierten Interviews wurden zu Beginn der Studie die Untersuchungsteilnehmer in Typ-A- bzw. Typ-B-Persönlichkeiten (= Individuen mit dem Typ-A nicht entsprechenden Verhaltensmustern) kategorisiert. Es zeigte sich, daß das Erkrankungsrisiko für koronare Herzerkrankungen bei Typ-A-Personen, auch nach Kontrolle der "traditionellen" Risikofaktoren (Cholesterinwerte, Blutdruck, Nikotinkonsum etc.; vgl. weiter oben), doppelt so hoch lag wie bei als Typ-B kategorisierten Untersuchungsteilnehmern. Auch war das Typ-A-Verhalten ein guter Prädiktor für einen Reinfarkt.

Die Ergebnisse der WCGS wurden allerdings häufig fehlinterpretiert in dem Sinne, daß Typ-A-Menschen mit großer Wahrscheinlichkeit eine koronare Herzkrankheit entwickeln. Diese Aussage ist in dieser Form falsch und geht weit über die im Rahmen der Studie dargestellten Ergebnisse hinaus. Vielmehr weist die WCGS ein *relatives* Risiko nach, denn von der Gesamtstichprobe von 3154 anfangs gesunden Männern litten nach 8 1/2 Jahren 7 % an einer Herzerkrankung. Von dieser kleinen Gruppe gehörten zwei Drittel der Typ-A und ein Drittel der Typ-B-Kategorie an. Da zu Beginn der Studie eine Gleichverteilung von Typ-A- bzw. Typ-B-Personen vorgelegen hatte, konnte von einem doppelt so hohen Erkrankungsrisiko beim Typ-A-Verhalten gesprochen werden. Die überwältigende Mehrheit der Typ-A-Persönlichkeiten entwickelte *keine* Koronarerkrankung, und auch Typ-B-Personen blieben von einer solchen Erkrankung nicht verschont. Das Typ-A-Verhalten kann und soll daher nur als ein Risikofaktor neben anderen im Hinblick auf koronare Herzerkrankungen betrachtet werden.
Selbst diese eingeschränkte Aussage ist nicht unumstritten geblieben. Ragland & Brand (1988) setzten die WCGS mit 287 Männern, bei denen bereits im Rahmen der Studie von Rosenman et al. (1975) eine Herzerkrankung festgestellt worden war, fort. 135 der von Ragland & Brand (1988) berücksichtigten Männer hatten einen Herzinfarkt erlitten. 93 Männer gehörten der Typ-A-Kategorie, 42 der Typ-B-Kategorie an. 18 der Typ-A-Personen und 8 der Typ-B-Personen starben innerhalb von 24 Stunden nach dem Herzinfarkt, so daß die Sterberate für beide Kategorien in diesem Fall bei 19 % liegt. Eine signifikante Beziehung zwischen Typ-A-Verhalten und erhöhter Sterblichkeitsrate innerhalb von 24 Stunden nach einem Herzinfarkt ergab sich somit nicht.
Bei den Männern, die den Herzinfarkt länger als 24 Stunden überlebten, betrug die Todesrate für Typ-A-Personen 24 %, für Typ-B-Personen hingegen 37 %. Diese Ergebnisse lassen sich dahingehend interpretieren, daß das Typ-A-Verhalten zwar häufiger mit einer Herzerkrankung einhergeht, nach Eintreten eines Infarktes aber nicht von einer erhöhten Sterblichkeitswahrscheinlichkeit im Vergleich zu Typ-B-Personen auszugehen ist.
Mögliche Erklärungen für dieses Resultat sind nach Ragland & Brand (1988; vgl. Damm & Frey, 1990):

- Typ-A-Personen reagieren auf einen Herzinfarkt anders als Typ-B-Personen (z.B. im Sinne einer stärkeren Umstellung der Lebensweise und/oder einer höheren Compliance).
- Typ-A-Personen haben aufgrund ihrer zu Beginn der Studie vorgenommenen Klassifikation ihr Verhalten geändert und sich zu B-Typen entwickelt. Diese Möglichkeit wurde von Ragland & Brand (1988) nicht überprüft, da sie ohne weitere Kontrolle die Klassifikationen der Versuchspersonen aus der WCGS übernahmen.
- Typ-B-Personen erleiden schwerere Herzerkrankungen als Typ-A-Personen.

Sollten sich die Ergebnisse von Ragland & Brand (1988) jedoch bestätigen, so wäre im Rahmen der Therapie von Herzinfarktpatienten eine generelle Änderung des Typ-A-Verhaltens nicht ohne weiteres zu rechtfertigen.

Eine weitere prospektive Untersuchung wurde von Haynes, Feinleib & Kannel (1980) im Rahmen der Framingham-Studie durchgeführt. Über 1600 anfänglich koronargesunde Männer und Frauen wurden über einen Zeitraum von 8 Jahren beobachtet. Es zeigte sich, daß Typ-A-Frauen bzw. Typ-A-Männer (die Einteilung erfolgte auf Basis der Framingham-Typ-A-Skala, Haynes et al., 1980) im Vergleich zu Typ-B-Frauen bzw. -Männern mehr als dreimal (Frauen) bzw. doppelt (Männer) so häufig nach Ablauf von acht Jahren eine koronare Herzerkrankung aufweisen. Mögliche andere Risikofaktoren wurden im Rahmen der Untersuchung statistisch kontrolliert.

Das Konzept des Typ-A-Verhaltens ist nicht unumstritten geblieben. Einige zentrale Diskussionspunkte seien kurz erwähnt: Glass (1977) und Siegrist (1985) betonen in ihrer Kritik am Typ-A-Konstrukt vor allem die Vernachlässigung situativer Aspekte. Beide rücken zudem den Faktor der Kontrollmotivation/-ambition der jeweiligen Person bei der Untersuchung koronargefährdenden Verhaltens in den Vordergrund, der durch die Einbeziehung kognitiver Mechanismen dem Typ-A-Konstrukt vorzuziehen sei.
Der am Typ-A-Konstrukt häufig geübten Kritik der Multidimensionalität versuchte man durch Differenzierung von pathogenen und nicht-pathogenen Komponenten im Typ-A-Verhalten zu begegnen (vgl. Kupfer, 1993). Dembroski & Costa (1987) identifizierten dabei Ärgerausdruck und Feindseligkeit als kritische Faktoren. Unklar und umstritten ist aber die Frage, welche Form des Ärgerausdrucks (Ärgerunterdrückung vs. expressives Ausagieren) risikobehafteter ist. Eine Meta-Analyse zum Thema "Typ-A-Verhalten und koronare Herzerkrankung" führten Friedman & Booth-Kewley (1987) durch. Auch sie stellten fest, daß nicht grundsätzlich alle Komponenten des Typ-A-Verhaltensmusters längerfristig koronargefährdend wirken (z.B. ist durch berufliches Engagement alleine die Herzinfarktwahrscheinlichkeit *nicht* erhöht). Egger (1985) nennt die Komponenten "Ehrgeiz und Aggressivität" sowie "Hast und Ungeduld" als besonders geeignet zur Vorhersage kardiovaskulärer Erkrankungen.
Auch zeigte sich ein Zusammenhang zwischen Herzinfarktentstehung und anderen als im Typ-A-Konstrukt berücksichtigten psychologischen Variablen (z.B. Depression; vgl. Ladwig & Sund, 1985). Das Typ-A-Verhaltensmuster weist darüber hinaus ebenfalls Zusammenhänge zu weiteren körperlichen Erkrankungen auf. Die Spezifität des Typ-A-Verhaltens für die Vorhersage koronarer Herzerkrankungen muß daher angezweifelt werden. Strübe & Kunzendorff (1985) zeigten, daß sich das Typ-A-Verhalten in seiner stärksten Ausprägung bei Angina-pectoris-Patienten zeigte, daß aber Typ-A-Verhaltensmuster ebenso z.B. bei Patienten mit chronischen funktionellen Magenkrankheiten feststellbar waren. Sie resümieren, daß das Typ-A-Verhaltensmuster "ein spezielles *psychosomatisches* Muster darstellt, welches aufgrund anatomisch-physiologischer Bedingungen mit einer möglichen kardio-vaskulären Reaktionsbereitschaft am deutlichsten koinzident ist" (S. 64).
Schließlich sind die Ergebnisse zum Zusammenhang Typ-A-Verhalten und koronare

Herzerkrankung auch abhängig von den eingesetzten Meßinstrumenten zur Erfassung des Typ-A-Verhaltens. Fragebogen sind zur Erfassung des Konstruktes weniger geeignet. Eine diesbezügliche Untersuchung von Matthews, Krantz, Dembroski & McDougal (1982) ergab, daß die beiden gängigsten Instrumente zur Diagnose von Typ-A-Verhalten, das Jenkins Activity Survey (Jenkins et al., 1974) sowie das strukturierte Interview (Rosenman et al., 1964), lediglich in 60 % aller Fälle zu übereinstimmenden Urteilen gelangen. Würde man eine Klassifikation nach dem Zufallsprinzip vornehmen, wäre in 50% aller Fälle eine identische Einschätzung zu erwarten (vgl. dazu auch Myrtek, 1983, 1985).

Einen Überblick über den aktuellen Stand der Diskussion um das Typ-A-Konzept gibt Kupfer (1993). Er betont, daß das globale Typ-A-Konzept in jüngster Zeit mehr und mehr durch eine molekulare Perspektive abgelöst wird. Kupfer (1993) fordert neben der schon genannten Komponentenanalyse eine stärkere Verlaufsorientierung sowie die Einbeziehung sozialer Kontextbedingungen im Rahmen der Erforschung des Typ-A-Konstruktes.

Myrtek (1985) schließlich kritisiert die massive Überschätzung der Bedeutung des Typ-A-Verhaltensmusters als Risikofaktor der koronaren Herzkrankheit. Als Erklärung für diese Überschätzung führt er die "zusätzliche Funktion" des Konzeptes "Typ-A-Verhalten" für Patient, Arzt und Psychotherapeut an. "Für viele Patienten bedeutet eine externale Ursachenzuschreibung u.U. eine psychische Entlastung, für den Arzt eine Kausalerklärung der Erkrankung (...) und für den Psychotherapeuten eine scheinbare Stärkung seiner Zuständigkeit" (Myrtek, 1985, S. 54).

6.4.2 Das Typ-A-Verhalten in der Arbeitssuchtforschung

Trotz der dargestellten Kritikpunkte hat das Typ-A-Konstrukt im Rahmen der Beschäftigung mit dem "Workaholismus"-Konzept Anklang gefunden. Dies läßt sich u.a. darauf zurückführen, daß beide Konzepte eine Reihe von Parallelen aufweisen und jedes Konzept für sich eine gewisse Anschaulichkeit und scheinbar unmittelbare Plausibilität besitzt (vgl. Fricewski, 1988). Daß das Typ-A-Verhaltensmuster in eingehenderen Tiefenstrukturanalysen eher eine "brüchige Dynamik" (Frieczwski, 1988) und Heterogenität aufweist, und sich ähnliches, wie z.B. die Untersuchung von Spence & Robbins (1992) zeigt, für Arbeitssucht annehmen läßt, wurde dabei häufig vom Wunsch nach eingängigen, generell und eindimensional gültigen Konzepten überlagert. Diese grobe Vereinfachung zeigt sich nicht zuletzt in spekulativen Äußerungen auch von Wissenschaftlern, die behaupten, daß 50 % der nordamerikanischen Bevölkerung (Rosenman et al., 1964), daß 75 % aller nordamerikanischen Manager (Howard, Cunningham & Rechnitzer, 1976) oder mehr als 50 % aller Bevölkerungsmitglieder anderer Nationen als der amerikanischen (Friedman & Rosenman, 1975, S. 74) zum Typ-A zu rechnen sind. In bezug auf die Arbeitssucht findet sich eine ähnlich pauschalisierende Aussage z.B. bei Sprankle & Ebel (1987), die die gesamte USA als "eine Nation freiwillig Arbeitssüchtiger" (Sprankle

& Ebel, 1987, p. 8, Übers. d. Verf.) beschreiben.
Würden diese Aussagen zutreffen, hätten beide Konzepte kaum diagnostischen Wert und wären aufgrund ihrer Allgemeingültigkeit für klassifikatorische und damit auch präventive bzw. rehabilitative Zwecke ungeeignet. Ein Persönlichkeits- oder Verhaltensmuster, das als typisch für Herzinfarktpatienten oder Arbeitssüchtige gelten kann, muß enger gefaßt sein und zudem die Berücksichtigung von Kontextvariablen einschließen (vgl. Fricewski, 1988; Siegrist, 1985).

Gleichsetzungen des Arbeitssuchtverhaltens mit dem Typ-A-Verhalten finden sich z.B. bei Cox (1982), Hodgson & Miller (1985), Pace et al. (1987), Quick & Quick (1984) und Suojanen & Hudson (1981). Zusammenhänge zwischen Arbeitssucht und Typ-A-Verhalten beschreibt auch Muhs (1985). Tiefenpsychologische Anamnesen bei Herzinfarktpatienten ergaben, daß aggressive Fehlverarbeitungen, wie sie sich im Typ-A-Verhalten zeigen, eine Verstärkung arbeitssüchtiger Verhaltensmuster bewirken (Moersch, Kerz-Rühling, Drews, Nern, Keunel, Kelleter, Rodriguez, Fischer & Goldschmidt, 1980).
Pace & Suojanen (1988) verdeutlichen, daß extremes Typ-A-Verhalten Suchtcharakter bekommen kann und somit Arbeitssucht lediglich eine extreme Ausprägung des Typ-A-Verhaltens darstellt. Bereits in einer früheren Arbeit hatten Pace et al. (1987) herausgestellt, daß das Typ-A-Verhalten eine Form von fehlangepaßtem Abhängigkeitsverhalten darstellt und rückführbar ist auf die Abhängigkeit der Typ-A-Personen vom körpereigenen, in Streßsituationen produzierten Adrenalin. Typ-A-Personen würden daher Belastungs- oder Krisensituationen häufig künstlich herbeiführen, um in den Genuß der in diesen Situationen erhöhten Adrenalinausscheidung zu gelangen und durch die Bewältigung der Situation das Selbstbewußtsein zu stärken. Pace & Suojanen (1988) weisen darauf hin, daß das Typ-A-Verhaltensmuster je nach Art der zu bewältigenden (Arbeits-) Aufgabe kurzfristig durchaus erfolgreich sein kann. Typ-A-Manager seien insgesamt "geschäftiger" als Typ-B-Manager. Sie seien aber insbesondere bei Aufgaben, die komplexe Urteile, eher Genauigkeit als Schnelligkeit und Fähigkeit zur Teamarbeit erforderten, *weniger* produktiv (vgl. dazu auch Baron & Greenberg, 1989, p. 195). Zudem bewältigen Typ-A-Manager häufig *selbstverursachte* Problemsituationen, was letztlich erhebliche Auswirkungen auf die Effektivität und Produktivität solcher Mitarbeiter hat (Pace et al., 1987). Pace & Suojanen (1988) kommen zu dem Schluß, daß exzessives Typ-A-Verhalten je nach Aufgabenstellung sowohl funktional als auch dysfunktional für die Zielerreichung sein könne, daß das feindselige und aggressive Auftreten von Typ-A-Managern aber auf jeden Fall hinderlich ist für eine personorientierte, die Mitarbeiter einbeziehende Aufgabenbewältigung. Verhält sich ein Vorgesetzter entsprechend des Typ-A-Verhaltensmusters, so besteht die Gefahr, daß sich Mitarbeiter und Kollegen diesem Arbeitsstil anzupassen versuchen oder von der Führungskraft zur Anpassung gezwungen werden, was jedoch aufgrund des hohen perfektionistischen Anspruchs des

Vorgesetzten von Beginn an zum Scheitern verurteilt ist. Mögliche Folgen eines solchen Anpassungsversuches seitens der Kollegen und/oder Mitarbeiter können nach Pace et al. (1987) sein: Absentismus, Fluktuation, Alkoholmißbrauch, parallele Entwicklung arbeitssüchtiger Einstellungs- und Verhaltensmuster, Angstgefühle, sinkende Arbeitszufriedenheit etc. Pace & Suojanen (1988) machen darauf aufmerksam, daß extremes Typ-A-Verhalten vor allem im Bereich des mittleren Management zu finden ist, während im Top-Management Typ-B-Verhaltensmuster überwiegen (vgl. Siegrist, Dittmann, Rittner & Weber, 1980). Pace & Suojanen (1988) erklären dies damit, daß Typ-A-Personen aufgrund ihres erhöhten Erkrankungsrisikos (nicht nur für Herzerkrankungen) nicht lange genug ohne Beeinträchtigungen im Arbeitsleben verbleiben, um Top-Management-Positionen zu erreichen. Zudem fehle Typ-A-Personen aufgrund ihres Verhaltensstiles die für Führungskräfte notwendige Fähigkeit zur langfristigen Entscheidung. Möglicherweise neigten Typ-A-Personen auch verstärkt dazu, das Angestelltenverhältnis zugunsten einer selbständigen Tätigkeit aufzugeben. Härtel und Chambless (1989) konnten im Rahmen einer breit angelegten Studie zum Thema Berufsposition und Typ-A-Verhalten nachweisen, daß starke Beziehungen zwischen der Arbeitssituation und dem gezeigten Typ-A-Verhalten bestehen. Insbesondere selbständig tätige Männer, so Härtel und Chambless (1989), wiesen ausgeprägtere Typ-A-Verhaltensmuster auf und seien daher stärker gefährdet, Herz-Kreislauf-Erkrankungen zu erleiden. Pace & Suojanen (1988) geben Empfehlungen zur Bewältigung der Arbeitssuchtproblematik, auf die im Rahmen der vorliegenden Arbeit an anderer Stelle noch eingegangen wird (vgl. dazu auch Pace et al., 1987).

Eine Untersuchung von Nagy (1982) zum Zusammenhang von Persönlichkeitstyp (Typ-A oder Typ-B), Arbeitssuchtausprägung, Wahrnehmung des Schulklimas und Berufserfahrung als Lehrer mit dem Erleben von "Burnout" bei einer Stichprobe von Grund- bzw. Hauptschullehrern in einem Schuldistrikt im Nordwesten der USA ergab neben zahlreichen anderen Ergebnissen, daß die Stärke der Arbeitssuchtausprägung die wichtigste Variable zur Erklärung unterschiedlicher Burnout-Ausprägungen war. Es zeigte sich zudem ein signifikanter positiver Zusammenhang zwischen Persönlichkeitstypus A und der Arbeitssuchtausprägung.
Kritisch an der Untersuchung von Nagy (1982) ist anzumerken, daß er die Kategorisierung der Versuchspersonen auf Basis von Fragebogenergebnissen vornimmt und dabei teilweise auf nicht validierte Erhebungsinstrumente zurückgreift. Dies gilt insbesondere für das Konstrukt der Arbeitssucht.

6.5 Arbeitssucht als besessen-zwanghaftes Verhalten

Zunächst werden einige Informationen zur Definition, Operationalisierung und Diagnose der zwanghaften Persönlichkeitsstörung gegeben, bevor die Anwendung dieses Konstruktes in der Erforschung der Arbeitssucht beschrieben wird.

6.5.1 Die zwanghafte Persönlichkeitsstörung

Die Auffassung, daß arbeitssüchtiges Verhalten einhergeht mit einer zwanghaft-besessenen Persönlichkeitsstruktur und auf diese zurückgeführt werden muß, kann als weiterer Erklärungsansatz für das Arbeitssucht-Phänomen betrachtet werden. Zahlreiche Forscher unterstützen diese Perspektive (Cherrington, 1980; Chonko, 1983; Naughton, 1987; Pietropinto, 1986; Rohrlich, 1984; Salzman, 1971; Schwartz, 1982; vgl. auch ICD-10, 1991).

Das ICD-10 (1991) definiert unter dem Schlüssel F 60.5 (S.216) die anankastische (zwanghafte) Persönlichkeitsstörung mit folgenden Merkmalen:

1. Unentschlossenheit, Zweifel und übermäßige Vorsicht als Ausdruck einer tiefen persönlichen Unsicherheit.
2. Perfektionismus, Bedürfnis nach ständiger Kontrolle und peinlich genaue Sorgfalt, was zur Bedeutung der Aufgabe in keinem Verhältnis steht und bis zum Verlust des Überblicks über die allgemeine Situation führt.
3. Übermäßige Gewissenhaftigkeit, Skrupelhaftigkeit und unverhältnismäßige Leidensbezogenheit unter Vernachlässigung von Vergnügen und zwischenmenschlichen Beziehungen.
4. Pedanterie und Konventionalität mit eingeschränkter Fähigkeit zum Ausdruck warmer Gefühle.
5. Rigidität und Eigensinn, wobei anderen gegenüber auf einer Unterordnung unter eigene Gewohnheiten bestanden wird.
6. Andrängen beharrlicher und unerwünschter Gedanken oder Impulse, die nicht die Schwere einer Zwangsstörung erreichen.
7. Bedürfnis zu frühzeitigem, detailliertem und unveränderbarem Vorausplanen aller Aktivitäten.

Wesentlich erscheint an dieser Stelle der Hinweis, daß gemäß ICD-10 (1991) Persönlichkeitsstörungen "tief verwurzelte, anhaltende Verhaltensmuster, die sich in starren Reaktionen auf unterschiedliche persönliche und soziale Lebenslagen zeigen" (S. 211) umfassen.

Auch im DSM-IV (1996) finden sich unter dem Schlüssel 301.4 (S. 755 ff.) diagnostische Hinweise und Kriterien für die Feststellung einer zwanghaften Persönlichkeitsstörung. Hier wird auch explizit auf ein gehäuftes Zusammenfallen von Typ-A-Verhaltensweisen (vgl. weiter oben) und Merkmalen der zwanghaften Persönlichkeitsstörung hingewiesen. Diagnostische Kriterien der zwanghaften Persönlichkeitsstörung (hier verkürzt zusammengefaßt) sind (DSM-IV, 1996, S. 759):

1. Übermäßige Beschäftigung mit Details, Regeln, Listen, Ordnung, Organisation oder Plänen, wobei der eigentliche Grund für die Aktivität verlorengeht.
2. Nichterfüllung von Aufgaben aufgrund von Streben nach Perfektion.
3. Arbeit und Produktivität werden über Vergnügen und zwischenmenschliche Beziehungen gestellt (nicht bei offensichtlicher finanzieller Notwendigkeit).
4. Übermäßige Gewissenhaftigkeit, moralische, ethische oder wertbezogene Besorgtheit/Starrheit.
5. Unfähigkeit, sich von verschlissenen oder wertlosen Dingen zu trennen, selbst wenn diese keinen Gefühlswert besitzen.
6. Übermäßiges Beharren auf der Übernahme der eigenen Arbeits- und Vorgehensweise durch andere *oder* unvernünftiger Widerwille dagegen, anderen Tätigkeit zu überlassen.
7. Mangelnde Großzügigkeit hinsichtlich Zeit, Geld, Geschenken (außer bei erwartetem persönlichem Vorteil).
8. Rigidität und Halsstarrigkeit.

Im klinischen Bereich wird besessen-zwanghaftes Verhalten im Sinne einer Zwangsstörung als psychische Störung aufgefaßt. Der Zwangspatient leidet unter Gedanken und Handlungen, die er als sinnlos und/oder abstoßend erkennt, gegen die er sich wehrt, die er aber dennoch nicht ab- bzw. einstellen kann. Zwangsstörungen beeinträchtigen einen Patienten (und dessen soziales Umfeld) zumeist massiv.

Reinecker (1991) nennt als wichtiges psychopathologisches Merkmal aller Zwänge ein im Vergleich zu anderen Störungen extrem hohes Angstniveau und (meist sekundär) ein hohes Maß an depressiver Verstimmung sowie allgemeine Nervosität, Irritiertheit, Unruhe, körperliche Beschwerden und extreme Selbstunsicherheit.

Die Merkmalsauflistungen bzgl. der anankastischen Persönlichkeitsstörung haben dazu beigetragen, daß die Arbeitssucht von Forschern/Therapeuten als Persönlichkeitsproblematik im so definierten Sinne betrachtet wird. Es muß dabei jedoch ausdrücklich auf den Unterschied zwischen einer Zwangsstörung (im klinischen Sinne) und einer zwanghaften Persönlichkeitsstörung (im Sinne auffälliger Denk-/Handlungsmuster) hingewiesen werden. Diese Abgrenzung, die u.a. auch von Naughton (1987) und den Autoren des DSM-IV (1996) vorgeschlagen wird, ist notwendig, um zu verhindern, daß arbeitssüchtiges Verhalten mit der Zwangsstörung gleichgesetzt wird. Die Gleichsetzung von (Arbeits-) Sucht und (Arbeits-) Zwang wird von Matussek (1958) und Bochnik (1988) ausdrücklich kritisiert. Matussek (1958, S. 452) betont ein "gelegentliches Nebeneinander von Sucht- und Zwangssymptomen", weist aber explizit auf die antagonistische Beziehung von Zwang und Sucht als Abwehrsymptome hin. Bochnik (1988) differenziert strikt zwischen Zwang und süchtigem Begehren: "Wenn die Ausübung der Sucht höchste Lust ist und vorübergehend befriedigt, dann ist die Ausübung des Zwanges quälend im Be-

wußtsein ihrer persönlichkeitsfremden Sinnlosigkeit" (S. 636). Beide Autoren beziehen sich in ihren Ausführungen auf die Zwangsstörung und nicht auf die zwanghafte Persönlichkeitsstörung. Arbeitssucht läßt sich demnach *nicht* im Sinne einer Zwangsstörung (die ichfremd, unsinnig, bedrückend erlebt wird), sondern eher im Sinne einer zwanghaften Persönlichkeitsstörung interpretieren.
Diese Auffassung steht im Einklang mit Fenichels (1975) Darstellung der Sucht in seinem Lehrbuch "Psychoanalytische Neurosenlehre". Charakteristisch für Sucht sind nach Fenichel (1975) unwiderstehliche impulsive Triebregungen, die jedoch nicht als Zwänge, sondern als ich-synton erlebt werden.
Freitag & Fiegenbaum (1992) grenzen ebenfalls die "zwangsähnlichen Erkrankungsformen" (Freitag & Fiegenbaum, 1992, S. 8) von den Zwangserkrankungen ab. Zentral für die Unterscheidung, so die Autoren, sei die Funktion, die ein bestimmtes Verhalten für die Person hat. Während im Bereich der Zwangserkrankungen Vermeidung, Verdrängung und Schreck als zentrale Wirkkomponente des Verhaltens zu sehen seien, stehe im Rahmen der zwangsähnlichen Erkrankungen die Befriedigung als zentrale Wirkungskomponente im Mittelpunkt. Explizit ordnen Freitag & Fiegenbaum (1992) ein solches Verhalten eher der *Sucht*kategorie zu. Diese Abgrenzung ist jedoch nicht unproblematisch, da die Funktionen *süchtigen* Verhaltens ebenso im Bereich der Vermeidung, Verdrängung und Angstreduktion liegen können.

6.5.2 Arbeitssucht als besessen-zwanghafte psychologische Bindung an die Arbeit: Der Ansatz von Naughton (1987)

Da die Notwendigkeit der Unterscheidung zwischen Zwangsstörung und zwanghafter Persönlichkeitsstörung im Hinblick auf die Erklärung von Arbeitssucht von Naughton (1987) ausführlicher begründet wird, soll auf seine Arbeit näher eingegangen werden.
Naughton (1987) bemüht sich um eine Zusammenstellung verschiedener Betrachtungsweisen des Phänomes "Arbeitssucht". Er entwickelt einen konzeptuellen Rahmen zur Typologisierung unterschiedlicher Perspektiven von Arbeitssucht, der auf zwei Basisdimensionen aufbaut: "Hingabe zur Arbeit" einerseits und "Besessenheit/Zwanghaftigkeit" andererseits. Beide Dimensionen werden als unabhängig voneinander betrachtet, beide können kontinuierlich auf einer Skala von "niedrig" bis "hoch" variieren. Unter der Dimension "Hingabe zur Arbeit" versteht Naughton (1987) ein Verhalten, das gekennzeichnet ist durch einen großen Aufwand an Zeit und Energie für die Arbeit, weil die Arbeit als bedeutungsvolle Aktivität gesehen wird. Bei einer ausgeprägten "Hingabe zur Arbeit" engagiert sich ein Individuum nur in arbeitsbezogenen Aktivitäten, die Arbeit ist zentral im Hinblick auf Zeit- und Energieeinsatz. "Hingabe zur Arbeit" ist nach Naughton (1987) zu sehen als eine Art psychologische Bindung ("psychological attachement") an die Arbeit. Je stärker diese Bindung ausgeprägt ist, um so weniger Zeit und Energie wird für andere, nicht-arbeitsbezogene Aktivitäten aufgewandt.

Arbeitssüchtiges Verhalten, so Naughton (1987), kann somit rückführbar sein auf eine enge psychologische Bindung des Individuums an seine Arbeit. Für solche Individuen stellt die Arbeit eine Hauptquelle der Lebenszufriedenheit dar. Es gibt zwar auch für diese Personen nicht-arbeitsbezogene Alternativen, die Arbeitsaktivität wird diesen gegenüber jedoch immer bevorzugt. Naughton (1987) ist in dieser Definition/Erklärung von arbeitssüchtigem Verhalten vergleichbar mit dem weiter oben dargestellten Ansatz von Machlowitz (1978), die arbeitssüchtiges Verhalten als spezielles Arbeitsverhalten auffaßt und die positiven Aspekte dieser Haltung der Arbeit gegenüber betont.
Naughton (1987) sieht als mögliche Alternativerklärung für arbeitssüchtiges Verhalten (und als zweite Basisdimension seines Typologisierungsschemas) das Vorliegen einer besessen-zwanghaften Persönlichkeitsstruktur an, wobei er explizit zwischen "Besessenheit/Zwanghaftigkeit" als Störung, bzw. als allgemeiner Persönlichkeitsorientierung unterscheidet.

Naughton (1987) grenzt von der Zwangsstörung als psychischem Krankheitsbild das zwanghaft-besessene Verhalten im Sinne einer zwanghaften Persönlichkeitsstörung als allgemeine Persönlichkeitsorientierung ab. Pollak (1979) beschreibt Individuen mit einer überwiegend zwanghaft-besessenen Persönlichkeitsstruktur als "asymptomatisch", d.h. das Verhalten des Individuums wird bestimmt durch das Vorliegen einer spezifischen Konstellation von Persönlichkeitsmerkmalen, Abwehrmechanismen und Lebensstilen und nicht durch das Vorhandensein bestimmter psychiatrischer Symptome.
Freitag & Fiegenbaum (1992) betrachten die zwangsähnlichen Erkrankungsformen als exzessive Beschäftigungen, die einen extrem hohen Wert für den Betroffenen haben und aus denen er starken Lustgewinn und große Befriedigung zieht. Ein Leidensdruck stellt sich nur dann ein, wenn das exzessive Verhalten negative Folgewirkungen auf andere Lebensbereiche hat.
Während die Zwangsstörung als relativ seltenes Phänomen betrachtet werden kann (zur Epidemiologie und Prävalenz siehe Quint, 1988, S. 15; Reinecker, 1991, S. 9ff.), ist die besessen-zwanghafte Persönlichkeitsstruktur nach Pollak (1979) eine der, wenn nicht sogar die vorherrschende Persönlichkeitsstruktur bei Mitgliedern der westlichen Kultur, da sie viele Übereinstimmungen mit dem allgemeinen Weltbild der protestantischen Arbeitsethik und der kapitalistischen Sozial- und Wirtschaftsordnung aufweist. Viele der die zwanghaft-besessene Persönlichkeitsstruktur charakterisierenden Merkmale (wie z.B. Ausdauer, Fleiß, Sparsamkeit, Ehrgeiz, Selbstkontrolle usw.) sind in kapitalistischen technisierten Gesellschaften in höchstem Maße erwünscht. Sie dienen als Basis zur Beurteilung von Selbstwert und Akzeptanz und geben emotionale Sicherheit. Gerhard (1981, S. 21) hebt in diesem Zusammenhang hervor, daß diese "übliche(n) Erscheinungsformen von Zwängen im Alltag der Normalbevölkerung" als "ich-synton" (vgl. Sandler & Hazari, 1960) erlebt werden und sich "nicht als sinnlose, unverständliche Handlungen aufdrängen, sondern quasi mit den eigenen Werten parallel laufen (...)" (Gerhard, 1981, S. 21).

Die Problematik, daß eigene süchtige Verhaltensmuster vom Betroffenen selbst häufig als mit dem Ich synton erlebt werden und somit aus seiner subjektiven Sicht als nichtbehandlungsbedürftig erscheinen, beschreiben Heigl-Evers, Henneberg-Mönch, Odag & Standke (1986).

Trotz einiger Unstimmigkeiten und Abweichungen besteht in der umfangreichen klinischen Literatur zum Thema zwanghaft-besessenes Verhalten eine Übereinstimmung darin, daß die weiter oben genannten Merkmale zur Diagnose der zwanghaften Persönlichkeitsstörung geeignet sind (Pollak, 1979).

Naughton (1987) geht davon aus, daß das Konzept des zwanghaft-besessenen Verhaltens, wenn man es als Persönlichkeitsorientierung auffaßt, relevant sein könnte für das Verständnis des Phänomens "Arbeitssucht". Die Arbeitstätigkeit könnte, so Naughton (1987), für Personen mit zwanghaft-besessener Persönlichkeitsorientierung Möglichkeiten bieten, ihre zwanghaften Tendenzen auszuleben. Allerdings sind auch andere Verhaltensbereiche denkbar, die von zwanghaft-besessenen Individuen zur Umsetzung ihrer Orientierung genutzt werden könnten (z.B. Jogging). Dies bedeutet, daß nicht jedes Individuum mit einer zwanghaft-besessenen Persönlichkeitsorientierung diese im Rahmen seiner Berufstätigkeit ausleben muß. Naughton (1987) bietet mit seinem Ansatz vielmehr ein allgemeineres Erklärungsmodell für das Phänomen verschiedenster "Tätigkeitssüchte" an. Auf diesen ausgedehnten Bezugsrahmen soll an dieser Stelle allerdings nicht weiter eingegangen werden.

Wie schon betont, begreift Naughton (1987) Zwanghaftigkeit/Besessenheit als zweite Basisdimension seines Typologisierungsschemas. Aus konzeptueller Sicht regt er an, zwischen einer auf "Hingabe zur Arbeit" zurückzuführenden und einer durch eine zwanghaft-besessene Persönlichkeitsorientierung begründeten Arbeitssucht zu unterscheiden.

Aus den beiden (vom Autor als unabhängig konzipierten) Dimensionen ergibt sich folgendes Vier-Felder-Schema (siehe Abb. 6.5.2.1) zur Typologisierung von Arbeitssucht:

Hingabe zur Arbeit	Zwanghaftigkeit/Besessenheit: niedrig	Zwanghaftigkeit/Besessenheit: hoch
hoch	*Arbeitsbezogener Workaholic* ⇒ hohe Arbeitszufriedenheit ⇒ geringes Interesse an nicht-arbeitsbezogenen Verhaltensmöglichkeiten	*Zwanghafter Workaholic* ⇒ Arbeitssüchtiger ⇒ potentiell schlechte Arbeitsleistung
niedrig	*Nicht-Workaholic* ⇒ Arbeit als Verpflichtung	*Zwanghafter Nicht-Workaholic* ⇒ zwanghafte Aktivitäten außerhalb des Arbeitsbereiches

Abb. 6.5.2.1: Typologie der Arbeitssucht (nach Naughton, 1987, p. 184; Übers. d. Verf.; Erläuterung siehe Text).

Für den arbeitsbezogenen Workaholic bedeutet das Ausmaß an Arbeitszeit sowie die Hingabe zur Arbeit und zum beruflichen Fortkommen nichts anderes als eine Bevorzugung von Arbeitsaktivitäten gegenüber anderen Verhaltensalternativen. Naughton (1987) vermutet, daß arbeitsbezogene Workaholics wegen ihres hohen Maßes an "Hingabe zur Arbeit" und ihres geringen Maßes an "Zwanghaftigkeit/Besessenheit" besonders erfolgreich in herausfordernden und anspruchsvollen Tätigkeiten sind. Im Gegensatz dazu sieht Naughton (1987) beim zwanghaften Workaholic die Arbeitsabhängigkeit als Reflexion des ritualisierten Denk- und Verhaltensstiles. Das große Maß an Zeit und Energie, das der zwanghafte Workaholic der Arbeit widmet, führt nicht zu erfolgreicherem Arbeitsverhalten. So haben zwanghaft-besessene Persönlichkeiten Schwierigkeiten, Beziehungen zu Kollegen und insbesondere zu Mitarbeitern aufzubauen, die Mitarbeiter leiden unter der Ungeduld und dem ritualisierten Arbeitsstil ihres Vorgesetzten.

Die beiden weiteren Felder in Naughtons (1987) Vier-Felder-Schema kennzeichnen Personen mit einer geringen Ausprägung auf der Dimension "Hingabe zur Arbeit" und variierenden Ausprägungen auf der Dimension "Zwanghaftigkeit/Besessenheit". Der Nicht-Workaholic sieht Arbeit als Mittel zur Erreichung anderer Ziele an, seine Arbeit an sich besitzt nicht den zentralen Stellenwert in seinem Leben. Der zwanghafte Nicht-Workaholic zeigt zwanghaft-besessene Verhaltensmuster zwar nicht in bezug auf seine Arbeit/Berufstätigkeit, aber dafür in anderen Lebensbereichen. Naughton (1987) macht mit dieser Typisierung deutlich, daß eine zwanghaft-besessene Persönlichkeitsorientierung nicht unmittelbar in ein arbeitssüchtiges Verhaltensmuster führen muß, sondern durchaus auch in nicht-arbeitsbezogenen Aktivitäten Ausdruck finden kann.

Naughton (1987) leitet aus seiner Typologie unterschiedliche Vorschläge für die Beratung/Therapie von Arbeitssüchtigen ab. Auf diese wird an anderer Stelle eingegangen.

6.5.3 Arbeitssucht als Wunsch nach Involviertsein in die Tätigkeit: Der Ansatz von Schwartz (1982)

Schwartz (1982) greift die Forschungsergebnisse zum Thema "Arbeitsbezogenheit" (Job-Involvement) auf und weist auf zwei immer wieder ermittelte, zunächst aber wenig plausibel erscheinende Befunde hin:

a) Es gibt keinen Zusammenhang zwischen den Variablen "Arbeitsbezogenheit" und "Arbeitsleistung".
b) Personen mit stark ausgeprägter "Arbeitsbezogenheit" weisen eine geringere Sensibilität gegenüber Situationsmerkmalen/situativen Bedingungen auf.

Schwartz (1982) regt an, "Arbeitsbezogenheit" als den Ausdruck einer zwanghaft-besessenen Persönlichkeitsorientierung zu betrachten. Durch einen solchen Perspektivenwechsel würde es auch möglich, die o.g. unplausibel erscheinenden Befunde nachzuvollziehen. Schwartz (1982) orientiert sich bei seiner Definition der "zwanghaft-besessenen Persönlichkeit" an Freud (1908), der "zwanghaft-besessene Personen" als ordentlich, sparsam und eigensinnig charakterisiert hat. Schwartz (1982) folgt allerdings nicht der Erklärung

Freuds (1908) hinsichtlich der Ursachen eines solchen Verhaltensmusters, wonach zwanghaft-besessenes Verhalten eine Sublimierung von bzw. eine Reaktionsbildung auf infantile, nach außen drängende anal-erotische Impulse darstellt (vgl. Pollak, 1979).

Schwartz (1982) begründet die Entwicklung zwanghaft-besessener Verhaltensmuster in einem Bedürfnis des Individuums nach Kontrolle über kontrollierbare Dinge, um die bewußte Auseinandersetzung mit der Tatsache zu vermeiden, daß man über grundlegende Aspekte seines Lebens (z.B. Krankheit, Tod) nur wenig Kontrolle hat. Durch ritualisierte Gedanken- und Verhaltensmuster vermeidet das Individuum, sich selbst als sterblich und verletzlich wahrzunehmen. Ergebnis eines solchen Bedürfnisses ist nach Schwartz (1982) ein von Getriebenheit und Hyperaktivität gekennzeichneter Lebensstil mit einem ausgeprägten Streben nach Kontrolle über die eigene Person und über die Umwelt, sowie einer Vermeidung und Unterdrückung unerwünschter Impulse und Affekte. Weitere Merkmale sind ein übermäßig gewissenhaftes Verhalten, eine überzogene Anspruchshaltung gegenüber sich selbst und anderen, sowie die Unfähigkeit zu entspannen. Andererseits sind zwanghaft-besessene Persönlichkeiten aber auch zuverlässig, eigenwillig, rational und äußerst bemüht, Dinge "richtig" zu machen. Zwanghaft-besessene Persönlichkeiten fühlen sich insbesondere in Arbeitssituationen wohl, auch weist Schwartz (1982) auf Parallelen zur protestantischen Arbeitsethik (siehe dazu auch Albee, 1977; Honigmann, 1967; Mirels & Garrett, 1971) und zum Typ-A-Verhalten (siehe dazu Friedman & Rosenman, 1975; vgl. weiter oben) hin.

Betrachtet man nun "Arbeitsbezogenheit", wie von Schwartz (1982) vorgeschlagen, als Form von zwanghaft-besessenem Verhalten, so werden die o.g. unplausiblen Ergebnisse der empirischen Forschung verständlich.

Der Zusammenhang "Arbeitsbezogenheit" - "Arbeitsleistung" läßt sich nicht feststellen, weil es dem zwanghaft-besessenen Arbeiter nicht wichtig ist, den Beruf *auszuüben*, sondern er will von seinem Beruf *völlig vereinnahmt* werden. Er konzentriert sich auf Aspekte der Arbeit und auf Arbeitstechniken, die geeignet sind, sein Bedürfnis nach Kontrolle zu befriedigen oder seine Angst vor unerwünschten Impulsen/Affekten zu unterdrücken, die aber für die Arbeitsleistung an sich gar nicht oder nur wenig förderlich sind. Ziel ist weniger die Erfüllung von Aufgaben, sondern vielmehr das *Involviertsein in die Tätigkeit*. Schwartz (1982) führt Beispiele dafür an, inwiefern der Arbeitsstil eines zwanghaft-besessenen Arbeiters wenig angemessen ist im Hinblick auf die effektive Bewältigung von Arbeitsaufgaben.

Für die verminderte Situationssensibilität "arbeitsbezogener" Individuen bietet der alternative Erklärungsansatz von Schwartz (1982) zwei miteinander verbundene Begründungen:

a) Durch das zwanghaft-besessene Verhalten wird Arbeit zum zentralen Mittelpunkt des Denkens und Handelns, ohne dabei intrinsisch motiviert zu sein.

b) Die verminderte affektive Empfindungsfähigkeit des zwanghaft-besessenen Arbeiters beinhaltet auch eine fehlende Sensibilität für situative Merkmale seiner Arbeitstätigkeit.

Schwartz (1982) führt aus, daß der zwanghaft-besessene Arbeiter wegen seiner eingeschränkten affektiven Sensibilität nicht in der Lage ist, seine Arbeitszufriedenheit zutreffend zu beschreiben. Der Zusammenhang "Arbeitsbezogenheit" - "Arbeitszufriedenheit" ergibt sich daraus, daß sich zwanghaft-besessene Arbeiter bei ihrer Beurteilung nicht auf ihre tatsächlichen Gefühle, sondern eher auf oberflächliche Merkmale stützen. Aus der Tatsache, daß sie stets und ständig arbeiten schließen sie, daß sie ihre Arbeit auch mögen.

Schwartz (1982) spricht im Gegensatz zu Naughton (1987) nicht die Möglichkeit an, daß es Personen geben kann, die sich ihrer Arbeit vollkommen hingeben, ohne dies auf dem Hintergrund einer zwanghaft-besessenen Persönlichkeitsstruktur zu tun. Es bleibt unklar, ob er diese Möglichkeit prinzipiell ausschließt, oder ob er sie im Rahmen seiner Arbeit lediglich nicht diskutiert. Ersteres erscheint zutreffender, da Schwartz (1982) "Arbeitsbezogenheit" mit zwanghaft-besessenem Verhalten gleichsetzt. Nach Schwartz (1982) sind Arbeitssüchtige demnach Personen mit einer zwanghaft-besessenen Persönlichkeitsstruktur (vgl. auch Haas, 1989).

6.5.4 Arbeitssucht als besessen-zwanghaftes Verhalten: Eine empirische Studie von Chonko (1983)

Chonko (1983) untersuchte im Rahmen einer Befragung von 128 Managern, inwiefern sich die von Schwartz (1982) geäußerte These stützen läßt, daß "Arbeitsbezogenheit" zu verstehen sei als zwanghaft-besessenes Arbeitsverhalten. Er konzentrierte sich dabei insbesondere auf die Beziehung der Variablen "Arbeitsbezogenheit" zu den Variablen "Machiavellismus", "Rollenkonflikt", "Rollenambiguität" und "Protestantischen Arbeitsethik", die er mit verschiedenen Fragebogenskalen erhob.

Unter der Voraussetzung, daß "Arbeitsbezogenheit" eine spezielle Form einer zwanghaft-besessenen Persönlichkeitsstruktur ist, vermutet Chonko (1983) folgende Beziehungen zwischen den Variablen:

- Er geht aus von einem positiven Zusammenhang zwischen "Arbeitsbezogenheit" und "Machiavellismus", da Machiavellisten als Personen betrachtet werden, die andere für ihre eigenen Ziele einspannen und die Kontrolle ausüben wollen.
- Er nimmt einen positiven Zusammenhang zwischen "Arbeitsbezogenheit" und "Rollenkonflikt" an, da zwanghaft-besessene Persönlichkeiten Schwierigkeiten mit Situationen hätten, die Einfühlungsvermögen und Eingehen auf andere Personen erfordern. Solche Situationen könnten daher zu Rollenkonflikten führen.
- Er postuliert einen positiven Zusammenhang zwischen "Arbeitsbezogenheit" und "Rollenambiguität", weil eine zwanghaft-besessene Persönlichkeitsorientierung keine

angemessenen Verhaltensmuster für unvorhergesehene, von der Routine abweichende Situationen bietet, was zum Erleben von unklaren Rollenerwartungen und Unsicherheiten bzgl. der Rollenerfüllung führen könnte.

- Weiterhin vermutet Chonko (1983) einen positiven Zusammenhang zwischen den Variablen "Arbeitsorientierung" und "Protestantische Arbeitsethik" (dieser Zusammenhang wurde bereits weiter oben erwähnt).

Die von Chonko (1983) ermittelten Korrelationskoeffizienten erbrachten unterstützende Ergebnisse für drei der vier Hypothesen. Die Variable "Arbeitsorientierung" korrelierte (schwach) positiv sowohl mit der Variable "Machiavellismus" als auch mit den Ausprägungen der Variablen "Rollenkonflikt" und "Protestantischen Arbeitsethik". Zwischen den Variablen "Arbeitsorientierung" und "Rollenambiguität" fand sich eine (schwach) negative Beziehung. Einen Überblick über die Ergebnisse gibt Tabelle 6.5.4.1:

Tab. 6.5.4.1: Pearson Korrelationskoeffizienten zwischen Machiavellismus, Arbeitsbezogenheit, protestantischer Ethik, wahrgenommenem Rollenkonflikt und wahrgenommener Rollenambiguität (N=122) (aus Chonko, 1983, p. 1195; Übers. d. Verf.)

	1	2	3	4
1. Machiavellismus				
2. Rollenkonflikt	-.20			
3. Rollenambiguität	.02	-.41		
4. Protestantische Ethik	-.37	.19	-.08	
5. Arbeitsbezogenheit	.25	.30	-.17	.24

Chonko (1983) interpretiert seine Ergebnisse (vorsichtig) als Bestätigung für die These von Schwartz (1982), daß "Arbeitsbezogenheit" als zwanghaft-besessenes Arbeitsverhalten aufgefaßt werden kann, weist aber auch auf problematische Aspekte und methodische Schwächen seiner Untersuchung hin (u.a. postalische Fragebogenerhebung, fehlende Generalisierbarkeit, Ergebnisse erklären nur einen geringen Varianzanteil).
Die nicht-hypothesenkonforme Beziehung zwischen "Arbeitsorientierung" und "Rollenambiguität" führt er nicht weiter aus, weist aber auf eine Untersuchung von Beehr, Walsh & Tabor (1976) hin, in der ebenfalls ein negativer Zusammenhang zwischen "Arbeitsorientierung" (hier aber *nicht* verstanden als zwanghaft-besessenes Verhaltensmuster) und "Rollenambiguität" festgestellt wurde. Chonko (1983) vermutet daher, daß es Überlappungen zwischen den Konstrukten "Arbeitsorientierung" und "Zwanghaftigkeit/Besessenheit" gibt.

6.5.5 Arbeitssucht und das Bedürfnis nach Kontrolle: Der Ansatz von Frank (1993)

Eine das von Schwartz (1982) angesprochene menschliche Bedürfnis nach Kontrolle aufgreifende Erklärung für die Entstehung von arbeitssüchtigem Verhalten bietet Frank (1993) an. Er betrachtet arbeitssüchtiges Verhalten als Reaktion auf das unerfüllte und/oder exzessiv-zwanghafte Bedürfnis einer Person nach Kontrolle über sich selbst und ihre Umwelt. Kontrolle erlebt eine Person nach Frank (1993) dann, wenn ihre Erwartungen (bezogen auf Ereignisse, Ergebnisse, Personen, Objekte etc.) erfüllt werden. Fehlende Kontrolle wird erlebt, wenn individuelle Erwartungen konsistent und konstant unerfüllt bleiben. Das Gefühl mangelnder Kontrolle führt zum Aufbau chaotischer oder dissonanter kognitiver Strukturen. Das Bedürfnis nach Kontrolle wird von Frank (1993) als zentraler Antrieb menschlichen Verhaltens gesehen. Die Aufrechterhaltung der Kontrolle, oder zumindest des Gefühls der Kontrolle, ist von wesentlicher Bedeutung für die Bewältigung/Handhabung von Streß. Streß entsteht nach Frank (1993) immer dann, wenn die an eine Person gerichteten Anforderungen und ihre Fähigkeit, auf diese Anforderungen zu reagieren, in einem unausgeglichenen Verhältnis zueinander stehen. Kommt es zu Bedrohungen des Kontrollerlebens oder zum Kontrollverlust, so kann eine Person mit Verhaltensweisen zu reagieren versuchen, die ablenkend oder spannungsreduzierend wirken sollen. Auf die Möglichkeit einer konfrontativen, aktiv bewältigenden Auseinandersetzung mit der Kontrollbedrohung/dem Kontrollverlust geht Frank (1993) nicht näher ein. Zu den ablenkenden, spannungsreduzierenden Verhaltensweisen zählt Frank (1993) u.a. Substanzmißbrauch, Aggressivität, exzessives Kauf-, Spiel-, Sexual- oder Arbeitsverhalten, Depressivität, Panik und Somatisierung.

Frank (1993) betrachtet diese Verhaltensweisen als Reaktion auf tatsächlichen oder vorgestellten Kontrollverlust, bzw. auf tatsächliche oder vorgestellte Bedrohungen des Kontrollerlebens. Sie haben den Zweck, von chaotischen und/oder dissonanten Strukturen abzulenken und würden nach Auffassung von Frank (1993) nicht (oder nicht in diesem Ausmaß) auftreten, wenn ein Individuum das Gefühl der Kontrolle oder tatsächliche Kontrolle hätte. Der Aufbau eines realistischen Kontrollerlebens wird nach Frank (1993) beeinträchtigt durch:

1) ein unerfülltes oder exzessives Bedürfnis nach Kontrolle (unrealistische Selbsterwartungen),
2) gestörte Wahrnehmung der Kontrollierbarkeit,
3) Kontrollmißattribution,
4) Kontrolldissimulation,
5) ausgeprägte Angst vor Kontrollverlust.

Frank (1993) weist darauf hin, daß praktisch jedes Individuum (zumindest zeitweise) solchen Beeinträchtigungen der Kontrolle ausgesetzt ist. Entscheidend ist, in welchem Ausmaß diese Störungen auftreten (Chronizität, Intensität, Rigidität). Das Auftreten solcher Beeinträchtigungen des Kontrollerlebens kann unter bestimmten Umständen sogar eine angemessene (vorübergehende) Reaktion auf Streß, einen adäquaten Coping-Mechanismus oder eine normale Entwicklungsstufe darstellen (Frank, 1993). Der Autor betont explizit, daß die (zeitweise) Beeinträchtigung des Kontrollerlebens u.U. sogar positive Wirkungen haben kann, z.B. zur Bewältigung produktiver Aufgaben oder bei der Erreichung von Zielen, die ein starkes Engagement und eine große Hingabe voraussetzen. Frank (1993) will mit seinem Erklärungsansatz nicht sagen, daß der Aufbau hoher Standards oder großer (Selbst-) Erwartungen prinzipiell abzulehnen ist. Problematisch und damit therapiebedürftig wird ein Verhalten aber dann, wenn die zum Erleben von Kontrolle bzw. zur Kompensation des Kontrollverlustes eingesetzten Handlungen extrem zwanghaft und/oder rigide werden.

Frank (1993) sieht arbeitssüchtiges Verhalten somit als *eine mögliche* Reaktionsform auf tatsächlichen oder vorgestellten Kontrollverlust bzw. Beeinträchtigungen des Bedürfnisses nach Kontrolle.

Eine Bewältigung der Arbeitssucht setzt nach Auffassung des Autors u.a. den Aufbau eines realistischen Kontrollerlebens und -bedürfnisses, die Etablierung geeigneter Verhaltensalternativen, die (Re-) Integration in eine geeignete Bezugsgruppe sowie die Entwicklung neuer oder korrigierter Werte- und Normstrukturen voraus. Frank (1993) betont jedoch nachdrücklich, daß die Erklärung der Entstehung und die erfolgreiche Bewältigung solcher gesundheitsbeeinträchtigender Verhaltensmuster nur unter Berücksichtigung einer bio-psycho-sozialen Perspektive möglich ist. In diesem Zusammenhang macht er auf die starke (Über-) Betonung von individueller Kontrolle in westlichen Industrienationen ("American control fallacy", Frank, 1993, p. 32) aufmerksam (vgl. auch Kapitel 4 dieser Arbeit).

Da die exzessive Kontrollmotivation als Ursachenerklärung arbeitssüchtigen Verhaltens gut integrierbar ist mit der Annahme von der zwanghaften Persönlichkeitsstörung als Kausalfaktor der Arbeitssucht, wurde der Ansatz von Frank (1993) hier dargestellt (vergleiche auch die ähnliche Argumentation bei Killinger, 1992).

6.5.6 Angst als Motiv für arbeitssüchtiges Verhalten: Der Ansatz von Pietropinto (1986)

Pietropinto (1986) faßt Arbeitssucht ebenfalls als Variation einer zwanghaften Persönlichkeitsstörung auf. Charakteristisch ist nach Pietropinto (1986) für beide Konstrukte eine exzessive Betonung von Arbeit und Produktivität unter Vernachlässigung von Vergnügen, die eingeschränkte Fähigkeit zum Ausdruck tiefer Gefühle, Perfektionismus, die Unfähigkeit, Situationen in ihrer Gesamtheit zu erfassen, Unentschlossenheit und die Erwartung, daß andere den praktizierten Lebensstil akzeptieren. Pietropinto (1986) weist darauf hin, daß es auch Unterschiede zwischen beiden Konstrukten gibt. Während zwanghaft-besessene Individuen häufig sehr ineffektiv sind, gibt es durchaus Arbeitssüchtige, die in hohem Maße organisiert und erfolgreich tätig sind. Diese Auffassung deckt sich mit Naughton (1987), der ebenfalls arbeitsbezogene von zwanghaft-besesse-

nen Arbeitssüchtigen unterscheidet.
Als Basis für die Entwicklung einer zwanghaft-besessenen Arbeitssuchtproblematik sieht Pietropinto (1986) ein neurotisches Bedürfnis nach Liebe und Anerkennung. Die Angst der Arbeitssüchtigen vor Mißerfolg, die Angst, daß jedes Nachlassen in der Anstrengung ihren Untergang und die Offenbarung ihrer Unzulänglichkeiten bedeuten würde, treibe die Arbeitssüchtigen an.
Pietropinto (1986) stützt seine Aussagen auf die Ergebnisse einer Befragung von 400 ausgewählten Ärzten zum Thema "Arbeitssüchtige". Die Daten spiegeln somit das Fremdbild wider, das Ärzte von Arbeitssüchtigen haben. Dabei bleibt unklar, wie die Befragten ausgewählt wurden, bzw. wie die Befragung durchgeführt wurde. Auch expliziert Pietropinto (1986) nicht, welchen Erfahrungshintergrund die Befragten bzgl. Arbeitssüchtiger haben. Möglicherweise wurden Personen befragt, die nur sehr selten oder noch nie Kontakt mit Arbeitssüchtigen hatten, so daß in der Befragung eher Stereotype als tatsächliche Praxiserfahrungen erhoben wurden. Offen bleibt auch, wie der Gegenstand der Befragung (Arbeitssüchtige) überhaupt definiert wurde bzw. inwiefern eine Operationalisierung/Quantifizierung der offensichtlich vorgegebenen Antwortalternativen stattfand. Insgesamt haben die dargestellten Ergebnisse somit kaum brauchbaren Aussagewert. Die Ausführungen Pietropintos (1986) können allenfalls als eine subjektive Zusammenstellung von Praxiserfahrungen (Pietropinto ist Psychiater an einem New Yorker Krankenhaus) betrachtet werden.

6.5.7 Arbeitssucht und Arbeitsethik: Der Ansatz von Cherrington (1980)

Cherrington (1980) beschäftigt sich eingehend mit der Frage der Veränderung der Arbeitsethik in den USA. Er will Antworten auf die Fragen finden, welche Bedeutung die Arbeit im Leben der Arbeitenden hat, warum Arbeit so unterschiedlich beurteilt wird, wie positive Arbeitsbewertungen entwickelt werden können, und ab wann Arbeit exzessiv wird und zur Arbeitssucht führt. Er betrachtet Arbeitssucht als einen Extrempol des Kontinuums "Wichtigkeit der Arbeit" und geht davon aus, daß Arbeit für einen Arbeitssüchtigen extrem wünschenswert ist. Arbeit ist für den Arbeitssüchtigen ein (überzogener) Wert an sich ("displaced terminal value"). Die Bedeutung und der Zweck von Arbeit sind verzerrt, das Leben des Arbeitssüchtigen befindet sich nicht im Gleichgewicht. Das Individuum arbeitet aus einem unkontrollierbaren Zwang heraus: "Es ist der Zwang zu arbeiten, der den Arbeitssüchtigen kennzeichnet" (Cherrington, 1980, p. 25, Übers. d. Verf.). Durch die Arbeit verdrängt der Arbeitssüchtige Gefühle der Angst, der Schuld und der Unsicherheit. Auch wenn Cherrington (1980) arbeitssüchtiges Verhalten als zwanghaftes Verhalten definiert, so lassen sich in seiner Definition von Arbeitssucht auch Komponenten finden, die auf den *Sucht*aspekt des Vielarbeitens abzielen. Insofern deckt sich seine Auffassung mit der weiter oben dargestellten Position von Freitag & Fiegenbaum (1992).

Cherrington (1980) spricht davon, daß der Arbeitssüchtige abhängig ("addicted") von Arbeit ist, zum anderen betont er den Fluchtcharakter, den arbeitssüchtiges Verhalten hat ("Arbeit ist ein Mittel zur Vermeidung der Auseinandersetzung mit anderen Dingen im Leben"; Cherrington, 1980, p. 25, Übers. d. Verf.).
Cherrington (1980) unterscheidet - wie einige bereits zuvor erwähnte Autoren auch - "Arbeitssüchtige" von "Vielarbeitern". Während Vielarbeiter durch ihre Arbeit Sinn und Zweck erfahren und Arbeit in einen größeren Lebenszusammenhang einordnen können, sind Arbeitssüchtige nicht in der Lage, dem Leben außerhalb der Arbeit irgendeine Bedeutung abzugewinnen oder eine Perspektive zu entwickeln, die Arbeit und andere Lebensbereiche integriert. Für Arbeitssüchtige erhält das Leben ausschließlich durch Arbeit Bedeutung. Während Vielarbeiter nach Cherrington (1980) auch mit der Arbeit aufhören und sich anderen Dingen zuwenden können, wenn sie das wollen, sind Arbeitssüchtige dazu *nicht* fähig. Vielarbeiter können im Gegensatz zu Arbeitssüchtigen ihre Freizeit so gestalten, daß diese Zeit eine persönliche Bereicherung darstellt und die Lebensqualität erhöht. Cherrington (1980) schlägt als Idealzustand die Erreichung einer Balance zwischen Arbeit und Freizeit vor, die zu einem bedeutungsreichen und erfüllten Leben führt (p. 266). Er begründet dies damit, daß die Einstellungen zur Arbeit und die Arbeitsethik nur dadurch (in seinem Sinne) verbessert werden können, daß die allgemeinen Einstellungen zum Leben und die "Lebenszufriedenheit" verbessert werden. Einen Zusammenhang dieser Art wiesen u.a. Brayfield, Wells & Strate (1957), Hulin (1969), Iris & Barrett (1972) und Staines & Quinn (1979) nach. Neuberger (1974) weist allerdings darauf hin, daß die Stärke der in diesen Untersuchungen gefundenen statistischen Zusammenhänge nicht besonders eindrucksvoll ist. Die durchschnittliche Korrelation beträgt .25. Neuberger (1974) geht nach einer Literaturdurchsicht davon aus, daß man eher *nicht* von einem Zusammenhang zwischen "Allgemeiner Lebenszufriedenheit" und "Arbeitszufriedenheit" ausgehen kann. Elder (1991) ermittelte in einer neueren Studie allerdings einen engeren Zusammenhang zwischen der Beurteilung der Arbeitszufriedenheit und der allgemeinen Lebenszufriedenheit (mit Korrelationskoeffizienten von $r=.41$ für Frauen und $r=.64$ für Männer).
Cherrington (1980) geht ebenfalls von einem Zusammenhang der Variablen aus und führt die beiden Dimensionen "Allgemeine Lebenszufriedenheit" und "Arbeitszufriedenheit" in jeweils zwei Ausprägungen in einem Vier-Felder-Schema zusammen (siehe Abb. 6.5.7.1). In dieser "Bedeutungsmatrix" beschreibt Cherrington (1980) nicht nur die unterschiedlichen Kombinationsmöglichkeiten der verschiedenen Ausprägungen auf den Dimensionen "Lebenszufriedenheit" und "Arbeitszufriedenheit" (wobei er lediglich zwischen bedeutungshaltigem und bedeutungslosem Leben bzw. Arbeiten unterscheidet), sondern er skizziert auch die möglichen Folgen bzw. Handlungerfordernisse bei den unterschiedlichen Kombinationen.

	Arbeit ist bedeutungsvoll	**Arbeit ist bedeutungslos**
Leben ist bedeutungsvoll	⇒ starke Arbeitsethik ⇒ fröhliche und produktive Arbeiter ⇒ Arbeit ist ein Wert an sich und/oder ein instrumenteller Wert *50% der arbeitenden Bevölkerung*	⇒ Arbeit ist eine Verpflichtung, die nicht in Übereinstimmung steht mit anderen Lebensinhalten Lösung: Wert der Arbeit verdeutlichen, Arbeit neu gestalten, andere Arbeit *20% der arbeitenden Bevölkerung*
Leben ist bedeutungslos	⇒ Arbeit ist ein überzogener Wert an sich ⇒ Arbeit ist einzige Lebensgrundlage Lösung: erzwungene Ruhe, Neugestaltung der Lebensprioritäten, Verbreiterung der Interessen *10% der arbeitenden Bevölkerung*	⇒ Arbeit ist seelenlose Plackerei ⇒ das Wohlergehen wird der Arbeit vorgezogen Lösung: "richtige Aktivitäten" und "Teilnahme am Leben" *20% der arbeitenden Bevölkerung*

Abb. 6.5.7.1: Bedeutungsmatrix (aus Cherrington, 1980, p. 268; Übers. d. Verf.; Erläuterung siehe Text)

Cherrington (1980) ist sich bewußt, daß diese Vier-Felder-Tafel eine grobe Simplifizierung darstellt, andererseits aber bietet sie einige hinreichende Konzeptualisierungen zur Untersuchung von Arbeitsethik, bedeutungsvoller Arbeit und Arbeitssucht (Cherrington, 1980, p. 267).

Die angegebenen Prozentwerte leitet Cherrington (1980) als "grobe Schätzungen" aus den Ergebnissen von nationalen Meinungsumfragen und sozialwissenschaftlichen Studien ab. Im linken unteren Quadranten siedelt Cherrington (1980) die im Mittelpunkt des Interesses der vorliegenden Arbeit stehenden "Arbeitssüchtigen" an. Arbeit ist immens wichtig für diese Personen, stellt aber nach Cherrington (1980) einen *übertriebenen* Wert dar. Gearbeitet wird um der Arbeit willen. Arbeit wird als positive Aktivität aufgefaßt, aber oftmals können Arbeitssüchtige gar nicht sagen, warum dies so ist, da sie aus einem inneren Zwang heraus arbeiten. Nach Cherrington (1980) können fast alle Arbeitssüchtigen einige Rechtfertigungen für ihr häufig irrationales permanentes und hartes Arbeiten anführen. Als Beispiel nennt der Autor die Begründung "Ich tue das alles nur für meine Familie", die Cherrington (1980) als "vielleicht die armseligste Rechtfertigung" bezeichnet, da in der Regel gerade die Familien unter dem Arbeitssüchtigen am meisten zu leiden hätten.

In ihrer übertriebenen Wertschätzung von Arbeit würden Arbeitssüchtige, so Cherrington (1980), andere positive Werte, die ebenfalls zur Lebensqualität beitragen können, völlig ignorieren. Beispielhaft nennt er als "vernachlässigte Werte" familiäre Beziehungen, kulturelle Erfahrungen, Einbindung in Gemeinschaften, Religion, Freundschaften und die persönliche Entwicklung.

Cherringtons (1980) Ausführungen basieren primär auf einer 1975 von ihm und seinen Mitarbeitern durchgeführten Interview- und Befragungsstudie mit über 3000 Teilnehmern, die zum Ziel hatte, die Bedeutung der Arbeit im Leben von Arbeitnehmern zu erforschen. Befragt wurden ausschließlich im Angestelltenverhältnis stehende Personen in unterschiedlichen Positionen aus 53 Unternehmen in den Bereichen Banken und Versicherung, Bau, Hotel, Reise und Transport, Druck, Gesundheitswesen und Verwaltung. Der eingesetzte Fragebogen umfaßte 191 Items zu den Themen "Einstellung zum Beruf", "Einstellung zum Arbeitgeber", "Einstellung zum näheren Lebensumfeld" und "Einstellung zur Arbeit allgemein" sowie diverse demographische Fragen. Ohne hier auf einzelne Ergebnisse einzugehen kommt Cherrington (1980) zu dem Schluß, daß Arbeitnehmer aller Altersstufen und beiderlei Geschlechts "Stolz in das eigene Können" und die "Bereitschaft, immer sein Bestes zu geben" als wichtige und erstrebenswerte Einstellungen im Arbeitsleben betrachten. Generell gibt es, so Cherrington (1980), nach wie vor eine hohe Arbeitsethik und eine positive Einstellung zur Arbeit, wobei er allerdings konsistente und deutliche Unterschiede in den Beurteilungen jüngerer und älterer Arbeitnehmer feststellte.

- Jüngere Arbeitnehmer erachten "Stolz in das eigene Können" und "Harte Arbeit" im Vergleich zu älteren Arbeitnehmern als nicht so bedeutsam.
- Jüngere Arbeitnehmer haben weniger positive Einstellungen gegenüber ihrem Beruf, ihrem Arbeitgeber und ihrem persönlichen Umfeld als ältere Arbeitnehmer.
- Jüngere Arbeitnehmer empfinden eine geringere Bindung an ihren Arbeitgeber und sie sind kritischer in der Beurteilung der Bedeutung des sie beschäftigenden Unternehmens für die Gesellschaft und die Wirtschaft als ältere Arbeitnehmer.
- Jüngere Arbeitnehmer legen mehr Wert darauf, positive Beziehungen zu ihren Kollegen/Mitarbeitern zu haben. Sie halten es für wichtiger, mit Freunden ein gutes Verhältnis zu haben als sich im Beruf anzustrengen (im Vergleich zu älteren Arbeitnehmern).

Insgesamt spricht Cherrington (1980) von "besorgniserregenden Daten" (p. 253, Übers. d. Verf.), die darauf hinweisen, daß jüngere Arbeitnehmer weniger arbeitsorientiert sind und die "traditionelle Arbeitsethik" nicht mehr in dem Ausmaß akzeptieren wie ältere Arbeitnehmer. Er leitet aus dieser Erkenntnis die Forderung ab, die in den letzten Jahren vernachlässigte "Einschärfung der Arbeitsethik" neu zu beleben, da individuelle, organisationale und gesamtgesellschaftliche Interessen am ehesten realisierbar seien durch eine stärkere Betonung der Bedeutung und Wichtigkeit von Arbeit (p. 254).

In diesem Zusammenhang macht er jedoch darauf aufmerksam, daß eine solche Betonung der Bedeutung und Wichtigkeit von Arbeit nicht zu verwechseln ist mit einer bloßen Geschäftigkeit ("busyness"), die zu einem zwanghaften Arbeitsverhalten führt, wobei die Arbeit an sich aber letztlich unbefriedigend und inhaltsleer bleibt. Er betrachtet dies als "Mißbrauch der Arbeit" und leitet so über zu den Arbeitssüchtigen.

Cherringtons (1980) Ausführungen zur Arbeitssucht basieren allerdings *nicht* auf seiner empirischen Studie, sondern ergeben sich aus Sekundärquellen und Einzelfallstudien. Auch das o.g. Vier-Felder-Schema gründet *nicht* auf empirischen Ergebnissen, sondern auf allgemeinen Überlegungen, die allenfalls heuristischen Wert besitzen.
Angesichts der hochgradig normativen Forderungen Cherringtons (1980) erscheinen seine Äußerungen zum Thema Arbeitssucht als eine Art Inokkulationsstrategie, um möglichen Gegenargumenten hinsichtlich eventueller negativer Folgen einer massiven Forcierung der traditionellen Arbeitsethik angemessener entgegentreten zu können. Er weist (eher pro forma) auf die Gefahr hin, "das Kind mit dem Bade auszuschütten" und bei einer Neubelebung der traditionellen Arbeitsethik zwanghafte Vielarbeiter zu kreieren.
Cherringtons (1980) Beitrag zur Erforschung der Arbeitssuchtproblematik ist darin zu sehen, daß er, ähnlich wie später auch Naughton (1987) und Spence & Robbins (1992), darauf hinweist, daß Arbeitssüchtige und harte Arbeiter voneinander zu unterscheiden sind und rein quantitative Merkmale zur Diagnose einer Arbeitssucht sicherlich nicht ausreichend sind. Andererseits haben Cherringtons (1980) Ausführungen zur Arbeitssucht keine empirische Basis und stellen allenfalls Plausibilitätsüberlegungen dar. Ein theoretisches Modell zur Erklärung der Entstehung der Arbeitssucht scheint in den Überlegungen Cherringtons (1980) zwar implizit vorhanden zu sein, wird vom Autor aber nicht weiter elaboriert und/oder überprüft. Letztlich bleiben definitorische Merkmale Arbeitssüchtiger unklar, es fehlt an Operationalisierungen und schließlich auch an einer klaren Abgrenzung "Vielarbeiter" - "Arbeitssüchtige".

6.6 Arbeitssucht als Suchtverhalten

Alleine schon aufgrund des deutschen Begriffs "Arbeitssucht" wird von zahlreichen Autoren das Phänomen des exzessiven Vielarbeitens mit einer Form von Sucht gleichgesetzt. Implikationen und Probleme dieser Gleichsetzung wurden bereits weiter oben diskutiert. Nunmehr soll näher auf einige Arbeiten eingegangen werden, die von der Grundannahme geprägt sind, daß exzessives Vielarbeiten als "stoffungebundene *Suchtform*" zu betrachten ist.
Die Tautologie der Aussage "Arbeitssucht ist ein süchtiges Arbeitsverhalten" wird aufgehoben, wenn man berücksichtigt, daß der Begriff der "Arbeitssucht" hier lediglich infolge mangelnder geeigneter Alternativbegriffe Verwendung findet. Insofern verstehen die folgend beschriebenen Ansätze exzessives Arbeitsverhalten als eine Form süchtigen Verhaltens. Der Begriff der "Arbeitssucht" impliziert somit keine Annahmen über die Grundlagen des exzessiven Vielarbeitens, sondern wird hier als Oberbegriff für ein spezifisches Verhaltensmuster verwendet, das - wie bislang schon dargestellt wurde - aus unterschiedlichen Perspektiven erklärt werden kann.

6.6.1 Typen der Arbeitssucht: Der Ansatz von Rohrlich (1981, 1984)

Rohrlich (1981, 1984) betont explizit, daß seine Definition von Arbeitssucht (siehe weiter unten) zwar Parallelen zum Begriff der zwanghaft-besessenen Neurose aufweist, er aber insgesamt davon ausgeht, "daß der Begriff 'Arbeitssüchtiger' sehr viel präziser und nützlicher zur Beschreibung einer besessen-zwanghaften Person ist, die eine spezifische Vorliebe für die Arbeit hat" (Rohrlich, 1981, p. 149, Übers. d. Verf.). Er schlägt diese Begriffspräzisierung vor, weil seines Erachtens zwanghaft-besessene Persönlichkeiten nicht notwendigerweise Arbeitssüchtige sind oder werden müssen (vgl. Naughton, 1987). Als kritischen Faktor zur Definition der Arbeitssucht betrachtet Rohrlich (1981) das Ausmaß an Wahlfreiheit und Freiwilligkeit im Arbeitsverhalten eines Individuums, wobei er unter Arbeit nicht nur die reine Berufstätigkeit, sondern einen zielgerichteten, strukturierten Geistes-/Bewußtseinszustand sowohl innerhalb als auch außerhalb des Berufes versteht (vgl. Kapitel 2). Eine Sucht, so Rohrlich (1984, S. 141), "mißt man nicht daran, was ein Individuum tut, sondern daran, was es nicht tun kann." Zusammenfassend nennt Rohrlich (1981, p.148; Übers. d. Verf.) folgende Kriterien zur Definition von Sucht (speziell Arbeitssucht):

- Das subjektive Bewußtsein des Patienten, daß er unfähig ist, Kontrolle über sein Verlangen nach Arbeit auszuüben, obschon er den bewußten Wunsch hat, dies zu tun ("Kontrollverlust").
- Das Auftreten von "Entzugserscheinungen" (z.B. Angst, Depressivität, psychosomatische Beschwerden etc.) bei freiwilligen oder unfreiwilligen Arbeitspausen (z.B. durch Krankheit, Entlassung, Wochenenden, Urlaub, Mahlzeiten oder in Situationen, wo strukturierte, zielorientierte Handlungsweisen unangebracht sind).
- Das Vorliegen von Krankheiten als direkte Folge einer Überarbeitung, was bei stoffgebundenen Abhängigkeiten allerdings leichter festzustellen ist.
- Das Auftreten eines psychosozialen Zusammenbruchs und/oder zwischenmenschlicher Probleme infolge eines exzessiven Arbeitsstiles.

Das "psychologische Profil" eines Arbeitssüchtigen beschreibt Rohrlich (1981, 1984) folgendermaßen: Der Arbeitssüchtige legt großen Wert auf Fertigkeiten und den Erwerb von Fertigkeiten, die er auch dann einzusetzen versucht, wenn sie unangebracht und/oder unangemessen sind. Andererseits ist es möglich, daß der Arbeitssüchtige Situationen zu vermeiden sucht, in denen Fertigkeiten *keine* Rolle spielen. Arbeitssüchtige haben daher Schwierigkeiten im Umgang mit Gefühlen, Phantasie und Spontaneität. Sie sind ausschließlich orientiert an analytischen Bewußtseinszuständen, Erfahrungen werden kategorisiert, um sie "handhabbar" zu machen. Eine solche rationale, analytische Haltung erklärt nach Rohrlich (1981) das Bedürfnis der Arbeitssüchtigen nach präzisen Definitionen, Zielen, Politiken, Fakten, nach Listen und Messungen, nach Methoden, Prozeduren und Strategien. Arbeitssüchtige vermeiden jede Erfahrung, die einer solchen analytischen Haltung unzugänglich ist, oder aber sie versuchen, diese Haltung über jede Erfahrung zu stülpen.

Rohrlich (1981) betrachtet Arbeitssüchtige als "Geschöpfe ihres Aggressionstriebes" (Rohrlich, 1981, p. 147; Übers. d. Verf.). Manipulation und Kontrolle ihrer Umwelt und auch ihrer eigenen Person verschaffen ihnen Befriedigung und Stolz. Ihr Bewußtsein ist geprägt von Zielen, Resultaten und Endprodukten. Sie bewegen sich immer "auf etwas zu", sind nicht in der Lage, im "Hier-und-Jetzt", in der Gegenwart zu leben. Zeit ist nur dann wertvoll und sinnvoll verbracht, wenn sie zur Herstellung von Produkten, zur Erreichung von Zielen genutzt wird. Effizienz und Effektivität sind von grundlegender Bedeutung für Arbeitssüchtige. Ziele müssen in kürzester Zeit und unter geringst möglichem Aufwand realisiert werden. Rohrlich (1981) weist ausdrücklich darauf hin, daß er dieses psychologische Profil lediglich als Orientierungsrahmen betrachtet, der nicht ausreichend ist, um alle Formen von Arbeitssucht hinreichend genau und erschöpfend zu beschreiben. Auch macht Rohrlich (1984) deutlich, daß Vielarbeiter und Arbeitssüchtige nicht zwangsläufig gleichzusetzen sind. "Ebenso ist ein Mensch, der seine Arbeit leidenschaftlich liebt, der die Genugtuung der Leistung mit tiefer Befriedigung empfindet, und der schwer und lange an dem arbeitet, was er als seine Ziele erklärt, nicht notwendigerweise ein 'Arbeitssüchtiger'. Nur wenn ein solcher Mann die Erregung der Arbeit nicht entbehren kann, falls sie nicht passend oder bewußt erwünscht ist, können wir ihn als süchtig bezeichnen" (Rohrlich, 1984, S. 141). Zu unterscheiden ist auch zwischen chronischer Arbeitssucht und periodisch wiederkehrenden Ausbrüchen von Arbeitswut (Rohrlich, 1984). Zur Differenzierung dieser beiden Typisierungen schreibt Rohrlich (1984, S. 142):

"Sein Leben <des Arbeitssüchtigen; Anm. d. Verf.> wird durch sein Arbeitsschema bestimmt. Alle anderen Tätigkeiten und Beziehungen sind zweitrangig. Das Verhaltensmuster besteht schon seit so langer Zeit, daß man dem aktuellen Verhalten des Betreffenden keine psychischen Motive zuordnen kann, die mit gegenwärtig bestehenden Verhältnissen zusammenhängen. Sein Arbeitsbedürfnis ist in Faktoren eingebettet, die bis in die frühe Kindheit zurückreichen, und es scheint unabhängig von den Belastungen zu sein, die er jeweils in der Gegenwart erlebt. Sein Leben verläuft in einem Gleis, und es fällt einem schwer, mehr als ein Reaktionsmuster in bezug auf die verschiedenen Ereignisse herauszufinden, die er erlebt. Er feiert seine Erfolge und büßt seine Mißerfolge mit immer noch mehr Arbeit.

Der vorübergehend Arbeitswütige hat mehr reaktiven Kontakt mit seiner jeweiligen Umwelt. Seine Arbeitsintensität steigt und fällt je nach den Umständen, die gerade herrschen, und je nach seiner emotionalen Reaktionsbereitschaft. Es gibt viele Zeiten im Leben eines Menschen, in denen die Arbeit vorübergehend zur Sucht werden kann - und in denen sie ihm vielleicht als die einzige Möglichkeit erscheint, belastende oder quälende Situationen zu überstehen."

Basis der Beschreibung und Kategorisierungen Rohrlichs (1981, 1984) ist seine Tätigkeit als analytisch orientierter Psychotherapeut in eigener Praxis an der New Yorker Wallstreet. Seine im folgenden dargestellte Typologie der Arbeitssüchtigen beruht allerdings nicht auf einer systematischen empirischen Analyse, sondern ist zu verstehen als erfahrungsbasiertes intuitives Einteilungsraster ohne Anspruch auf erschöpfende und eindeutige Beschreibung des Forschungsgegenstandes. Vielmehr betont Rohrlich (1984) ausdrücklich, daß es keinen typischen Arbeitssüchtigen gibt (Rohrlich, 1984, S. 146). Und weiter führt er aus: "Wenn ich die folgende Klassifizierung von Arbeitssüchtigen vorschlage, sitze ich nicht von meiner \`gehobenen\` Position aus zu Gericht und lege eine Gruppe von \`kranken\` Leuten fest. Jedes menschliche Verhalten, einschließlich des Verhaltens von Psychiatern, ist verständlich auf der Grundlage realistischer Reaktionen auf verschiedenartige frühere Erlebnisse, die längst vorbei sind. (...) Wir alle sind Neurosen ausgesetzt, und uns allen kann es zur einen oder zur anderen Zeit in unserem Leben passieren, daß wir feststellen, wir seien übermäßig an unsere Arbeit gebunden. Wer auf diese Weise reagiert, darf nicht als \`krank\` bezeichnet oder als pathologisch angeklagt und herablassend behandelt werden, wir sollten uns auch dessen nicht schämen, daß unser Verhalten vielleicht durch Kräfte motiviert ist, die außerhalb unseres bewußten Gewahrseins liegen. Im Bereich der menschlichen Gefühle und Verhaltensweisen ist zwischen Krankheit und Gesundheit nicht leicht zu unterscheiden (...)" (Rohrlich, 1984, S. 149).

Während Rohrlich (1981, 1984) in seiner Arbeit von 1981 noch 13 Typen von Arbeitssüchtigen beschreibt, gelangt er in seiner Veröffentlichung von 1984 zu 12 Typologisierungen:

1) *Der wütende, feindselige Arbeitssüchtige*

Ihm dient Arbeit als Mittel zur angepaßten, sozial akzeptierten Abfuhr aggressiver Energie. Anstatt natürliche Frustrationen und Wut zum Ausdruck zu bringen, werden sie verschoben, indem Arbeitsprojekte zwanghaft "angepackt" werden und sich der Arbeitssüchtige mit seiner Arbeit "herumschlägt".

2) *Der Arbeitssüchtige aus Scham*

Er verfügt nur über eine geringe Selbstachtung. Gestärkt wird sein Selbstwertgefühl nur durch den Aufstieg in strengen Titelhierarchien, durch Gehaltserhöhungen oder sonstige oberflächliche Formen des Respekts in seiner Firma oder seiner sonstigen Arbeitsumwelt.

3) *Der konkurrierende, wetteifernde Arbeitssüchtige*

Im Gegensatz zum Arbeitssüchtigen aus Scham, der nach Rohrlich (1984) nach Liebe sucht, strebt der wetteifernde Arbeitssüchtige nach Respekt. Arbeit wird benutzt, um in der Welt "Punkte zu sammeln" und "das Spiel zu gewinnen". "Dies ist ein Mensch, der sich immer \`beweisen\` muß, und das geht am besten durch Arbeit" (Rohrlich, 1984, S.152).

4) *Der abwehrende Arbeitssüchtige*

Arbeit wird hier als (unbewußter) Abwehrmechanismus eingesetzt, um "Bedürfnisse, Sehnsüchte, Wünsche und andere Gefühle zu vermeiden, die Schmerz oder Qual verursachen würden" (Rohrlich, 1984, S. 153). Zielstrebige

Arbeit ist gekennzeichnet durch eine Zukunftsorientierung, die es ermöglicht, für Gefühle der Gegenwart unzugänglich zu sein. Die intensive Konzentration auf die Arbeit ermöglicht die Auslöschung anderer (unerwünschter, schmerzhafter) Bewußtseinsinhalte. Arbeitszwang zum Zweck der Abwehr ist nach Rohrlich (1984) eher situationsbedingt, exzesshaft und zeitlich begrenzt. Dabei ist Abwehr abzugrenzen von der Flucht. "Ein Abwehrmechanismus ist ein besonderer geistig-seelischer Vorgang, der dazu dienen soll, bestimmte schmerzliche Bewußtseinsinhalte zu verändern. Typische Formen der Abwehr, außer Konzentration und Ausrichtung auf die Zukunft bei der Arbeit, sind Rationalisierung, Intellektualisierung, Projektion, Verdrängung und Verleugnung. Flucht andererseits ist ein unspezifischer Verhaltensprozeß. Sie ist ein Fliehen vor etwas (nicht unbedingt eine Zuflucht zu etwas), ein Abschiednehmen von einer quälenden Situation" (Rohrlich, 1984, S. 155).

Eine Fluchttendenz kann demnach in eine Arbeitssucht münden, der Flüchtige wird aber ohne Schwierigkeiten mit der exzessiven Arbeit aufhören können, wenn ihm eine andere Fluchtmöglichkeit zur Verfügung steht.

5) *Der einsame Arbeitssüchtige ohne Freunde*

Hier ist nicht so sehr die Abhängigkeit vom Arbeitsprozeß selbst von Bedeutung, sondern das Bedürfnis nach Akzeptanz in der Gemeinschaft der anderen Arbeitenden. Die Kollegen/Mitarbeiter werden als "Freunde" und/oder "Familie" betrachtet, außerhalb des Arbeitsbereiches werden keine Kontakte geknüpft. Arbeit ist verbunden mit dem Gefühl der Zugehörigkeit zu einem Team, wodurch das Bedürfnis des Arbeitssüchtigen nach Intimität, die aber auch nicht über das in oberflächlichen, formalisierten Arbeitsbeziehungen gegebene Maß hinausgehen soll, befriedigt wird.

6) *Der Arbeitssüchtige aus Schuldgefühlen*

Durch die Zukunftsorientierung ist Arbeit einem lustvollen Eintauchen ins unmittelbare Erleben diametral entgegengesetzt. Rohrlich (1984, S. 157) stellt fest, daß wir "im allgemeinen unserer Arbeit keine sinnliche Lust abgewinnen", so daß "Arbeit als anpassungsfähiges Mittel der Selbstbestrafung und zur Sühnung von Schuld" dienen kann. Schwere Arbeit stellt eine Zurückweisung von Lust dar, ermöglicht somit aber gleichzeitig vielen Menschen mit rationalen oder irrationalen Schuldgefühlen eine Beruhigung des Gewissens. Dem Bedürfnis nach Bestrafung wird um so mehr entsprochen, je schwerer die Arbeitslast ist.

7) *Der latent homosexuelle Arbeitssüchtige*

Rohrlich (1984) unterscheidet hier zwei allgemeine Formen:

a) Ein Mann mit unbewußten homosexuellen Wünschen bezieht Befriedigung aus seiner Arbeit, in der er zu einer unterwürfigen Haltung gegenüber Vorgesetzten und/oder Kunden verpflichtet ist.

b) Unbewußt homosexuelle Wünsche werden von manchen Männern durch überbetont maskulines Verhalten in der Arbeit aufgelöst.

8) *Der zwangsneurotische Arbeitssüchtige*

Er ist getrieben vom Drang zu kategorisieren, zu definieren und zu organisieren. Der Wunsch nach Vorherbestimmtheit, Ordnung und Perfektionismus wird durch die Arbeit befriedigt, da diese gekennzeichnet ist durch genau umrissene Ziele und Strukturen sowie eine klare, lineare Organisation.

9) *Der passiv-abhängige Arbeitssüchtige*

Er erlebt die Verfahrensweisen und Regeln, die Routine und Organisation der Arbeit als angenehm und hilfreich. Die Arbeit führt durch das Leben. Situationen, in denen persönliche Vorlieben geäußert werden sollen, in denen eigene Initiative gezeigt werden soll, führen zu Ratlosigkeit und Unbehagen. Außerhalb der Arbeit gibt es für den passiv-abhängigen Arbeitssüchtigen kaum oder keine Möglichkeiten zum Aufbau einer persönlichen Identität, zur Selbstdefinition. Er liebt seine Arbeit, aber zu Hause fühlt er sich fremd und verloren.

10) *Der prä- oder postpsychotische Arbeitssüchtige*

Rohrlich (1981) spricht in diesem Zusammenhang von Borderline-Persönlichkeiten, die in der strukturierten und festgelegten Welt der Arbeit "mit dramatischer Effektivität funktionieren" (Rohrlich, 1984, S. 166), aber nach Verlassen des Arbeitsplatzes die Orientierung verlieren und verwirrt und ärgerlich reagieren. Ihr gefährdetes Selbstgefühl wird ohne die äußeren Stützen der Arbeit allzu leicht vernichtet, es kann zu Symptomen wie Depersonalisation und Realitätsverlust kommen, die unmittelbar verschwinden, wenn zur Arbeit zurückgekehrt wird.

11) *Der sexuell frustrierte oder impotente Arbeitssüchtige*

Er bezieht sexuelle Befriedigung aus Flirts am Arbeitsplatz. Er flüchtet vor den Niederlagen in seinem Privatleben in eine formalisierte "Pseudointimität" am Arbeitsplatz, wo dem tatsächlichen Ausagieren sexueller Impulse feste Grenzen gesetzt sind. Die Flirts am Arbeitsplatz, die zwischen Rollen stattfinden und nicht zwischen Menschen, die die Rollen innehaben (Rohrlich, 1984), erlauben es, sich Eroberungsphantasien hinzugeben. Durch das rationalisierte Verbot, Arbeit und Vergnügen miteinander zu vermischen, ist man dagegen geschützt, sich einem Mißerfolg aussetzen zu müssen.

12) *Der narzißtische Arbeitssüchtige*

In diese Kategorie ordnet Rohrlich (1981, 1984) die Arbeitssüchtigen ein, die durch frühkindliche Erfahrungen zutiefst persönlich verunsichert worden sind, "und die zwanghaft von der Arbeit abhängig sind, um das sonst unaufhörliche Gefühl der Unzulänglichkeit auszugleichen, das sie unbewußt haben" (Rohrlich, 1984, S. 174). Rohrlich (1984) nimmt dabei an, daß Narzißmus in Maßen normal und grundlegend für die Entwicklung von Selbstachtung ist. Da Leistungen, so Rohrlich (1984), symbolische Repräsentationen unseres Selbst sind, ist unsere

Liebe zu unseren eigenen "Schöpfungen" vergleichbar mit der besonderen Leidenschaft des aus der griechischen Mythologie stammenden Narziß. "Die Produkte unserer Arbeit sind in etwa derselben Weise ein Bild von uns selbst wie unser Spiegelbild" (Rohrlich, 1984, S. 171). Weiter führt er aus (S. 172): "Menschen, die ausschließlich `ihre Arbeit lieben`, mehr, als sie andere Menschen lieben können, die Arbeitsmaterialien und Arbeitsprodukte als eine Art von `Sexualobjekten` behandeln, sind gewöhnlich Menschen, die nicht lieben können, was sich nicht von ihnen beherrschen läßt."

Rohrlich (1984) beschreibt den narzißtischen Arbeitssüchtigen als einen Menschen, der (im Gegensatz zu anderen Arbeitssüchtigen) fast nie aus einer reinen inneren Motivation heraus (psychotherapeutische) Hilfe sucht. Er beschreibt sich in der Regel als vollkommen glücklich, Probleme entstehen nur, weil andere Menschen sich ihm oder seinem Leben nicht anpassen wollen. Hauptmerkmal des narzißtischen Arbeitssüchtigen ist seine Egozentrizität. Er will nicht "besser", sondern "der Beste", "der Einzige", "vollkommen" sein. Er ist bewußt oder unbewußt damit beschäftigt, alles im Griff zu haben. Folgendes Zitat von Rohrlich (1984, S. 176) gibt weitere Aufschlüsse über die Persönlichkeitsstruktur des narzißtischen Arbeitssüchtigen: "Der narzißtische Arbeitssüchtige arbeitet mit Vorliebe in den frühen Morgenstunden, während der Mittagspause oder spät abends, wenn er allein sein kann, wenn keine anderen Leute da sind, die ihn `belästigen`. (...) Wenn er nach Hause kommt, hat er selten Zeit, mehr zu tun, als rasch zu essen und gleich ins Bett zu gehen. Und sein Schlaf wird unter Umständen mehrmals unterbrochen, damit er einem mit der Arbeit zusammenhängenden Gedanken nachgehen kann, der ihm in der Nacht gekommen ist. Einem Narzißten dieser Art bedeutet Arbeit alles. Die Arbeit ist der Bereich der Herrschaft, und diese ist sein fundamentales Bedürfnis. Er kann nur zu Dingen eine Beziehung herstellen, die er regieren kann, und zu Dingen, die sein Selbstgefühl unterstützen. Intimität, Einfühlung und ungezwungenes `Geben und Nehmen` machen ihm in Wirklichkeit Angst (obwohl er auch dies niemals zugeben würde), weil sie ein Lockern der Beherrschungszügel darstellen. Er fühlt sich durch jede Form des Gebens `ausgenommen`, als würden dadurch die Grenzen seines Selbst aufgelöst. Das kann seinem Charakter eine etwas paranoide Eigenart verleihen."

Rohrlich (1984) führt die Entwicklung zum narzißtischen Arbeitssüchtigen zurück auf eine Fixierung auf eine egozentrische Stufe der psychischen Entwicklung, wo sein Bewußtsein von den eigenen Bedürfnissen beherrscht wird und eine Blindheit und/ oder kein Interesse gegenüber den Bedürfnissen anderer Menschen besteht. Die Arbeit dient ihm als Quelle fortwährender Bestätigung und Stützung für ein schwaches, unzulängliches Selbstwertgefühl. Hingabe, die Erweiterung des Selbst oder ein "sich-selbst-verlieren" in eine Emotion sind für ihn beängstigend, da er befürchtet, sein Identitätsgefühl und seine Selbstdefinition unwiederbringbar zu verlieren.

Die analytisch orientierte Typologisierung von Rohrlich (1981, 1984) stellt einen der differenziertesten Ansätze zur Unterscheidung verschiedener Formen und Ausprägungen von Arbeitssucht dar. Insofern trägt Rohrlich (1981, 1984) erheblich dazu bei, Arbeitssucht als ein multikausales, dynamisches Prozeßgeschehen zu betrachten.

Rohrlich (1981) geht davon aus, daß die psychodynamischen Abläufe, die zu einer Arbeitssucht führen, extrem variieren und nur durch eine sorgfältige Analyse individueller Motivationen aufgedeckt werden können.

Größter Nachteil der Typologisierung von Rohrlich (1981, 1984) ist die fehlende empirische Überprüfung des Einteilungsschemas. Somit liefert der Autor einige interessante Anregungen zur Erklärung und Charakterisierung arbeitssüchtigen Verhaltens, bewegt sich aber überwiegend im rein deskriptiven und spekulativ-interpretativen Rahmen. Die für psychoanalytische Ansätze kennzeichnende Sexualisierung des Verhaltens ist zudem stellenweise nur schwerlich nachvollziehbar.

Wesentlich ist der Ansatz Rohrlichs (1981, 1984) deswegen, weil er Arbeitssucht als stoffungebundene Suchtform vergleicht mit stoffgebundenen Abhängigkeiten und aufmerksam macht auf ähnlich verlaufende psychodynamische Prozesse bei der Entstehung der einen wie der anderen Form von Störung.

6.6.2 Parallelen von Arbeitssucht und Alkoholismus I: Der Ansatz von Mentzel (1979, 1987)

Ein ebenfalls eindeutig psychoanalytisch geprägter Ansatz zur Erklärung und Beschreibung von Arbeitssucht stammt von Mentzel (1979, 1987). Ebenso wie Rohrlich (1981, 1984) stützt Mentzel (1979, 1987) seine Ausführungen auf seine praktischen Erfahrungen, hier als Chefarzt einer Psychosomatischen Klinik. Mentzel (1979, 1987), dem auch das Verdienst zufällt, den Begriff der Arbeitssucht im deutschsprachigen Raum (wieder-) belebt zu haben, fiel die Parallelität der Verhaltensmuster von Arbeitssüchtigen und Alkoholikern auf. Er überarbeitete die von ihm bzgl. Alkoholismus für die Anonymen Alkoholiker nach der Stadienlehre von Jellinek (1960) entwickelten Fragebögen zur Diagnose von Alkoholabhängigkeit im Hinblick auf Arbeitssucht, indem er das Wort "Alkohol" durch den Begriff "Arbeit" ersetzte (siehe auch Kapitel 7).

Mentzel (1979, 1987) räumt selbst ein, daß die "Droge Arbeit" anders wirkt als die Droge Alkohol oder das Heroin. Allerdings "sind die Folgeerscheinungen nicht bedeutend anders. Interessant ist, wie konstant süchtiges Verhalten ist, das in verschiedensten Bereichen von der Spielsucht bis zum Morphinismus gleiche Merkmale zeigt" (Mentzel, 1979, S. 115).

Mentzel (1979, 1987) setzt seine eingeschlagene Linie konsequent fort und bemüht sich um eine 1:1-Übertragung der Ergebnisse der Alkoholismusforschung auf den Bereich der Arbeitssucht. Er postuliert für die Arbeitssucht einen phasischen Verlauf mit insgesamt

vier Stufen (Vorphase/Anfangsphase, kritische Phase, chronische Phase, Endphase). Wichtig für die Diagnose einer Sucht seien allerdings nicht nur quantitative Merkmale (wieviel trinkt man?, wieviel arbeitet man?), sondern insbesondere qualitative Aspekte (die Art und Weise, wie ein bestimmtes Verhalten durchgeführt wird). Mentzel (1979) belegt seine Auffassungen durch Schilderung eines Fallbeispiels aus seiner Behandlungspraxis. Auch wenn nach Mentzel (1979) noch weitere Untersuchungen zur Psychodynamik der Arbeitssucht notwendig sind, so macht er dennoch einige allgemeine Ausführungen zur speziellen Dynamik der Arbeitssucht: Es zeige sich immer wieder eine ausgeprägte Identifikation des Betroffenen mit einem besonders tüchtigen Elternteil. Motor für das exzessive Arbeitsverhalten der Arbeitssüchtigen sei häufig ein übersteigertes Geltungsbedürfnis. "Die Geltungshaltung wird häufig als besondere wirtschaftliche Tüchtigkeit mit entsprechendem Erfolg bis hin zur göttlichen Ausgewähltheit aufgrund des Erfolges ideologisch untermauert" (Mentzel, 1979, S. 123).
Schuldgefühle seien bei Arbeitssüchtigen nicht so ausgeprägt wie bei anderen Süchtigen, da die Betroffenen zum einen oft gesellschaftlich hoch anerkannte Leistungen vorweisen könnten, zum anderen seien sie durch Aktivitäten so ausgefüllt, daß sie sich möglichen Schuldgefühlen nicht stellen könnten. Als Folgeerscheinungen der Arbeitssucht nennt Mentzel (1979) im psychovegetativen Stadium Erschöpfungszustände, leichte depressive Verstimmungen, Konzentrationsstörungen, unbegründete Ängste, Herz-Kreislaufbeschwerden, Kopf- oder Magenschmerzen. Im fortgeschrittenen (psychosomatischen) Stadium wiesen Arbeitssüchtige oft deutliche Depressionen auf, auch könnten konversionsneurotische Symptome vorkommen. Essentielle Hypertonie, Herzinfarkt und chronische Ulcuskrankheiten seien häufig vorzufindende körperliche Befunde. Statt einer psychosomatischen Erkrankung könne es jedoch auch zu einer chronischen Suchthaltung kommen, so daß durch eine Suchtverschiebung das innere Gleichgewicht des Betroffenen gewahrt bleibe.
Mentzel (1979) weist auf die bei allen Süchtigen feststellbare Tendenz zur Selbstzerstörung hin, die sich auch bei Arbeitssüchtigen nicht übersehen lasse, und die über Selbstmitleid und Masochismus weit hinausgehe (vgl. Kapitel 6.2.3). Die Kontrolle dieser Selbstzerstörungstendenz sei eines der wesentlichsten Therapieziele bei der Behandlung von Arbeitssüchtigen.

6.6.3 Parallelen von Arbeitssucht und Alkoholismus II: Der Ansatz von Helldorfer (1987)

Ähnlich wie Mentzel (1979, 1987) weist auch Helldorfer (1987) auf die Parallelen zwischen alkoholabhängigem und arbeitssüchtigem Verhalten hin. Der Autor, der als Therapeut insbesondere für im kirchlichen Bereich Beschäftigte tätig ist, nennt auf einer sehr abstrakten Ebene drei Merkmale als grundlegend für die Diagnose einer Sucht. Er spricht von einer

- pathologischen Beziehung
- zu einer stimmungsverändernden Substanz oder einem stimmungsverändernden Verhalten,
- die sämtliche anderen Beziehungen, Verbindungen, Kontakte beeinträchtigt oder zerstört.

Mit dieser Charakterisierung ist es Helldorfer (1987) möglich, auch exzessives Arbeiten als eine Suchtform aufzufassen, die zur Folge hat, daß sich Betroffene immer stärker Aktivitäten widmen, die ihnen zwar ein positives Gefühl vermitteln, die sie letztlich aber nicht mehr kontrollieren können. Betroffene müssen weiterarbeiten, Ruhe- und Entspannungsphasen gibt es nicht (mehr), nur die Arbeit vermittelt kurzfristige Erleichterung. Helldorfer (1987) beschreibt die Beziehung, die Arbeitssüchtige zu ihrer Arbeit haben, als pathologisch, weil die Arbeit den Betroffenen völlig vereinnahmt. Pathologisch, so Helldorfer (1987), sei dabei nicht die Arbeit an sich, sondern die Besessenheit, mit der gearbeitet würde, das "Arbeiten-Müssen" des Arbeitssüchtigen. Auch hierin sieht Helldorfer (1987) Parallelitäten zwischen Arbeitssüchtigen einerseits und Alkoholabhängigen andererseits. Beide sind (zumindest anfänglich) davon überzeugt, daß sie ihr Verhalten kontrollieren können, aber sie strukturieren und organisieren ihr Leben mit fortschreitender Zeit mehr und mehr um ihre Störung. Beiden gelingt es immer weniger, ihr Verhalten im Umgang mit dem Suchtmittel willentlich zu steuern. Mißerfolge im Umgang mit dem Alkohol bzw. der Arbeit werden rationalisiert ("Beim Geschäftsabschluß muß ich mittrinken", "Wenn ich etwas verdienen will, muß ich so viel arbeiten"). Alkoholabhängigkeit hat ebenso wie Arbeitssucht weitreichende individuelle, interpersonelle und gesamtgesellschaftliche Konsequenzen. Helldorfer (1987, vgl. p. 203, Übers. d. Verf.) nennt insbesondere folgende kennzeichnende Merkmale für Arbeitssüchtige:

- Sie fühlen sich innerlich angetrieben.
- Sie fühlen sich gehetzt/gedrängt.
- Sie sind hochgradig talentiert.
- Sie haben ein starkes Bedürfnis, anderen Menschen zu gefallen und von anderen Menschen anerkannt zu werden.
- Sie sind nicht in der Lage, bezüglich ihrer Arbeit Grenzen zu setzen.
- Sie suchen nach (Arbeits-) Situationen, wo sie nicht kritisiert werden (können).
- Sie sehnen sich nach Anerkennung und Achtung.
- Sie überschätzen die Bedeutung der eigenen Person.

Helldorfer (1987) sieht als wesentliche Symptome der Arbeitssucht nicht nur die Menge der in die Arbeit investierten Zeit und den Verlust der Kontrolle über das eigene Arbeiten an, sondern er verweist explizit auf die stimmungsverändernde Wirkung, die die Arbeitssucht mit sich bringt. Arbeitssüchtige wirkten nach außen (über-) enthusiastisch, seien aber gleichzeitig auch leicht reizbar, unterhalb der enthusiastischen Oberfläche verstecken sich häufig depressive Grundstimmungen. Aus Angst, daß diese Depressivität handlungsbestimmend werden könnte, entwickelten Arbeitssüchtige ihren unendlichen

Aktivitätsdrang. Helldorfer (1987) weist hier auf eine weitere mögliche Entstehungsgrundlage einer Arbeitssuchtproblematik hin, die in der Literatur auch von anderen Autoren (Bardwick, 1986; Burns, 1980; Cammer, 1969; Haymon, 1992) vorgeschlagen wurde. Eine empirische Studie von Haas (1989) kommt jedoch zu dem Ergebnis, daß Arbeitssüchtige eher über Einstellungs- und Verhaltensmuster verfügen, die nicht repräsentativ für depressive Personen sind. Auch weisen die Arbeitssüchtigen in der Studie von Haas (1989) im Vergleich zu Nicht-Arbeitssüchtigen bzgl. des Faktors "depressives Verhalten" nur geringe Unterschiede auf (vgl. jedoch gegenteilige empirische Befunde bei Haymon, 1992).

6.6.4 Arbeitssucht als überspitzte Form einer "üblichen" Lebensweise: Der Ansatz von Wacker (1987)

Wacker (1987), der sich u.a. auf die Arbeiten von Machlowitz (1978, 1981), Mentzel (1979) und Rohrlich (1984) stützt, äußert sich vorsichtig und kritisch bzgl. der Arbeitssucht, da das als Arbeitssucht bezeichnete Persönlichkeitssyndrom sich vor allem durch Unschärfe und Komplexität auszeichne. Er definiert Arbeitssucht als ein süchtiges Verhalten, das folgende drei Kriterien erfüllen muß, um seine Diagnose zu rechtfertigen (vgl. Wacker, 1987, S. 51):

- Es besteht der übermächtige Wunsch, sich mit Arbeit zu belasten (Kontrollverlust).
- Es zeigt sich eine Tendenz zur Mehrarbeit (Dosissteigerung).
- In Nichtarbeitssituationen zeigen sich deutliche Anzeichen von Unruhe und Unwohlsein (Entzugserscheinungen).

Wacker (1987) verweist bei der Beschreibung der Symptomatologie von Arbeitssüchtigen auf offensichtliche Überschneidungen zum Verhalten von hoch leistungsmotivierten Personen ebenso wie zum Persönlichkeitsprofil des Typ-A-Verhaltens. Auch an dieser Stelle wird deutlich, daß die in der vorliegenden Arbeit vorgeschlagene Kategorisierung unterschiedlicher Erklärungsansätze von Arbeitssucht eher heuristischer Art ist und keinesfalls trennscharfe Typen von Arbeitssucht charakterisiert. Wacker (1987) versteht behandlungsbedürftige Arbeitssucht als überspitzte Form einer ansonsten normalen und üblichen Lebensweise (S. 57). Offen läßt er, ab wann Arbeitssucht behandlungsbedürftig ist. Er weist aber auch darauf hin, daß "die sozialpsychologische Infrastruktur entwickelter Industrieländer durch ihre Geschichte als Arbeitsgesellschaft geprägt <ist>" (Wacker, 1987, S. 63). Arbeitssucht ist demnach nicht zu begreifen als neurotische Störung einer kleinen Minderheit, sondern "als dominanter Lebensstil unserer Industriegesellschaft" (Wacker, 1987, S. 62). Er ordnet damit die Bewältigung der Arbeitssuchtproblematik, ähnlich wie dies inzwischen auch bei anderen stoff-(un-)gebundenen Störungen geschieht, in einen gesamtgesellschaftlichen Rahmen ein und führt aus (S. 62): "Auf sozialer wie gesellschaftlicher Ebene werden wir lernen müssen, uns nicht allein beherrschend und ausbeutend auf innere wie äußere Natur und andere Menschen zu beziehen". Und weiter (S. 63): "Vielleicht geht es um die Wiedergewinnung der Mußefähigkeit, die zwar

der Arbeitsaktivität entgegengesetzt ist, aber - wie diese - eine Art von Wachheit und Erregung einschließt."
Letztlich stützt Wacker (1987) seine Ausführungen auf Literaturquellen. Empirische Ergebnisse zum Thema Arbeitssucht legt er nicht vor. Insofern leistet seine Arbeit einen Beitrag zur Definition und Differenzierung der Problematik, bleibt aber weitestgehend intuitiv-beschreibend.

6.6.5 Arbeitssucht als Wunsch nach Kontinuität in Situation und Stimulation: Der Ansatz von Peele (1975, 1977)

Peele (1975) definiert in seinem Buch "Love and Addiction" den Begriff der Abhängigkeit/Sucht bewußt sehr weit, um von einem seiner Meinung nach zu engen Verständnis der Sucht als einem generell stoffgebundenen Verhalten Abstand zu nehmen. Abhängigkeit/Sucht betrachtet er als eine Form pathologischen Verhaltens, als eine "extrem gesundheitsschädliche Manifestation normalen menschlichen Verhaltens" (Peele, 1975, p. 16; Übers. d. Verf.). Er will damit *nicht* bewirken, daß das traditionelle (stoffgebundene) Abhängigkeitskonzept auf stoffungebundene Suchtformen ohne weiteres übertragen wird, sondern daß ein für stoffungebundene Suchtformen *neues* Konzept geschaffen wird, welches aber deutlich macht, daß die Mechanismen und die Folgen/Konsequenzen stoffgebundener wie stoffungebundener Verhaltensstörungen vergleichbar sind. Getragen wird seine Argumentation von der Annahme, daß Abhängigkeit/Sucht kein chemischer Prozeß, sondern eine Form von Erfahrung, ein Verhaltensmuster ist, das sich auf Basis routinisierter, interindividuell unterschiedlicher subjektiver Reaktionen gegenüber für wichtig erachteten Personen, Dingen, Situationen ergibt, und welches vom Betroffenen immer wieder praktiziert wird, weil es ihm Bestätigung und Sicherheit verleiht (Peele, 1977, p. 103). Insofern kann nach Peele (1975, p. 55) alles abhängig/süchtig machen, was Individuen einsetzen, um ihr Bewußtsein bzw. ihr subjektives Erleben zu beeinflussen. Eine Abhängigkeit/Sucht besteht dann, wenn die Bindung einer Person an eine bestimmte Erfahrung (einen Geschehensablauf, ein Objekt und/oder eine andere Person) so stark ist, daß die Fähigkeit und Bereitschaft der Person, sich mit anderen Dingen in ihrer Umwelt und/oder mit sich selbst auseinanderzusetzen erheblich eingeschränkt wird. Letztlich wird der Betroffene von dieser Erfahrung als einziger Quelle positiven Erlebens vollständig abhängig. In dem Ausmaß, in dem es einem Individuum nicht gelingt, eine bedeutungsvolle Beziehung zu seiner Umwelt insgesamt aufzubauen, ist es prädisponiert, ein abhängiges, ein süchtiges Verhaltensmuster zu entwickeln. Peele (1975) nennt insbesondere Angst, Unsicherheit, fehlendes Selbstbewußtsein und Hilflosigkeit als Ursachen für die Entwicklung von solchen Verhaltensmustern. Ebenso wie es abhängiges und kontrolliertes Konsumverhalten bei Drogen gibt (z.B. bzgl. Alkohol), gibt es nach Peele (1975, p. 63) abhängige bzw. nicht-abhängige Verhaltensmuster praktisch für *jeden* Verhaltensbereich. Bestimmend dafür, ob jemand abhängig ist oder nicht, ist die Frage, inwiefern ein Individuum frei und selbstbestimmt über sein Verhalten entscheidet. Führt ein Individuum ein Verhalten fortgesetzt aus, obschon es damit sich selbst, dem Objekt seines abhängigen Verhaltens und/oder Personen in seinem Umfeld schadet, so muß nach Peele (1975) von Abhängigkeit gesprochen werden. In bezug auf Arbeitssucht bedeutet dies, daß ein Individuum dann als arbeitssüchtig zu bezeichnen ist, wenn es primär um der Arbeit willen arbeitet, wenn die Arbeitsergebnisse nur eine untergeordnete oder gar keine Rolle spielen, wenn mit der Arbeit negative Gefühle, Schmerz, Angst, Verzweiflung verdrängt werden sollen. Weiterhin kennzeichnend ist, daß die Arbeit von anderen Aktivitäten abhält, daß durch die Arbeit das Selbstwertgefühl künstlich aufgebaut wird, und daß durch die Arbeit und mit der Arbeit das Leben in Routinen überführt wird. Arbeit - und nur Arbeit - vermittelt den Arbeitssüchtigen ein intensives Gefühl der eigenen Existenz und Realität, an dem es diesen Menschen sonst mangelt (Passet, 1981). Angst, Unsicherheit und mangelndes Selbstvertrauen halten das betroffene Individuum davon ab, sich auf neue und nicht vorhersagbare Erfahrungen einzulassen. Kontinuität in Stimulation und Situation ist das, was der abhängige Mensch sucht. Psychologische Sicherheit ist sein oberstes Ziel. Diese erlangt er durch abhängiges Verhalten, da dieses vollständig vorhersagbar ist (Peele, 1975, p. 64). Während unabhängige Individuen ein Bedürfnis nach Wachstum und Erweiterung des Erfahrungshorizontes haben, bevorzugen abhängige Menschen einen Zustand der Stagnation und Unveränderlichkeit, der ihnen Kontrolle ermöglicht und Sicherheit verschafft.

6.6.6 Arbeitssüchtige vs. "peak performers": Der Ansatz von Garfield (1986)

Das zuletzt Gesagte bestätigt auch Garfield (1986), der Interviews mit über 300 Spitzenkräften ("peak performers") aus verschiedenen Bereichen der Wirtschaft und Verwaltung führte, sowie über 900 Quellen zu Personen, die unterschiedliche Spitzenleistungen erbracht hatten, analysierte. Sein Ziel war zu ergründen, wie es zu produktiven Höchstleistungen kommt. Dabei grenzt er hochgradig effektive und erfolgreiche Individuen von Arbeitssüchtigen ab. Während erstere Befriedigung und Erfüllung durch ihre Arbeit erlangen, sind Arbeitssüchtige gekennzeichnet durch Erstarrung und innere Leere. Arbeitssüchtige sind süchtig nach (quasi beliebiger) Aktivität, während sich Spitzenkräfte durch absichtlich und zielgerichtet ausgeführte Handlungen auszeichnen (Garfield, 1986, p. 34, p. 227). Garfield (1986) räumt ein, daß eine Entwicklung vom Spitzenarbeiter zum Arbeitssüchtigen durchaus möglich ist, Spitzenkräfte sich aber gerade durch die Fähigkeit auszeichnen, in immer wiederkehrenden Zeitabschnitten Distanz zu ihrer Tätigkeit einzunehmen und ihr Arbeitspensum extrem herunterzufahren. Damit bezieht er sich auf das von Peele (1975) erwähnte kontrollierte Verhalten, das diese unabhängigen Spitzenkräfte von den abhängigen Arbeitssüchtigen unterscheidet.

6.6.7 Arbeitssucht und Karriereplateaus: Der Ansatz von Bardwick (1986)

Auch Bardwick (1986) definiert arbeitssüchtiges Verhalten als abhängiges Verhalten. Arbeitssucht betrachtet sie als einen Geisteszustand, in dem Arbeit so wichtig geworden ist, daß darüber hinaus keinerlei weitere Bindungen/Interessen mehr bestehen und es keine anderen Bereiche gibt, in denen Talente irgendeine Bedeutung hätten. Arbeitssüchtige beziehen ihr Selbstbewußtsein, ihre Selbstidentität und ihre emotionalen Bindungen einzig und allein aus ihrer Arbeit (Bardwick, 1986, p. 85). Arbeitssüchtige sind abhängig von den Erfolgen ihrer Arbeit und der damit einhergehenden Anerkennung, aber auch von dem Kampf, der zur Zielerreichung notwendig ist (Bardwick, 1986, p. 103). Hinter einer bewältigten Aufgabe muß sogleich eine neue Herausforderung stehen, das Fehlen von Kampf und völliger Hingabe an eine Aufgabe löst Angst aus. Diese Ängste, so Bardwick (1986), treten besonders dann hervor, wenn ein Arbeitssüchtiger ein Plateau in seiner Karriere erreicht hat, wenn Erfolge ausbleiben oder aufgrund struktureller Gegebenheiten eine weitere Beförderung nicht möglich ist. Die Reaktion der Arbeitssüchtigen auf eine solche Situation ist nach Bardwick (1986, p. 88) vergleichbar mit der eines Drogenabhängigen: Unangenehme Gefühle werden durch den gesteigerten Konsum der Droge zu eliminieren versucht. Ebenso reagiert der Arbeitssüchtige mit einem "Mehr an Arbeit", er strengt sich noch stärker an, macht noch mehr Überstunden etc. Auf weiterhin ausbleibenden Erfolg wird vom Arbeitssüchtigen mit Leugnungs- und Verdrängungstendenzen reagiert (z.B. Leugnung, auf die Beförderung/Anerkennung angewiesen zu sein). Die Mehrarbeit dient als Abwehrmechanismus, eine Auseinandersetzung mit den eigenen Problemen und unerfüllten Bedürfnissen wird vermieden. Zuletzt, so Bardwick (1986), reagiert der Arbeitssüchtige mit Resignation und Passivität. Es kommt zu depressiven Verstimmungen und Selbstabwertungstendenzen. Auf die eigene Person gerichtete Wut und Frustration kennzeichnen diese letzte Phase des an einem Karriereendpunkt angelangten Arbeitssüchtigen.

Bardwick (1986) gründet ihre Aussagen auf Ergebnisse aus Interviews mit Personen, die ein Plateau in ihrer beruflichen Karriere erreicht haben. Die Autorin macht jedoch nur wenige Angaben bzgl. der Frage, welche Merkmale Arbeitssüchtige kennzeichnen bzw. wieviele Arbeitssüchtige in ihrer Stichprobe vertreten sind. Ihre Arbeit wurde hier lediglich als ein weiterer Beleg für die Auffassung angeführt, daß exzessives Vielarbeiten betrachtet werden kann als eine Form *süchtigen* Verhaltens. Eine ähnliche Perspektive vertreten weiterhin u.a. Fassel (1991), Jaeggi (1987), Ladewig & Graw (1986), Schumacher (1986, 1991) und Puttkammer (1991), auf deren Arbeiten abschließend an dieser Stelle hingewiesen werden soll.

7 Checklisten und Fragebögen zur Erfassung von Arbeitssucht

Aufgrund der Vielzahl von Definitionen und der daraus resultierenden divergierenden Operationalisierungen von "Arbeitssucht" und damit verbundener Verhaltensmuster (Typ-A-Verhalten, süchtiges Verhalten, zwanghaftes Verhalten etc.) finden sich in der Literatur zahlreiche unterschiedliche Checklisten und Fragebögen zur Erhebung arbeitssüchtiger Einstellungen und Verhaltensweisen. Die wenigsten Verfahren jedoch werden den Minimalanforderungen gerecht, die an die Konstruktion eines psychologischen Meßinstrumentes zur Diagnose umgrenzter Verhaltensmerkmale zu stellen sind. Neben einer zumeist völlig theoriefreien und/oder nicht modellorientierten Zusammenstellung von Items sind weiterhin unterschiedliche Dimensionalitäten, stark variierende Itemzahlen und -präsentationsformen, fehlende Überprüfungen von Item- und/oder Testgütekriterien sowie mangelnde empirische Analysen auffallend. Insofern lassen sich die Mehrzahl der in der Literatur wiedergegebenen "Meßinstrumente" zur Erfassung von Arbeitssucht eher als explorative Fragenkataloge denn als standardisierte diagnostische Verfahren verstehen. Häufig wird von den Autoren solcher Fragenkataloge jedoch auch gar nicht der Anspruch erhoben, ein diagnostisches Testverfahren zur Messung von Arbeitssucht zu präsentieren, sondern es sollen Kategorisierungshilfen zur Unterscheidung arbeitssüchtiger oder arbeitssuchtgefährdeter, bzw. nicht-arbeitssüchtiger Personen angeboten werden. Daß eine zuverlässige Kategorisierung eines Probanden in eine Merkmalskategorie aufgrund eines bestimmten Antwortverhaltens jedoch ebenfalls bestimmte Minimalanforderungen erfüllen muß, z.B. muß die differentialdiagnostische Brauchbarkeit spezifischer Antwortmuster im Hinblick auf Zuordnungen überprüft werden, wird gerne vernachlässigt. Der diagnostische Wert solcher Fragenkataloge ist höchst unklar. Beispielhaft für solche Fragenkataloge wird der von Mentzel (1979) in Anlehnung an die Ergebnisse der Alkoholismusforschung von Jellinek (1960) erstellte Fragebogen zur Erfassung von Arbeitssucht wiedergegeben (vgl. Abb. 7.1). Mentzel (1979) setzt Arbeitssüchtige mit Alkoholabhängigen gleich und bedient sich zur Diagnose von Arbeitssucht ähnlicher Items, wie sie zur Diagnose von Alkoholabhängigkeit nach Jellinek (1960) verwendet werden. Es beruht allerdings auf Mentzels (1979, S. 119) klinischer Erfahrung, wenn er schreibt: "Nach Beantwortung dieser 25 Fragen kann man (...) sagen, daß derjenige, der fünf Fragen positiv beantwortet, zumindest suchtgefährdet, derjenige, der zehn Fragen positiv beantwortet, mit ziemlicher Sicherheit arbeitssüchtig ist". Eine empirische Überprüfung der diagnostischen und/oder prognostischen Qualität der Items steht bislang aus.

1. Arbeiten Sie heimlich (z.B. in der Freizeit, im Urlaub)?
2. Denken Sie häufig an Ihre Arbeit (z.B. wenn Sie nicht schlafen können)?
3. Arbeiten Sie hastig?
4. Haben Sie wegen Ihrer Arbeit Schuldgefühle?
5. Vermeiden Sie in Gesprächen Anspielungen auf Ihre Überarbeitung?
6. Haben Sie mit Beginn der Arbeit ein unwiderstehliches Verlangen weiterzuarbeiten?
7. Gebrauchen Sie Ausreden, warum Sie arbeiten?
8. Zeigen Sie ein besonders aggressives Benehmen gegen die Umwelt?
9. Versuchen Sie periodenweise nicht zu arbeiten?
10. Neigen Sie zu innerer Zerknirschung und dauerendem Schuldgefühl wegen des Arbeitens?
11. Haben Sie versucht, sich an ein bestimmtes Arbeitssystem zu halten (z.B. nur zu bestimmten Zeiten zu arbeiten)?
12. Haben Sie häufiger den Arbeitsplatz oder das Arbeitsgebiet gewechselt?
13. Richten Sie Ihren gesamten Lebensstil auf die Arbeit ein?
14. Haben Sie einen Interesse-Verlust an anderen Dingen als an der Arbeit bemerkt?
15. Zeigen Sie auffallendes Selbstmitleid?
16. Haben sich Änderungen im Familienleben ergeben?
17. Neigen Sie dazu, sich einen Vorrat an Arbeit zu sichern?
18. Vernachlässigen Sie Ihre Ernährung?
19. Wurden Sie wegen der Arbeitssucht in ein Krankenhaus aufgenommen?
20. Arbeiten Sie regelmäßig am Abend?
21. Haben Sie mitunter Tage und Nächte hintereinander gearbeitet?
22. Beobachten Sie einen moralischen Abbau an sich selber?
23. Führen Sie Arbeiten aus, die eigentlich unter Ihrem Niveau sind?
24. Wurde Ihre Arbeitsleistung geringer?
25. Wurde Ihnen das Arbeiten zum Zwang?

Abb. 7.1: Fragebogen "Sind Sie arbeitssüchtig?" nach Mentzel (1979, S. 116f.)

Ähnliche Fragenkataloge finden sich auch bei Cherrington (1980), Killinger (1992), Puttkammer (1991) und Spruell (1987).

Rohrlich (1984, S 145f.) macht auf den wesentlichen Nutzenfaktor solcher Fragebogen aufmerksam: "Der Wert solcher Kontrollisten liegt nicht in der vorgeblichen Möglichkeit, zu einer absoluten Definition zu gelangen, sondern in ihrer Nützlichkeit als Katalysatoren des Nachdenkens über sich selbst."

Neben solchen eher auf Plausibilitätsüberlegungen basierenden Verfahren lassen sich in der Literatur zum Thema Arbeitssucht ebenfalls Studien finden, die eine theoretisch und empirisch fundiertere Erfassung des Konstruktes Arbeitssucht anstreben. Beispielhaft wird hier auf die Dissertation von Haas (1989) ausführlicher eingegangen.

Haas (1989) bemüht sich um die Identifikation spezifischer Persönlichkeitscharakteristika und/oder Verhaltensmuster, die kennzeichnend sind für arbeitssüchtige Personen. Weiterhin strebt sie die Entwicklung eines reliablen und validen Meßinstrumentes zur Erkennung arbeitssüchtiger Personen an. Arbeitssucht definiert sie dabei als "die Entwicklung eines solch' augeprägten Bedürfnisses nach Arbeit, daß es zu Beeinträchtigungen des

Wohlbefindens des Arbeitssüchtigen selbst sowie der Personen in seinem Umfeld kommt" (Haas, 1989, p. 93, Übers. d. Verf.).
Haas (1989) geht aufgrund theoretischer Überlegungen von der Annahme aus, daß es sich bei "Arbeitssucht" um ein multidimensionales Persönlichkeitskonstrukt handelt, das sich in Verhaltensmustern äußert, welche aus anderen Bereichen der psychologischen Forschung bekannt sind (Typ-A-Verhalten, besessen-zwanghaftes Verhalten, süchtiges Verhalten etc.). Sie vermutet, daß sich "Arbeitssucht" als Persönlichkeitsvariable durch das Zusammenwirken verschiedener zentraler Verhaltensstile äußert.
Haas (1989) entwarf einen 94 dichotome Items umfassenden Fragebogen, den sie insgesamt 120 Probanden zur Beantwortung vorlegte. Ihre Untersuchungsteilnehmer waren zu mehr als 90 % männlichen Geschlechts und alle als Ärzte in freier Praxis im Großraum San Diego/Kalifornien tätig. In Abhängigkeit von ihrem Antwortverhalten in einem zuvor bearbeiteten "Screening-Fragebogen" (10 Items) wurden die Probanden entweder der Kategorie "arbeitssüchtig", oder aber der Kategorie "nicht-arbeitssüchtig" zugeordnet. Als arbeitssüchtig wurde ein Proband dann eingestuft, wenn er fünf oder mehr der zehn Items des "Screening-Fragebogens" mit "Ja" beantwortet hatte, bei vier oder weniger "Ja"-Antworten wurde der Proband zur Gruppe der Nicht-Arbeitssüchtigen gerechnet ("Screening-Fragebogen" siehe Abb. 7.2).

JA	NEIN		
___	___	1.	Machen Sie mehr Überstunden als Ihre Kollegen?
___	___	2.	Organisieren Sie Ihre Freizeit?
___	___	3.	Neigen Sie dazu, persönliche Kontakte durch Arbeit zu ersetzen, d.h., ist Ihre Arbeit manchmal ein Mittel zu Vermeidung enger Beziehungen?
___	___	4.	Planen Sie in der Regel jede Station einer bevorstehenden Reise und fühlen Sie sich unwohl, wenn Ihre Pläne daneben gehen?
___	___	5.	Arbeiten die meisten Ihrer Freunde ähnlich wie Sie?
___	___	6.	Nehmen Sie Arbeitsunterlagen mit zu Bett, wenn Sie krank zu Hause bleiben?
___	___	7.	Lesen Sie fast ausschließlich arbeitsbezogene Bücher, Artikel, usw.?
___	___	8.	Können Sie sich besser mit Ihren Kollegen als mit Ihren Familienmitgliedern unterhalten?
___	___	9.	Wachen Sie mitten in der Nacht auf und denken über arbeitsbezogene Probleme nach?
___	___	10.	Werden Sie unruhig, wenn Sie Urlaub haben?

Abb. 7.2: "Screening-Fragebogen" zur Diagnose von Arbeitssucht (aus Haas, 1989, p. 138)

Die Items dieses Fragebogens übernahm Haas (1989) aus einer Checkliste von McLean (1979) zur Untersuchung von Verhaltensmustern bei Probanden mit einer Tendenz zum "Überengagement" im Rahmen ihrer Arbeit. Haas (1989) reduzierte die ursprünglich 23 Items umfassende Checkliste zunächst aus inhaltlichen Erwägungen um fünf Items, führte dann Itemanalysen durch und erhielt so die genannten zehn trennscharfen Items.

Die interne Konsistenz der Items sagt natürlich nichts über die generelle Validität des "Screening-Fragebogens" aus. Auch bei McLean (1979) finden sich keine Angaben zu Validitätsprüfungen seiner Checkliste.

Für den von ihr entworfenen Fragebogen zur Erfassung der "Hingabe zur Arbeit" ("Commitment to work", Haas, 1989) ermittelte die Autorin über Itemanalysen 94 endgültige Items. Aufgrund ihrer Vorgehensweise bei der Itemgenerierung (Literaturanalyse, Expertenbefragung, Übernahme geeigneter Items aus anderen Testverfahren) betrachtet Haas (1989) die von ihr entwickelten Meßinstrumente als inhaltsvalide.

Die faktorenanalytische Auswertung der Antworten der 120 Probanden in dem "Commitment-to-work"-Fragebogen erbrachte fünf zentrale Verhaltensfaktoren (arbeitssüchtiges Verhalten, abhängiges Verhalten, zwanghaftes Verhalten, Typ-A-Verhalten und depressives Verhalten), innerhalb derer sich insgesamt 15 Subfaktoren identifizieren ließen, die als grundlegend für die Charakterisierung der arbeitssüchtigen Persönlichkeit betrachtet werden.

Die diskriminanzanalytische Auswertung der Daten zeigte, daß die Unterschiede in den Antwortmustern bei den Items der ermittelten fünf generellen Faktoren in hohem Maße eine korrekte Zuordnung der Probanden zu den Kategorien "arbeitssüchtig" bzw. "nicht-arbeitssüchtig" ermöglichen. Die Klassifikationskorrektheit bei Zuordnungen auf Basis von Itemantworten pro ermitteltem Faktor betrug bei den Faktoren arbeitssüchtiges Verhalten, abhängiges Verhalten, zwanghaftes Verhalten, Typ-A-Verhalten und depressives Verhalten 87,5 %, 83,65 %, 80,0 %, 82,46 % und 68,42 %. T-Tests ergaben signifikante Unterschiede in den Mittelwertausprägungen der beiden Untersuchungspopulationen sowohl bei den generellen Faktoren ($p < .05$) als auch bei den Subfaktoren ($p < .05$). Der Anteil der Arbeitssüchtigen an der Untersuchungsgesamtstichprobe betrug ca. 30 %. Er liegt damit erheblich höher als der in der Literatur immer wieder genannte Wert von 5-10 % Arbeitssüchtiger innerhalb der gesamten berufstätigen Bevölkerung Nordamerikas (vgl. Cherrington, 1980; Machlowitz, 1978). Haas (1989) führt diesen hohen Anteil Arbeitssüchtiger in ihrer Untersuchung auf ihre spezielle, nicht-repräsentative Stichprobe (Ärzte in freier Praxis) zurück.

Neben diesem Aspekt führt die Autorin weiterhin folgende Punkte an, die einer Generalisierung ihrer Ergebnisse entgegenstehen (Haas, 1989):

- Die Untersuchung einer nur kleinen Stichprobe aus einem regional beschränkten Gebiet mit geringem Anteil weiblicher Probanden.
- Die Verwendung ausschließlich schriftlich erhobener Fragebogendaten, die zudem aus postalischen Befragungen stammen. Haas (1989) berichtet eine Rücklaufquote von lediglich 15 %.

Als zentraler zusätzlicher Kritikpunkt ist darüber hinaus die fehlende externe Validierung der entscheidenden Kategorisierung "arbeitssüchtig" vs. "nicht-arbeitssüchtig" zu nennen. Haas (1989) überprüft nicht, ob sich die von ihr so kategorisierten "Arbeitssüchtigen" selbst als ebensolche erleben bzw. ob unter ihrem Arbeitsverhalten ihr eigenes Wohlbefinden und/oder das Wohlbefinden ihrer Mitmenschen leidet. Entsprechend ihrer Definition von Arbeitssucht hätte sie dies jedoch tun müssen, denn ein "arbeitssüchtiger Persönlichkeitstypus" liegt nach ihrer Auffassung ja erst dann vor, wenn durch ein exzessives Bedürfnis nach Arbeit das persönliche Wohlbefinden und das Wohlbefinden der Mitmenschen beeinträchtigt wird (vgl. Haas, 1989, p. 93).

Die Reliabilität des von Haas (1989) entwickelten Meßinstrumentes kann als hoch bezeichnet werden, die interne Konsistenz beträgt .92 (vgl. Haas, 1989, p. 63).

Auch die inhaltliche Validität des Instrumentes kann diskutiert werden, obschon das Ergebnis einer fünf Faktoren umfassenden Lösung nicht überrascht, hat Haas (1989) ihren "Commitment-to-work"-Fragebogen doch ausschließlich aus Items spezifischer Skalen vierer standardisierter klinischer Diagnoseinstrumente sowie dreier Checklisten zur Erfassung von Arbeitssucht zusammengestellt. Wenn man aber Items zur Erfassung von arbeitssüchtigem, abhängigem, zwanghaftem, Typ-A- und depressivem Verhalten aus erprobten Verfahren zu einem neuen Fragebogen verarbeitet, so verwundert es nicht, wenn eine nachfolgend durchgeführte Faktorenanalyse diese fünf Faktoren repliziert.

Jackson (1992) setzte in einer Studie den von Haas (1989) entwickelten Screening-Fragebogen zur Unterscheidung von Arbeitssüchtigen und Nicht-Arbeitssüchtigen ein, wobei sie als Kriterium zur Differenzierung den Medianwert einer Stichprobe von 44 Männern und 67 Frauen heranzog. Personen, die einen Wert oberhalb des Medians aufwiesen, wurden als arbeitssüchtig eingestuft. Jackson (1992) kam zu dem Ergebnis, daß das Merkmal Arbeitssucht negativ korreliert mit den Merkmalen Selbstachtung und psychisches Befinden. Positive Korrelationen fanden sich zu den Merkmalen Streßsymptome und emotionale Irritierbarkeit. Kein Zusammenhang fand sich zu den Merkmalen Rücksichtnahme auf die eigene Person, Vertrauensbereitschaft und Selbsttäuschung. Insgesamt schließt Jackson (1992), daß arbeitssüchtiges Verhalten eine schädliche Wirkung auf die Gesundheit und das allgemeine Wohlbefinden hat.

Ohne näher auf andere Defizite der Studie von Jackson (1992) einzugehen, muß festgestellt werden, daß die fehlende kriteriumsbezogene Validierung des von Haas (1989) entwickelten Fragebogens eine solche Schlußfolgerung nicht ohne weiteres zuläßt. Einmal mehr ist davon auszugehen, daß auch Jackson (1992) keine *tatsächlichen*, sondern lediglich *von ihr so bezeichnete Arbeitssüchtige* untersucht hat.

Diese Problematik versuchte die von Poppelreuter (1996) vorgelegte Studie zu lösen, indem der Aspekt des *persönlichen Leidensdrucks* und der *individuellen Selbsteinschätzung* als Kriterium für eine Kategorisierung "arbeitssüchtig" vs. "nicht-arbeitssüchtig" herangezogen wurde (vgl. Kapitel 10).

Weitere Verfahren zur Erfassung von Arbeitssucht, die jedoch ähnlich wie das von Haas (1989) entwickelte Instrument nicht unter Berücksichtigung von Antwortmustern *betroffener* Personen entwickelt wurden, finden sich bei Dougherty (1989), Elder (1991), Machlowitz (1978), Robinson, Post & Khakee (1992, 1994) und Spence & Robbins

(1992). Deutschsprachige Fragebogenverfahren zur Erfassung von Arbeitssucht, die über das Niveau von subjektiv-intuitiven Checklisten hinausgehen, liegen nicht vor.
Allerdings wurde durch die Studie von Poppelreuter (1996) die Grundlage für die Entwicklung eines solchen Verfahrens geschaffen. Momentan laufen weitere Forschungsprojekte zu dieser Thematik, so daß in absehbarer Zeit mit dem Vorliegen zumindest einer Arbeitsversion eines Fragebogens zur Erfassung von Arbeitssucht gerechnet werden kann.

8 Therapienotwendigkeiten und Therapiemöglichkeiten bei Arbeitssucht

In diesem Kapitel soll auf Basis von Literaturanalysen ein Überblick über individuelle Therapiemöglichkeiten bei der Behandlung einer Arbeitssuchtproblematik gegeben werden. Auch wird die Frage aufgegriffen, wann und unter welchen Voraussetzungen eine therapeutische Intervention bei Arbeitssucht sinnvoll und notwendig erscheint.

Wanke & Täschner (1985) zeigen in ihrem ausschließlich auf substanzgebundene Abhängigkeiten bezogenen Buch in wenigen Sätzen die zentralen Probleme, Anforderungen und Ausgangssituationen der Sucht- und Abhängigkeitstherapie auf. Wegen der auch für die Therapie von Arbeitssucht großen Relevanz der von ihnen genannten Aspekte, soll ein längeres Zitat von Wanke & Täschner (1985, S. 158) an den Anfang dieses Kapitels gestellt werden:
"Die Therapie eines so vieldimensionalen und komplexen Geschehens, wie der Abhängigkeit, muß ebenfalls umfassend und mehrschichtig angelegt sein. Das Stadium der Sucht, in dem der Patient sich befindet, ist bei der Behandlung zu berücksichtigen. Das soziale Umfeld des Kranken, also Familie, Berufswelt und Nachbarschaft, muß in die Ausgangsüberlegungen einbezogen werden und seinen Niederschlag in einem individuellen Behandlungsplan finden. Bei der Behandlung von Süchtigen ist mit Widerständen zu rechnen, die von der Eigenart der Sucht und von der Einstellung des Patienten und der des Therapeuten bestimmt werden (...). Viele Entstehungsbedingungen der Abhängigkeit sind nicht angehbar. Die Diagnose einer Sucht ist oft schwierig, weil die Abgrenzung von einem Genußkonsum (...) oder einem Mißbrauchsverhalten (...) in vielen Fällen nicht randscharf möglich ist. Die negative Einstellung der Umwelt hinsichtlich der Erfolgsaussichten einer Therapie verstärkt häufig die ablehnende Haltung der Betroffenen im Hinblick auf eine Behandlung."
Wenn im folgenden über mögliche therapeutische Interventionen und die von Wanke & Täschner (1985) genannten Schwierigkeiten der Therapie im Zusammenhang mit Arbeitssucht gesprochen werden soll, muß zunächst berücksichtigt werden, daß es ein spezifisches Programm oder sogar Manual zur Behandlung eines solchen Problems bislang nicht gibt. Insofern können hier unter Rückgriff auf Therapiekonzepte und Therapietechniken unterschiedlicher therapeutischer Richtungen lediglich *Hinweise* und *Anregungen* für eine therapeutische Intervention bei Arbeitssüchtigen gegeben werden.
Zwei zentrale Ursachen dürften für das Fehlen eines spezifischen, expliziten Arbeitssucht-Therapieprogramms in Frage kommen:

- Alle psychotherapeutischen Schulen verfolgen, wenn auch auf höchst unterschiedliche Weise und mit differierenden Methoden das Ziel, "die psychischen Probleme, an denen ein Patient/Klient leidet, zu beseitigen oder zu bessern und seine persönliche Weiterentwicklung zu fördern" (Wetzel & Linster, 1992, S. 628). Die dafür zur Verfügung stehenden therapeutischen Techniken und der jeweils angestrebte therapeutische Prozeß haben allgemeingültigen Charakter (vgl. Busch, 1991), insofern ergibt sich die Vorgehensweise auch zur Behandlung einer Arbeitssuchtproblematik unmittelbar aus den Grundkonzepten der jeweiligen Psychotherapieschule und bedarf keiner expliziten Spezifikation. Daß eine konkrete Beschreibung umfassender Therapiemaßnahmen zur Bewältigung einer Arbeitssuchtproblematik bislang in der Literatur nicht zu finden ist, rührt vermutlich daher, daß eine größere Erfahrung mit der therapeutischen Behandlung von Arbeitssuchtstörungen derzeit nicht verfügbar ist. Natürlich ist dennoch eine therapeutische Behandlung der Arbeitssucht prinzipiell möglich.

- Die bereits mehrfach erwähnte fehlende Definition und Operationalisierung des Konzeptes Arbeitssucht in Verbindung mit der nur schleppend in Gang kommenden wissenschaftlichen Diskussion über ein solches problematisches Arbeitsverhalten trägt ebenfalls dazu bei, daß breitere therapeutische Erfahrungen und Erkenntnisse bzgl. der Arbeitssuchtsymptomatik nicht vorliegen. Eine für diesen Problembereich spezifische Therapiekonzeption würde voraussetzen, daß die Möglichkeit der Existenz einer psychischen Problematik mit der Bezeichnung "Arbeitssucht" angenommen werden kann, daß sich spezifische kennzeichnende und zur Abgrenzung geeignete Merkmale dieser Problematik herausarbeiten lassen, und daß von dieser Problematik betroffenen Personen durch psychotherapeutische Maßnahmen geholfen werden kann und soll.

In Anbetracht der weitgehend fehlenden Praxiserfahrungen lassen sich im folgenden nur allgemeine Hinweise und generelle Vorschläge für eine Therapie der Arbeitssucht geben. Die dargestellten Erkenntnisse basieren auf in der Literatur wiedergegebenen Kasuistiken und theoretischen Empfehlungen zur Arbeitssuchttherapie und sollten als (unvollständige) Grundlage zur Erarbeitung einer arbeitssuchtspezifischeren bzw. arbeitssuchtadäquaten Psychotherapiekonzeption betrachtet werden. Auf eine therapieschulenbeschränkte Darstellungsweise soll dabei bewußt verzichtet werden. Vielmehr sollen aus verschiedenen therapeutischen Richtungen stammende Überlegungen und Methoden im Sinne einer Anregung und Diskussionsgrundlage dargestellt werden. Daß die hier erwähnten Konzepte überwiegend psychoanalytische bzw. verhaltenstherapeutische Ursprünge haben, läßt sich durch die therapeutische Orientierung der Autoren erklären, die sich bisher mit der Arbeitssuchttherapie befaßt haben. Es zeigt sich aber, daß auch aus eher erlebnisorientierten, körperorientierten oder systemischen Therapieansätzen stammende Überlegungen und Vorgehensweisen in eine Therapie der Arbeitssucht problemlos integrierbar sind und, mehr noch, als zentrale Bestandteile einer Arbeitssuchttherapie betrachtet werden können.

8.1 Voraussetzungen der Arbeitssuchttherapie

Das Zustandekommen einer therapeutischen Maßnahme zur Aufarbeitung und Bewältigung einer Arbeitssuchtproblematik ist von einer Reihe von Einflußfaktoren abhängig, von denen einige nun erörtert werden sollen. Näher dargestellt werden die Variablenbereiche "Klient" und "Therapeut". Nicht in eigenen Unterabschnitten besprochen werden organisatorische Einflußvariablen (tatsächlich gegebenes Therapieangebot, Kosten der Therapie, gesetzliche Bestimmungen) oder auch die Aufnahme einer Therapie beeinflussenden Umweltfaktoren (Reaktionen von Bezugspersonen, allgemeine Wert- und Normvorstellungen), deren Bedeutsamkeit für den Therapiebeginn bzw. -verlauf dadurch jedoch keinesfalls in Abrede gestellt werden soll.

8.1.1 Voraussetzungen der Arbeitssuchttherapie auf Klientenseite

Auf *Klientenseite* unabdingbare Voraussetzung für die Inanspruchnahme externer Hilfe zur Bewältigung einer Arbeitssuchtproblematik ist die Erkenntnis oder zumindest Ahnung, daß das eigene Arbeitsverhalten, die eigene Einstellung zur Arbeit und die Bedeutung der Arbeit im eigenen Leben problematisch ist, und dies direkt oder indirekt als subjektiv störend und/oder schädigend erlebt wird. Auslöser für solche Empfindungen können dabei sowohl internale Prozesse als auch externe Entwicklungen sein (vgl. Maslach, 1986). Orford (1985, p. 217, Übers. d. Verf.) spricht in diesem Zusammenhang von "selbst-erzeugtem Druck" bzw. "Einflußnahme durch bedeutsame Personen", die zur Problematisierung des eigenen süchtigen Arbeitsverhaltens führen können. Orientiert an einem Kosten-Nutzen-Modell des Verhaltens erwartet Orford (1985) einen Anreiz zur Auseinandersetzung mit dem problematischen Arbeitsverhalten, wenn die "Kosten" dieses Verhaltens dessen "Nutzen" übersteigen. Orford (1985, p. 225, Übers. d. Verf.) spricht von einem "Mißverhältnis zwischen tatsächlichem und idealem Verhalten".
Als "Kostenfaktoren" exzessiven (Arbeits-) Verhaltens unterscheidet Orford (1985):

- physische und/oder psychische *Aufwendungen* zur Ausführung des Verhaltens,
- *Interferenzen* mit eigenen anderen Verhaltenswünschen oder den Verhaltensmustern anderer Personen,
- *Risiken* im Sinne von künftigen Krankheiten, Beeinträchtigungen im körperlich-seelischen und/oder sozialen Bereich etc.

Die genauen Ursachen und Auslöser für die Modifikation eines exzessiven Verhaltensmusters sieht Orford (1985) in Abhängigkeit von Einflußfaktoren wie der *sozialen Rolle* einer Person, dem *Berufs-/Arbeitsfeld* der Person, *Werten und Normen* der Bezugsgruppe, *finanziellen Möglichkeiten*, *individuellen Einstellungen* etc. Pütz (1980) nennt als generelle, die Therapiemotivation einer Person beeinflussende Faktoren auf Seiten des Betroffenen dessen *Kausalattributionsstil*, seine *Kontrollorientierung* (internal/external), das Ausmaß an *Zielsetzungs- und Selbstinstruierungsfähigkeiten*, die Fähigkeit zur *Selbstverstärkung* sowie das Ausmaß an *Leidensdruck*. Wetzel & Linster (1992) sehen

als Einflußvariablen einer Therapieaufnahme auf Klientenseite die Faktoren *Art und Ausmaß der Störung, allgemeines Krankheitsverständnis und Krankheitsverhalten, Stärke des Leidensdrucks* sowie *Erwartungen bzgl. Therapeutenverhalten und Heilungserfolg.* Gegebenenfalls vorhandene frühere Erfahrungen mit psychotherapeutischen Maßnahmen dürften ebenfalls nicht unerheblich die Inanspruchnahme professioneller Hilfe bei Vorliegen einer Arbeitssuchtproblematik beeinflussen.
Die Zentralität des Faktors Leidensdruck für die Aufnahme einer Therapie wird u.a. betont von Brenk-Schulte (1987), Busch (1991), Heigl (1972), Pace & Suojanen (1988) und Schneider (1985). Minsel (1974) betrachtet den Leidensdruck, also die emotionale Bewertung der Symptomatik und Befindlichkeit des Patienten als eher passive, den Wunsch nach Veränderung und Hilfe als eher aktive Komponente der Therapiemotivation. Durch den Leidensdruck kommt es zu einem Hilfewunsch, es entsteht Therapiemotivation und somit eine Aktivität in Richtung auf eine positive Veränderung, was wiederum zu einer Reduzierung des Leidensdrucks führt (Brenk-Schulte, 1987).
Im Zusammenhang mit Arbeitssucht muß davon ausgegangen werden, daß Leidensdruck aufgrund des problematischen Arbeitsverhaltens erst in einem relativ späten Stadium eintritt, da der "Krankheitsgewinn" (Brenk-Schulte, 1987) der Arbeitssucht in Form von materieller und ideeller Anerkennung, Macht und Einfluß, Erfolg und Ansehen immens sein kann. Insofern ist - wenn überhaupt - auch erst zu einem sehr späten Zeitpunkt mit dem Auftreten von Scham- und Schuldgefühlen zu rechnen, die bei anderen Sucht- oder Abhängigkeitserkrankungen als Initiatoren für die Suche nach therapeutischer Hilfe wirken können. Die bei Sucht-/Abhängigkeitsbetroffenen häufig feststellbaren Verdekkungs-, Verdrängungs- und Bagatellisierungstendenzen (vgl. Gross, 1990b; John, 1991) dürften auch und gerade bei Arbeitssüchtigen besonders wirksam sein und einer frühzeitigen Erkennung und Auseinandersetzung mit der Problematik entgegenstehen (Farrar, 1992; Maslach, 1986; Orford, 1985).
John (1991) sieht die Behandlung und Auflösung solcher Abwehrtendenzen bei Abhängigen als zentrale Voraussetzung für einen Therapieeinstieg an. Er betrachtet dabei die Abwehr aus sozialpsychologischer Perspektive und geht damit über die psychoanalytische Sichtweise eines solchen Verhaltens hinaus. Psychische Abwehr wird definiert als "eine Äußerungsform der kognitiven Verarbeitung bedrohlicher Informationen" (John, 1991, S. 143). Abwehrverhalten dient dem Abhängigen als Selbstwertschutz und zur Dissonanzreduktion (John, 1991; vgl. Hatterer, 1980).
Orford (1985) und John (1991) gehen davon aus, daß das Abwehrverhalten bei Abhängigen um so stärker ausfällt, je stärker sie durch die Konfrontation mit ihrer Problematik oder deren Konsequenzen eine Selbstwertbedrohung wahrnehmen. Wegen des für den Selbstwert einer Person zentralen und identitätsstiftenden Charakters der Arbeits- und Berufstätigkeit werden gerade Arbeitssüchtige Problematisierungen oder Hinterfragungen ihres Arbeitsverhaltens als bedrohliche Angriffe auf ihre Person wahrnehmen. Massive Abwehrreaktionen, die im übrigen hervorragend durch im Umfeld gegebene Norm-

und Wertvorstellungen rational begründet werden können, sind daher zu erwarten. Der Begriff der Arbeits*sucht* trägt möglicherweise zusätzlich zu einer Verstärkung der Abwehrreaktionen bei, werden durch den Suchtbegriff doch unmittelbar (Vor-) Urteile über Süchtige und Abhängige aktiviert, die der Arbeitssüchtige kaum in sein Selbstbild integrieren kann. Die leider immer noch vorherrschende Haltung von der Sucht als menschlichem Charakterfehler und nicht als Verhaltensproblematik wirkt hier mit. Ablehnung und Trotz auf Seiten des Etikettierten sind denkbare Reaktionen. Andererseits kann aufgrund der gesellschaftlichen Wertschätzung von Arbeit, Fleiß, Erfolg etc. aber auch eine "Rollenübernahme" durch den exzessiven Vielarbeiter stattfinden. Er betrachtet es geradezu als Auszeichnung, "arbeitssüchtig" genannt zu werden. Der Begriff des "Workaholics" wird zum sozial erwünschten Label. Eine solche Uminterpretation der Problematik muß ebenfalls als Abwehrprozeß verstanden werden.

Eine Auflösung der Abwehr ist nach John (1991) erst dann zu erwarten, wenn die "Kosten" des arbeitssüchtigen Verhaltens dessen "Nutzen" übersteigen (vgl. Orford, 1985, bzw. weiter oben).

Orford (1985) betrachtet den Entschluß, ein exzessives Verhaltensmuster ändern zu wollen, als rationale Entscheidung, zwischen verschiedenen Verhaltensoptionen auszuwählen. "Gemäß dieser Betrachtungsweise steht eine Person vor der Aufgabe zwischen Verhaltensalternativen auszuwählen. Die Entscheidung ist besonders schwierig, weil den guten Vorsätzen eine Verhaltensgewohnheit gegenübersteht, die zu immenser Stärke angewachsen ist, und die die Person möglicherweise gar nicht versteht. Jedoch ist diese Entscheidung, wie auch andere grundlegende Entscheidungen im Leben, eine, für die die Person ganz alleine die Verantwortung übernimmt und die sie persönlich zu treffen hat. Gleichermaßen wird eine solche Entscheidung jedoch, wie fast jede Entscheidung, von der Hilfe, Unterstützung oder auch Manipulation wichtiger Bezugspersonen beeinflußt" (Orford, 1985, p. 271, Übers. d. Verf.).

Umstritten ist, ob der betroffene Arbeitssüchtige überhaupt noch in der Lage ist, zwischen verschiedenen Verhaltensoptionen auszuwählen, was einen Überblick über mögliche Verhaltensalternativen erfordern würde, oder ob es nicht Aufgabe einer (therapeutischen) Intervention ist, solche Verhaltensoptionen und/oder für das exzessive Arbeitsverhalten funktionalen Äquivalente herauszuarbeiten und zu erproben. Es ist im übrigen zu vermuten, daß in Abhängigkeit von dem Betroffenen subjektiv und objektiv noch zur Verfügung stehenden Verhaltensspielräumen spontane Auflösungen der Verhaltensproblematik (Spontanremissionen) bei süchtigem Arbeiten ebenso auftreten können wie bei anderen exzessiven Verhaltensmustern (vgl. Orford, 1985).

Eine therapeutische Intervention ist bei Vorliegen einer Arbeitssuchtproblematik also keinesfalls immer indiziert. Da hier jedoch über Voraussetzungen zur Arbeitssucht*therapie* gesprochen wird, sollen die mit Sicherheit auftretenden Spontanremissionen, bzw. die ohne therapeutische Hilfe initiierten Problemlösungen im Bereich des süchtigen Arbeitens nicht weiter thematisiert werden.

Wenn man davon ausgeht, daß ein angemessenes Therapieangebot in geeignetem Rahmen prinzipiell verfügbar wäre, dann lassen sich zusammenfassend aus dem bisher Gesagten auf Klientenseite folgende Voraussetzungen für die Aufnahme einer Arbeitssuchttherapie festhalten:

- Das eigene Arbeitsverhalten wird als subjektiv problematisch, beeinträchtigend, behindernd o.ä. erlebt. Die Kostenfaktoren des Verhaltens überwiegen dessen Nutzen.
- Die persönliche Beteiligung und/oder Verantwortung am Zustandekommen dieses Empfindens wird - zumindest in Ansätzen - gesehen.
- Eine Veränderung der Situation wird für erstrebenswert, möglich und - mit entsprechender fachlicher Hilfe - individuell leistbar gehalten.
- Verdeckungs-, Verdrängungs- und/oder Bagatellisierungstendenzen sind nicht so stark ausgeprägt, daß eine Kontaktaufnahme zu einem Therapeuten verhindert wird.
- Norm- und Wertvorstellungen sowohl individueller Art als auch in der Umgebung des Betroffenen stehen einer Suche nach therapeutischer Unterstützung zur Bewältigung der Problematik nicht zu massiv entgegen.
- Selbstbild und subjektive Krankheits- bzw. Störungskonzepte des Betroffenen bieten Möglichkeiten zur wenigstens ansatzweisen selbstkritischen Analyse.

8.1.2 Voraussetzungen der Arbeitssuchttherapie auf Therapeutenseite

Auf Seiten des Therapeuten lassen sich ebenfalls wesentliche, den Verlauf und den Erfolg einer psychotherapeutischen Behandlung maßgeblich beeinflussende Faktoren feststellen. Wetzel & Linster (1992, S. 631) nennen als generelle Einflußfaktoren auf *Therapeutenseite*:

- Ausbildung und praktische Erfahrung,
- Persönlichkeitsmerkmale des Therapeuten,
- Einstellungen und Wertvorstellungen,
- bewußte und unbewußte Auswahl von Klienten,
- das Selbstverständnis des Therapeuten.

Als ein zentrales Problem, das bei der Therapie von Sucht und Abhängigkeit im allgemeinen, bei der Aufarbeitung und Bewältigung einer Arbeitssuchtproblematik aber im besonderen hervorsticht, wird in der Literatur häufig die Schwierigkeit der Sucht/Abhängigkeitsdiagnose genannt. Busch (1991, S 61) bemerkt hierzu: "Das klassische medizinische Postulat, eine Therapie am Ergebnis der vorangegangenen diagnostischen Arbeit zu orientieren, ist eine Grundvoraussetzung wissenschaftlich fundierter Psychotherapie. Die Diagnostik im Vorfeld der Psychotherapie ist darauf ausgerichtet, den Ansatz und die Zielsetzung exakt zu beschreiben." Mit Seidenstücker (1984) ist zu fordern, daß die Diagnose einer Arbeitssuchtproblematik sowie die Indikation einer therapeutischen Maßnahme wenigstens auf Basis ausreichender Kenntnisse von Symptom-, Syndrom- und Patientenmerkmalen vorzunehmen ist. Die Therapie einer Arbeitssuchtproblematik erfordert daher die Erstellung verläßlicher Kriterien und Indikatoren, um das Vorliegen einer solchen Verhaltensauffälligkeit diagnostizieren und gleichzeitig Aussagen über mögliche Ursachen der Arbeitssuchtentstehung machen zu können. Bereitet eine solche Form der Diagnose im medizinischen Bereich schon erhebliche Schwierigkeiten, so erscheint sie im Feld der psychischen Auffälligkeiten und Störungen noch weniger leistbar, da hier mehr noch als in der Medizin dem Prinzip der "kausalen Heterogenität" Rechnung getragen werden muß. Dieses Prinzip sagt aus, daß gleiche Ursachen unterschiedliche Wirkungen haben können, bzw. daß unterschiedliche Ursachen zu gleichen Wirkungen führen können. Im Hinblick auf geeignete Kriterien und Indikatoren zur Diagnose von Arbeitssucht versucht die vorliegende Arbeit zu ersten, auf empirischen Ergebnissen beruhenden Aussagen zu gelangen. In diesem Zusammenhang erscheint es nochmals erwähnenswert, daß die einschlägigen Diagnosemanuale DSM-IV (1996) und ICD-10 (1991) für eine Arbeitssuchtsymptomatik bislang *keinen* eigenständigen Diagnoseschlüssel vorsehen. Die Diagnoseproblematik gerade im Bereich des Arbeitssuchtverhaltens läßt es sinnvoll erscheinen, sowohl die Diagnose als auch die Indikation therapeutischer Interventionsmaßnahmen nicht statisch, sondern adaptiv-verlaufsorientiert zu konzipieren. Nur so wird sich langfristig eine brauchbare Systematik zur Erkennung und Behandlung arbeitssüchtiger Personen etablieren lassen.

Als weiteres erschwerendes Moment der Diagnose einer Arbeitssuchtproblematik führt Mentzel (1979, S. 125) den Aspekt der unbewußten Tarnung der eigentlichen Erkrankung durch die Patienten an, "indem sie Symptome anbieten, die entweder Folgeerscheinungen der Sucht sind oder keinen Zusammenhang damit haben." Hatterer (1980, p. 188, Übers. d. Verf.) äußert sich ähnlich: "Die Diagnose einer Sucht ist ungleich schwieriger als die Erkennung anderer Krankheiten, da der Süchtige und seine Verbündeten eine ausgeprägte Fähigkeit besitzen, die Sucht zu verstecken, zu leugnen, zu verdrängen, zu rationalisieren und den Diagnoseprozeß zu verzögern. Die Schuld- und Schamgefühle sowie die soziale Stigmatisierung, die mit der Sucht verbunden sind, zwingen dazu, vor sich selbst und vor anderen die Tatsachen zu leugnen, die die Sucht offenbaren".

Insbesondere Ausbildung und praktische Erfahrungen sowie Einstellungen und Werte des Therapeuten werden ausschlaggebend dafür sein, ob eine Arbeitssuchtproblematik als solche für möglich gehalten und diagnostiziert wird. Auf Untersuchungen, die darauf aufmerksam machen, daß insbesondere subjektive Eindrücke des Therapeuten entscheidenden Einfluß darauf haben, ob ein Patient zur Psychotherapie angenommen wird oder nicht (vgl. z.B. Blaser, 1977, 1980), kann an dieser Stelle nur hingewiesen werden. Eine Bevorzugung sogenannter *YAVIS*-Klienten (*y*oung, *a*ttractiv, *v*erbal *i*ntelligent, *s*uccessful), wie sie Blaser (1977) aufzeigen konnte, dürfte von erheblicher Relevanz auch für den Bereich der Arbeitssuchttherapie sein.

In diesem Zusammenhang bemerkenswert ist auch der Hinweis, daß speziell Personen, die in Berufsfeldern tätig sind, welche u.a. auf die Prävention und/oder Bewältigung von Arbeitssuchtproblematiken ausgerichtet sind (Medizin, Psychologie, Seelsorge, soziale

Berufe etc.), für die Entwicklung arbeitssüchtiger Verhaltensmuster prädestiniert erscheinen (für den Bereich der Medizin siehe Ritchie, 1988; bzgl. helfender Berufe siehe Burisch, 1994; bzgl. Psychotherapeuten siehe Penzer, 1984; bzgl. Seelsorge siehe Helldorfer, 1987; Puttkammer, 1991). Wenn man berücksichtigt, daß als ein Merkmal arbeitssüchtigen Verhaltens das Unvermögen, "sich unmittelbaren Erfahrungen zu öffnen und sich in Erlebnistatbestände wie andere Menschen einfühlend hineinzuversetzen" (Wacker, 1987, S. 60) betrachtet wird, dann wird einerseits deutlich, daß arbeitssüchtige Verhaltensmuster auch in den Berufen auftreten, in denen sie eine besonders kontraproduktive Wirkung haben. Andererseits ließe sich der geschilderte Sachverhalt auch als Argument dafür anführen, warum eine intensivere wissenschaftliche Auseinandersetzung mit der Arbeitssuchtproblematik bislang nicht stattgefunden hat: So wird eine Thematisierung des eigenen, möglicherweise ebenfalls süchtigen Arbeitsverhaltens vermieden. Insofern läßt sich die Diagnoseproblematik im Bereich der Arbeitssucht nicht nur auf Verdrängungs- und Bagatellisierungstendenzen auf Seiten der Betroffenen, sondern möglicherweise auch auf Seiten der mit Diagnose- und Therapieaufgaben betrauten Personen zurückführen.

Einen therapieschulenabhängigen Diagnoseeffekt muß man nicht befürchten, sind doch Psychotherapieverfahren primär für die Behandlung vieler unterschiedlicher Störsyndrome konzipiert (Busch, 1991). Es ist nicht zu erwarten, daß nur bestimmte therapeutische Richtungen für die Behandlung einer Arbeitssuchtproblematik geeignet sind. Die prinzipielle Zuständigkeit aller Therapieschulen hat jedoch die Konsequenz, daß "im Feld des psychotherapeutischen Umgangs mit Abhängigen eine nicht mehr überschaubare Vielfalt psychologischer Interventionstechniken eingesetzt <wird>" (Busch, 1991, S. 63). Die sehr unterschiedlichen Kriterien, die dabei an die Güte einer Diagnose gestellt werden, behindern die Erarbeitung eines einheitlichen Diagnosekonzeptes für Arbeitssucht. So beschreiben z.B. Schneider (1992) aus verhaltenstherapeutischer Sicht, bzw. Rost (1992a) aus psychoanalytischem Blickwinkel jeweils stark voneinander abweichende Anforderungen, die an eine Diagnose zu stellen sind. Rost (1992a) hebt explizit die Bedeutung der Subjektivität der psychoanalytischen Diagnostik hervor, während Schneider (1992) als Kriterien einer guten Diagnose deren Gültigkeit, Zuverlässigkeit und Objektivität nennt. Im Sinne der klinischen Diagnosemanuale DSM-IV (1996) und ICD-10 (1991) ist es zentral, eine *intersubjektiv überprüfbare* Diagnose zur Voraussetzung einer zielgerichteten Therapie zu machen. Aber selbst wenn es gelingt, solche Diagnosekriterien zu erarbeiten, ist zu berücksichtigen, daß es durch den unkritischen Umgang mit einer Psychotherapiemethode zu systematischen Beobachtungsfehlern auch wissenschaftlich ausgebildeter Behandler kommen kann. "Sie beschränken sich autistisch, aber diszipliniert allein auf modellimmanente Vorstellungen, um Individuen wahrzunehmen" (Busch, 1991, S. 65). Mögliche Folge ist, daß eine bestimmte Störung diagnostiziert wird, weil eine Therapiemöglichkeit für dieses Störungskonzept verfügbar ist. Umgekehrt ist es auch denkbar - und bezüglich der Arbeitssuchtproblematik bislang auch wahrscheinlicher - daß eine bestimmte Störung *nicht* diagnostiziert wird, weil keine einheitlichen Diagnosekriterien und/oder Therapieansätze bestehen. Eine solche Art von Verselbständigung, die auch aus anderen Bereichen der Diagnostik bekannt ist (siehe z.B. die intensiv geführte Debatte zur Problematik der Diagnose sexuellen Mißbrauchs bei Kindern; vgl. Greuel, 1994), ist nicht nur im Hinblick auf eine wissenschaftlich fundierte Diagnostik wenig wünschenswert, sondern auch nicht förderlich bezüglich der therapeutischen Arbeit mit betroffenen Arbeitssüchtigen.

Dieser Aspekt leitet über zu dem für eine erfolgreiche Therapiemaßnahme sehr wesentlichen Gesichtspunkt der Individuums- und Einzelfallbezogenheit, dessen Realisierung eine wichtige Aufgabe des Therapeuten ist (vgl. Busch, 1991; Hatterer, 1980; Heigl-Evers, Heigl & Standke, 1988; Mentzel, 1979). Diese Autoren betonen explizit, daß jede Therapie von Sucht- und Abhängigkeitserkrankungen immer individuumsbezogen und in ihren Zielen fallorientiert sein muß. Wegen der relativen Unschärfe des Begriffs Arbeitssucht gilt es, so Mentzel (1979), dem Betroffenen an möglichst vielen *von ihm selbst geschilderten* Verhaltensbeispielen zu verdeutlichen, wie sich bei ihm die Arbeitssuchtproblematik äußert und welche Konsequenzen dies kurz-, mittel- und langfristig für sein Leben hat.

Wenn der Betroffene in der Lage ist, sein süchtiges Arbeitsverhalten als problematisch zu erkennen und zu akzeptieren - Pace & Suojanen (1988, p. 41, Übers. d. Verf.) sprechen diesbezüglich von einem "bedeutsamen emotionalen Ereignis" -, ist es Aufgabe des Therapeuten, gemeinsam mit dem Betroffenen die Motive für sein exzessives Arbeitsverhalten herauszuarbeiten. Die Art und Qualität der Motivaufarbeitung bestimmt massiv die weitere Therapiemotivation des Betroffenen. Busch (1991) betont die Bedeutung der Analyse des "patienteneigenen Störungskonzeptes" (S. 65) für eine erfolgreiche Therapie. Es ist die Aufgabe des Therapeuten, die individuellen Meinungen, Deutungen, Erklärungen und Vorhersagen des Arbeitssüchtigen bzgl. seiner eigenen Auffälligkeit zu eruieren. Ebenso muß der Therapeut schon zu Beginn einer therapeutischen Intervention bei Arbeitssucht Erwartungen, Absichten und Ziele des Betroffenen erheben, um eine angemessene Therapiestrukturierung zu finden. Neben der Erwartungsklärung, die sich im übrigen nicht nur auf die Beziehung des Klienten zum Therapeuten, sondern auch auf die Beziehung des Therapeuten zum Klienten bezieht, sieht Pütz (1980) als weitere Aufgaben des Therapeuten im therapeutischen Prozeß die Herstellung und Aufrechterhaltung einer Beziehung zwischen Therapeut und Klient sowie die Strukturierung der Therapie. Wetzel & Linster (1992) betonen, daß der Behandlungsrahmen unmittelbar bestimmt, wie Klient und Therapeut ihre Rolle ausfüllen.

Hatterer (1980, p. 185, Übers. d. Verf.) nennt einige zentrale Merkmale, über die ein "Helfer" im Rahmen der Aufarbeitung und Bewältigung einer (Arbeits-) Suchtproblematik verfügen sollte: "Ein Helfer sollte einen emotionalen Zugang zum Süchtigen haben, sein Vertrauen genießen. Er sollte über ein starkes Ego verfügen und in der Lage sein, die Ängste, Depressionen und emotionalen Erpressungsversuche anderer Personen zu

tolerieren. Er muß bereit sein, sich selbst einzubringen, ohne immer eine entsprechende Gegenleistung zu erwarten - er benötigt eine überdurchschnittliche Bereitschaft, frei von masochistischen Tendenzen, Ungleichheiten innerhalb einer Beziehung auszuhalten. Er sollte in der Lage sein, unmittelbare Belohnungen zur Erreichung übergeordneter Ziele zurückzustellen. Auch sollte er mit seinen persönlichen Mißerfolgen umgehen können".
Als weitere günstige Eigenschaften nennt Hatterer (1980) eine multiple therapeutische Ausbildung und Erfahrung, ein einfühlsames, empathisches und keinesfalls moralisierendes, strafendes, urteilendes oder autoritäres Verhalten, die Fähigkeit zur Selbstabgrenzung und zu realistischer Zielsetzung sowie Erfahrungen mit Selbsthilfegruppen.
Interessant ist, daß Hatterer (1980), ähnlich wie Orford (1985), keinesfalls nur professionelle Psychotherapeuten, Psychiater, Sozialpädagogen etc. als geeignete "Helfer" zur Bewältigung einer Suchtproblematik betrachtet. Zur Überwindung der Arbeitssucht sind auch, u.U. sogar noch besser nicht-professionelle Helfer (Angehörige, Freunde, Kollegen, Selbsthilfegruppenmitglieder etc.) geeignet. Orford (1985) vertritt diese Auffassung insbesondere deshalb, weil er die "Alltagswelt" des Klienten für die bezüglich des Erfolges einer Therapie relevantere Bedingungsvariable hält als die "Treatment-Umwelt". Ein Treatment könne nur dann Wirkungen erzielen, wenn die Therapie in die individuellen Gegebenheiten der Alltagswelt des Betroffenen integriert wird. "Die Alltagswelt des Individuums und seine Entscheidungen zur Anpassung an diese Welt oder zu ihrer Veränderung sind von zentraler Bedeutung, und innerhalb dieses Rahmens spielt die therapeutische Behandlung eine untergeordnete Rolle". (Orford, 1985, p. 269, Übers. d. Verf.).
Die Einbeziehung wichtiger Bezugspersonen in die Therapie von Arbeitssüchtigen erscheint daher sinnvoll. Im Zusammenhang mit der Darstellung der Möglichkeiten und Maßnahmen von Unternehmen zur Vermeidung arbeitssüchtiger Verhaltenstendenzen wird dieser Aspekt vertieft werden (vgl. Kapitel 9).

Zusammenfassend sind neben den von Wetzel & Linster (1992) weiter oben genannten generellen Faktoren zusätzlich folgende Aspekte auf Therapeutenseite zu berücksichtigen, die die Aufnahme und den Verlauf einer Arbeitssuchttherapie beeinflussen:

- Der Therapeut muß die prinzipielle Möglichkeit der Existenz einer Arbeitssuchtproblematik bejahen. Er sollte zudem seinen eigenen Standpunkt und seine eigene Situation im Hinblick auf die zu behandelnde Problematik kritisch reflektieren.
- Er muß in der Lage sein, eine adäquate Diagnose hinsichtlich des Vorliegens einer Arbeitssuchtsymptomatik zu stellen.
- Die Aufarbeitung und Überwindung von Abwehr- und Bagatellisierungstendenzen auf Klientenseite muß ihm möglich sein.
- Durch ein individuums- und einzelfallbezogenes Vorgehen muß er den Aufbau und die Beibehaltung einer Therapiemotivation auf Klientenseite gewährleisten können.

8.2 Therapieziele in der Behandlung von Arbeitssüchtigen

Die bereits erwähnte Individuums- und Einzelfallbezogenheit therapeutischer Arbeit macht es unmöglich, konkrete allgemeingültige Ziele der Arbeitssuchttherapie zu formulieren. Um mögliche Zielsetzungen einer solchen therapeutischen Intervention skizzieren zu können, muß man sich auf abstraktere Aussagen beschränken. Zentral ist dabei, daß die Zielfestlegung immer auch von der Sichtweise der Problematik durch Therapeut und Klient abhängt und durch die Grenzen bestimmt wird, innerhalb derer Veränderungen notwendig, möglich und sinnvoll erscheinen (Wetzel & Linster, 1992).

Lohmann (1980) schlägt vor, im Rahmen therapeutischer Maßnahmen generell kurz-, mittel- und langfristige Ziele voneinander zu unterscheiden. Während die kurzfristigen Ziele notwendige Vorbedingungen für das Zustandekommen einer therapeutischen Arbeitsbeziehung beinhalten, geben die mittelfristigen Ziele den erwünschten Endzustand nach erfolgreicher Behandlung an. Die langfristigen Ziele sind als ideale Überhöhungen der mittelfristigen Ziele zu verstehen (Seidenstücker, 1984).

Parloff (1967) unterscheidet für jede Form von Psychotherapie zwei Klassen von Therapiezielen:

a) *Vermittelnde Ziele*, die schulengebunden sind, aus der Therapietheorie abgeleitet und wissenschaftlich begründet werden können.
b) *Abschließende Ziele*, die als Kriterien für das Ge- oder Mißlingen einer Therapie herangezogen werden können. Das Gesundheits- und Menschenbild von Klient, Therapeut, Bezugspersonen und Gesellschaft spielen hier eine zentrale Rolle.

Während der Klient subjektives Glück und Wohlbefinden anstrebe, verfolge der Therapeut zusätzlich funktionale und von persönlichkeitstheoretischen Überlegungen geprägte Ziele. Die Gesellschaft schließlich verlange vor allem nach dem Erhalt des Gefüges der sozialen Beziehungen und der Rollenverteilung, nach primärer Stabilität, Vorhersagbarkeit und Konformität individuellen Verhaltens (Wetzel & Linster, 1992). Darüber hinaus können die Bezugspersonen eines Klienten weitere Zielvorstellungen in den therapeutischen Prozeß einfließen lassen. Diese unterschiedlichen Zielvorstellungen, die sich nicht zwangsläufig einander ausschließen müssen, sind im Rahmen der Therapie zu gewichten und auf einen gemeinsamen Nenner zu bringen.

Bei der Arbeitssuchtproblematik ist ggf. auch die Berücksichtigung von Organisationszielen für die Therapie wesentlich. Da es das Ziel einer jeden Organisation ist, die gestellten Aufgaben ökonomisch effizient zu bewältigen, sollte eine Arbeitssuchttherapiemaßnahme zur Folge haben, daß ein betroffener Mitarbeiter nach einer erfolgreichen Intervention im weitesten Sinne bei mindestens gleichem Nutzen weniger Kosten verursacht. Dabei sind zahlreiche Formen von Kostenverursachung durch arbeitssüchtige Mitarbeiter denkbar (vgl. Steinmann et al., 1984; siehe dazu auch Kapitel 5 bzw. Kapitel 9).

Bezüglich der abschließenden Ziele einer Arbeitssuchttherapie läßt sich folgendes festhalten: Als aus Klientensicht primäres Ziel einer therapeutischen Intervention bei Arbeitssucht wird in der Literatur fast durchgängig die (Wieder-) Herstellung einer balancierten Lebensstruktur und Lebensführung genannt (Cherrington, 1980; Fassel, 1991; Haase, 1988; Killinger, 1992; Mentzel, 1979; Orford, 1985; Peele, 1975; Rohrlich, 1984; Seybold & Salomone, 1994), wobei immer vorausgesetzt wird, daß der Klient aufgrund ausreichender Problemeinsicht in der Lage ist, seine aktuell unbalancierte Lebensführung zu hinterfragen und daraus ein Veränderungsbedürfnis abzuleiten.

Cherrington (1980, p. 264) spricht von einer Balance im Leben, die gekennzeichnet sei durch Bewegung, Sozialkontakt, emotionale Stabilität, intellektuelle Entwicklung und kulturelle Bildung. Wichtig zur Erlangung eines "bedeutungsvollen Lebens" sei auch ein balanciertes Verhältnis zwischen Arbeit und Freizeit (Cherrington, 1980, p. 264).

Peele (1975, p. 221) spricht von einer balancierten Beziehung zwischen Person und Umwelt, Fassel (1991) betont die Ausgeglichenheit zwischen System und Individuum. Killinger (1992) sieht als einen zentralen Punkt der Arbeitssuchttherapie die Aufklärung des Ungleichgewichts zwischen dem, was man ist, und dem, was man tut (vgl. Fromm, 1991).

In allen Ansätzen wird der Begriff der Balance mehr oder weniger beliebig und mit wechselnden Bedeutungen verwendet. Die zur Charakterisierung eines balancierten Lebens angeführten Verhaltens- und Einstellungsmuster sind ebenso wie die Forderung nach einem ausbalancierten Leben normativ. Es ist in großem Maße von Wert- und Normvorstellungen der Klienten, der Therapeuten und der Gesellschaft abhängig, wie eine solche Balance, wenn sie denn für erstrebenswert erachtet wird, definiert und erreicht werden kann. Offen bleibt auch, ob eine solche ausbalancierte Persönlichkeit nicht viel eher eine Utopie als ein realisierbarer Zielzustand menschlicher Entwicklung ist. Bezogen auf die Gesundheitsförderung im allgemeinen äußert Doubrawa (1995, S. 17) dementsprechend, daß "Gesundheit in diesem Sinne (...) ein idealtypisches Konstrukt <ist>, das aufgrund theoretischer und empirischer Untersuchungsergebnisse, z.B. zum Gesundheitsbegriff, zum Konzept psychosozialer Gesundheit und zum Wohlbefinden aufgestellt wird. (...) Man wird wohl auch bei keinem Konzept von Gesundheit ohne normative Grundannahmen auskommen."

Menninger (1942, p. 166, Übers. d. Verf.) beschreibt, welche Ziele auf Seiten der Arbeitsgestaltung und auf Seiten des Individuums angestrebt werden sollten, damit fehlangepaßte Arbeitsmuster vermieden und eine ausgewogene Lebensführung ermöglicht wird: "*External* darf es nur ein Minimum an Zwang geben, weiterhin sind erforderlich eine angenehme Gruppenatmosphäre mit den Kollegen, das Fehlen ausgeprägter Unannehmlichkeiten oder Erschöpfungszustände bei der Verrichtung der Arbeit, angemessene Bezahlung für eingestreute Ruhe- und Erholungsperioden, das Erleben von Stolz über das Produkt, sowie die Überzeugung, daß die Arbeit sinnvoll und anerkannt ist. *Internal* muß eine relative Freiheit von Schuldgefühlen (...) sowie von neurotischen Zwängen - weder zu arbeiten noch nicht zu arbeiten - gegeben sein".

Kets De Vries (1978) bezeichnet diese Ziele als sehr herausfordernd und ihre Erreichung

als sehr voraussetzungsvoll. Eine direkte Konfrontation mit dem Selbst und eine Integration von "Denken" und "Fühlen" sei ebenso zur Zielerreichung notwendig wie eine Bestimmung der eigenen Rolle in der Organisation, in der man tätig ist.
Als Ziel der Therapie von Arbeitsstörungen betrachtet auch Kets De Vries (1978) die Erreichung einer balancierten Lebensführung, in der der *homo faber* und der *homo ludens* gleichberechtigt nebeneinander stehen. "Die Kombination von Spiel und Arbeit hilft bei der Vermeidung von Wiederholungszwängen und stärkt diejenigen internalen und externalen Kräfte, die für ein *effektives Funktionieren* nötig sind" (Kets De Vries, 1978, p. 49; Übers. d. Verf.; Hervorh. d. Verf.; vgl. auch Kets De Vries, 1991). Es bleibt zu bedenken, wie inter- und intraindividuell weitläufig interpretierbar das Therapieziel des "effektiven Funktionierens" ist. Die angeführten Bedenken bzgl. des Therapiezieles "balancierte Lebensführung" haben auch hier Gültigkeit.

8.3 Therapeutischer Prozeß und therapeutische Techniken bei der Behandlung von Arbeitssucht

Da der Prozeßverlauf einer Therapie ebenso wie die Auswahl therapeutischer Techniken von diversen Klienten-, Therapeuten- und Umfeldvariablen abhängig ist, kann hier lediglich auf in der Literatur dargestellte Prozeßverläufe bzw. auf einige therapeutische Techniken aus unterschiedlichen Schulen, deren Einsatz bei Arbeitssuchttherapien sinnvoll sein könnte, eingegangen werden. Weitgehend unberücksichtigt bleiben hier organisatorische Fragen der Arbeitssuchttherapie, wie z.B., ob eine therapeutische Maßnahme ambulant oder stationär, in Einzel- und/oder in Gruppentherapie oder unter Einbeziehung von Angehörigen durchgeführt werden soll, da aufgrund der bislang nur sehr wenigen Erfahrungen bzgl. der Arbeitssuchttherapie lediglich spekulative Antworten auf diese Fragen möglich sind.
Wegen des generellen Anspruchs nahezu aller therapeutischer Richtungen, für sämtliche psychische Störungen geeignete Methoden zur Verfügung zu haben, verwundert es nicht, daß sich in der Literatur zur Therapie von (Arbeits-) Sucht eine kaum überschaubare Vielfalt von Interventionstechniken unterschiedlicher Herkunft findet. Meyer (1988) gibt lediglich einen groben Überblick, wenn er bezogen auf Spielsüchtige u.a. folgende Therapieansätze unterscheidet:

- psychoanalytische Therapie,
- generelle Verhaltensmodifikation (Verhaltenstherapie),
- Selbsthilfegruppen,
- Selbsthilfegruppen und professionelle Hilfe.

In der *Psychoanalyse* konzentriert sich der Therapeut dabei besonders auf die vergangenheitsdeterminierten Momente im Verhalten und Erleben des Klienten, wobei die Rolle des Therapeuten die eines professionellen Experten ist.
In der *Verhaltenstherapie* hingegen versucht der Therapeut durch die Anwendung theo-

retisch hergeleiteter und empirisch begründeter Interventionsstrategien Lernprozesse auszulösen, die zur Überwindung und Ersetzung unerwünschter Verhaltensmuster führen sollen. Die Dynamik der Klient-Therapeut-Beziehung spielt eine untergeordnetere Rolle als z.B. in der Psychoanalyse (Wetzel & Linster, 1992).

Ergänzend sind an dieser Stelle die Therapieformen der *Humanistischen Psychotherapie*, insbesondere die *Gestalttherapie* (Perls, 1989) und die *Gesprächspsychotherapie* (Rogers, 1973) zu nennen, die, anders als die Psychoanalyse und viel stärker als die Verhaltenstherapie die unmittelbare und persönliche Beziehung des Therapeuten zum Klienten in den Mittelpunkt stellen. Weniger Techniken als vielmehr aktuelle Gefühle, Einstellungen und Empfindungen spielen im therapeutischen Prozeß eine wesentliche Rolle. Die Anwendung gesprächs- und/oder gestalttherapeutischer Ansätze zur Bewältigung einer Arbeitssuchtproblematik wurde bislang in der Literatur kaum dokumentiert. Ähnliches gilt im übrigen für die *systemisch orientierten Therapieansätze* (siehe z.B. Böse & Schiepek, 1989; Kriz, 1989). Wenn überhaupt therapeutische Erfahrungen zur Arbeitssucht geschildert werden, basieren diese in der Regel auf psychoanalytischen oder verhaltenstherapeutischen Grundannahmen.

Stärker noch als dies schon für psychotherapeutische Arbeit im allgemeinen konstatiert werden muß, gilt dabei für die therapeutische Intervention bei Arbeitssucht das Prinzip des (häufig unreflektierten) Eklektizismus. So verwundert es nicht, daß in der Literatur vorfindbare Therapiekonzepte zur Arbeitssucht in aller Regel relativ unsystematisch und bislang in keinem Fall evaluiert sind.

Dennoch sollen im folgenden einige auf arbeitssüchtiges Verhalten zugeschnittene Therapieanregungen beispielhaft und ohne Anspruch auf Vollständigkeit vorgestellt werden. In diesem Rahmen wird auch auf das Konzept der eher theoriefrei vorgehenden Selbsthilfegruppen eingegangen, die sich weniger in eine therapeutische Schule einordnen lassen, sondern eher als Kleingruppen aufgefaßt werden sollten, die *ohne* therapeutische Hilfe mit Problemen und Konflikten umzugehen lernen wollen.

8.3.1 Psychoanalytische Konzepte

Bezüglich der Therapie von Arbeitssucht beschreibt Mentzel (1979) ein psychoanalytisch geprägtes therapeutisches Vorgehen mit den Stufen

- Diagnose,
- Konfrontation des Klienten mit der Grunderkrankung,
- Aufbrechen von Abwehr und Förderung von Einsicht,
- Aufarbeitung der Problematik anhand klientspezifischer Beispiele,
- therapeutische Nutzung von Schuldgefühlen,
- "kontrolliertes Arbeiten" durch therapeutische Aufarbeitung der infantilen Bindung an den tüchtigeren Elternteil erlernen,
- Erweiterung des Wertekanons des Klienten (über Geltung und Macht hinaus),

- Herstellung des inneren Gleichgewichts des Klienten durch Identifikation mit neuen Zielen und Wiederherstellung des Zugangs zur "inneren Realität".

Es geht aus den Ausführungen Mentzels (1979) nicht eindeutig hervor, ob er die dargestellten Therapieinhalte als *allgemeingültige* notwendige und hinreichende Schritte bei der Aufarbeitung einer Arbeitssuchtproblematik betrachtet, oder ob es sich eher um eine für den bei ihm zuvor beschriebenen Fall *spezifische* Vorgehensweise im Rahmen psychoanalytisch geprägter Psychotherapie handelt. Es erscheint z.B. fraglich, ob bei *jedem* Arbeitssüchtigen eine infantile Bindung an den tüchtigeren Elternteil vorliegt, die aufgearbeitet werden muß.

Aus der psychoanalytisch orientierten Neurosentheorie von Horney (1950, 1979) lassen sich die im folgenden beschriebenen therapeutischen Anforderungen und Vorgehensweisen ableiten, die auch für die Behandlung von Arbeitsstörungen Relevanz besitzen.

Horney (1950, 1979) vertritt in ihren Arbeiten die Auffassung, daß der Mensch über konstruktive innere Kräfte sowie die angeborene Fähigkeit verfügt, sich frei und selbstbestimmt zu entscheiden. Bei ungünstigen Umwelteinflüssen und frühkindlichen Erfahrungen kann es jedoch durch die Entstehung von Grundangst zur Behinderung dieser Kräfte kommen, die Ausbildung neurotischer Tendenzen wird wahrscheinlich (vgl. Kap. 6.3.2). Aufgabe des Therapeuten ist es, "dem Patienten zu helfen, sich von schädlichen Kräften zu befreien, die sein gesundes Wachsen und seine Selbstverwirklichung <bislang; Anm. d. Verf.> verhinderten" (Symonds & Symonds, 1988, S. 191).

Nach einer Aufdeckung und Auflösung der Blockierungen, die einer Veränderung des neurotischen Verhaltens entgegenstehen, und die der Arbeitssüchtige zu Beginn einer Therapie gezielt zur Sicherung des Status quo einsetzen wird (vgl. dazu auch die Ausführungen zu den Abwehrmechanismen weiter oben), muß nach Horney (1950) eine wirklich dauerhafte Zustandsänderung dadurch ermöglicht werden, daß der Patient sein Wertesystem neu strukturiert. Diese Umorientierung hilft dem Patienten, "seine Freiheit zurückzuerlangen, seine persönlichen Werte in sich selbst zu finden, seine eigene Wahl zu treffen und die Werte anzunehmen, die seinem wahren Selbst entsprechen" (Symonds & Symonds, 1988, S. 192).

Der Arbeitssüchtige muß für sich die Entscheidung treffen, sein persönliches Wert- und Zielsystem zu ändern, seinen Selbstidealisierungsprozeß aufzugeben und eine Lebensführung zu entwickeln, die seinem wahren Selbst entspricht. Die mit diesem Veränderungsprozeß einhergehenden inneren Konflikte verursachen "in solchem Ausmaß psychischen Aufruhr, Schmerz und Wut, daß zur Bewältigung der Schwierigkeiten alle Fähigkeiten und Erfahrungen des Analytikers gebraucht werden" (Symonds & Symonds, 1988, S. 192). Ziel der gesamten Therapie ist nach Horney (1979) immer die Reduzierung und Aufhebung der schädlichen Kräfte, die ein gesundes Wachstum verhindern.

8.3.2 Verhaltenstherapeutische Konzepte

Schneider (1985) widmet sich der Frage, wie sich anfängliche Hemmnisse in der Auseinandersetzung mit einer Suchtproblematik überwinden lassen und es zur Aufnahme einer therapeutischen Auseinandersetzung mit dem unerwünschten Verhalten kommen kann. Sein Ansatz ist stark verhaltenstherapeutisch orientiert und beschreibt unterschiedliche Umgangsmöglichkeiten des Betroffenen mit seiner Suchtproblematik. Zentrale Grundannahme ist dabei, daß

- Verhalten sowohl von Umweltfaktoren als auch von in der Person liegenden Faktoren bedingt wird, und daß
- die Subjektivität der Wahrnehmung von Situationen und Handlungskonsequenzen das Verhalten bestimmt.

Über Voraussetzungen zur Entwicklung (arbeits-) süchtiger Einstellungs- und Verhaltensmuster in Anlehnung an Schneider (1985) wurde schon in Kapitel 6.1 berichtet. Hier soll dem Aspekt der *Modifikation* solcher Verhaltensmuster stärkere Beachtung geschenkt werden.

Die Überwindung abhängiger, also auch arbeitssüchtiger Verhaltensmuster erfordert nach Schneider (1985) insbesondere die Fähigkeit zur Selbstregulation. Diese Fähigkeit zu fördern ist zentrale Aufgabe der therapeutischen Intervention auch bei Arbeitssuchtproblematiken. Die Selbstregulation setzt sich zusammen aus den Elementen Selbstbeobachtung, Selbsteinschätzung und Selbstverstärkung. Grundsätzlich wird angenommen, "daß Selbstregulation nur dann einsetzt, wenn das eigene Verhalten nicht die erwarteten Ergebnisse erzielt oder unerwartete Hindernisse und Ereignisse auftreten" (Schneider, 1985, S. 57). Die Selbstregulation wird verstanden als schematische Abfolge von Kognitionen und emotionalen Prozessen (Kanfer & Hagerman, 1981). Ein in Anlehnung an Kanfer & Hagerman (1981) erstelltes und auf die Arbeitssuchtproblematik übertragenes Ablaufschema soll beispielhaft den Prozeß der Selbstregulation und dessen mögliche Ausgänge skizzieren (vgl. Abb. 8.1). Als "unerwartetes Ereignis" wird hier ein physischer Zusammenbruch infolge Überarbeitung gewählt. In den Kästen auf der rechten Seite der Abbildung sind beispielhaft denkbare Äußerungen eines Arbeitssüchtigen angeführt, die im Sinne von Rationalisierungen und/oder Bagatellisierungs- bzw. Verdrängungstendenzen einer die Überwindung des arbeitssüchtigen Verhaltens begünstigenden selbstregulatorischen Handlungsweise entgegenwirken. In Anlehnung an die kognitive Theorie (Ellis, 1982) könnte man die genannten Äußerungen auch als "irrationale Überzeugungen" verstehen, die es im Rahmen therapeutischer Maßnahmen aufzulösen gilt (vgl. Haymon, 1992).

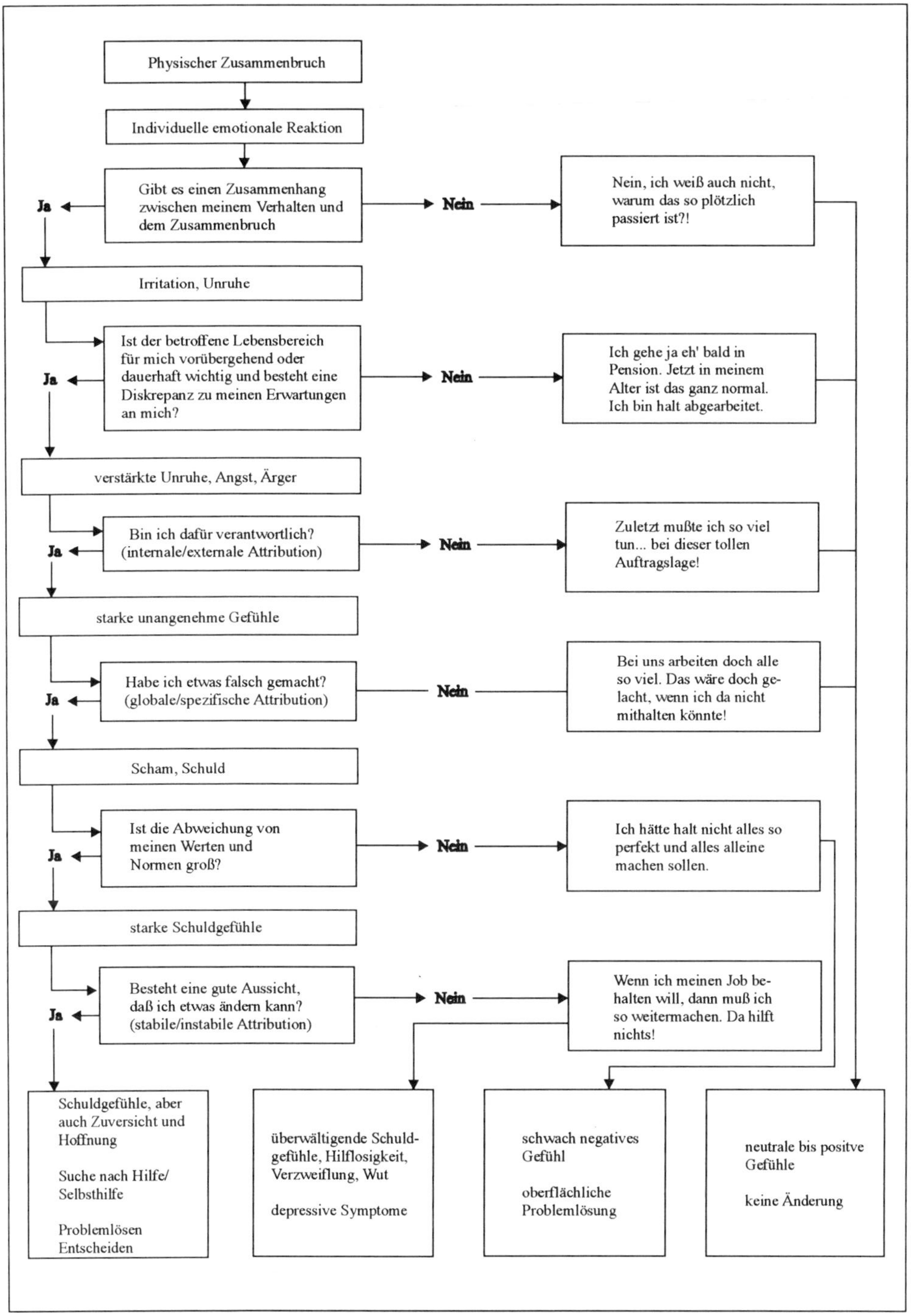

Abb. 8.1: Prozeß der Selbstregulation bei Arbeitssuchtproblematik (in Anlehnung an Kanfer & Hagerman, 1981)

Nach diesem Ablaufschema wird selbstregulatives Verhalten nur unter bestimmten Voraussetzungen ausgelöst werden:

- Das aufgetretene unerwünschte bzw. unerwartete Ereignis wird mit dem eigenen Arbeitsverhalten in Zusammenhang gebracht.
- Ein wichtiger Wertbereich (hier: persönliche Gesundheit) ist durch das unerwartete Ereignis betroffen.
- Das eigene Verhalten wird als selbstverantwortet und selbstbestimmt betrachtet.
- Es muß eine erhebliche Diskrepanz zwischen dem Geschehenen und dem, was man für richtig hält gegeben sein.
- Man muß zumindest hoffen können, daß eine eventuell notwendige Verhaltensänderung auch geleistet werden kann.

Sind diese Punkte erfüllt, so ist nach Schneider (1985) die Grundbedingung für eine Veränderungsinitiierung gegeben, die wiederum unterschiedlichste Entscheidungsprozesse nach sich zieht, wovon einer zur Aufnahme einer Therapie zur Bewältigung der Arbeitssuchtproblematik führen kann.

Anhand dieser Modelldarstellung sollte deutlich geworden sein, welche Bedingungen unter anderem in Betracht zu ziehen sind, bevor ein von Arbeitssucht Betroffener überhaupt therapeutische Hilfe zur Bewältigung seines Problemverhaltens in Anspruch nimmt. Konsequenterweise ist eine auf diesem Modell aufbauende Therapie "weniger eine medizinische Heilungsmaßnahme im herkömmlichen Sinne als vielmehr ein Wandel des Lebensstiles infolge komplexer sozialer und psychologischer Maßnahmen" (Schneider, 1985, S. 64). Insofern zielt auch das von Schneider (1985) angeregte Therapiekonzept ebenso wie bereits zuvor dargestellte Ansätze auf die Modifikation eines unbalancierten Lebensstiles in einen ausgeglichenen Lebensstil ab. Weitere, bereits genannte Faktoren, die die Aufnahme einer therapeutischen Maßnahme beeinflussen (z.B. bestehendes Therapieangebot, Kosten der Therapiemaßnahme), werden im Modell von Schneider (1985) nicht berücksichtigt. Ihre Bedeutung sollte jedoch keinesfalls unterschätzt werden.

Vollmer (1988), der die Entwicklung der Verhaltenstherapie bei Sucht- und Abhängigkeitskranken im historischen Ablauf beschreibt, nennt als zentrale Therapieziele die Verbesserung sowohl der Ergebnis- als auch der Wirksamkeitserwartung (Selbstkompetenz) beim Klienten. Während die Ergebniserwartung darauf abzielt, daß eine Person die Konsequenzen bestimmter Verhaltensweisen zutreffend und zuverlässig einschätzen kann, bezieht sich die Wirksamkeitserwartung auf das Vertrauen einer Person in ihre eigenen Fähigkeiten, durch ihr Verhalten die erwarteten Konsequenzen einer Verhaltensweise zu erreichen. Dabei ist die Wirksamkeitserwartung nicht gleichzusetzen mit einer allgemeinen Selbstsicherheit, da sie sich lediglich auf ausgewählte Verhaltensbereiche bezieht. In Übereinstimmung mit Peele (1975; siehe oben) läßt sich daher ableiten, daß der Arbeitssüchtige im Rahmen einer Therapie Wirksamkeitserwartungen (Selbstkompetenz) in den

Verhaltensbereichen aufbauen sollte, die er bislang *wegen* seines Arbeitsverhaltens oder *mit* seinem Arbeitsverhalten gemieden hat. Da bei Arbeitssucht häufig emotionale und/oder zwischenmenschliche Bereiche betroffen sind, hat die "kognitive Wende" im Rahmen der Verhaltenstherapie, die zu einer Einbeziehung von Gefühlen, Gedanken, Wahrnehmungsprozessen etc. seitens des Klienten in der Therapie geführt hat, die therapeutischen Interventionsmöglichkeiten auch bzgl. Arbeitssucht erheblich erweitert. Vollmer (1988) sieht für eine Verbesserung der subjektiven Selbstkompetenz daher nicht nur kognitive Therapiemethoden, sondern vor allem auch individuell auf den Klienten zugeschnittene übende Verfahren (Rollenspiele, Übungen in natürlicher Umgebung, Einbeziehung Angehöriger etc.) mit besonderer Betonung emotionaler Komponenten vor.

Proschaska & DiClemente (1983) stellen ein auf verhaltenstherapeutischen Konzepten beruhendes Veränderungsmodell zur Intervention bei abhängigem Verhalten (hier: Rauchen) vor, das sich mit geringfügigen Modifikationen auch auf den Prozeß der Intervention bei einer Arbeitssuchtproblematik übertragen läßt. Interessant an dem Modell ist, daß es - ähnlich wie das bereits erwähnte Konzept vom "Leidensdruck" - zwischen verschiedenen Ausgangsmotivationen bei verschiedenen Klienten unterscheidet. Je nach Ausgangsmotivation des Klienten sind unterschiedliche Interventionsmaßnahmen indiziert. In Anlehnung an Proschaska & DiClemente (1983) lassen sich vier Veränderungsphasen bzw. Ausgangsmotivationen bei der Therapie eines von Arbeitssucht Betroffenen unterscheiden:

1) *Kein Wunsch nach Änderung*
Der Arbeitssüchtige hat nicht das Bedürfnis, sein Verhalten zu ändern. Als mögliche Strategien zur Intervention kämen zu diesem Zeitpunkt Beratungs- und nicht-direktive Gespräche ebenso in Frage wie die Angehörigenarbeit.

2) *Absicht, das Verhalten zu ändern*
Der Arbeitssüchtige entwickelt die Absicht, sein Arbeitsverhalten einzuschränken bzw. zu modifizieren. Als verhaltenstherapeutische Interventionstechniken kämen in dieser Phase z.B. allgemeine Informationen zur Arbeitssucht, die Verhaltensanalyse, die Selbstbeobachtung oder die verdeckte Verhaltenskontrolle in Frage.

3) *Handlung*
Der Arbeitssüchtige hat bereits sein Verhalten modifiziert. Zur Stabilisierung dieser Veränderungen sind z.B. die Stimuluskontrolle und die Verstärkeranalyse, aber auch ein Kompetenztraining und die gezielte Rückfallprävention sinnvoll.

4) *Aufrechterhaltung*
Der Arbeitssüchtige lebt schon seit längerer Zeit "suchtfrei" und ist ständig darum bemüht, diesen Zustand weiter zu stabilisieren. Verhaltenstherapeutische Interventionstechniken wären in dieser Veränderungsphase das flankierende Beratungsgespräch, die Vorwegnahme möglicher Krisensituationen, die Ver-

größerung des Pools alternativer Verhaltensweisen etc.

Das Modell von Proschaska & DiClemente (1983) trägt der Forderung nach Individualisierung psychotherapeutischer Interventionsmaßnahmen zur Behandlung von Arbeitssucht Rechnung. "Nach diesem Veränderungsmodell ist es nicht sinnvoll, bei allen Patienten die gleichen Interventionen durchzuführen, sondern die Behandlung sollte individuell auf jeden einzelnen Patienten abgestimmt sein" (Vollmer, 1988, S. 49). Die Forderung nach individualtherapeutischer Verlaufsorientierung wird im Rahmen psychodynamisch und humanistisch orientierter Therapierichtungen ebenso, vielleicht sogar noch in größerem Maße als bei der Verhaltenstherapie betont. Heigl-Evers, Heigl & Standke (1988, S. 139) fassen diesen Aspekt in einer zentralen Frage zusammen: "Welche therapeutischen Angebote braucht *dieser* Patient zu *dieser* Zeit in der Therapie, damit ein Prozeß in Gang gebracht und gehalten wird, der es ihm ermöglicht, sich selbst - vor allem auch in der Beziehung zu anderen - zunehmend genauer zu empfinden, zu spüren, zu fühlen, zu verstehen?"

In starkem Maße kognitiv orientierte Maßnahmen zur Intervention bei exzessiven Verhaltensmustern stellen im Gegensatz dazu die entscheidungsorientierten Ansätze dar, auf die an dieser Stelle kurz eingegangen werden soll, weil solche Ansätze aufgrund ihrer rationalen Orientierung möglicherweise bestimmten betroffenen Arbeitssüchtigen einleuchtend und annehmbar erscheinen und einen Einstieg in eine therapeutische Auseinandersetzung erleichtern.

Während Rothenbacher, Fritz & Weithmann (1983) speziell die Entstehung von Therapiemotivation auf Basis eines Entscheidungsvorganges im Patienten betrachten, dessen Ausgang abhängig ist von

- den "subjektiven Kosten" des Problemverhaltens,
- den Erwartungen und der subjektiven Erfolgswahrscheinlichkeit des Klienten,
- dem vom Klienten erwarteten Nutzen einer erfolgreichen Therapie und
- den "subjektiven Kosten" einer Therapie,

geht Orford (1985) davon aus, daß schon die Entstehung exzessiver Verhaltensmuster als Serie von Entscheidungsfehlern in unterschiedlichen Lebensabschnitten aufgefaßt werden kann. Nach Orford (1985, p. 277, Übers. d. Verf.) ist fortgesetztes exzessives Verhalten, also auch arbeitssüchtiges Verhalten, "nicht zu betrachten als das unvermeidliche Resultat eines fortschreitenden Krankheitsprozesses, sondern als Endergebnis einer Aufeinanderfolge von falschen oder mißlungenen Entscheidungen". Zur Veränderung des exzessiven Verhaltens ist es nach Orford (1985) nun notwendig, durch die Erarbeitung neuer Entscheidungsgrundlagen zu modifizierten Erwartungs x Wert-Vorstellungen zu gelangen und so Verhaltensänderungen herbeizuführen. Darum sind folgende Konsequenzen eines arbeitssüchtigen Verhaltens durch den Betroffenen zu beurteilen:

- Kosten und Nutzen des Verhaltens für die eigene Person,
- Kosten und Nutzen des Verhaltens für andere, persönlich bedeutsame Personen,

- persönliche Billigung oder Mißbilligung des Verhaltens,
- Billigung oder Mißbilligung des Verhaltens durch wichtige Bezugspersonen.

Hilfreich im Rahmen eines solchen Beurteilungsprozesses ist nach Orford (1985) der Einsatz eines sogenannten "Balance-Sheets", in das der Klient alle ihm (zumindest theoretisch) zur Verfügung stehenden Verhaltensmöglichkeiten sowie ihre jeweilige Bewertung auf Grundlage der o.g. Kriterien eintragen soll. Das Balance-Sheet ermöglicht auch die Aufdeckung fehlender Informationen, die bei einer Entscheidung bislang zu wenig oder gar nicht berücksichtigt wurden. Möglicherweise wurde durch eine solche Beschränkung der Entscheidungsalternativen das exzessive Verhalten erst ermöglicht, was Orford (1985) als "schlechte Entscheidung" bezeichnet. Kritisch bzgl. einer solchen "Vorteile-Nachteile"-Liste ist anzumerken, daß bei ihrer Erstellung von einer ausgeprägten Fähigkeit zur Selbstreflexion auf Seiten des Klienten ausgegangen werden muß. Er muß in der Lage sein, sich alle Motive seines Handelns bewußt zu machen, sich in andere Personen hineinzuversetzen und deren Beurteilungen und Wertungen antizipieren können. Weiterhin wird von ihm verlangt, persönliche Kosten- und Nutzenaspekte des eigenen Verhaltens mit Maßzahlen belegen zu können. Auch ist mit starken Abwehr- und Rationalisierungstendenzen auf Klientenseite zu rechnen, die den Aussagewert sowie die Vollständigkeit einer solchen Datenerhebung beeinflussen. Ein Balance-Sheet kann als Datengenerierungsinstrument durchaus sinnvoll eingesetzt werden, eine Veränderung des Verhaltens ausschließlich durch einen so unterstützten Bewußtmachungsprozeß ist jedoch eher unwahrscheinlich.

Ähnliches gilt für den ebenfalls stark kognitiv orientierten Ansatz, Verhaltensänderungen als Problemlösungsprozeß aufzufassen (vgl. z.B. D'Zurilla & Goldfried, 1971), der gekennzeichnet ist durch folgende Stufen:

1) Ein problematisches Verhalten wird als solches erkannt. Eine Veränderung des Verhaltens wird für möglich und wünschenswert gehalten.
2) Das Problemverhalten wird definiert und ausformuliert.
3) Alternative Verhaltensmuster werden generiert.
4) Es kommt zur Entscheidungsphase, in der die jeweiligen Konsequenzen der alternativen Verhaltensmuster zusammengestellt und gegeneinander bzw. gegen die Konsequenzen des problematischen Verhaltens abgewogen werden. Es wird eine Entscheidung für ein Verhalten getroffen.
5) Die ausgewählte Verhaltensalternative wird durchgeführt, ihre Brauchbarkeit und Nützlichkeit wird überprüft.

Ähnlich wie Orford (1985) kritisiert auch DeJong-Meyer (1988) diese auf rein kognitiven Grundlagen basierenden Ansätze zur Verhaltensmodifikation. DeJong-Meyer (1988) betont die Wichtigkeit der gleichwertigen Berücksichtigung motivationaler Variablen für eine langfristig erfolgreiche und stabile Verhaltensänderung.

8.3.3 Konzepte aus dem Bereich der humanistischen Psychologie

Therapeutische Ansätze zur Behandlung von Arbeitssucht aus dem Bereich der humanistischen Psychotherapie finden sich in der Literatur nur selten. Killinger (1992) beschreibt einen nach Aussage der Autorin auf gestalttherapeutischen Überlegungen beruhenden Ansatz zur Arbeitssuchtbewältigung. Als Voraussetzung für eine Veränderung der problematischen Verhaltensmuster betrachtet sie folgende Punkte:

- Ein zumindest in Ansätzen feststellbares Bewußtsein über "innere Brüche" (z.B. in Form von unbalancierten Zuständen zwischen den Polen "Was bin ich?" - "Was tue ich?", zwischen "Fühlen" und "Denken", zwischen "Liebe" und "Wut"),
- Einsichtigkeit und Disziplin,
- ein Selbstbild, das nicht auf Arroganz und Verleugnung aufbaut.

Killinger (1992) betrachtet die Konfrontation als zentrale therapeutische Technik zur Verhaltensänderung bei Arbeitssucht. Arbeitssüchtige müssen damit konfrontiert werden, daß sie die Gefühlsseite ihrer Person auf Kosten der Handlungs- und Denkseite vernachlässigt haben. Sie müssen daher lernen, wieder zu ihren Gefühlen zu finden und die Überbetonung von Rationalität zugunsten einer stärkeren Emotionalität aufzugeben. Dies ist jedoch keineswegs ein Prozeß des "entweder-oder", sondern vielmehr die Beseitigung eines Ungleichgewichts zwischen "Fühlen" und "Denken" zur Herstellung einer ausgeglichenen Verteilung. Dazu gehört nach Killinger (1992) auch und gerade die Auseinandersetzung mit negativen Gefühlen wie z.B. Wut. Nicht nur die Wahrnehmung, auch das Ausleben solcher Gefühle ist nach Auffassung der Autorin zentraler Bestandteil einer Therapie zur Überwindung einer Arbeitssuchtproblematik. Im folgenden nennt Killinger (1992, Kapitel 8) eine Reihe von Voraussetzungen und Maßnahmen zur erfolgreichen Auseinandersetzung mit arbeitssüchtigem Verhalten. Zentrale Punkte sind

- die Einsicht in das süchtige Arbeitsverhalten und die Akzeptanz der Problematik,
- die Geduld bei der Erarbeitung und Stabilisierung von Verhaltensänderungen,
- das Erkennen, das Akzeptieren und das Ausleben persönlicher, auch bisher unterdrückter Gefühle,
- die Entwicklung "neuer" Fähigkeiten (Empathie, Zuhören können, Echtheit, Intimität etc.), gegebenenfalls auch unter Zuhilfenahme professioneller Experten,
- die Betonung von Körperbezogenheit und *spielerischem* Tun,
- die Erweiterung der persönlichen und mit wesentlichen Bezugspersonen gemeinsamen Interessen,
- die Veränderung des Verhaltens am Arbeitsplatz, die Reevaluation der Berufswahl, der Einsatz von Zeitmanagement- und Zielsetzungstechniken (vgl. Taylor, 1984), die Förderung von Delegation.

8.3.4 Eklektizistische Konzepte

Hatterer (1980) plädiert für eine Kombination psychoanalytischer, psychodynamischer und verhaltenstherapeutischer Ansätze zur Therapie von (Arbeits-) Sucht. Zusätzlich fordert er die Einbeziehung der Umgebung in die Therapie. Als zentrale Therapieziele nennt er die Einstellungs- und Verhaltensänderung des Arbeitssüchtigen. Ausgangspunkt hierfür ist, daß der Therapeut Abwehrtendenzen des Klienten frühzeitig erkennt und abbaut, da ansonsten eine therapeutische Maßnahme wirkungslos bleibt. Als Techniken zur Entdeckung und Überwindung von Abwehr schlägt Hatterer (1980) vor:

a) Informationsgewinnung

- konkrete Befragung nach Ausmaß und Auswirkung des süchtiges Arbeitsverhaltens;
- Beobachtung des verbalen und non-verbalen Verhaltens des Klienten;
- Einholung zusätzlicher Informationen durch Dritte (Angehörige, Kollegen, Freunde etc.);
- freie Assoziation des Klienten;
- Erhebung des Freizeitverhaltens des Klienten.

b) Konfrontation des Klienten mit den erhobenen Informationen, wobei Angehörige des Klienten als "Katalysatoren" miteinbezogen werden sollten.

Als zentrale Methode zur Erhebung von verhaltensbezogenen Informationen beschreibt Hatterer (1980) die Erstellung eines Stundenplanes durch den Arbeitssüchtigen, mit dem er den Zeitverbrauch eines jeden Tages unter Berücksichtigung verschiedener Aspekte analysieren soll. Er soll Angaben dazu machen, wieviel Zeit er für Schlaf, Arbeit, freizeitbezogene Arbeit und freizeitbezogene sonstige Aktivitäten aufgewandt hat. Zusätzlich werden Angaben über die das (süchtige) Arbeitsverhalten auslösenden Mechanismen, über arbeitssüchtige Fantasien und Handlungsweisen, über Handlungen für das körperliche Wohlergehen und über körperliche Betätigung erhoben. Ziel einer solchen Datensammlung ist es, dem Arbeitssüchtigen zu verdeutlichen, wie sehr seine Sucht sein Alltagsleben beeinflußt. Dem Betroffenen soll deutlicher werden, in welcher Form, wann, wo, in welchem Ausmaß und unter welchen Begleitumständen sein Suchtverhalten auftritt. Aus einer solchen Datensammlung könnten ebenfalls Hypothesen über mögliche Gründe des süchtigen Verhaltens abgeleitet werden. Hatterer (1980, p. 198, Übers. d. Verf.) faßt den Nutzen einer solchen Datenerhebung per Stundenplan zusammen: "Sie ist das zuverlässigste Meßinstrument zur Erfassung der stetigen, alltäglichen Sucht. Sie ist außerdem ein sensitiver Indikator für die Fähigkeit eines Süchtigen, Verhaltenstechniken anzuwenden - das Ausmaß seiner Disziplin, seiner Motivation, seines Willens, und jede Diskrepanz zwischen seinen ausgesprochenen guten Vorsätzen und seinen unterlassenen Taten wird deutlich".

Hatterer (1980) problematisiert aber auch die mit der Erhebung solcher Daten häufig verbundenen Widerstände und Leugnungstendenzen der Betroffenen, die zu Machtkämpfen zwischen Therapeut und Klient führen können. Problematisch im Zusammen-

hang mit Arbeitssucht ist das von Betroffenen häufig vorgebrachte Argument, daß ihr Verhalten völlig normal ist und von der überwiegenden Mehrheit der Menschen in ähnlicher oder sogar noch stärkerer Form praktiziert wird. Dieses Ausweichen vor der eigenen Problematik soll den Therapeuten in eine defensive Position bringen und/oder das therapeutische Hilfsangebot als nutzlos und überflüssig abwerten. Ein solcher Widerstand läßt sich nur dann abbauen, wenn dem Arbeitssüchtigen die Dysfunktionalität und Destruktivität seines Verhaltens deutlich wird. Hier rückt der weiter oben bereits mehrfach angesprochene Aspekt vom "Leidensdruck" wieder in den Vordergrund.
Erst wenn der Arbeitssüchtige die Diagnose einer Arbeitssucht akzeptiert hat, so Hatterer (1980), kann im Rahmen der Therapie ein nächster Schritt getan werden. Zunächst muß der Klient durch Beispiele aus seinem alltäglichen Verhalten in der Arbeitssuchtdiagnose bestärkt werden, gleichzeitig muß aber auch eine Analyse der das süchtige Verhalten begleitenden bzw. bedingenden Auslösemechanismen erfolgen. Nur die hinreichende Aufdeckung, Realisierung und Bearbeitung solcher Auslösemechanismen und ihres Zusammenspiels im Rahmen der Person-Umwelt-Interaktion ermöglicht es dem Arbeitssüchtigen, sich zukünftig vor süchtigen Handlungsimpulsen zu schützen.
Hatterer (1980) verweist darauf, daß eine Arbeitssuchtproblematik manchmal alleine dadurch bewältigt werden kann, daß der Betroffene eine "süchtige Umgebung" verläßt. Die Betonung externer Auslösemechanismen macht deutlich, daß Arbeitssucht nicht nur als Individual-, sondern auch als Systemstörung betrachtet werden kann (Fassel, 1991) und zur Störungsbewältigung ein systemisches Vorgehen sinnvoll erscheint.
Eine ständige Auseinandersetzung mit den das süchtige Verhalten bedingenden, begleitenden oder begünstigenden Auslösemechanismen schafft eine größere Sensibilität und ein ausgeprägteres Bewußtsein auf Seiten des Arbeitssüchtigen. Dies ist Voraussetzung für ein langfristig stabiles nicht-arbeitssüchtiges Verhalten, insbesondere dann, wenn - wie es bei Arbeitssüchtigen häufig der Fall sein dürfte - ein völliges "aus-dem-Feldegehen" oder eine totale "Arbeitsabstinenz" als Problemlösung nicht in Frage kommt, sondern das Ziel einer therapeutischen Maßnahme "kontrolliertes Arbeiten" lautet.
Hatterer (1980) betrachtet als dritten wesentlichen Schritt der Therapie, daß der Arbeitssüchtige lernt, die psychischen und physischen Belohnungen und positiven Konsequenzen einer Überwindung seiner Abhängigkeit zu erkennen. Dieser Prozeß beinhaltet sowohl kognitive als auch affektive Komponenten. Hatterer (1980) betont die individuell unterschiedlichen Wirkungen von positiven oder negativen Verstärkungen bzw. einer Kombination aus beiden Arten. Es ist daher im Einzelfall zu entscheiden, welche Form von Verstärkung am besten geeignet ist, um dem Arbeitssüchtigen die günstigen Folgen seiner Abhängigkeitsüberwindung zu vermitteln. In dieser Phase der Therapie fordert Hatterer (1980) auch das Erlernen von Techniken und Strategien zur Bewältigung der im Alltag ganz natürlich und immer wieder auftretenden Widerstände gegen die Abhängigkeitserkenntnis. Von immenser Bedeutung sind in diesem Zusammenhang regelmäßig zusammentreffende Selbsthilfegruppen, Bezugspersonen und/oder der Therapeut, die bei

der Bewältigung von Auslösesituationen hilfreich zur Seite stehen sollten. Ihre zentrale Aufgabe sieht Hatterer (1980) darin, den Arbeitssüchtigen darin zu bekräftigen, die Bewältigung seiner Arbeitssuchtproblematik fortzusetzen. Der Zeitraum zur Überwindung eines solchen Exzessivverhaltens kann dabei ähnlich lang sein wie die Zeitspanne, in der das problematische Einstellungs- und Verhaltensmuster aufgebaut wurde. Auch diese Erkenntnis ist dem Arbeitssüchtigen immer wieder nahezubringen, um eine therapiezieldienliche Einordnung und Bewertung von Rückfällen oder Fehlschlägen zu ermöglichen. Wichtig ist, daß der Arbeitssüchtige Erfolge in seinen Bemühungen, sein süchtiges Arbeitsverhalten abzulegen, feststellen kann. Dafür ist es erforderlich, daß der Arbeitssüchtige erkennt, aus welchem Grund sich sein exzessives Arbeitsverhalten bei ihm hat aufbauen können. Hatterer (1980, p. 209; Übers. d. Verf.) nennt als zentrale Gründe für die Praktizierung süchtigen Verhaltens:

- Schmerzreduzierung/-vermeidung,
- (uneffektive) Konfliktlösung,
- Vermeidung von Situationen, die zu unangenehmen emotionalen Zuständen führen,
- Vermeidung von Auseinandersetzung mit sich selbst oder mit anderen.

Wesentlich für die Initiierung von Erfolgserlebnissen bei der Bewältigung einer Arbeitssuchtproblematik ist nun, daß der Arbeitssüchtige die von ihm herausgearbeiteten Auslösemechanismen für sein süchtiges Verhalten zu handhaben lernt und zum süchtigen Arbeitsverhalten alternative Reaktionsmuster aufbaut. Hatterer (1980) nennt eine Reihe denkbarer Auslösemechanismen, u.a. Angst, Niedergeschlagenheit, familiäre Konflikte, individuelle und sozioökonomische Belastungen, Isolation, Einsamkeit, Langeweile, Geschlechtsrollenkonflikte, sexuelle Probleme, niedriges Selbstwertgefühl, temporäre Krisensituationen, kritische Lebensereignisse und allgemein jede Form von Bedürfnisbefriedigungsfrustration, weiterhin Abhängigkeit (im psychoanalytischen Sinn von "Oralität"), sadomasochistische Tendenzen, Aggressivität, Feindseligkeit, emotionale Hemmungen, fehlende Identität und das Unvermögen, mit Mißerfolgen umzugehen. Jeder Arbeitssüchtige muß sich seiner individuell einzigartigen Konstellation von Auslösemechanismen bewußt werden und erkennen, daß diese Auslösemechanismen hinsichtlich Einflußstärke, Auftretenshäufigkeit und Massierung in verschiedenen Lebensabschnitten variieren können. Hatterer (1980) sieht die Wurzeln für die stabilsten Auslösemechanismen in der Kindheit, insbesondere in einem überverwöhnenden oder aber einem extrem vernachlässigenden und zurückweisenden Erziehungsstil (vgl. Mentzel, 1979). Das abhängige Verhalten dient der Kompensation, der Arbeitssüchtige sucht sich Interaktionspartner und -situationen so aus, daß seine exzessiven Bedürfnisse am besten befriedigt werden.

Als letzten Schritt der Therapie betont Hatterer (1980) die Bedeutung von Selbsthilfegruppen für die fortwährende Stabilisierung und Optimierung der anstelle des süchtigen Arbeitsverhaltens gesetzten Reaktions- und Verhaltensmuster (vgl. auch Farrar, 1992). Den therapeutischen Nutzen solcher Gruppen faßt Hatterer (1980, p. 219) wie folgt zusammen:

- Der Arbeitssüchtige lernt, daß eine Verhaltensänderung möglich ist, indem er mit "erfolgreichen" anderen Ex-Arbeitssüchtigen zusammentrifft und sich mit ihnen identifiziert.
- Selbsthilfegruppen bieten eine Vielzahl von Ansprechpersonen und Aussprachegelegenheiten, insbesondere in Krisensituationen.
- Selbsthilfegruppen bieten Aufmunterung, Unterstützung und angemessene Reaktionen auf selbstdestruktive Reaktions- und Einstellungsmuster sowie Gefühle der Hoffnungslosigkeit und Selbstabwertung.
- Der Arbeitssüchtige lernt aus den Erfahrungen anderer Gruppenmitglieder. Speziell erfährt er etwas über Rückfallsituationen und Rückfallgefahren.
- Selbsthilfegruppen ermöglichen die Erfahrung neuer und/oder das Zulassen bislang unterdrückter Emotionen. Dabei werden nicht nur frühere Gefühle ausgesprochen, sondern insbesondere das Erleben im "Hier-und-Jetzt" aktualisiert.

Auf die Grundlagen von Selbsthilfegruppen und ihre und Vorgehensweisen bei der Problemauseinandersetzung und -bewältigung wird in Kapitel 8.3.5 noch genauer eingegangen werden.

Ähnlich wie Hatterer (1980) beschreibt auch Peele (1975) einen eher eklektizistischen Ansatz zur Bewältigung einer Arbeitssuchtproblematik. Als Ziel der therapeutischen Intervention betrachtet Peele (1975) das abhängigkeitsfreie Leben, das gekennzeichnet ist durch die Aspekte Ganzheit, Verantwortungsbewußtsein und Vertrauen in die eigene Person sowie in die Umgebung. Abhängigkeit ist nach Peeles (1975) Auffassung eine generelle Disposition, die eine grundlegende persönliche Erneuerung zu ihrer Überwindung erforderlich macht. Dazu gehört zentral

- die Neustrukturierung von Motiven,
- die Neustrukturierung von Copingmechanismen,
- die Neustrukturierung von Befriedigungsquellen.

Peele (1975) warnt dabei vor einer, insbesondere bei perfektionistisch veranlagten Arbeitssüchtigen zu erwartenden, zu starken Orientierung an Ideal-Vorstellungen, die lediglich Richtschnur, nicht aber Ziel sein könnten. Wesentlich sind für Peele (1975) folgende Merkmale, die eine nicht-abhängige Person kennzeichnen:

- persönliche Reife,
- ausreichend entwickelte Selbstakzeptanz,
- balancierte Beziehung zur Umwelt,
- ausgeprägte Selbstidentität,
- Innenorientierung, d.h. Orientierung an inneren Überzeugungen, Werten und Einstellungen.

Ob es bei einem Arbeitssüchtigen zur Inanspruchnahme externer (therapeutischer) Hilfe kommt, hängt nach Peele (1975) - wie schon von anderen Autoren her bekannt - vom

persönlichen Leidensdruck der betroffenen Person ab. "Die persönliche Entscheidung, etwas als Sucht zu betrachten, läßt sich nur auf der Grundlage fällen, wie stark uns etwas beeinträchtigt und wie sehr wir es loswerden wollen" (Peele, 1975, p. 225, Übers. d. Verf.).
Kommt es zu diesem Leidensdruck, dann sieht Peele (1975) als Ziel einer Intervention die Entwicklung tatsächlicher persönlicher Stärke an, für die das (arbeits-) süchtige Verhalten lediglich ein Substitut ist.
Dieses Ziel läßt sich nach Peele (1975) durch folgenden, eher verhaltenstherapeutisch orientierten Prozeß realisieren. Peele (1975) betont ausdrücklich, daß dieser Prozeß sowohl *mit* als auch *ohne* therapeutische Unterstützung erfolgreich durchlaufen werden kann.

1) Verstärkung der persönlichen Selbstwahrnehmung und des persönlichen Selbstbewußtseins
Peele (1975) nimmt an, daß süchtiges (Arbeits-) Verhalten ausgelöst wird durch fehlende Berücksichtigung eigener Bedürfnisse sowie durch ein insgesamt nur schwach entwickeltes Selbstbewußtsein. Eine Stärkung von Selbstwahrnehmung und Selbstbewußtsein wird möglich durch eine Konzentration auf und Analyse von Verhaltens- und Einstellungsmustern bzw. emotionalen Reaktionen gegenüber verschiedenen Personen, Situationen und Objekten, die mit dem unerwünschten Verhalten in Zusammenhang stehen.

2) Herausarbeitung von Auslösemechanismen, die das unerwünschte Verhalten begünstigen und/oder begleiten
Dies ist nach Peele (1975) notwendig, um Verhaltens- und Einstellungsmuster aufzubauen, die eine Vermeidung bzw. erfolgreiche Bewältigung solcher Auslösemechanismen möglich machen. Auch ist die Entwicklung alternativer Verhaltensmuster mit Belohnungscharakter von einer solchen Analyse abhängig. Peele (1975) warnt in diesem Zusammenhang, wie andere Autoren auch, vor einer "Suchtverschiebung" in der Form, daß alternative Verhaltensmuster ähnlich exzessiv betrieben werden wie das Arbeitsverhalten. Zentral sei, so Peele (1975), daß solche alternativen Verhaltensweisen nicht vornehmlich zielorientiert und/oder funktional sind, sondern als Wert an sich betrachtet werden können. Es sollten Kompetenzen und Fähigkeiten in genau den Lebensbereichen angesprochen werden, die bislang durch das süchtige Arbeitsverhalten vernachlässigt wurden. Peele (1975) empfiehlt, genau die Dinge zu tun, für die man keine Kompetenzen zu haben glaubt.

3) Abbau von "Abhängigkeitstendenzen"
Dazu gehören nach Peele (1975) insbesondere Strukturierungs- und Kontrollzwänge, Ängste und unrealistische Selbstanforderungen. Die Überwindung solcher Tendenzen ist möglich durch "innere Einkehr", d.h. durch die bewußte Inanspruchnahme von Zeit für die eigene Person zur persönlichen Reflexion, durch den Aufbau

von Selbstvertrauen und Vertrauen in die eigenen Fähigkeiten auch und gerade in bislang ungewohnten Verhaltensbereichen und durch zweckfreies Tun.

Peele (1975) weist auf "Stolpersteine" bei der Überwindung einer (Arbeits-) Suchtproblematik hin. Neben der bereits mehrfach erwähnten Suchtverschiebung von einem Suchtobjekt, z.B. Arbeit, auf ein anderes, z.B. exzessive Hobbypflege, sind bzgl. Arbeitssucht vor allem Defizite in der Fähigkeit, Schuldgefühle, Fehler und Schwächen einzuräumen, für Peele (1975) zentrale Hindernisse für eine Verhaltensänderung. Eine fehlende Unterstützung durch die Umwelt oder gar eine Umgebung, die auf einer Konservierung des Status quo bzw. einer Wiederherstellung des ursprünglichen Zustandes beharrt, kann ebenfalls die Um- und Neuorientierung des Arbeitssüchtigen erschweren oder unmöglich machen. Schließlich, so Peele (1975), behindern unrealistische Zielsetzungen, ein überzogenes Anspruchsniveau und ein übertriebenes Perfektionsstreben bei Arbeitssüchtigen häufig eine wirkliche persönliche Erneuerung, die zur Überwindung einer Arbeitssuchtproblematik nötig ist.

8.3.5 Das Konzept der Selbsthilfegruppen

Auch wenn Mentzel (1979) es für wenig aussichtsvoll hält, eine Selbsthilfegruppe für Arbeitssüchtige nach dem Vorbild der Anonymen Alkoholiker (AA) aufzubauen, weil die betroffenen Arbeitssüchtigen sogleich den Wunsch hätten, diese Gruppe zur `besten und perfektesten Selbsthilfegruppe überhaupt` zu machen, so sind doch in den letzten Jahren insbesondere in den USA und der Bundesrepublik Deutschland einige solcher "Selbsthilfegruppen für Menschen mit Arbeitsproblemen nach dem 12-Schritte-Programm der AA" (kurz AAS, was für "Anonyme Arbeitssüchtige" steht) entstanden. Im folgenden sind die Präambel des Programms der AAS, das 12-Schritte-Programm sowie die 12 Traditionen der AAS wiedergegeben (vgl. Kasten 8.1).

Eine intensivere Auseinandersetzung mit den Prinzipien und Traditionen der AAS macht deutlich, daß eine solche Form der Selbsthilfe nur für eine bestimmte Art von Hilfesuchenden in Frage kommt. Der große Erfolg der AA-Gruppen im Bereich der Alkoholismusproblematik ist mit Sicherheit auch auf Selektionseffekte seitens der Selbsthilfegruppenmitglieder zurückzuführen (vgl. Funke, 1991). Andererseits läßt der Erfolg solcher Gruppen zumindest bei bestimmten Betroffenen hoffen, daß Selbsthilfegruppen nach dem Prinzip der AAS wenigstens bei einigen Arbeitssüchtigen nützlich sein können. Über die Effekte von Selbsthilfegruppenarbeit mit Arbeitssüchtigen liegen bis heute jedoch keinerlei gesicherte Erkenntnisse vor.

Dennoch wird nicht nur bei Hatterer (1980), sondern auch bei anderen Autoren die Bedeutung von Selbsthilfegruppen im Rahmen von Sucht- und Abhängigkeitserkrankungen hervorgehoben (vgl. Farrar, 1992; Fassel, 1991; Orford, 1985). Allerdings warnt Hatterer (1980) auch vor der Gefahr, durch eine Überbetonung der Selbsthilfegruppenarbeit andere mögliche Quellen der Überwindung des süchtigen Arbeitsverhaltens zu vernach-

Kasten 8.1: Präambel, 12 Schritte und 12 Traditionen der AAS (aus AAS-Gruppe Bonn, 1993)

Präambel

AAS (Anonyme Arbeitssüchtige) ist eine Gemeinschaft von Männern und Frauen, die miteinander ihre Erfahrung, Kraft und Hoffnung teilen, um ihr gemeinsames Problem zu lösen und anderen zur Genesung von der Arbeitssucht zu verhelfen.

Die einzige Voraussetzung für die Zugehörigkeit ist der Wunsch, mit dem süchtigen Arbeiten oder Nichtarbeiten aufzuhören.

Die Gemeinschaft kennt keine Mitgliedsbeiträge oder Gebühren, sie erhält sich durch eigene Spenden.

Die Gemeinschaft AAS ist mit keiner Sekte, Religion, Partei, Organisation oder Institution verbunden; sie will sich weder an öffentlichen Debatten beteiligen noch zu irgendwelchen Streitfragen Stellung nehmen.

Unsere Hauptaufgabe besteht darin, nicht mehr süchtig zu arbeiten und diese Fähigkeit an andere Betroffene weiterzugeben.

Die 12 Schritte der Anonymen Arbeitssüchtigen

1. Wir haben zugegeben, daß wir unserem süchtigen Arbeiten oder Nicht-Arbeiten gegenüber machtlos waren und unser Leben nicht mehr alleine meistern konnten.
2. Wir kamen zu dem Glauben, daß eine Macht - größer als wir selbst - uns unsere geistige Gesundheit wiedergeben kann.
3. Wir faßten den Entschluß, unseren Willen und unser Leben der Sorge Gottes - wie wir ihn verstanden - anzuvertrauen.
4. Wir machten eine gründliche und furchtlose Inventur vor unserem Inneren.
5. Wir gaben Gott, uns selbst und anderen Menschen gegenüber unverhüllt unsere Fehler zu.
6. Wir waren völlig bereit, all diese Charakterfehler von Gott beseitigen zu lassen.
7. Demütig baten wir ihn, unser Mängel von uns zu nehmen.
8. Wir machten eine Liste aller Personen, denen wir Schaden zugefügt hatten, und wurden bereit, ihn bei allen wieder gut zu machen.
9. Wir machten bei diesen Menschen alles wieder gut - wo immer es möglich war - es sei denn, wir hätten dadurch sie oder andere verletzt.
10. Wir setzten die Inventur bei uns fort, und wenn wir Unrecht hatten, gaben wir es sofort zu.
11. Wir suchten durch Gebet und Besinnung unsere bewußte Verbindung zu Gott - wie wir ihn verstanden - zu verbessern. Wir baten ihn, seinen Willen für uns erkennbar werden zu lassen, und um die Kraft, ihn auszuführen.
12. Nachdem wir durch diese Schritte ein seelisch-geistiges Erwachen erlebt hatten, versuchten wir, diese Botschaft an andere Arbeitssüchtige weiterzugeben und unser tägliches Leben nach diesen Grundsätzen auszurichten.

Die 12 Traditionen der Anonymen Arbeitssüchtigen

1. Unser gesamtes Wohlergehen sollte an erster Stelle stehen, die Genesung des Einzelnen beruht auf der Einigkeit in AAS.
2. Für den Sinn und Zweck unserer Gruppe gibt es nur eine Autorität - einen liebenden Gott, wie er sich in dem Gewissen unserer Gruppe zu erkennen geben kann. Unsere Vertrauensleute sind nur betraute Diener, sie herrschen nicht.
3. Die einzige Voraussetzung für die Zugehörigkeit zu AAS ist der aufrichtige Wunsch, mit dem süchtigen Arbeiten oder Nicht-Arbeiten aufzuhören.
4. Jede Gruppe sollte selbständig sein, außer in Dingen, die andere Gruppen oder AAS als Ganzes angehen.
5. Die Hauptaufgabe jeder Gruppe ist, die Botschaft von AAS zu Arbeitssüchtigen zu bringen, die noch leiden.
6. Eine AAS-Gruppe sollte niemals ein außenstehendes Unternehmen unterstützen, finanzieren oder mit dem Namen von AAS decken, damit uns nicht Geld-, Besitz- und Prestigeprobleme von unserer Hauptaufgabe ablenken.
7. Jede AAS-Gruppe sollte sich selbst erhalten und von außen kommende Unterstützung ablehnen.
8. Die Tätigkeit in AAS sollte immer ehrenamtlich bleiben, jedoch dürfen unsere zentralen Dienststellen Angestellte beschäftigen.
9. AAS sollte niemals organisiert werden, jedoch dürfen wir Dienstausschüsse und Komitees bilden, die denjenigen verantwortlich sind, welchen sie dienen.
10. AAS nimmt niemals Stellung zu Fragen außerhalb ihrer Gemeinschaft, deshalb sollte auch der Name von AAS niemals in öffentliche Streitfragen verwickelt werden.
11. Unsere Beziehungen zur Öffentlichkeit stützen sich mehr auf Anziehung als auf Werbung. Deshalb sollten wir auch gegenüber Presse, Rundfunk, Film und Fernsehen stets unsere persönliche Anonymität wahren.
12. Anonymität ist die geistige Grundlage aller unserer Traditionen, die uns stets daran erinnern soll, Prinzipien über Personen zu stellen.

lässigen und von einer Arbeitsabhängigkeit in eine "Selbsthilfegruppenabhängigkeit" zu wechseln. Ebenso ist es auch die Aufgabe des professionellen Therapeuten zu verhindern, daß beim Arbeitssüchtigen lediglich eine "Symptomverschiebung" stattfindet, indem z.B. neuentdecktes oder neuentwickeltes Freizeitverhalten ähnlich exzessiv ausartet wie ehemals das Arbeitsverhalten. Ein anschauliches Beispiel hierfür gibt Mentzel in Reinicke (1985) mit der Beschreibung eines ehemaligen Klienten, der als Substitut für sein süchtiges Arbeitsverhalten den Tanzsport entdeckte, diesen aber wiederum so exzessiv betrieb, daß er binnen kürzester Zeit ein erfolgreicher Turniertänzer war und gemeinsam mit seiner Ehefrau parallel zur normalen Berufstätigkeit zwei Tanzschulen betrieb.

8.4 Die therapeutischen Effekte

Bislang liegen keinerlei Untersuchungen zur Evaluierung therapeutischer Interventionen bei Arbeitssucht vor. Mentzel (1992; persönliche Mitteilung) schätzt den Erfolg solcher Maßnahmen allerdings extrem gering ein, was er insbesondere auf die gesellschaftlichen Umgebungsfaktoren zurückführt, die eine intensive Auseinandersetzung mit der Arbeitssuchtproblematik gesamtgesellschaftlich bislang verhindert haben und für den Betroffenen sehr schwierig machen. Nach seiner Erfahrung liegt die Rückfallquote bei der Arbeitssuchtproblematik nahe 100 %!
Im folgenden sollen einige wenige grundlegende Anmerkungen zu möglichen therapeutischen Effekten bei der Behandlung von Arbeitssucht gemacht werden, die allerdings auf theoretischen Überlegungen und nicht auf empirischen Erfahrungen basieren.
Zentral erscheint, wie bei jeder Form von Psychotherapie, eine Unterscheidung zwischen Therapieziel und Therapieergebnis, denn hier dürfte nur in extrem seltenen Ausnahmefällen eine Deckungsgleichheit gegeben sein. Als weiteres Problem stellt sich zugleich die Frage der Operationalisierung von Therapiezielen bzw. -ergebnissen. "Je nachdem, welche *Kriterien* herangezogen werden (...), ergeben sich unterschiedliche Therapieerfolge. Auch der *Blickwinkel* (...), von dem aus der Erfolg oder Mißerfolg einer Behandlung beurteilt wird, führt zu sehr unterschiedlichen Einschätzungen" (Wetzel & Linster, 1992, S. 633). Im Gegensatz zu früheren Einschätzungen ist heute auch davon auszugehen, daß therapeutische Interventionen keineswegs nur positive oder - im schlechtesten Fall - keine Effekte haben. Vielmehr können durch Therapien auch sogenannte iatrogene (= therapie-induzierte) Störungen hervorgerufen werden. In solchen Fällen ist eine Psychotherapie daher *absolut* oder *relativ* kontraindiziert. Von einer absoluten Kontraindikation spricht man, wenn von der Durchführung einer psychotherapeutischen Maßnahme keine Erfolge zu erwarten sind, eine relative Kontraindikation meint den Ausschluß spezifischer Therapiemethoden und/oder Therapeutenverhaltensweisen (Seidenstücker, 1984).
Insbesondere bzgl. der Arbeitssucht ist diese Überlegung zu berücksichtigen, da aufgrund des hohen Arbeitsethos in unserer Gesellschaft eine therapiebegleitete Verände-

rung des Arbeitsverhaltens möglicherweise Irritationen und/oder Abwehrreaktionen im Umfeld des Betroffenen hervorruft. Mögliche weitere iatrogene Störungen einer Arbeitssuchttherapie könnten sein: Verlust an Selbstwert, finanzielle Einbußen bzw. Verlust an Macht, Einfluß, Kontrolle, weiterhin Suchtverschiebungen, interpersonelle Konflikte etc. Ein Therapeut sollte daher immer auch im Auge haben, daß eine Arbeitssuchtsymptomatik möglicherweise die "weniger schlimme" Alternative in der Palette süchtiger Verhaltensmuster darstellt (vgl. Friedrich, 1988; ähnliche Überlegungen finden sich ebenfalls bezüglich Alkoholismus bei Rost, 1992).

Die in unterschiedlichen Therapieschulen vertretenen Krankheitskonzepte und Menschenbilder machen es schließlich fast unmöglich, schulenübergreifende und verbindliche Kriterien für eine Erfolgsbeurteilung von therapeutischen Maßnahmen zu formulieren. Hinzu kommt, daß Psychotherapie nicht wertfrei stattfindet, was bei der Beurteilung von Erfolg bzw. Mißerfolg einer Maßnahme die Offenlegung aller eingehenden Werte (auf Gesellschafts-, Klienten-, Therapeutenseite) erforderlich macht.

8.5 Zusammenfassende Schlußfolgerungen

Die hier gemachten Ausführungen zur Psychotherapie bei Arbeitssuchtstörungen lassen folgende zusammenfassende Schlußfolgerungen zu:

- Das Zustandekommen einer therapeutischen Maßnahme zur Bewältigung einer Arbeitssuchtproblematik ist von zahlreichen Faktoren abhängig (Klient, Therapeut, Umfeld u.a.). Weder die Problematik einer eindeutigen Therapieindikation noch die Schwierigkeit der Erstellung eines strukturellen Therapieverlaufsplanes konnte bislang befriedigend gelöst werden. Wünschenswert wäre es, sowohl die Diagnose der Arbeitssucht als auch die Indikation einer Therapie jeweils als mehrstufige Entscheidungsprozesse zu konzipieren (vgl. dazu Seidenstücker, 1984).
- Arbeitssuchtverhalten hat sowohl personale als auch umweltbedingte Grundlagen und Ursachen. Im Rahmen einer Therapie müssen immer beide Faktoren berücksichtigt werden.
- Arbeitssuchtverhalten kann eine Vielzahl von interindividuell, aber auch intraindividuell variierenden Funktionen haben. Eine Aufgabe im Rahmen der Therapie von Arbeitssucht ist es, diese Funktionen des problematischen Verhaltens herauszuarbeiten und alternative, weniger problematische Verhaltensmuster zu etablieren.
- Zentral für die Vereinbarung von Therapiezielen ist die Auffassung, daß arbeitssüchtiges Verhalten keinesfalls absolut, sondern immer nur individuell definiert werden kann.
- Eine Therapie setzt einen gewissen "Leidensdruck" und eine gewisse "Therapiemotivation" des Betroffenen voraus.
- Der Zeitrahmen für eine Therapie ist eher großzügig zu bemessen, da die Bewältigung einer Arbeitssuchtproblematik häufig eine völlige Neuorientierung, verbunden mit

dem Aufbau einer neuen Identität und der Übernahme geänderter Werte und Einstellungen bedeutet.

- Empirische Ergebnisse zur Evaluation von Therapiemaßnahmen im Bereich der Arbeitssucht liegen nicht vor und sind auch nicht zu erwarten, solange sich die Arbeitssuchtproblematik als eigenständiger Störungsbereich nicht etablieren kann. Der Erfolg therapeutischer Maßnahmen ist aufgrund der Zentralität und der existentiellen Notwendigkeit des problematischen Verhaltens eher mit Skepsis zu betrachten. Der therapeutische Erfolg dürfte in starkem Maße auch davon abhängen, welchen gesellschaftlichen Stellenwert die Arbeit in Zukunft haben wird (vgl. Kapitel 4).
- Ausgehend von den Erfahrungen mit anderen Sucht- und Abhängigkeitsverhaltensweisen läßt sich vermuten, daß auch bei der Überwindung von Arbeitssucht eine individuelle Kombination verschiedener Interventionsmaßnahmen (Kurzaufenthalt in psychosomatischer Klinik und/oder ambulante Einzeltherapie und/oder Einbindung in eine Selbsthilfegruppe und/oder Umfeldeinbezug) am ehesten zu erwünschten Einstellungs- und Verhaltensmodifikationen führen wird. Empirische Erkenntnisse zu dieser Frage liegen bislang allerdings nicht vor.

9 Prävention und Intervention bei Arbeitssucht als Personal- oder Organisationsentwicklungsmaßnahme

Nachdem im vorangegangenen Kapitel auf Möglichkeiten *individualtherapeutischer Maßnahmen* zur Behandlung von Arbeitssucht eingegangen wurde, werden im folgenden Präventions- und Interventionskonzepte auf *Unternehmensebene* bzgl. Arbeitssucht diskutiert. Bereits in Kapitel 5 wurde darauf hingewiesen, daß arbeitssüchtiges Verhalten von Mitarbeitern für Organisationen und Unternehmen keineswegs den ausschließlich positiven Nutzen hat, den man zunächst vermuten mag. Insbesondere Steinmann et al. (1984) machen deutlich, welche Kosten für ein Unternehmen aufgrund eines arbeitssüchtigen Verhaltensstiles eines, einiger oder vieler Mitarbeiter entstehen können. Fassel (1991) verweist darüber hinaus auf die Problematik arbeitssuchtfördernder Organisationsstrukturen. Ihr systemischer Ansatz belegt, daß die Prävention und Intervention bei Arbeitssucht im Rahmen von Personal- oder Organisationsentwicklungsmaßnahmen immer zwei Ansatzpunkte haben muß, nämlich

a) den oder die Mitarbeiter (personale Ebene), und

b) die Organisation selbst (Umweltebene).

Eine ähnliche Argumentation findet sich bei Pace & Suojanen (1988). Sprankle & Ebel (1987), die Arbeitssucht als gesamtgesellschaftliches Phänomen betrachten, fordern zur Überwindung der kollektiven Arbeitssucht sowohl vom Einzelnen als auch von der gesamten Sozialgemeinschaft eine Neuorientierung persönlicher und gesamtgesellschaftlicher Werte und Ziele.

Die aus der Organisationspsychologie bekannten Begriffe der Personalentwicklung bzw. Organisationsentwicklung lassen sich insofern unterscheiden, als daß sich die Personalentwicklung mit der systematischen Förderung der beruflichen Qualifikation einzelner Personen beschäftigt, worunter "keineswegs nur die fachlichen Kenntnisse und Fertigkeiten im engeren Sinne, sondern auch die Lernfähigkeit, soziale Kompetenz, Motivation und Bewältigung kognitiver und emotionaler Belastung <fallen>" (Holling & Liepmann, 1995, S. 285). Organisationsentwicklung hingegen zielt nicht nur auf individuelle Veränderungen, sondern auf Veränderungen ganzer Organisationen ab. Angestrebt wird die Erhöhung der Produktivität einer Organisation bei gleichzeitiger Humanisierung der Arbeitstätigkeit. Zentrale Merkmale von Organisationsentwicklungsmaßnahmen sind ihre Geplantheit, ihre Langfristigkeit, die ganzheitliche Zielsetzung und ihre Orientierung an der Aktionsforschung (Gebert, 1995).

Im folgenden wird dargestellt, welche Möglichkeiten sich einer Organisation im Rahmen von Personal- oder Organisationsentwicklungsmaßnahmen bieten, eine frühzeitige Erkennung und Verhinderung von Arbeitssuchtproblematiken sicherzustellen. Es wird im Einzelfall nicht immer wieder darauf hingewiesen werden, daß die angesprochenen Interventions- und Präventionsmaßnahmen keine generelle Gültigkeit für alle Formen der

Arbeitssucht in allen Arten von Berufsfeldern haben. Der mehrfach betonte Aspekt der Individualität der Arbeitssuchtproblematik macht solche allgemeingültigen Aussagen ebenso unmöglich wie die im Einzelfall zu berücksichtigenden Umweltgegebenheiten. Allerdings kann man durchaus Hinweise darauf geben, welche Punkte eine Organisation zur Vermeidung der Entwicklung oder Förderung arbeitssüchtiger Einstellungs- und Verhaltensmuster berücksichtigen sollte. Auch lassen sich Überlegungen darüber anstellen, welche Personalentwicklungsmaßnahmen sich sinnvoll zur Prävention/Intervention bei Arbeitssucht einsetzen lassen.

9.1 Prävention und Intervention bei Arbeitssucht in Unternehmen: Die Vorschläge von Steinmann et al. (1984)

Obschon Steinmann et al. (1984) im Zusammenhang mit der Arbeitssuchtproblematik als ökonomische Zielsetzung für Unternehmen die frühzeitige Identifikation betroffener Mitarbeiter und Stellenbewerber sowie die Verhinderung suchtfördernder Arbeitsbedingungen benennen, sie somit also Personal- wie auch Organisationsentwicklungsmaßnahmen zur Prävention von Arbeitssucht anregen, betonen sie in ihren weiteren Ausführungen jedoch fast ausschließlich individuumsbezogene Vorgehensweisen bzw. isolierte Einzelmaßnahmen, nicht aber umfassende Organisationsentwicklungsmaßnahmen zum Umgang mit Arbeitssucht. Sie stellen anhand der Bereiche *Personalauswahl*, *Personalerhaltung* und *Personalentwicklung* Möglichkeiten zum Abbau bzw. zur Verhinderung arbeitssüchtiger Verhaltensweisen dar.

9.1.1 Arbeitssuchtprävention durch geeignete Personalauswahlstrategien

Im Rahmen der *Personalauswahl*, deren Aufgabe es ist, die Leistungsfähigkeit eines Unternehmens durch die Beschaffung und Selektion einer ausreichenden Zahl entsprechend qualifizierter Mitarbeiter zu gewährleisten, sind zur Vermeidung von Schwierigkeiten mit arbeitssüchtigen Mitarbeitern solche Bewerber zu ermitteln, bei denen sich Hinweise auf ein arbeitssüchtiges Verhaltensmuster ergeben. Dies läßt sich nach Steinmann et al. (1984) zum einen dadurch erreichen, daß das Unternehmen bei der Erstellung des einer Personalentscheidung zugrundegelegten Anforderungsprofiles darauf achtet, daß realistische, stellen- und tätigkeitsadäquate Anforderungen formuliert werden. Dafür notwendig ist eine präzise Analyse der zu besetzenden Arbeitsposition. Häufig werden Anforderungsprofile jedoch nicht auf Basis einer solchen Arbeitsplatz- und Tätigkeitsanalyse erstellt, sondern orientiert an allgemeinen Plausibilitätsüberlegungen und subjektiven Vorstellungen davon, was Bewerber X für Fähigkeiten besitzen muß, um Stelle Y adäquat ausfüllen zu können. Ein Resultat dieser Vorgehensweise ist, daß überzogene und unpräzise "Soll-Vorstellungen" bzgl. neuer Mitarbeiter generiert werden, die mit der Realität der zu besetzenden Position wenig zu tun haben. Begriffe wie "Belastbarkeit", "Flexibilität", "Mobilität", "Entscheidungsfreude" oder "hohe Motivation", die sich in

zahlreichen Stellenausschreibung finden lassen, sind gute Beispiele für solche unpräzisen, falsche Schlußfolgerungen und Erwartungen provozierende "Soll-Vorstellungen". Unternehmen sollten sich daher um eine *konkrete* und *realistische* Anforderungsprofilformulierung bemühen, die darauf abzielt, *geeignete* Mitarbeiter, also nicht unqualifizierte, unmotivierte Personen, aber auch nicht überqualifizierte oder übermotivierte Bewerber auszuwählen (vgl. Kompa, 1989). Die Erstellung unpräziser, dafür aber hochgesteckter Qualifikationsanforderungen besitzt möglicherweise Anreizcharakter für Personen mit arbeitssüchtigen Einstellungs- und Verhaltensmustern (perfekt sein wollen, alles selber machen können, hohe Opferbereitschaft für berufliche Arbeit, eindimensionale Macht-/ Statusorientierung etc.). Auch deshalb sollten Unternehmen daran interessiert sein, ihre Personalauswahl nicht an Utopien, sondern am tatsächlichen Bedarf zu orientieren.
Voraussetzung für die Erstellung angemessener Anforderungsprofile ist, daß innerhalb des auswählenden Unternehmens keine arbeitssüchtige Organisationskultur bzw. arbeitssüchtige Verhaltensmuster fördernde Organisationsstruktur vorherrscht (vgl. Schaef & Fassel, 1988, bzw. weiter unten). Sollte dies der Fall sein, ist nicht mit der Entwicklung realistischer Anforderungsprofile zu rechnen. An dieser Stelle kann leider nicht auf die Gründe und Ursachen der Etablierung unangemessener, überzogener Qualitäts- und Qualifikationsanforderungen an neue Mitarbeiter eingegangen werden. Es ist jedoch anzunehmen, daß solche Anforderungsprofile insbesondere bei höherrangigen Positionen u.a. ihre Grundlage haben in Selbstdarstellungstendenzen des Unternehmens und der für die Stellenbesetzung verantwortlichen Mitarbeiter. So wird ein Unternehmensimage kreiert, das sowohl nach außen als auch nach innen identitätsstiftend wirkt und den Eindruck erweckt, daß nur extrem hoch qualifizierte Bewerber überhaupt eine Chance auf Einstellung haben, während sich bereits in der Organisation befindliche Mitarbeiter einem anspruchsvollen, nur die besten Bewerber akzeptierenden Unternehmen zugehörig fühlen können (zum Begriff des Unternehmensimages siehe z.B. Bergler, 1987).

Verfügt ein Unternehmen über ein präzise formuliertes, realistisches Anforderungsprofil für eine Stellenbesetzung, so ist im Rahmen des Personalauswahlverfahrens durch die Erhebung des Fähigkeitsprofils der einzelnen Bewerber eine Entscheidungsgrundlage für die Selektion zu schaffen (Ist-Soll-Vergleich). Die Erhebung des Fähigkeitsprofils kann über verschiedene Methoden und Instrumente (Sichtung der Bewerbungsunterlagen, Einstellungsinterview, Testverfahren, Assessment-Center, Probezeit etc.) erfolgen. Steinmann et al. (1984) räumen ein, daß die Analyse von Bewerbungsunterlagen, die Durchführung von Interviews und die Auswertung von Testverfahren lediglich allenfalls *erste Hinweise* auf einen arbeitssüchtigen Bewerber geben können, und dies auch nur, wenn eine besondere Sensibilisierung der die Personalentscheidung treffenden Stellen für die Arbeitssuchtproblematik vorhanden ist. Die Autoren werten hervorragende Zeugnisse, eine breit gefächerte Ausbildung und einen beruflichen Werdegang mit deutlich positiver Tendenz als mögliches Indiz "für den ständigen Bedarf nach höheren Dosen der

Droge Arbeit" (Steinmann et al., 1984). Diese Schlußfolgerung erscheint sehr gewagt und ist empirisch ungeprüft. Andererseits gibt es jedoch beispielsweise im Bereich der Alkoholismusforschung Hinweise darauf, daß unter *Akademikern* der Anteil der Alkoholiker größer ist bei den gemäß Abschlußzeugnissen eher *besseren* Absolventen von Hochschulen oder Fachhochschulen (Bissell & Haberman, 1984).
Die von Steinmann et al. (1984) angeregte Vorsicht bei allzu guten Zeugnissen läuft allerdings auch der gängigen Auswahlpraxis sämtlicher Unternehmen entgegen, da trotz Wissens um die eher gering einzuschätzende Aussagekraft von Bewerbungsunterlagen (siehe dazu z.B. Weinert, 1990) in vielen Fällen gute Zeugnisse oder breite berufliche Erfahrung als Grundlage erster Auswahlschritte herangezogen werden. Die Sensitivität dieses Kriteriums dürfte darüber hinaus viel zu gering sein, um diagnostische Aussagen bzgl. des Vorliegens einer Arbeitssuchtproblematik treffen zu können. Mit einer extrem hohen Zahl von falschen Arbeitssuchtdiagnosen ("falsch Positive") muß bei ausschließlicher Bezugnahme auf ein solches Kriterium gerechnet werden. Von daher ist es sehr zu begrüßen, daß Steinmann et al. (1984) die Erhebung zusätzlicher Informationen zum Arbeitsverhalten für zwingend notwendig erachten, um Aussagen zu einer möglichen Arbeitssuchtproblematik machen zu können.
Steinmann et al. (1984) regen an, in Einstellungsinterviews z.B. nach Freizeitaktivitäten zu fragen oder das Kommunikationsverhalten des Bewerbers außerhalb arbeitsbezogener Inhalte zu beobachten. Anregungen für entsprechende Interviewfragen ergeben sich auch aus den empirischen Resultaten der vorliegenden Arbeit.
Steinmann et al. (1984) schätzen die Möglichkeit der Identifizierung von Arbeitssüchtigen über allgemein bekannte Testverfahren eher gering ein. Sowohl Leistungs- als auch umfassende Persönlichkeitstests seien wegen mangelnder Diskriminationspotentiale für eine Arbeitssuchtdiagnose wenig geeignet. Dieser Auffassung ist vorbehaltlos zuzustimmen, da bislang keine Testverfahren speziell zur Erfassung arbeitssüchtiger Einstellungs- und Verhaltensmuster konstruiert wurden. Umfassendere psychometrische Untersuchungen arbeitssüchtiger Personen liegen ebenfalls nicht vor. Möglicherweise läßt sich diese Situation verbessern, wenn es zu einer Verbesserung der Operationalisierung und Diagnose der Arbeitssuchtsymptomatik und zur Entwicklung bzw. zum Einsatz arbeitssuchtspezifischer Verfahren kommt.
Auf die diagnostischen Möglichkeiten zur Erfassung einer Arbeitssuchtproblematik im Rahmen umfassenderer, aufwendigerer Personalauswahlverfahren (Assessment-Center, Probezeit etc.) gehen Steinmann et al. (1984) nicht ein. Solche Verfahren dürften jedoch wegen ihrer Verhaltensorientierung und ihrer längerfristigen Zeitperspektive besonders geeignet sein, arbeitssüchtige Einstellungs- und Verhaltensmuster eines Bewerbers zu identifizieren. Erforderlich wäre aber auch hier eine exakte Definition und Operationalisierung des als arbeitssüchtig bezeichneten Verhaltens. Eine Überqualifikation von Bewerbern versucht man im Rahmen von Assessment-Centern durch die Verwendung sogenannter "Balanceskalen" aufzudecken, die dem Prinzip folgen, daß nicht nur ein

Zuwenig, sondern auch ein Zuviel einer bestimmten geforderten Fähigkeit unerwünscht ist. Es wäre auch hier noch zu untersuchen, ob ein systematischer Zusammenhang zwischen dem Vorliegen einer Arbeitssuchtproblematik und einer ausgeprägten Überqualifikation in verschiedensten Anforderungsbereichen feststellbar ist. Theoretisch ist dies eher unwahrscheinlich, da arbeitssüchtiges Verhalten oftmals eben nicht mit hochqualifiziertem Handeln verbunden ist.

9.1.2 Arbeitssuchtprävention und -intervention durch geeignete Maßnahmen zur Personalerhaltung

Unter dem Begriff der *Personalerhaltung* fassen Steinmann et al. (1984) alle Maßnahmen zusammen, die die langfristige Sicherung des Leistungspotentials der Mitarbeiter für das Unternehmen zum Ziel haben. Insbesondere zählt dazu "das Bereitstellen von materiellen und immateriellen Anreizen zur Schaffung von Arbeitszufriedenheit, Bindung des Individuums an das Unternehmen und zur dauerhaften Leistungsbereitschaft" (Steinmann et al., 1984, S. 18). Bezüglich der Prävention von Arbeitssucht sehen Steinmann et al. (1984), aber auch Evans & Bartolomè (1982) und Pace et al. (1987) die Korrektur des Anreizsystems eines Unternehmens als wesentliche Aufgabe an, da das traditionelle System bei Arbeitssüchtigen eine dysfunktionale Wirkung habe. Das Prinzip "Mehr Lohn für mehr Arbeit" habe eine suchtfördernde, gleichzeitig aber auch arbeitssüchtiges Verhalten legitimierende Wirkung. Steinmann et al. (1984) äußern sich nicht dazu, *wie* eine solche Korrektur des Anreizsystemes aussehen könnte. Denkbar wären z.B. Verschiebungen der Bewertungsgrundlagen für materielle und immaterielle Anreize von quantitativen Aspekten hin zu qualitativen Kriterien, von kurzfristigen Ansatzpunkten zu mittel- und langfristigen Beurteilungszeiträumen (beispielsweise bzgl. Vertragsabschlüssen im Finanzdienstleistungssektor), von "harten" Kriterien (Umsatz, Produktionsumfang, Anzahl der Kunden etc.) zu "weichen", aber ebenso zentralen Kriterien wie Mitarbeiterzufriedenheit, Kundenzufriedenheit, Produktionsqualität oder die Einführung von kollektiven anstatt individuellen Gewinnbeteiligungssystemen, die das Ergebnis eine *Gruppe* berücksichtigen und die nicht auf *Einzelleistungen* abheben. Eine solche Umstrukturierung des Anreizsystems könnte zur Folge haben, daß bei gleichzeitiger Effektivitätssteigerung das Tempo des Arbeitsprozesses verlangsamt und so eine sinnvollere und langfristigere Strukturierung der Arbeit möglich wird.

Als weiteres Instrument zur Prävention von Arbeitssucht im Bereich der Personalerhaltungsmaßnahmen nennen Steinmann et al. (1984) die Arbeitszeit-, Pausen- und Urlaubsregelung. Als diesbezüglich mögliche Strategien zur Prävention/Intervention bei Arbeitssucht werden die Einführung von Betriebsurlaub oder die Abgeltung von Urlaubsansprüchen ausschließlich in größeren zeitlichen Zusammenhängen vorgeschlagen. Es ist allerdings zu bezweifeln, daß solche isoliert durchgeführten "Zwangsmaßnahmen" ein probates Mittel zur Verhinderung arbeitssüchtiger Verhaltens- und Einstellungsmuster darstellen. Vielmehr ist zu erwarten, daß ein Arbeitssüchtiger die so entstehende freie Zeit

ebenfalls mit Arbeits- oder arbeitsbezogenen Aktivitäten ausfüllt oder aber Wege findet, um diese Einschränkungen zu umgehen. Verwiesen sei hier auf das Beispiel eines im Rahmen der Pilotgespräche zur Studie von Poppelreuter (1996) (vgl. Kapitel 10) interviewten Arbeitssüchtigen, der berichtete, daß ihm sein früherer Arbeitgeber, als seine süchtigen Arbeitsmuster offenbar wurden, die Arbeit am Wochenende in den Büros des Unternehmens verbot und ihn dazu zwang, die Schlüssel zu den Büroräumen jeweils freitags abzugeben. Der Mann, der als Prokurist (!) für das weltbekannte Großunternehmen tätig war, kündigte daraufhin und machte sich, zumindest nach monetären Gesichtspunkten, sehr erfolgreich selbständig.
Auch wenn sie als "Zwangsmaßnahme" zur Verhinderung von Arbeitssucht eher mit Skepsis zu betrachten ist, so könnte eine Betonung der Arbeitszeit-, Pausen- und Urlaubsregelung allerdings positive Auswirkungen auf die allgemeine Unternehmenskultur haben und zeigen, daß ein Unternehmen nicht nur an der ökonomischen Effektivität seiner Mitarbeiter, sondern gerade deswegen auch an deren physischem und psychischem Wohlergehen interessiert ist.
Schließlich regen Steinmann et al. (1984) im Rahmen der Personalerhaltungsmaßnahmen zur Prävention von Arbeitssucht eine stärkere Sensibilisierung des arbeitsmedizinischen Bereiches für diese Problematik an. Häufig ist im Zusammenhang mit arbeits- und betriebsmedizinischen Untersuchungen ein Einwirken auf betroffene Arbeitssüchtige eher möglich, da die Bereitschaft zur Behebung somatischer Probleme ausgeprägter ist als eine Bereitschaft zur Auseinandersetzung mit häufig hinter solchen Problemen stehenden psychischen Schwierigkeiten.

9.1.3 Arbeitssuchtprävention und -intervention durch geeignete Personalentwicklungsstrategien

Personalentwicklungsmaßnahmen dienen nach Steinmann et al. (1984) dem Ziel, die Qualifikationspotentiale der Mitarbeiter mit dem quantitativen und qualitativen Personalbedarf des Unternehmens zur Deckung zu bringen. Diese Deckungsgleichheit soll dabei nicht nur durch die Vermittlung arbeitsbezogenen Wissens und arbeitsbezogener Kenntnisse geleistet werden, sondern erfordert ebenso eine Beeinflussung des Mitarbeiterverhaltens (vgl. weiter oben).
Hinsichtlich der Prävention von Arbeitssucht halten es Steinmann et al. (1984) für notwendig, das Instrumentarium der Personalentwicklung auf potentiell suchtfördernde Faktoren zu untersuchen. Im Rahmen von Personalentwicklungsmaßnahmen angebotene Seminare z.B. zum Time-Management oder zur effektiven Arbeitserledigung könnten beim Arbeitssüchtigen unerwünschte Effekte provozieren. Auch hier stellt sich, wie schon bei der Personalauswahl erörtert, ein Diagnoseproblem, jetzt allerdings in zweifacher Hinsicht:

a) Bei welchen Mitarbeitern liegen Hinweise auf arbeitssüchtige Einstellungs- und Verhaltensmuster vor?

b) Bietet die Organisation geeignete Personalentwicklungsmaßnahmen zur Bewältigung der (potentiellen) Arbeitssuchtproblematik an?

Wird ein Mitarbeiter als arbeitssüchtig identifiziert, was in der Regel nur in Übereinstimmung mit der Selbstbeurteilung des Mitarbeiters möglich sein dürfte, so ist nach Steinmann et al. (1984) als Personalentwicklungsmaßnahme ausschließlich eine externe Therapie indiziert, um die Progredienz der Problematik zu stoppen. Mit dieser Einschätzung bewegen sie sich in der Tradition der für andere Sucht-/Abhängigkeitssymptomatiken bekannten betriebs- und organisationspsychologischen Zurückhaltung bzgl. der sekundären Prävention, in der schwerpunktmäßig die Behandlung/Therapie von Störungen vorgesehen ist. Betriebs- und organisationspsychologische Maßnahmen sind eher ausgerichtet auf primärpräventive (Aufklärung für alle Mitarbeiter, Prophylaxemaßnahmen) bzw. tertiärpräventive (Wiedereingliederung/Stabilisierung Betroffener, Rehabilitation) Ziele (vgl. zu allgemeinen Präventionsaspekten Becker, 1990; Caplan, 1964).

Therapeutische Arbeit gehört auch bzgl. einer Arbeitssuchtproblematik mit Sicherheit *nicht* zu den Aufgaben einer Organisation. Allerdings sollten hier, wie bei anderen Sucht/Abhängigkeitssymptomatiken auch, einem betroffenen Mitarbeiter Hilfsangebote vermittelt werden können. Geeignete Personalentwicklungsmaßnahmen zur Prävention und Intervention bei Arbeitssucht im primär- bzw. tertiärpräventiven Bereich könnten z.B. sein: Beratungs-/Planungsgespräche, gruppendynamische Übungen, Teamentwicklungsmaßnahmen, Zielsetzungsseminare, Selbsterfahrungsübungen etc. (vgl. zu Verfahren der Personalentwicklung im allgemeinen z.B. Conradi, 1983; Holling & Liepmann, 1995; Sonntag, 1992).

Aus ihren Überlegungen resümieren Steinmann et al. (1984, S. 23) im Hinblick auf die Prävention von Arbeitssucht auf Unternehmensebene abschließend: "Notwendig erscheint uns (...) neben einer Sensibilisierung des personalwirtschaftlichen Systems im Unternehmen für das Phänomen Arbeitssucht eine Überprüfung und Erweiterung des 'Instrumentenkastens', um die von Arbeitssüchtigen für sich selbst und für die Ziel- und Zweckerreichung des Gesamtsystems ausgehenden Gefährdungen möglichst frühzeitig zu erkennen und auszuräumen."

9.2 Arbeitssuchtprävention und -intervention in Unternehmen durch umfassende Förderprogramme (Pace et al., 1987; Quick & Quick, 1984)

Die von Steinmann et al. (1984) beschriebenen Probleme der Diagnose, Behandlung und Prävention von Arbeitssucht im organisatorischen Bereich, die von Pace et al. (1987) ähnlich eingeschätzt werden, lassen sich nach Auffassung von Steinmann et al. (1984) nur durch eine interdisziplinäre Zusammenarbeit bewältigen.
Pace et al. (1987) regen zur Prävention von Arbeitssucht die Einrichtung von "Mitarbeiterunterstützungsprogrammen" an, die ähnliche Strukturen und Ziele aufweisen wie die auch in Deutschland bekannten Gesundheitszirkel (vgl. Westermayer & Bähr, 1994). Solche auf Prinzipien der Kleingruppenarbeit basierenden Programme haben den Vorteil, daß (potentielle) Arbeitssüchtige und von ihrem Arbeitsverhalten betroffene Vorgesetzte, Kollegen und Mitarbeiter in Gemeinschaft die Problematik durch strukturelle und personale Aspekte berücksichtigende Perspektiven zu lösen versuchen. Allerdings ist zu beachten, daß die Moderation einer solchen, individuell-persönliche Probleme anwesender Personen diskutierenden Kleingruppe erhöhte Anforderungen stellt. Aufgrund der bereits angesprochenen Abwehrtendenzen von (potentiellen) Arbeitssüchtigen ist eine extreme Dynamisierung des Gruppenprozesses nicht auszuschließen. Es erfordert ein ausgeprägtes Geschick seitens des Moderators, diese Dynamik auf geeignete Art und Weise zu kanalisieren. Naughton (1987) hebt die Chance hervor, die in einer solchen gruppenorientierten Vorgehensweise liegt. Durch eine solche Maßnahme läßt sich das Ausmaß des für den betroffenen Arbeitssüchtigen selbst wie für die ihn beschäftigende Organisation dysfunktionalen Verhaltens erkennen und reduzieren.

Quick & Quick (1984) betrachten die Prävention und Intervention bei arbeitssüchtigem Verhalten auf Unternehmensebene als ein Problem, das im Rahmen organisationsübergreifender Gesundheitsförderungsprogramme aufgelöst werden sollte. Ansatzpunkte für die Verhinderung arbeitssüchtiger Verhaltensstrukturen bieten sich nach Quick & Quick (1984) sowohl auf Seiten des Individuums als auch auf Seiten der Organisation. Individuelle Gesundheit und die Gesundheit der Organisation hängen nach Quick & Quick (1984) untrennbar zusammen. Die Prävention von Arbeitssucht ist daher auch nur unter Rückgriff auf systemische Betrachtungsweisen möglich, eine Kombination von Personal- und Organisationsentwicklungsmaßnahmen unerläßlich.
Die Autoren unterscheiden insgesamt vier große Maßnahmenblöcke zur Förderung oder (Wieder-) Herstellung der individuellen und organisatorischen Gesundheit, je zwei das Individuum bzw. die Organisation betreffend. Da diese Aktivitäten im Rahmen von Personal- oder Organisationsentwicklungsmaßnahmen auch sinnvoll zur Prävention von oder Intervention bei arbeitssüchtigen Verhaltensmustern eingesetzt werden können, sollen sie im folgenden näher erläutert werden.

9.2.1 Maßnahmen der Organisation zur Modifikation von Arbeitsanforderungen

Bereits mehrfach wurde darauf hingewiesen, daß arbeitssüchtiges Verhalten durch strukturelle Gegebenheiten begünstigt oder sogar ausgelöst werden kann. Organisationen sollten darum bemüht sein, die durch die zu leistende Arbeit entstehenden Anforderungen und Belastungen auf Mitarbeiterseite so zu gestalten, daß der Entstehung arbeitssüchtiger Verhaltensmuster entgegengewirkt wird (vgl. Naughton, 1987).

Neben den bereits von Steinmann et al. (1984) genannten Arbeitszeit-, Pausen- und Urlaubsregelungen, die von Quick & Quick (1984) unter dem Stichwort "flexible Arbeitszeiten" behandelt werden, nennen die Autoren folgende organisatorische Maßnahmen zur Arbeitsanforderungsmodifikation:

- Aufgabenstrukturierung
  Da ein arbeitssuchtförderndes Element die Unter- wie die Überforderung der Person am Arbeitsplatz sein kann, sollte ein Unternehmen darum bemüht sein, für jede zu besetzende Position eine möglichst hohe Übereinstimmung zwischen der für eine bestimmte Stelle notwendigen Qualifikation und den Fähigkeiten des Stelleninhabers zu gewährleisten (siehe auch weiter oben). Naughton (1987) spricht in diesem Zusammenhang von einer angemessenen Passung zwischen dem persönlichen Ausmaß an Hingabe zur Arbeit und den Anforderungen, die ein Arbeitsplatz stellt.
- Partizipation
  Eine stärkere Einbeziehung des Arbeitssüchtigen in Entscheidungsprozesse, Teamarbeitsprojekte und Organisationsabläufe kann möglicherweise verhindern, daß der Betroffene mehr und mehr isoliert seine Aufgaben zu bewältigen versucht. Partizipation kann auch eine verstärkte Verantwortung und Rücksichtnahme Mitarbeitern und Kollegen gegenüber bedeuten (vgl. Maslach, 1986).
- Karriereentwicklung
  Durch geeignete Karriereentwicklungsprogramme mit realistischen Inhalten und Zielsetzungen kann eine gewisse Form von Transparenz und Sicherheit entstehen, die dem (potentiellen) Arbeitssüchtigen Orientierung vermitteln und deutlich machen sollte, welches Anspruchsniveau von ihm für ein betriebliches Fortkommen erfüllt werden muß (vgl. Evans & Bartolomé, 1982).
- Arbeitsumfeldgestaltung
  Mit Maßnahmen der Arbeitsumfeldgestaltung läßt sich eine Unternehmenskultur verdeutlichen, die an einem ausgewogenen Verhältnis von Arbeit und Erholung (auch während der Arbeitszeit) orientiert ist. Eine an entsprechenden Prinzipien orientierte Gestaltung von Büro- und Arbeitsräumen ist hier ebenso zu nennen wie die Strukturierung des Arbeitsablaufes, die Möglichkeiten zur Erholung und kurzfristigen Ablenkung von der eigentlichen Arbeitstätigkeit bieten sollte. Evans & Bartolomé (1982) nennen in diesem Zusammenhang auch die Ausweitung organisatorischer Werte, d.h. die Entwicklung einer Organisationskultur, die nicht nur das Bemühen um den Aufstieg betont, sondern auch Möglichkeiten zum Stolz auf die eigene Leistung außerhalb

materieller oder immaterieller Anreize bietet.

9.2.2 Maßnahmen der Organisation zur Verbesserung der Arbeitsplatzbeziehungen

Arbeitssüchtiges Verhalten kann, wie geschildert wurde, zu einer belastenden Arbeitsatmosphäre für alle Beteiligten führen, es kann aber auch durch eine unklare Beziehungsstruktur am Arbeitsplatz gefördert werden. Da *jedes* Arbeitsergebnis einer Organisation das Resultat des Zusammenwirkens einiger oder sogar aller Mitglieder der Organisation ist, schließt die Prävention von Arbeitssucht oder die Überwindung einer Arbeitssuchtproblematik eine Berücksichtigung der am Arbeitsplatz gegebenen interpersonellen Beziehungen mit ein. Maßnahmen zur Verbesserung der Arbeitsplatzbeziehungen sind nach Quick & Quick (1984)

- die *Rollenanalyse*, mit der individuelle Erwartungen, Wünsche und Bedürfnisse von Vorgesetzten, Mitarbeitern, Kollegen und anderen Schlüsselpersonen geklärt und auf ihre Kompatibilität hin untersucht werden sollen,
- die *Zielsetzung*, die zu mehr Einigkeit und Transparenz im Vorgehen führen soll,
- die *soziale Unterstützung*, die dazu dienen soll, persönliche Stressoren am Arbeitsplatz adäquat zu bewältigen,
- die *Teamentwicklung*, die der Aufarbeitung interpersoneller Konflikte dienen und zugleich das Zusammengehörigkeitsgefühl der Mitarbeiter stärken soll.

Gerade die letztgenannte Maßnahme erscheint in bezug auf arbeitssüchtige Mitarbeiter sinnvoll, da diese zur "einsamen Entscheidung" tendieren und sich Möglichkeiten der Delegation oder der sinnvollen Verantwortungsabgabe im Prozeß ihrer Suchtentwicklung häufig mehr und mehr verschließen. Ein Vergleich mit den Ausführungen des Kapitels 9.1.3 zeigt, daß Quick & Quick (1984) insbesondere auf soziale oder emotionale Aspekte abzielende Personalentwicklungsmaßnahmen als geeignete Instrumente zur Analyse und Verbesserung der Arbeitsplatzbeziehungen vorschlagen.

9.2.3 Individuelle Maßnahmen zur Koordination von Arbeitsanforderungen und persönlichen Bedürfnissen

Während die genannten organisationsbezogenen Maßnahmen eher präventiven Charakter haben, kommt den im folgenden erörterten individuellen Maßnahmen in stärkerem Maße explizit therapeutische Bedeutung zu. Da die Aufarbeitung und Überwindung einer Arbeitssuchtproblematik, wie auch die Auseinandersetzung mit jeder anderen stoffungebundenen Sucht oder stoffgebundenen Abhängigkeit nicht gegen den Willen oder ohne die aktive Mitarbeit des Betroffenen geschehen kann, sind auch die genannten individuellen Maßnahmen zur Prävention und Intervention bei Arbeitssucht in ihrem Erfolg zu einem großen Teil von der Einsicht und Veränderungsbereitschaft des Betroffenen abhängig. Da Unternehmen nicht die Aufgabe haben, therapeutisch auf ihre Mitarbeiter einzuwirken, sollten von Organisationsseite aus für die im folgenden vorgeschlagenen Ansatzpunkte weniger inhaltliche Beiträge geliefert, sondern eher strukturelle und formale Rahmenbedingungen zur Durchführung solcher Maßnahmen gewährleistet werden. In Anlehnung an Quick & Quick (1984) läßt sich als ein Ziel zur Vermeidung arbeitssüchtiger Einstellungs- und Verhaltensmuster die geeignete Koordination von Arbeitsanforderungen und persönlichen Bedürfnissen nennen. Quick & Quick (1984) schlagen als mögliche individuelle Maßnahmen zur Erreichung dieses Zieles vor:

- Streßbewältigungsprogramme
  Solche Programme haben den Zweck, daß der Arbeitssüchtige durch eine Analyse seines Arbeitsverhaltens und durch die Erarbeitung der dieses Verhalten begünstigenden oder bedingenden Faktoren in die Lage versetzt wird, süchtige Verhaltenstendenzen zu kontrollieren und alternative Verhaltensreaktionen zur Anwendung innerhalb der Auslösesituationen zu entwickeln. Auch könnten im Rahmen solcher Programme Neubeurteilungen von Situationen und Bedürfnissen ebenso wie von Ansprüchen und Anforderungen an sich selbst und an andere durch den Arbeitssüchtigen vorgenommen werden.
- Gestaltung der persönlichen Arbeitsumgebung
  Der Arbeitssüchtige, der seine Problematik in den seltensten Fällen durch ein völlig abstinentes "Nicht-mehr-Arbeiten" bewältigen kann, muß lernen, durch zielgerichtete und realistische Planungsstrategien, durch ein sinnvolles Zeitmanagement, durch Techniken zur Vermeidung süchtigen Arbeitsverhaltens und mit Hilfe externaler Unterstützung sein Arbeitsverhalten neu zu strukturieren. Nur ein "kontrolliertes Arbeiten" (Mentzel, 1979) kann ihm dabei helfen, nicht wieder in alte Verhaltensmuster zurückzufallen. Der Gestaltung des Arbeitsumfeldes kommt dabei eine wesentliche Bedeutung zu (Möglichkeit der kurzfristigen Ablenkung/Erholung, geregelte Arbeitszeit etc.; vgl. weiter oben).
- Lebensstilgestaltung
  Zur Überwindung der Arbeitssuchtproblematik muß die betroffene Person sich ebenfalls mit ihrem bisherigen Lebensstil und dem zukünftig beabsichtigten Lebensstil auseinandersetzen. Auch Quick & Quick (1984) fordern, ebenso wie andere Autoren, daß der Arbeitssüchtige eine Balance in seinem Leben anstrebt, wobei die Arbeitstätigkeit *nur ein Bereich unter mehreren* sein sollte, aus denen persönliche Befriedigung, Anregung, Bereicherung, Identität usw. bezogen werden (vgl. Naughton, 1987). Als mögliche alternative Bereiche nennen die Autoren die Familie, soziale Aktivitäten, künstlerische und kulturelle Beschäftigungen oder Religiösität und Spiritualität. Die Betonung *verschiedener* zentraler Lebensbereiche schafft ein breiteres Maß an sozialer und emotionaler Unterstützung (Quick & Quick, 1984). Zur Realisierung einer solchen Verbreiterung der Identitätsbasis schlagen Quick & Quick (1984) einen strukturell und inhaltlich veränderten Umgang mit Freizeit oder die Inanspruchnahme

von "Karrierepausen" bzw. "Sabbatzeiten" vor, die strukturiert oder unstrukturiert verbracht werden können. Bei strukturierten Maßnahmen wird der Arbeitsplatz für eine Zeit verlassen, um an Fortbildungsprogrammen oder sozialen Diensten teilzunehmen, bei unstrukturierten Maßnahmen findet eine individuelle, häufig wechselhafte Ausgestaltung statt. Im Zusammenhang mit der Aufarbeitung einer Arbeitssuchtproblematik erscheint eine unstrukturiert-kontrollierte Nutzung der zur Verfügung stehenden Zeit indiziert. Interessanterweise wird die Einrichtung von "Sabbatjahren" zur besseren Verteilung der Arbeit und damit als eine Möglichkeit zur Schaffung neuer Arbeitsplätze auch in der Bundesrepublik Deutschland diskutiert.

9.2.4 Individuelle Maßnahmen zur Entspannung und Symptomreduzierung

Da ein zentrales Ziel der Überwindung von Arbeitssucht nicht die "Arbeitsabstinenz", sondern das "kontrollierte Arbeiten" ist, bietet sich im Rahmen der betrieblichen Prävention und Intervention bei Arbeitssucht auch die Vermittlung individueller Möglichkeiten zur Entspannung und Reduzierung von Streßsymptomen an. Quick & Quick (1984) nennen in diesem Zusammenhang:

- Entspannungstrainings (wie z.B. Progressive Muskelrelaxation nach Jacobson, 1929, 1978; Transzendentale Meditation, Autogenes Training o.ä.),
- körperliche Übungen (sportliche Betätigung, Gymnastik o.ä.),
- emotionale Entspannungen (über Gespräche, schriftliche Aufzeichnungen, Ausagieren von Emotionen),
- das Aufsuchen eines Beraters bzw. die Aufnahme einer Psychotherapie (im Sinne eines Coachings mit unterschiedlichen Schwerpunkten wie z.B. symptomspezifische Programme, individuelle Psychotherapie, Verhaltensmodifikation, Gruppentherapie, Karriereberatung),
- regelmäßige medizinische Kontrollen,
- der Besuch von Selbsthilfe- oder Unterstützungsgruppen.

Die Ausführungen von Quick & Quick (1984) belegen eindrucksvoll, welche vielfältigen Möglichkeiten sowohl dem Individuum als auch der Organisation zur Prävention von und Intervention bei Arbeitssucht zur Verfügung stehen. Zentral sollte jedoch unabhängig von der durchgeführten Personal- oder Organisationsentwicklungsmaßnahme sein, daß jede Form von Präventions- und Interventionsarbeit eine Evaluation mit einschließt. Probleme einer solchen Evaluationsarbeit wurden im Zusammenhang mit individuellen Psychotherapiemaßnahmen schon angesprochen (vgl. Kapitel 8) und sollen hier nicht weiter vertieft werden. Weitere Informationen zu dieser Thematik finden sich aber z.B. bei Becker & Langosch (1995), Nölder (1990) oder Quick & Quick (1984).

9.3 Das Problem der "süchtigen Organisation" (Schaef & Fassel, 1988)

Bevor die bereits angesprochene Problematik der "süchtigen Organisation" (Schaef & Fassel, 1988) als ungünstige Voraussetzung zur Überwindung einer individuellen Arbeitssuchtsymptomatik intensiver beleuchtet wird, soll zunächst kurz auf die Präventions- und Interventionsvorschläge von Fassel (1991) zur Vermeidung bzw. Bewältigung einer Arbeitssuchtproblematik eingegangen werden. Fassel (1991), die Arbeitssucht als eine sowohl individuell als auch systembedingte *Krankheit* mit unter Umständen tödlichem Ausgang betrachtet, stellt die "gesunde Beziehung zum Arbeitsprozeß" (Fassel, 1991, S. 151) als zentrales Ziel jeder Präventions- und Interventionsmaßnahme heraus. Insbesondere die Problembewältigung bei Arbeitssuchtbetroffenen erfordere ein sehr sorgfältig geplantes, ganzheitlich orientiertes Genesungsprogramm. Obschon Fassel (1991) einen systemorientierten Ansatz zur Bewältigung von Arbeitssucht präferiert, schildert sie dennoch schwerpunktmäßig individuelle Möglichkeiten und Aufgaben bei der Auseinandersetzung mit und der Überwindung von Arbeitssucht. Der betroffene Arbeitssüchtige müsse lernen, "ins Leben zurückzukehren" (Fassel, 1991, S. 154). Dafür sind folgende Voraussetzungen zu erfüllen:

- Es ist eine gewisse Form von Arbeitsabstinenz notwendig, die entweder darin besteht, *ganz* oder *zeitweise* mit der Arbeit aufzuhören, oder mit der *derzeitigen Arbeit* aufzuhören, oder die *Arbeit einzuschränken*. Es ist nicht zu verkennen, daß insbesondere für die beiden erstgenannten Formen der Arbeitsabstinenz, aber auch für die Arbeitseinschränkung auf individueller wie auf organisatorischer Ebene Voraussetzungen für entsprechende Verhaltensoptionen vorliegen oder geschaffen werden müssen.
- Es muß die Erkenntnis kommen, welche Personen, Situationen, Objekte, Stimmungen, Kognitionen etc. das süchtige Verhalten begünstigen und/oder auslösen.
- Ein *tägliches Programm* für die Arbeit, eine Art Rahmenplan zur künftigen Strukturierung und Kontrolle der Arbeitstätigkeit ist zu erstellen. Dieser Rahmenplan basiert auf einer vorangegangenen Arbeitsinventur.

Unterstützend bei der Bewältigung einer Arbeitssuchtproblematik wirken nach Fassel (1991, S. 165 ff.):

- Selbsthilfegruppen,
- Angehörige,
- die Organisation.

Der Organisation fällt die Aufgabe zu, Mitarbeiter über Merkmale und Gefahren der Arbeitssucht zu *informieren*, bei betroffenen Arbeitssüchtigen aktiv zu *intervenieren*, das *Unternehmensklima* zu *verändern* sowie *Kosten-Nutzen-Berechnungen* zur Quantifizierung der Vor- und Nachteile von Arbeitssucht im Unternehmen bzw. der Gewinne und Verluste von Präventions- und Interventionsmaßnahmen bzgl. Arbeitssucht durchzuführen (Fassel, 1991).

Ähnlich wie bei anderen Sucht- und Abhängigkeitssymptomatiken (vgl. z.B. bzgl. Alkoholismus Cramer & Schultz, 1990) sollte auch bei Arbeitssucht sowohl seitens der Angehörigen als auch seitens der Organisation ein "konstruktiver Druck" auf den Betroffenen ausgeübt werden, der nach Fassel (1991) aufbauen sollte auf einer möglichst wertfreien Beschreibung des Verhaltens des Arbeitssüchtigen und der gleichzeitigen Ankündigung von Konsequenzen, die man ziehen wird, wenn sich an dem problematischen Verhalten nichts ändert. Wichtig ist, daß der betroffene Arbeitssüchtige *Verantwortung* übernimmt, sowohl für die Entwicklung der Arbeitssuchtproblematik als auch für deren Überwindung. Nur der betroffene Arbeitssüchtige selbst kann letztlich die Problematik angehen und überwinden. Selbsthilfegruppen, Angehörige, Mitarbeiter, Kollegen, die Organisation usw. können "nur" flankierend wirken, ohne daß mit einer solchen Äußerung ihre generelle Bedeutung und Wichtigkeit geschmälert werden soll.

Allerdings betonen Schaef & Fassel (1988), daß eine individuelle Arbeitssuchtintervention auf Unternehmensebene voraussetzt, daß die Gesamtorganisation nicht süchtig ist. Die Autorinnen nehmen an, daß Systeme - also auch Organisationen - ebenso wie Personen süchtige Einstellungs- und Verhaltensmuster aufweisen können (vgl. Kets De Vries & Miller, 1991). Die süchtige Organisation ist gekennzeichnet durch (vgl. Fassel & Schaef, 1991, bzw. Schaef & Fassel, 1988, p. 139ff; Übers. d. Verf.):

1) Spezifische Kommunikationsformen

   Es wird in süchtigen Organisationen häufig indirekt kommuniziert, die Kommunikation ist vage, verworren und ineffektiv. Schriftliche Kommunikation (Memos, Rundschreiben, Aushänge) überwiegt gegenüber direkter mündlicher Kommunikation. Eine Kommunikation zwischen zwei Personen findet häufig über Dritte statt (Triangulation), Gerüchte und Geheimnisse spielen im Rahmen der Kommunikation eine große Rolle. Kommunikation dient eher der Problemverdrängung/-leugnung, nicht der direkten ehrlichen Aussprache. Gefühle dürfen nicht kommuniziert werden, sie werden ebenso wie Intuitionen und Imaginationen dem Prinzip der Logik und der Rationalität unterstellt. Schaef & Fassel (1988) fordern keineswegs eine Aufgabe des Rationalitätsprinzips für Organisationen, sondern eine Integration von rationalen und emotionalen Aspekten. Süchtige Organisationen, so Schaef & Fassel (1988), seien dazu häufig nicht in der Lage, da sie nicht in Kategorien des "sowohl-als-auch" oder des "einerseits-andererseits", sondern nur in Kategorien des "entweder-oder" agieren würden.

2) Spezifische Einstellungs-/Denkmuster

   Süchtige Organisationen, so Schaef & Fassel (1988), würden nicht aus vergangenen Fehlern und Erfahrungen lernen. Zahlreiche Abwehrmechanismen wie z.B. Externalisierung, Projektion und Verantwortungsleugnung trügen zu einer Stabilisierung des Status quo bei. Ein strikt dualistisches Denken ("entweder-oder", "schwarz oder weiß") führe zu mangelnder Offenheit der Organisation für äußere Anregungen und damit zu Inflexibilität und fehlender Innovationsfähigkeit.

3) Spezifisches Führungs- und zwischenmenschliches Verhalten
   In süchtigen Organisationen läßt sich im interpersonellen Kontakt häufig Verleugnung und Unehrlichkeit feststellen. Abschottung nach außen, Selbstbezogenheit, eine Tendenz zur Abwertung bei gleichzeitigem illusorischem Perfektionismus, eine ausgeprägte Krisenorientierung und ein Hang zur Manipulation sind weitere Merkmale im Führungs- und interpersonellen Verhalten süchtiger Organisationen (Schaef & Fassel, 1988).
4) Strukturelle Merkmale
   Im strukturellen Bereich weisen süchtige Organisationen eine fehlende Kongruenz zwischen Organisationsaufbau und Organisationszielsetzung auf. Die Organisationsstruktur ist durchzogen von einem ausgeprägten Bedürfnis nach Kontrolle, einer rigiden Art der Aufgabenerledigung, einer starken Leistungsorientierung und einem ausgeprägten Formalismus, der zu Lasten der inhaltlichen Arbeit zur Erreichung des Organisationszieles geht. Süchtige Organisationen legen übertrieben großen Wert auf eine positive Außendarstellung, was zu einer im schlimmsten Fall völligen Negierung interner Probleme, Schwierigkeiten und Konflikte sowohl nach außen als auch nach innen führt.

Schaef & Fassel (1988) prognostizieren schwerwiegende Konsequenzen für Organisationen, die solche "süchtigen" Merkmale aufweisen und die diese nicht durch umfassende Organisationsentwicklungsmaßnahmen zu überwinden versuchen. Zentrale Voraussetzungen für erfolgreiche Organisationsentwicklungsmaßnahmen bei süchtigen Organisationen sind:

- die Bereitschaft der Organisation zur grundlegenden Veränderung,
- die Einbeziehung aller Organisationsebenen und aller Organisationsmitglieder,
- eine systemische Betrachtungsweise, die das isolierte "herumdoktern" an einzelnen Defiziten verhindert,
- eine prozeßorientierte Langzeitperspektive.

Es muß an dieser Stelle offen bleiben, inwiefern sich das von Schaef & Fassel (1988) beschriebene "süchtige" Organisationsverhalten operationalisieren und in empirischen Studien bestätigen läßt. Die Etikettierung des rein deskriptiven Ansatzes als das "Problem der süchtigen Organisation" basiert bislang offensichtlich lediglich auf vordergründigen Parallelen im Verhalten individueller Süchtiger und den in manchen Organisationen feststellbaren Handlungs- und Reaktionsstilen. Eine weitere Auseinandersetzung mit diesem Ansatz ist geboten.
Kets De Vries & Miller (1991) vertiefen den Ansatz der süchtigen Organisation insofern, als daß sie annehmen, daß stabile und generelle psychologische Orientierungen von führenden Mitgliedern einer Organisation erheblichen Einfluß auf die "neurotischen Verhaltensstile" der Organisation und die innerhalb der Organisation vorherrschende Kultur haben. Neurotisch-pathologische Handlungsstile von Führungskräften in Organisationen

führen nach Kets De Vries & Miller (1991) zu pathologisch zu nennenden Organisationsstrukturen und -strategien. Die Autoren unterscheiden idealtypisch insgesamt fünf Formen pathologischer Organisationen: die *paranoide* Organisation, die *depressive* Organisation, die *dramatische* Organisation, die *zwanghafte* Organisation und die *schizoide* Organisation.
Diese unterschiedlichen Organisationsarten lassen sich durch spezifische zugrundeliegende Vorstellungen, Verhaltensstile der Organisationsmitglieder und Organisationskulturen kennzeichnen. Umgekehrt betonen Kets De Vries & Miller (1991) jedoch auch, daß solche pathologischen Organisationsformen erheblichen Einfluß auf individuelle Einstellungen und Verhaltensweisen von Organisationsmitgliedern haben können. Ähnlich wie bei Schaef & Fassel (1988) fehlt auch dem psychoanalytisch orientierten Ansatz von Kets De Vries & Miller (1991) eine empirische Fundierung. Die bzgl. der Ausführungen von Schaef & Fassel (1988) vorgetragenen Kritikpunkte gelten dementsprechend gleichermaßen.

Es sei abschließend nochmals betont, daß nach Auffassung von Schaef & Fassel (1988) individuumsbezogene Präventions- und Interventionsmaßnahmen bei Arbeitssüchtigen nur dann wirksam sein können, wenn die Voraussetzungen einer nicht-süchtigen Organisation erfüllt sind. Ähnlich äußern sich auch Kets De Vries & Miller (1991), wenn sie bzgl. organisationaler Veränderungen über Personalentwicklungsmaßnahmen die Berücksichtigung der "Organisationspersönlichkeit" fordern. Eine erfolgreiche Beseitigung pathologischer Organisationsstrukturen und -strategien setzt nach Auffassung der Autoren nicht nur den Austausch der solche Organisationspathologien begründenden Führungskräfte, sondern eine globale Restrukturierung und Neuorientierung der gesamten Organisation voraus. Mit anderen Worten: Einem arbeitssüchtigen Mitarbeiter kann nicht geholfen werden, wenn er in einer arbeitssüchtigen Organisationsumgebung verbleibt, und ebensowenig läßt sich eine pathologische Organisationsstruktur und -strategie alleine durch personalpolitische Entscheidungen beseitigen.

Auf die Ausführungen einiger Autoren, wie Organisationen arbeitssüchtige Mitarbeiter in ihrem Bedürfnis nach exzessiver Vielarbeit am besten *befriedigen* und so langfristig an sich binden können (vgl. Garfield, 1986; Machlowitz, 1981; Spruell, 1987), soll hier nicht weiter eingegangen werden, da solche Positionen ihre Berechtigung höchstens bei sehr leistungsorientierten, mit Sicherheit nicht aber bei arbeitssüchtigen Mitarbeitern haben. Die vorgeschlagenen, z.T. skurril anmutenden Techniken (z.B. Schaffung von zur Not auch künstlich herbeigeführten Krisensituationen, um den leistungsorientierten Mitarbeiter "unter Spannung" und "bei Laune" zu halten, oder Einrichtung neuer Titel und Positionen, um auch bei fehlenden Beförderungsmöglichkeiten einen vermeintlichen Aufstieg zu suggerieren u.a.m.) dürften allenfalls bezogen auf leistungsorientierte Mitarbeiter diskutabel sein. Ihre Anwendung auf arbeitssüchtige Mitarbeiter hingegen wider-

spräche der Verantwortung, die Unternehmen für die Gesundheit und das Wohlergehen ihres Personals haben, und ist kontraproduktiv im Hinblick auf eine langfristig für Unternehmen und Mitarbeiter zufriedenstellende und effektive Zusammenarbeit.
Evans & Bartolomé (1982) propagieren das Konzept der "schrittweisen Lebensinvestitionen", welches eine sukzessive Lebensplanung und Realisierung von Lebenszielen vorsieht. Zunächst solle man sich nach Auffassung der Autoren voll auf seine Karriere konzentrieren, um sich nach Erreichung eines ersten Etappenzieles auf der Karriereleiter den Lebensbereichen Ehe/Partnerschaft und Familie zuzuwenden. Eine solche Fraktionierung einer menschlichen Biographie erscheint realitätsfern und künstlich. Auch dürfte sich das Konzept der "schrittweisen Lebensinvestitionen" auf Arbeitssüchtige kaum anwenden lassen, da Arbeitssüchtige aufgrund ihres Perfektionsanspruches eine gleichwertige *parallele* Koordination aller drei genannten Lebensbereiche für selbstverständlich erachten und bei Arbeitssüchtigen zudem nicht mit einer Neuorientierung der Prioritäten nach Erreichung eines Karriereetappenzieles zu rechnen ist.

9.4 Zusammenfassende Schlußfolgerungen

Zusammenfassend läßt sich festhalten, daß sich für Organisationen sowohl auf individueller als auch auf organisationaler Ebene zahlreiche Möglichkeiten zur Prävention und Intervention bei Arbeitssucht bieten. Eine Integration spezifischer Methoden und Techniken in Personalentwicklungs- und/oder Organisationsentwicklungsmaßnahmen ist ohne weiteres sinnvoll und möglich. Eine effektive und langfristig stabile Überwindung der Arbeitssuchtproblematik ist jedoch nur zu erwarten, wenn im Sinne eines systemischen Ansatzes individuelle und organisationale Maßnahmen integrativ zusammenwirken. Die Loslösung aus süchtigen Denk- und Handlungsmustern erfordert eine umfassende Neuorientierung, auf Seiten der Person ebenso wie auf Seiten der Organisation. Erst wenn sich das Konzept der Arbeitssucht, stärker als dies bislang der Fall ist, in der Öffentlichkeit etabliert hat, und Unternehmen einen Handlungsbedarf in dieser Richtung erkennen, wird man nähere Aussagen zur Evaluation und Optimierung von Präventions- und Interventionsprogrammen bei Arbeitssucht machen können. Eine entsprechende interdisziplinäre Zusammenarbeit auf allen Ebenen der Problematik Arbeitssucht (Diagnose - Prävention - Intervention) ist wünschenswert.

10 Empirische Ergebnisse zur Arbeitssucht - Die Studie von Poppelreuter (1996)

Das zehnte Kapitel ist der Darstellung der ersten umfassenden empirischen Forschungsarbeit zur Arbeitssuchtsymptomatik gewidmet, die 1996 von Poppelreuter vorgestellt wurde. In diese Studie flossen zahlreiche der bislang dargestellten Hypothesen und Annahmen über die Arbeitssuchtsymptomatik ein und wurden so - für den deutschsprachigen Raum erstmalig - einer empirischen Prüfung unterzogen.

10.1 Darstellung der untersuchten Konstrukte und Hypothesen

Die Grundannahme der gewählten Definition und Charakterisierung des Konstruktes Arbeitssucht war, daß es sich bei Arbeitssucht um ein psychologisches Phänomen handelt, das Gefühle, Einstellungen, Werthaltungen, Motive und spezifische Verhaltensmuster einschließt. Arbeit wurde in Anlehnung an Rohrlich (1984) nicht nur als reine Tätigkeit, sondern als Geisteshaltung verstanden (vgl. Kapitel 2).
Arbeit bezeichnet dabei "die erlernte Organisation, Handhabung und Steuerung der äußeren und inneren Umwelt, um ein angestrebtes Ziel so tüchtig und wirksam zu erreichen wie möglich" (Rohrlich, 1984, S. 30). Es wurde in der Studie von Poppelreuter (1996) somit ein relativ breites Verständnis von Arbeit zugrundegelegt, das über rein auf Erwerbs-/Berufstätigkeit bezogene Definitionen und Operationalisierungen von Arbeit hinausgeht (vgl. Kapitel 2).
Aus forschungspragmatischen Gründen war es jedoch sinnvoll, Arbeitssucht im engeren Rahmen der "Berufs-/Erwerbsarbeitssucht" zu untersuchen, da sich Schwierigkeiten und Probleme arbeitssüchtiger Personen häufig am ehesten im Zusammenhang mit Erwerbs- und Berufsarbeit ergeben, woraus möglicherweise wiederum ein "Leidensdruck" und damit ein Handlungsbedarf (Besuch einer Selbsthilfegruppe, Aufenthalt in einer psychosomatischen Klinik, Psychotherapie etc.) beim betroffenen Individuum resultiert, der eine Kontaktaufnahme zu potentiellen Probanden und Probandinnen erst möglich macht. Damit soll *keinesfalls* behauptet werden, daß Arbeitssucht ein ausschließlich auf Erwerbs-/Berufsarbeit bezogenes Problem darstellt. Im Gegenteil sind arbeitssüchtige Verhaltens- und Einstellungsmuster gerade außerhalb der Erwerbs-/Berufsarbeit vorstellbar und auch beobachtbar (z.B. in Form von in Selbsthilfegruppen für Anonyme Arbeitssüchtige anzutreffenden Hausfrauen, Studenten/-innen oder Rentnern). Es wird zudem davon ausgegangen, daß Arbeitssüchtige ähnliche Verhaltensmuster sowohl innerhalb als auch außerhalb ihrer Erwerbs-/Berufsarbeit aufweisen. Insofern wäre es insgesamt möglicherweise zutreffender, vom Phänomen der *Tätigkeitssucht* zu sprechen (vgl. Kapitel 6.5.2). Aus genannten Gründen beschränkte sich die dargestellte Untersuchung jedoch auf die Erforschung des Phänomens Arbeitssucht im Zusammenhang mit der Ausübung

einer Erwerbs- oder Berufstätigkeit. Daher wurden in der Studie ausschließlich Personen befragt, die erwerbs-/berufstätig sind oder die zum Zeitpunkt des ersten Auftretens der Arbeitssuchtproblematik erwerbs-/berufstätig waren.
Weiterhin wurde im Rahmen der Studie davon ausgegangen, daß sich Arbeitssucht charakterisieren und operationalisieren läßt durch spezifische Merkmalsausprägungen auf drei Ebenen ("Dreiperspektivenansatz"):

1) Arbeitssucht läßt sich auf *konativer Ebene* kennzeichnen durch das Vorliegen eines überdurchschnittlichen quantitativen Zeitaufwandes, den eine Person der beruflichen Arbeit/Erwerbsarbeit widmet.
   Orientiert an der in der Bundesrepublik Deutschland allgemein gültigen tarifvertraglichen Arbeitszeitregelung von etwa 38,5 Stunden pro Woche und unter Berücksichtigung üblicher Arbeits- und Feiertagsregelungen wurde dieser "überdurchschnittliche quantitative Zeitaufwand" operational definiert als eine Arbeitszeit von 50 oder mehr Stunden pro Woche bzw. 2400 oder mehr Stunden pro Jahr.
   Empirische Studien weisen allerdings darauf hin, daß die durchschnittliche Wochen-/ Jahresarbeitszeit berufsgruppenspezifisch stark variiert. So stellten Müller-Böling, Klautke & Ramme (1989) bei einer Untersuchung an 1500 Top-Managern fest, daß die Wochenarbeitszeit dieser Berufsgruppe gemäß Selbstaussage der befragten Personen im Durchschnitt bei 59 Stunden liegt. Nur 5 % der befragten Manager arbeiteten wöchentlich 51 bis 60 Stunden, 45 % arbeiteten zwischen 61 und 70 Stunden, während 15 % der befragten Personen eine durchschnittliche Wochenarbeitszeit von mehr als 70 Stunden angaben.
   Eine repräsentative Umfrage im Auftrag der Time/system GmbH bei Führungskräften mittelständischer Unternehmen ergab, daß im Jahr 1993 40 % der Befragten zwischen 50 und 60 Stunden pro Woche arbeiteten, 25 % der Befragten gaben eine Arbeitszeit von bis zu 70 Stunden/Woche an, für 14 % der Untersuchungsteilnehmer dauert die Arbeitswoche über 70 Stunden (Forsa, 1994).
   Aus diesen Ergebnissen wird einmal mehr die Notwendigkeit deutlich, Arbeitssucht nicht nur quantitativ zu operationalisieren, da andernfalls eine kollektive Pathologisierung weiter Teile des bundesdeutschen (Top-) Managements die Folge wäre. Der angelegte Wert von 50 und mehr Stunden Arbeitszeit pro Woche wurde orientiert an den bestehenden tariflichen Regelungen ausgewählt, nicht zuletzt auch, um eine Beschränkung der Arbeitssuchtproblematik auf bestimmte Berufsfelder (außertarifliche Angestellte, Führungspositionen, Selbständige o.ä.) und/oder extrem hohe Arbeitszeiten zu vermeiden. Der gewählte Wert stellt jedoch eine normorientierte Setzung dar und ist somit nicht unumstritten.
2) Auf *kognitiver Ebene* äußert sich Arbeitssucht in einer hohen Zentralität der Arbeit im Leben einer Person. Damit sollte verdeutlicht werden, daß es sich bei der Arbeitssucht nicht nur um ein quantitativ operationalisierbares Phänomen handelt (nicht jede Vielarbeit hat etwas mit arbeitssüchtigem Verhalten zu tun), sondern daß eine umfassende

Charakterisierung und Operationalisierung von Arbeitssucht nur möglich ist, wenn auch qualitative Aspekte der Arbeit berücksichtigt werden. Dazu gehört auch die Frage, welche Bedeutung/Zentralität die Arbeit im Wertesystem und in der Lebenshaltung einer Person einnimmt. Operationalisiert wurde die Bedeutung der Arbeit über den der Arbeit allgemein zugemessenen individuelle Stellenwert sowie über die Fähigkeit eines Individuums zur Distanzierung von der eigenen Arbeit.

3) Ein weiteres qualitatives Merkmal zur Charakterisierung von arbeitssüchtigen Einstellungs- und Verhaltensmustern sind die Gefühle, die eine Person bei der Ausübung ihrer Arbeit hat bzw. ihrer Arbeit entgegenbringt. Arbeitssucht ist auf *affektiver Ebene* gekennzeichnet durch eine starke positive oder ausgeprägt negative emotionale Haltung einer Person gegenüber der eigenen Arbeit. Vergleichbare Konstrukte wären "Arbeitsfreude" oder allgemeiner auch "Arbeitszufriedenheit" bzw. "Arbeitsunzufriedenheit". Operationalisiert wurde diese emotionale Haltung gegenüber der eigenen Arbeit daher auch über Art und Ausprägung der affektiven Beurteilung der eigenen Arbeit.

Die Einführung dieser drei zentralen Konzepte der Charakterisierung arbeitssüchtiger Personen führte zu folgenden drei Untersuchungshypothesen:

H_1: Arbeitssüchtige Personen weisen eine signifikant höhere durchschnittliche Wochen/Jahresarbeitszeit auf als nicht-arbeitssüchtige Personen.

H_2: Arbeitssüchtige Personen messen der Arbeit in ihrem Leben eine höhere Bedeutung/Zentralität bei als dies nicht-arbeitssüchtige Personen tun.

H_3: Arbeitssüchtige Personen weisen im Vergleich zu nicht-arbeitssüchtigen Personen eine extremere emotionale Haltung gegenüber ihrer Arbeit auf. Diese extremere emotionale Haltung kann sich sowohl in positiver als auch in negativer Hinsicht zeigen, d.h. Arbeitssüchtige beurteilen im Vergleich zu Nicht-Arbeitssüchtigen ihre Arbeitszufriedenheit entweder als ausgesprochen hoch (i.S.v. "alles ist bestens") oder aber als sehr niedrig (i.S.v. "eigentlich könnte vieles besser sein").

Entscheidend für die Untersuchung von Poppelreuter (1996) war bzgl. aller drei Hypothesen weniger die Ermittlung der *tatsächlichen* Ausprägungen einer Person bei den jeweiligen Konzepten, als vielmehr die Überprüfung von *Unterschieden* in den Ausprägungen zwischen Arbeitssüchtigen und Nicht-Arbeitssüchtigen.

Eine Verifikation von *tatsächlichen* Ausprägungen einer Person war im Rahmen der Studie schon aufgrund des gewählten methodischen Vorgehens (einmalige anonyme schriftliche Befragung) nicht möglich. Im Mittelpunkt des Interesses stand eher, ob sich die hypothetisierten Unterschiede in den Antwortmustern zwischen Arbeitssüchtigen und Nicht-Arbeitssüchtigen empirisch replizieren lassen.

Mit der Überlegung, das Phänomen der Arbeitssucht sowohl quantitativ als auch qualitativ zu charakterisieren bzw. operationalisieren, ging die Untersuchung über zahlreiche zuvor dargestellte Forschungsansätze hinaus, da Arbeitssucht als ein auf Basis von drei Komponenten zu definierendes Konstrukt aufgefaßt wurde. Bisherige Untersuchungen bedienten sich zur Operationalisierung arbeitssüchtigen Verhaltens entweder ausschließlich quantitativer Merkmale, oder aber es wurde auf relativ unspezifische "Markierungsitems" zur Erkennung von Arbeitssüchtigen zurückgegriffen, die unsystematisch kognitive und affektive Aspekte, motivationale und verhaltensmäßige Faktoren, biographische Daten und Selbsteinschätzungen betrafen. Theoretisch anspruchsvollere und in der Definition und Operationalisierung von Arbeitssucht umfassendere Ansätze (z.B. Elder, 1991; Spence & Robbins, 1992) blieben wegen ihrer ungeeigneten Stichprobengenerierung in ihrer Aussagekraft beschränkt. Anspruch der Untersuchung von Poppelreuter (1996) war es, einen strukturellen Rahmen für mögliche *Grundkonzepte der Arbeitssucht* zu formulieren. Erst auf dieser Basis erscheint es sinnvoll, ein elaborierteres *Modell der Arbeitssucht* zu entwickeln. Eine explizite Modellbildung bzgl. Arbeitssucht wurde daher *nicht geleistet.*

Darüber hinaus sollte auch überprüft werden, ob sich weitere in der Literatur postulierte Merkmale arbeitssüchtiger Personen empirisch bestätigen lassen. Dabei wurde zurückgegriffen auf zentrale, im Zusammenhang mit Arbeitssucht immer wieder behauptete, aber selten empirisch überprüfte Charakteristika arbeitssüchtiger Personen.

Im einzelnen wurden Arbeitssüchtige und Nicht-Arbeitssüchtige im Hinblick auf folgende Einstellungs- und Verhaltensbereiche miteinander verglichen (in Klammern sind beispielhaft Quellen benannt, in denen der genannte Einstellungs- und Verhaltensbereich als Unterscheidungsmerkmal zwischen Arbeitssüchtigen und Nicht-Arbeitssüchtigen aufgeführt wird):

a) Freizeitgestaltung und Freizeiterleben (Bieber, 1988; Crandall, 1984; Machlowitz, 1978, 1981),
b) Typ-A-Verhalten (Cox, 1982; Hodgson & Miller, 1985),
c) Suchtverhalten (Haymon, 1992; Mentzel, 1979, 1987; Rohrlich, 1981, 1984),
d) Leistungsanforderungen und perfektionistische Ansprüche (Elder, 1991; Spence & Robbins, 1992),
e) Beurteilung zentraler Inhalte der protestantischen Arbeitsethik (Cherrington, 1980; Mentzel, 1979, 1987; Mirels & Garrett, 1971),
f) Delegationsverhalten (Elder, 1991; Maslach, 1986; Spence & Robbins, 1992),
g) Zwanghaftigkeit und zwanghaftes Verhalten (Frank, 1993; Haymon, 1992; Naughton, 1987),
h) interpersonelle Beziehungen (Fassel, 1991; Maslach, 1986).

Zusätzlich wurden zwischen beiden Personengruppen Aussagen verglichen zu den Bereichen Gesundheitsbeschwerden und Gesundheitsverhalten (vgl. z.B. Elder, 1991).

Daraus leiteten sich folgende spezielle Hypothesen ab, die im Rahmen der Untersuchung von Poppelreuter (1996) durch Vergleiche von Antwortmustern zwischen Arbeitssüchtigen und Nicht-Arbeitssüchtigen überprüft werden sollten. Zu jeder Hypothese finden sich im Anschluß kurze Erläuterungen und ergänzende Erklärungen zum Inhalt.

H_4: Arbeitssüchtige zeigen eine andere Freizeit*gestaltung* als Nicht-Arbeitssüchtige. Auch gibt es Unterschiede im Freizeit*erleben*.

Arbeitssüchtige planen und gestalten ihre Freizeit ähnlich wie ihre Arbeitszeit. Sie messen der Freizeit generell weniger Bedeutung bei als dies Nicht-Arbeitssüchtige tun. Ihnen fällt es im Vergleich zu Nicht-Arbeitssüchtigen schwer, "nichts" zu tun, zu faulenzen, abzuschalten. Bei Arbeitssüchtigen findet sich eine stärkere Vermischung von Arbeit und Freizeit als bei Nicht-Arbeitssüchtigen.

H_5: Arbeitssüchtige sprechen sich in stärkerem Maße charakteristische Typ-A-Verhaltensweisen zu als Nicht-Arbeitssüchtige.

Arbeitssüchtige beschreiben sich im Vergleich zu Nicht-Arbeitssüchtigen z.B. als impulsiver, ungeduldiger, leichter erregbar, hektischer etc.

H_6: Arbeitssüchtige zeigen im Vergleich zu Nicht-Arbeitssüchtigen mehr Einstellungs- und Verhaltensmuster, die typischerweise auch bei Individuen mit anderen Sucht-/Abhängigkeitsformen vorzufinden sind.

Dazu gehören insbesondere die "Abstinenzunfähigkeit" (z.B. weiterarbeiten, obwohl man krankgeschrieben ist), das Auftreten von "Entzugserscheinungen" (z.B. Nervosität, wenn man nichts zu tun hat), der "Kontrollverlust" (z.B. arbeiten "wie im Rausch"), die "bewußte Selbstschädigung" (z.B. Selbstbeschreibung als arbeitssüchtig), der "Rückzug" (z.B. durch Arbeit Kontakte *vermeiden*), die "Interessenabsorption" (z.B. kein Interesse oder kein Interesse mehr für außerberufliche Dinge) und die "Toleranzentwicklung" (z.B. Tendenz, immer mehr zu arbeiten).

H_7: Arbeitssüchtige stellen im Vergleich zu Nicht-Arbeitssüchtigen höhere Leistungsanforderungen und perfektionistische Ansprüche an die eigene Person.

Arbeitssüchtige beschreiben sich im Vergleich zu Nicht-Arbeitssüchtigen als leistungsorientierter. Sie versuchen jede Arbeit perfekt zu erledigen und schrauben ihre Ansprüche an sich selbst auch bei erfolgreicher Bewältigung immer höher (i.S.v. "immer besser werden wollen").

H_8: Arbeitssüchtige stimmen den zentralen Inhalten der protestantischen Arbeitsethik in stärkerem Maße zu als Nicht-Arbeitssüchtige.

Arbeitssüchtige bejahen die Aussagen der protestantischen Arbeitsethik, daß Arbeit, Fleiß und Anstrengungsbereitschaft grundlegende und zu verfolgende Werte sind. Arbeitserfolg wird als Hinweis auf Charakterstärke aufgefaßt.

H_9: Arbeitssüchtige haben im Vergleich zu Nicht-Arbeitssüchtigen mehr Vorbehalte, Arbeiten zu delegieren und/oder Verantwortung abzugeben.

Arbeitssüchtige neigen eher dazu, Arbeiten alleine zu erledigen. Sie halten weniger von Teamarbeit, haben weniger Vertrauen in die Aufgabenerledigung durch andere Personen und ziehen Arbeit eher an sich, anstatt sie angemessen zu verteilen bzw. anderen zu überlassen.

H_{10}: Arbeitssüchtige beschreiben sich verglichen mit Nicht-Arbeitssüchtigen als zwanghafter in bezug auf ihre Arbeit.

Die Zwanghaftigkeit äußert sich bei Arbeitssüchtigen in ritualisierten Arbeitsabläufen, aber auch in einer fast permanenten Einhaltung bestimmter Vorgehensweisen bei der Arbeit unabhängig von ihrer aktuellen Angemessenheit. Arbeitssüchtige äußern stärker als Nicht-Arbeitssüchtige fehlende Flexibilität, Entscheidungsunsicherheit/-unfähigkeit und Versagensängste.

H_{11}: Arbeitssüchtige berichten in höherem Maße als Nicht-Arbeitssüchtige von arbeitsbedingten Beeinträchtigungen interpersoneller Beziehungen.

Arbeitssüchtige räumen arbeitsbedingte Probleme im Privatleben ein. Sie berichten eine stärkere Affinität zu Arbeitsinhalten und/oder zu ihren Mitarbeitern bzw. Kollegen als zu familiären/partnerschaftlichen Belangen. Sie beschreiben sich als emotional distanzierter und weniger offen als Nicht-Arbeitssüchtige.

H_{12}: Arbeitssüchtige geben im Vergleich zu Nicht-Arbeitssüchtigen mehr gesundheitliche Beschwerden an. Sie zeigen ein weniger gesundheitsbewußtes Verhalten als Nicht-Arbeitssüchtige.

Arbeitssüchtige haben häufiger Kopfschmerzen, Schlafstörungen etc. als Nicht-Arbeitssüchtige. Sie rauchen und trinken mehr Alkohol als Nicht-Arbeitssüchtige, treiben weniger Sport etc.

Schließlich wurden im Fragebogen noch einige wenige soziodemographische Daten erfragt. Diese Daten waren Grundlage für die Zusammenstellung einer Vergleichsstichprobe von Nicht-Arbeitssüchtigen. Sie wurden nicht zur Bildung von weiteren Hypothesen herangezogen, obschon sich auch auf soziodemographischer Ebene Unterschiede zwischen Arbeitssüchtigen und Nicht-Arbeitssüchtigen vermuten lassen. Interessant wären in diesem Zusammenhang insbesondere die Variablen Alter und berufliche Position.

Einen zusammenfassenden Überblick über die Rahmen der Studie von Poppelreuter (1996) erfaßten Konstrukte gibt Abbildung 10.1.1. Tabelle 10.1.1 gibt die überprüften Hypothesen wieder.

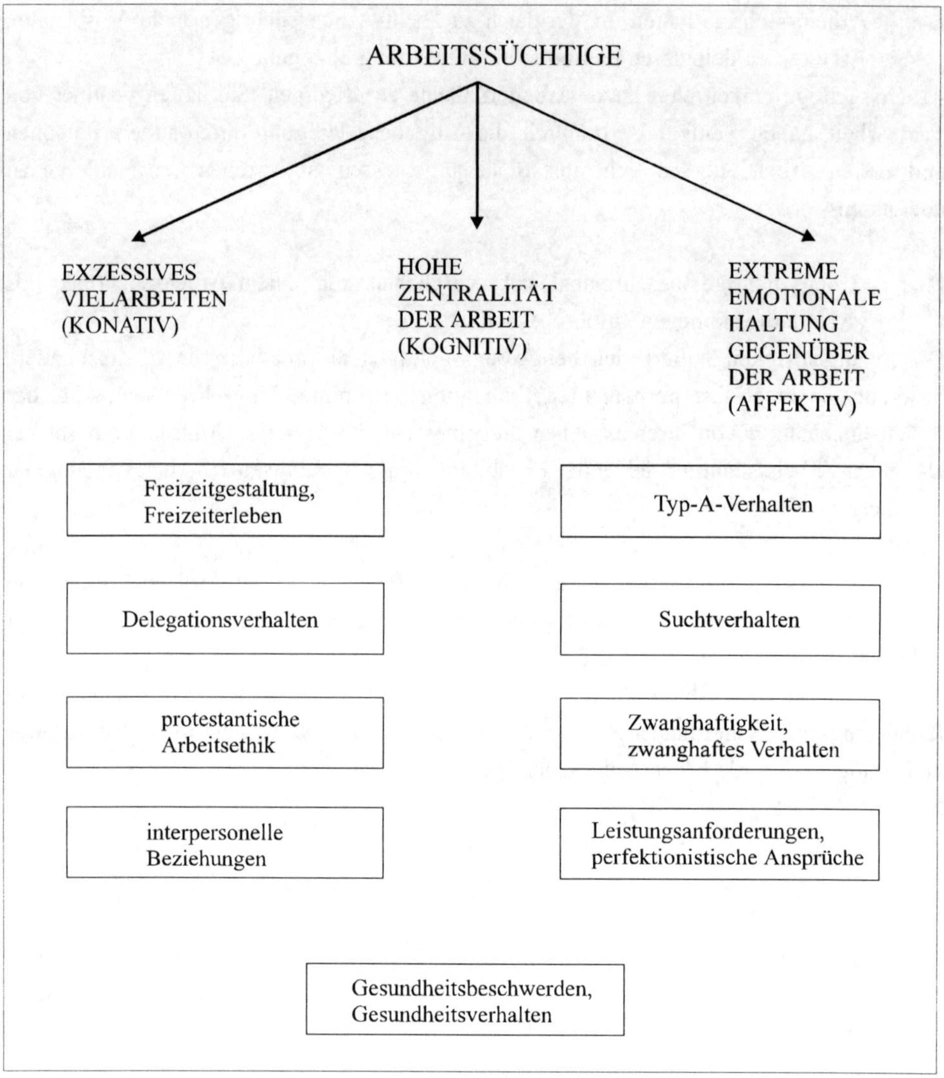

Abb. 10.1.1: Überblick über die im Rahmen der Studie erhobenen Konstrukte

Tab. 10.1.1: Überblick über die im Rahmen der Studie überprüften Hypothesen

Hypothese	Arbeitssüchtige weisen im Vergleich zu Nicht-Arbeitssüchtigen...
1	...eine höhere Wochen-/Jahresarbeitszeit auf.
2	...der Arbeit in ihrem Leben eine höhere Bedeutung/Zentralität zu.
3	...eine extremere emotionale Haltung gegenüber ihrer Arbeit auf.
4	...eine andere Freizeitgestaltung und ein anderes Freizeiterleben auf.
5	...ausgeprägtere Typ-A-Verhaltensmuster auf.
6	...ausgeprägtere Suchtverhaltensmuster auf.
7	...höhere Leistungsanforderungen und perfektionistische Ansprüche auf.
8	...eine stärkere Affinität zur protestantischen Arbeitsethik auf.
9	...größere Vorbehalte gegenüber Arbeitsdelegation auf.
10	...ausgeprägtere Zwanghaftigkeit und ein zwanghafteres Verhalten auf.
11	...stärkere Beeinträchtigungen interpersoneller Beziehungen auf.
12	...mehr gesundheitliche Beschwerden und ein weniger gesundheitsbewußtes Verhalten auf.

Abschließend ist nochmals festzuhalten, daß die Studie *kein Modell der Arbeitssucht* vorstellt, und somit auch *keine Aussagen über Zusammenhänge, Zusammenhangsstärken* und *Beeinflussungsrichtungen* bzgl. der erhobenen Konstrukte machen konnte. Es wurde lediglich postuliert, daß *das Symptom der Arbeitssucht in Zusammenhang steht* mit den o.g. Konstrukten und daß die konative, kognitive und affektive Ebene *in der gewählten Operationalisierung* als Unterscheidungsgrundlage zwischen Arbeitssüchtigen und Nicht-Arbeitssüchtigen von zentraler Bedeutung ist und daher im Rahmen künftiger Forschungen auch verstärkte Beachtung finden sollte.

10.2 Methodisches Vorgehen und Stichprobengewinnung

Wie bereits erwähnt, resultierten die untersuchten Hypothesen aus mehreren umfangreichen Literaturanalysen u.a. zu den Themenbereichen Arbeit, Freizeit, Sucht, Zwang, Typ-A-Verhalten, Abhängigkeit und entsprechender englischsprachiger Suchbegriffe sowie aus den Ergebnissen mehrerer Pilotinterviews, die vor der Formulierung der Untersuchungshypothesen und der Zusammenstellung der Fragebogenitems mit insgesamt acht (z.T. ehemaligen) Patienten einer psychosomatischen Klinik, die sich wegen einer "Arbeitssuchtproblematik" in Behandlung befanden bzw. befunden hatten, geführt wurden.

Die kleine Stichprobengröße von N=8 in den Pilotinterviews erklärt sich aus der Absicht, *tatsächliche Arbeitssüchtige* zu befragen, d.h. Daten von Personen zu erheben, die infolge einer ggf. auch anders benannten und/oder überlagerten Arbeitssuchtproblematik

externe Hilfe in Anspruch nehmen bzw. genommen haben und die ihr persönliches Arbeitsverhalten, ihren Arbeitsstil als (möglicherweise auch nur subjektiv) problematisch erleben bzw. erlebt haben. Daher kamen als Teilnehmer sowohl für die Pilotinterviews als auch für die nachfolgenden schriftlichen Befragungen nur solche Personen in Betracht, die sich aktuell oder zu einem früheren Zeitpunkt wegen einer Arbeitssuchtproblematik in einer therapeutischen Maßnahme befinden oder befunden hatten.
Es wurde davon ausgegangen, daß die Inanspruchnahme externer Hilfe Indikator für einen gewissen "Leidensdruck" ist und darauf hindeutet, daß bei dem/der Betroffenen eine Bereitschaft zur Auseinandersetzung mit der Arbeitssuchtproblematik besteht. Die "Verantwortung" für die Diagnose "Arbeitssucht" wurde somit in die betroffene Person gelegt.
Nicht nur aus verhaltenstheoretischer Perspektive erscheint die Bezeichnung ausschließlich solcher Personen als "Arbeitssüchtige", die diesbezüglich externe Hilfe in Anspruch nehmen, sinnvoll. Bei solchen Personen kann angenommen werden, daß die Hilfesuche Ausdruck eines umfassenden selbstregulatorischen Prozesses darstellt. Selbstregulation setzt im Sinne der Verhaltenstheorie jedoch nur dann ein, wenn ein gewisser "Leidensdruck" besteht, oder - verhaltenstheoretisch gesprochen - "wenn das eigene Verhalten nicht die erwarteten Ergebnisse erzielt oder unerwartete Hindernisse und Ereignisse auftreten" (Schneider, 1985, S. 57; vgl. auch Kapitel 8).
Der Begriff der therapeutischen Maßnahme wurde in der Studie von Poppelreuter (1996) bewußt weit gefaßt, um den unterschiedlichen Möglichkeiten zur Auseinandersetzung mit einer persönlichen Problematik, wie es die Arbeitssucht ist, gerecht zu werden. Allerdings wurde eine therapeutische Maßnahme nur dann als solche akzeptiert, wenn sie in einem institutionalisierten Rahmen stattfand. Dazu zählten folgende Maßnahmenarten:

a) Der Besuch einer Selbsthilfegruppe für Personen mit Arbeitsstörungen und/oder Arbeitssucht (Anonyme Arbeitssüchtige AAS) nach dem Vorbild der Anonymen Alkoholiker (AA). Solche Gruppen haben sich in den letzten Jahren in der Bundesrepublik Deutschland vornehmlich in größeren Städten etabliert.
b) Die Teilnahme an einer psychotherapeutischen Maßnahme (Einzel-/Gruppentherapie, unabhängig vom zugrundegelegten therapeutischen Ansatz).
c) Der Aufenthalt in einer psychosomatischen und/oder rehabilitativen Klinik wegen einer Arbeitssuchtproblematik (ggf. neben anderen Symptomatiken).

Die inhaltsanalytische Auswertung der Pilotinterviews ergab Hinweise auf Einstellungs- und Verhaltensmerkmale von arbeitssüchtigen Personen, die zur Abgrenzung von nicht-arbeitssüchtigen Personen und damit zur Charakterisierung des Phänomens Arbeitssucht geeignet schienen. Entsprechend wurden die o.g. Hypothesen formuliert und Items zur Erfassung der einzelnen Konstrukte zusammengestellt. Dabei wurden sowohl Items auf Basis der Interviewergebnisse neu formuliert als auch Items aus anderen diagnostischen

Verfahren zur Erfassung interessierender Konstrukte bzw. aus Checklisten zur Erfassung arbeitssüchtiger Einstellungs- und Verhaltensmuster übernommen.
Da die Endform des insgesamt 265 Items umfassenden Fragebogens zunächst ausschließlich von betroffenen Arbeitssüchtigen, also von Personen bearbeitet werden sollte, die ihr eigenes Arbeitsverhalten als so problematisch erleben bzw. erlebt hatten, daß sie um externe Hilfe nachsuch(t)en, wurde über eine breit angelegte postalische Kontaktaufnahme mit AAS-Selbsthilfegruppen, psychosomatischen Kliniken und mit der Problematik befaßten Therapeuten und Therapeutinnen versucht, eine genügend große Stichprobe von Probanden und Probandinnen zu rekrutieren, die das "Teilnahmekriterium" (= Berufs-/Erwerbstätigkeit plus Aufenthalt in psychosomatischer Klinik, Besuch einer Selbsthilfegruppe und/oder Teilnahme an einer psychotherapeutischen Maßnahme wegen einer "Arbeitssuchtproblematik") erfüllen. Anschriften geeigneter Ansprechpartner bzw. Institutionen fanden sich

- durch Hinweise von Experten (in der Therapie von Arbeitssüchtigen tätige Mediziner und Psychologen),
- durch Auswertung des "Sozialadressbuches" (Gesamtdeutsches Verzeichnis der Reha- und Fachkliniken, Sparty, 1992),
- durch Informationen ambulanter Suchtberatungsstellen bzgl. AAS-Gruppen, bzw. über das Adressverzeichnis der AAS Deutschland,
- durch Hinweise von Untersuchungsteilnehmern und -teilnehmerinnen,
- über eine selbstinitiierte Anzeige im Zentralorgan des Berufsverbandes Deutscher Psychologen (BDP), dem "Report Psychologie" (Ausgabe 08/1993),
- aus der hinzugezogenen Literatur.

Wenn die angeschriebenen Personen/Institutionen Möglichkeiten sahen, für die Studie geeignete Befragungsteilnehmer und -teilnehmerinnen anzusprechen und um Bearbeitung des Fragebogens zu bitten, wurde eine entsprechende Anzahl von Fragebögen inklusive adressierter und frankierter Rückumschläge an diese "Verbindungspersonen" gesandt, die ihrerseits die Unterlagen an (potentielle) Untersuchungsteilnehmer und -teilnehmerinnen weiterreichten.

Der erhebliche Nachteil dieser Vorgehensweise liegt darin, daß unklar bleibt, wer tatsächlich in welcher Situation und auf welcher Erfahrungsbasis den Fragebogen ausgefüllt und zurückgesandt hat. Die Verläßlichkeit einer solchen Datenerhebungsmethode ist grundsätzlich mit Skepsis zu betrachten. Andererseits kam aufgrund der (offiziell) geringen Prävalenz der Arbeitssuchtproblematik und der damit verbundenen breiten regionalen Streuung potentieller Untersuchungsteilnehmer und -teilnehmerinnen sowie der häufig nur unter Wahrung der Anonymität gegebenen Teilnahmebereitschaft der Befragungspartner und -partnerinnen an der Studie das direkte persönliche Interview als In-

strument zur Datenerhebung nicht in Frage. Die Nachteile einer postalischen schriftlichen Befragung wurden zugunsten der Möglichkeit, zum ersten Mal überhaupt Daten von Personen, die *sich selbst als arbeitssüchtig* bezeichnen in systematischer Form zu erhalten, in Kauf genommen.
Ein weiteres Problem der Studie stellt die Tatsache dar, daß Probanden und Probandinnen mit vollkommen unterschiedlicher - auch auf die Arbeitssucht bezogenen - Vorgeschichte befragt wurden. Es bleibt u.a. im Einzelfall ungeklärt,

- welche Form von therapeutischer Maßnahme (Selbsthilfegruppe, psychosomatische Klinik, ambulante Therapie) in Anspruch genommen wird/wurde,
- wie lange/wie häufig diese Form externer Hilfe genutzt wird/wurde,
- seit wann Personen ihr persönliches Arbeitsverhalten als problematisch erleb(t)en,
- warum sie ihr Arbeitsverhalten als problematisch erleb(t)en,
- welche Gründe und Ursachen sie bzgl. der Entstehung der Arbeitssucht vermuten,
- wie weit fortgeschritten ihre Akzeptanzbereitschaft bzgl. der Diagnose Arbeitssucht ist,
- ob es sich um aktuell im therapeutischen Prozeß befindliche, um "geheilte" oder um "rückfällige" Arbeitssüchtige handelt.

Probanden und Probandinnen, die eine therapeutische Maßnahme wegen einer Arbeitssuchtproblematik durchlaufen und abgeschlossen hatten, wurden ebenso befragt wie Probanden und Probandinnen, die sich u.U. erstmalig und wegen einer ursprünglich anderslautenden Diagnose in einer psychosomatischen Klinik aufhielten. Da die Studie von Poppelreuter (1996) nicht darauf abzielte, Gründe und Ursachen der Entstehung von Arbeitssucht zu erheben, sondern charakteristische Einstellungs- und Verhaltensmerkmale von Arbeitssüchtigen erfaßt werden sollten, wurden die Probanden und Probandinnen um eine retrospektive Beantwortung der Items, bezogen auf den Zeitraum *vor Beginn der therapeutischen Maßnahme* gebeten. Auch diese Form der Datenerhebung ist nicht unproblematisch, da u.a. Gedächtnis- und Erinnerungsfehler, Effekte therapeutischer Maßnahmen sowie die für jede Form von Fragebogen zu erwartenden Antwortverzerrungen aufgrund des Effektes sozialer Erwünschtheit unkontrolliert bleiben.
Eine Beschränkung der Untersuchung auf eine bestimmte Teilgruppe von Arbeitssüchtigen (z.B. ausschließliche Befragung von "Problembewältigern" oder von Personen, die ihr Arbeitsverhalten erstmalig problematisieren) erschien aufgrund der erheblichen Schwierigkeiten bei der Gewinnung der Untersuchungsstichprobe nicht möglich. Die Zahl der in einem institutionellen Rahmen "bekennenden" Arbeitssüchtigen, die unter ihrer Problematik oder deren Auswirkungen persönlich leiden, die weiterhin um eine Auseinandersetzung mit/Bewältigung der Arbeitssucht bemüht sind und die über die Studie erreicht bzw. zur Mitarbeit bewegt werden konnten, ist nicht so groß, daß entsprechende Differenzierungen möglich sind. Es ist allerdings unberechtigt, aus dieser

Tatsache generell die Randständigkeit oder Bedeutungslosigkeit des Phänomens Arbeitssucht ableiten zu wollen. Zum einen läßt sich die Bedeutsamkeit einer Problematik nur bedingt aus ihrer quantitativen Präsenz ableiten, zum anderen spielt insbesondere bei psychologischen Problemen das *individuelle Erleben der einzelnen Person* eine vordringliche Rolle. Insofern kann Arbeitssucht für den Einzelnen von *erheblicher* Bedeutung sein, für die Gesamtgesellschaft jedoch eher eine Marginalie darstellen. Schließlich verhindert die uneinheitliche, unklare Eingrenzung und Operationalisierung einer Problematik Aussagen darüber, wieviele Personen von ihr betroffen sind oder sein könnten. Auch ist die persönliche Reflektionsfähigkeit und/oder Reflektionsbereitschaft wesentliche Determinante für eine Problemeinsicht. Daß diese im Fall von Arbeitssucht noch weniger vorausgesetzt werden kann als bei anderen stoff(un)gebundenen Sucht- und Abhängigkeitsformen, wurde in Kapitel 4 bereits angesprochen.
Bei der Gewinnung der Stichprobe für die Befragung nicht-arbeitssüchtiger Personen wurden folgende Kriterien berücksichtigt:

- Die ausgewählten Probanden und Probandinnen mußten einer Vollzeit-Berufs-/Erwerbstätigkeit nachgehen.
- Die Inanspruchnahme externer Hilfe wegen einer Arbeitssuchtproblematik (oder anderer begleitender Symptomatiken wie z.B. vegetative Dystonie, allgemeines Erschöpfungssyndrom etc.) in Form einer Psychotherapie, einer Teilnahme an einer Selbsthilfegruppe und/oder eines Aufenthaltes in einer psychosomatischen Klinik durfte nicht vorliegen.

Die Gruppe der befragten Nicht-Arbeitssüchtigen wurde entsprechend ausgewählter soziodemographischer Daten der arbeitssüchtigen Probanden und Probandinnen nach dem matched-pair-Verfahren parallelisiert, um eine gewisse Vergleichbarkeit zwischen den Untersuchungspopulationen zu gewährleisten.
Insgesamt basiert die Studie von Poppelreuter (1996) auf N=52 verwertbaren Fragebögen von arbeitssüchtigen Personen sowie N=52 verwertbaren Fragebögen von nicht-arbeitssüchtigen Personen.

Abbildung 10.2.1 faßt die methodischen Schritte bei der Entwicklung des eingesetzten Befragungsinstrumentes zusammen und gibt gleichzeitig einen Überblick über die nachfolgend näher beschriebenen Auswertungsstrategien bzgl. der empirisch gewonnenen Daten.

- Literaturanalysen zum Thema Arbeitssucht
- Erstellung eines Explorationsleitfadens für die Pilotinterviews; Durchführung von N=8 Pilotinterviews mit diagnostizierten und "bekennenden" Arbeitssüchtigen
- Ableitung von Items und Merkmalsbereichen, die für die Operationalisierung der Arbeitssucht relevant sind (aus Literaturanalysen und Pilotinterviews); Formulierung verschiedener Hypothesen über den Zusammenhang von Arbeitssucht und anderen Merkmalsbereichen
- Expertenratings bzgl. der inhaltlichen Validität der abgeleiteten Items und Merkmalsbereiche
- Überprüfung des Erhebungsinstrumentes auf Verständlichkeit und praktische Anwendbarkeit
- Bearbeitung des Fragebogens jeweils von einer Stichprobe von Arbeitssüchtigen bzw. Nicht-Arbeitssüchtigen; Mittelwertvergleiche zwischen beiden Gruppen auf Itemebene; Überprüfung der Angemessenheit der erhobenen Items bzw. Merkmalsbereiche (im Sinne einer kriteriumsbezogenen Validierung)
- Faktorenanalyse zur Überprüfung der Konstruktvalidität des Erhebungsinstrumentes
- Item- und Skalenanalysen sowie explorative Faktorenanalysen zur Itemreduktion bzw. zur Gewinnung differenzierterer Informationen zur Unterscheidung von Arbeitssüchtigen und Nicht-Arbeitssüchtigen über den Vergleich von Faktorwerten
- Gruppierungsanalysen zur Abgrenzung verschiedener Arbeitssuchttypen

Abb. 10.2.1: Zusammenfassung der methodischen Schritte bei der Entwicklung des eingesetzten Befragungsinstrumentes und Überblick über die Auswertungsstrategien

10.3 Zusammenfassung der empirischen Ergebnisse

Im folgenden werden die empirischen Ergebnisse der im Rahmen der Studie von Poppelreuter (1996) durchgeführten schriftlichen Befragungen zusammenfassend dargestellt. Zunächst werden nach allgemeinen Angaben zur Untersuchungsstichprobe die Resultate der Mittelwertvergleiche auf Itemebene zwischen beiden Stichproben dargelegt (Kapitel 10.3.1).

An das Kapitel 10.3.1 schließt sich die geraffte Darstellung der Ergebnisse von item- und skalenanalytischen Berechnungen sowie von Faktorenanalysen an, die durchgeführt wurden, um einerseits die Zahl der Items für einen geplanten "Fragebogen zur Erfassung von Arbeitssucht" zu reduzieren, und um andererseits auf Basis des Vergleichs von Faktorwerten zu differenzierteren Informationen im Hinblick auf Gemeinsamkeiten und Unterschiede von Arbeitssüchtigen und Nicht-Arbeitssüchtigen auf abstrakterer Ebene zu gelangen (Kapitel 10.3.2). Diese Vergleiche können auch als Grundlage für die Erarbeitung sinnvoller Präventions- und Interventionsstrategien bzgl. Arbeitssucht dienen.

Schließlich werden die Erkenntnisse aus Clusteranalysen dargestellt, die mit den Daten der Stichprobe der Arbeitssüchtigen durchgeführt wurden, um mögliche "Typen der Arbeitssucht" voneinander abzugrenzen (Kapitel 10.3.3). Angesichts der kleinen Stich-

probe können die hier erzielten Resultate ebenfalls lediglich als Grundlage und Anregung für weitere Untersuchungen an größeren Stichproben betrachtet werden.
Es wird nochmals ausdrücklich darauf hingewiesen, daß die empirischen Ergebnisse der Studie von Poppelreuter (1996) hier nur überblicksartig dargestellt werden können. Detailliertere Informationen zu den empirischen Resultaten wie auch zu den Operationalisierungen der erhobenen Konstrukte und zur methodischen Vorgehensweise finden sich in der Veröffentlichung der gesamten Studie.

10.3.1 Allgemeine Angaben zur Stichprobe und Ergebnisse der Mittelwertvergleiche auf Itemebene

Die Tabelle 10.3.1.1 gibt die soziodemographischen Daten der untersuchten Stichproben von Arbeitssüchtigen bzw. Nicht-Arbeitssüchtigen wieder.

Tabelle 10.3.1.1: Soziodemographische Variablen der Arbeitssüchtigen- (AS) und der Nicht-Arbeitssüchtigen-Stichprobe (NAS)

		AS	NAS
ALTER	bis 25	3	3
	26-35	11	15
	36-45	17	14
	46-55	14	16
	56-65	7	4
	über 65	0	0
GESCHLECHT	männlich	27	27
	weiblich	25	25
FAMILIEN-STAND	ohne Angabe	1	1
	ledig	13	13
	verheiratet	23	23
	verwitwet	2	2
	getrennt lebend	4	2
	geschieden	9	11
BERUFS-STAND	Arbeiter	2	2
	Angestellte/r o.F.[a]	10	9
	Angestellte/r m.F.[b]	27	30
	Selbständig	13	11

Anmerkungen: [a] = ohne Führungsaufgabe; [b] = mit Führungsaufgabe.

Zu den soziodemographischen Daten sollen an dieser Stelle zwei Anmerkungen gemacht werden.
Die Altersverteilung läßt erkennen, daß im Altersabschnitt von 26 bis 55 Jahren der größte Teil der hier befragten Personen mit einer Arbeitssuchtproblematik anzutreffen ist. Da die Arbeitssüchtigen-Stichprobe nicht repräsentativ ermittelt wurde, ist bei der Interpretation der Daten Vorsicht geboten. Sie lassen sich aber dahingehend deuten, daß die Entwicklung einer Arbeitssuchtproblematik möglicherweise einem progredienten

Prozeß entspricht, dessen Konsequenzen erst nach einiger Zeit wirksam werden und die Inanspruchnahme externer Hilfe erforderlich machen. Der geringe Anteil älterer Untersuchungsteilnehmer (56 Jahre und älter) ist möglicherweise auf die bei diesen Personen nur noch relativ kurze Dauer der verbleibenden Berufsarbeitszeit rückführbar, die eine Intervention nicht mehr notwendig oder sinnvoll erscheinen läßt. Ursächlich für die empirisch ermittelte Altersverteilung könnte aber auch eine geringere Lebenserwartung von Arbeitssüchtigen sein. Es muß hier letztlich jedoch offen bleiben, welche Einflußfaktoren zu der erhaltenen Altersverteilung in der untersuchten Stichprobe geführt haben. Weitere Forschungen in dieser Frage sind notwendig, um über spekulative Annahmen hinaus zu gesicherteren Erkenntnissen hinsichtlich der Altersverteilung der von einer Arbeitssuchtproblematik Betroffenen zu gelangen.

Es wurden vier Kategorien gebildet, um den beruflichen Status der befragten Personen näher einzugrenzen. Unterschieden wurden die Kategorien "Arbeiter", "Angestellter ohne Führungsaufgaben", "Angestellter mit Führungsaufgaben" und "Selbständig".
Es fällt auf, daß Personen mit einer Arbeitssucht-Problematik im Rahmen der vorliegenden Studie gehäufter in sogenannten herausfordernden Positionen (Führungskräfte, Selbständige) arbeiten, die mit größerer Personal- und auch Sachverantwortung verbunden sein können. Dieser Befund könnte ein Hinweis darauf sein, daß in solchen Positionen eine größere Arbeitssuchtgefährdung besteht als in anderen Tätigkeitsbereichen. Möglicherweise ist bei Inhabern solcher beruflicher Positionen jedoch auch lediglich nur die *Bereitschaft*, bzw. die *Notwendigkeit* zur Inanspruchnahme externer Hilfe beim Vorliegen einer Arbeitssuchtproblematik stärker ausgeprägt. Es wäre die Aufgabe weiterer Forschungsaktivitäten, dieser Frage nachzugehen.

Der Vergleich der Mittelwerte der Antworten beider Stichproben auf Itemebene ergab:
Von den zwölf in Kapitel 10.1 formulierten Annahmen über Unterschiede im Antwortverhalten von Arbeitssüchtigen und Nicht-Arbeitssüchtigen wurden durch die erhobenen Daten elf in der hypothetisierten Richtung bestätigt. *Keine* Unterschiede zwischen den beiden Stichproben von Arbeitssüchtigen bzw. Nicht-Arbeitssüchtigen fanden sich lediglich hinsichtlich der Affinität zu den zentralen Werten und Inhalten der protestantischen Arbeitsethik. Hier schien eher die Variable "Alter" als die Variable "Suchtstatus" Auslöser und Erklärungsfaktor für unterschiedliche Einstellungen und Beurteilungen zu sein.
Im übrigen belegten die vorliegenden Daten folgende Aussagen:

- Die rein quantitative Arbeitsbelastung von Arbeitssüchtigen liegt nach deren subjektiver Einschätzung höher als die der Nicht-Arbeitssüchtigen. Arbeitssüchtige verfügen über weniger Freizeit und auch über weniger arbeitsfreie Tage pro Jahr als Nicht-Arbeitssüchtige. Arbeitssüchtige arbeiten häufiger nachts durch und sie weisen eine arbeitszentriertere Hobby- und Urlaubsgestaltung auf.

- Arbeitssüchtige messen im Vergleich zu Nicht-Arbeitssüchtigen ihrer Arbeit eine höhere Bedeutung/Zentralität bei. Das Leben der Arbeitssüchtigen wird durch die Arbeit in stärkerem Maße beeinflußt als dies bei den Nicht-Arbeitssüchtigen der Fall ist. Bemerkenswert ist allerdings, daß die Arbeitssüchtigen die Wichtigkeit ihrer Arbeit für die Erreichung ihrer zentralen Lebensziele vergleichsweise *geringer* einschätzen.
- Die Arbeitssüchtigen sind signifikant *unzufriedener* mit ihrer Arbeitssituation. Ihre emotionale Haltung zur Arbeit ist negativer als die der Nicht-Arbeitssüchtigen. Arbeitssüchtige zeigen im Hinblick auf ihre Arbeit eine vergleichsweise höher ausgeprägte Wechselbereitschaft, ein größeres Ausmaß an subjektiv erlebtem Arbeitsstreß, eine stärker entwickelte Resignation und eine geringere allgemeine Arbeitszufriedenheit als Nicht-Arbeitssüchtige. Bemerkenswert ist die Überforderung und der Druck, den Arbeitssüchtige subjektiv an ihrem Arbeitsplatz erleben. Offensichtlich erscheint es auch wünschenswert, die Zusammenhänge zwischen dem Phänomen der Arbeitssucht und der "Burnout"-Symptomatik näher zu erforschen (vgl. dazu z.B. Burisch, 1994; Frank, 1993; Freudenberger, 1974; Homer, 1985; Maslach, 1986; Naughton, 1987).
- Sowohl Arbeitssüchtige als auch Nicht-Arbeitssüchtige präferieren eine aktive Freizeitgestaltung gegenüber dem bloßen Nichtstun. Arbeitssüchtige haben allerdings erheblich mehr Schwierigkeiten, in der Freizeit "abzuschalten". Auch in der Freizeit wirkt ihr ausgeprägtes Bedürfnis nach Kontrolle, Planung und Struktur massiv auf ihr Verhalten ein. Sie erleben sich selbst im Hinblick auf ihre Freizeit als "genußunfähig". Der Bereich Freizeiterleben und Freizeitgestaltung verdeutlicht ein unbalanciertes Verhältnis von Anspannung und Entspannung im Leben der Arbeitssüchtigen.
- Arbeitssüchtige sprechen sich in viel stärkerem Maße als Nicht-Arbeitssüchtige für das Typ-A-Verhalten kennzeichnende Einstellungs- und Verhaltensmuster zu.
- Die kennzeichnenden Merkmale süchtigen Verhaltens lassen sich bei Arbeitssüchtigen in viel stärkerem Ausmaß feststellen als bei Nicht-Arbeitssüchtigen. Hervorzuheben sind hier besonders das Auftreten von Entzugserscheinungen, wenn nicht gearbeitet wird, die bewußte Selbstschädigung der Arbeitssüchtigen, der Verlust der Kontrolle über das eigene Arbeitsverhalten, die Interessenabsorption und die Funktionalisierung der Arbeit zur Abschottung und/oder zum Verdrängen von unangenehmen Gefühlen und Gedanken.
- Arbeitssüchtige weisen eine im Vergleich zu Nicht-Arbeitssüchtigen stärkere Tendenz zu übermäßig perfektionistischen Verhaltensmustern, gekoppelt mit immens hohen Selbstanforderungen auf. Eine Tendenz zur unrealistischen Zielsetzung unterscheidet die Arbeitssüchtigen deutlich von der Vergleichsstichprobe.
- Arbeitssüchtige tendieren dazu, Arbeit an sich zu ziehen und Teamarbeiten zu meiden. Sie haben deutlich weniger Vertrauen in die Arbeitserledigung durch andere als Nicht-Arbeitssüchtige. Betrachtet man die Bereitschaft und die Fähigkeit der Arbeitssüchtigen zur Delegation, so muß ihnen eine eher als problematisch zu betrachtende

"Einzelkämpfermentalität" unterstellt werden.

- Arbeitssüchtige berichten über einen im Vergleich zu Nicht-Arbeitssüchtigen schon als massiv auffällig zu bezeichnenden Zwang zu arbeiten. Die rigide Gestaltung von Arbeitsabläufen, eine extrem ausgeprägte Kontrollmotivation und deutliche Hinweise auf Versagensängste unterscheiden die Arbeitssüchtigen von den Nicht-Arbeitssüchtigen.
- Bei den Arbeitssüchtigen sind die interpersonellen Beziehungen arbeitsbedingt in stärkerem Maße beeinträchtigt als bei den Nicht-Arbeitssüchtigen. Zum einen läßt sich eine deutliche Beeinflussung des Privatlebens, zum anderen aber auch eine Beeinflussung der Beziehungsgestaltung durch die Arbeit bei den Arbeitssüchtigen ausmachen (vgl. dazu auch Rode, 1990).

Arbeitssüchtige und Nicht-Arbeitssüchtige unterscheiden sich *nicht* hinsichtlich der Praktizierung ausgewählter als gesundheitsgefährdend zu beurteilender Verhaltensweisen (Alkohol-, Nikotin-, Medikamentenkonsum, Bewegungsmangel). Dennoch berichten Arbeitssüchtige über vergleichsweise stärkere gesundheitlich Beschwerden sowie über häufigere Krankenhaus- bzw. Kuraufenthalte als Nicht-Arbeitssüchtige.

Auf einen Aspekt soll an dieser Stelle gesondert aufmerksam gemacht werden:

Eine weitere Untersuchung der Zusammenhänge von Alkoholmißbrauch bzw. -abhängigkeit und arbeitssüchtigem Verhalten erscheint nach den Ergebnissen der Studie von Poppelreuter (1996) lohnenswert. Möglicherweise stellt die Entwicklung einer Arbeitssucht bei einem Teil der hier untersuchten Personen lediglich eine Suchtverschiebung dar. Die mögliche Ersetzung alkoholabhängigen Verhaltens durch arbeitssüchtiges Verhalten wird in der Literatur immer wieder vermutet (siehe z.B. Henkel, 1992; Mentzel, 1979; Rußland, 1988), wurde bislang aber noch nicht systematisch untersucht.

10.3.2 Ergebnisse der Faktorenanalysen und Vergleich der Faktorwerte

Zur Reduktion des ursprünglich im Fragebogen vorgegebenen Itempools und zur differenzierten Analyse der ermittelten Untersuchungsdaten, die gleichzeitig Basis für exaktere Aussagen zur Prävention und Intervention bei Arbeitssucht sein sollten, wurden die Items des Erhebungsinstrumentes, deren Beantwortung mit Hilfe der sechsstufigen Antwortskala vorgenommen wurde, getrennt nach zwölf der insgesamt dreizehn abgefragten Themenkomplexe (Zentralität der Arbeit, emotionale Haltung gegenüber der Arbeit, Freizeiterleben und Freizeitverhalten etc.) explorativen Faktorenanalysen nach der Hauptkomponentenmethode mit orthogonaler Rotation nach der Varimax-Methode unterzogen. Es wurden also für jeden Merkmalsbereich getrennte Faktorenanalysen berechnet. Damit sollten nähere Informationen über die einzelnen abgefragten Merkmalsbereiche gewonnen werden.

Ebenso wurden die Faktorwerte der beiden Untersuchungsstichproben miteinander verglichen, um zu differenzierteren, über die Mittelwertvergleiche von Einzelitems hinausgehenden Informationen zu gelangen. Aus diesen Vergleichen ergeben sich zudem Anregungen für die Präventions- und Interventionsarbeit bei Arbeitssucht.

Zusammengefaßt ergaben sich folgende Anregungen für eine differenzierte Betrachtung des Arbeitssuchtphänomens, sowie für die inhaltliche Ausgestaltung von Interventionsmaßnahmen im Problembereich:

- Im Hinblick auf die Bedeutung/Zentralität der Arbeit im Leben spielt weniger der Aspekt der absoluten oder relativen Bedeutungsbeimessung der Arbeit eine primäre Rolle, sondern der Einfluß, den die Arbeit auf das Leben nimmt, ist in diesem Merkmalsbereich das entscheidende Differenzierungskriterium zur Abgrenzung von Arbeitssüchtigen und Nicht-Arbeitssüchtigen. Eine Interventionsmaßnahme sollte daher darauf abzielen, den übermächtigen Einfluß der Arbeit auf das Leben der Arbeitssüchtigen zu modifizieren. Weniger sinnvoll erscheint eine gezielte Reduzierung der Wertigkeit der Arbeit im allgemeinen zu sein.
- Wesentliche Unterschiede zwischen den beiden untersuchten Stichproben ergeben sich bzgl. der emotionalen Haltung gegenüber der Arbeit hinsichtlich der Aspekte Zeitdruck und Belastung bei der Arbeit, getroffene Berufswahl und Arbeitsfreude. Eine Verbesserung der emotionalen Haltung gegenüber der Arbeit sollte an diesen Problembereichen ansetzen. Hingegen erscheint eine Erweiterung des Abwechslungsreichtums bzw. der Gestaltungsmöglichkeiten am Arbeitsplatz sowie eine Verbesserung der externen Motivatoren nicht unbedingt zielführend zu sein, um die emotionale Haltung der hier untersuchten Arbeitssüchtigen gegenüber der Arbeit positiv zu verändern.
- Bezüglich der Freizeitgestaltung und des Freizeiterlebens zeigt sich die Notwendigkeit, den massiven Einfluß der Arbeit auf den Freizeitbereich zu reduzieren. Dies sollte nicht geschehen durch eine quantitative Verbesserung der Freizeitsituation oder durch die Betonung von Passivität in der Freizeit, sondern durch geeignete Maßnahmen zur Abgrenzung und differenzierten Gestaltung von Arbeitszeit und Freizeit (vgl. dazu auch Evans & Bartholomé, 1982).
- Zentral zur Unterscheidung von Arbeitssüchtigen und Nicht-Arbeitssüchtigen scheint weiterhin die ausgeprägte äußere Getriebenheit und innere Anspannung der Arbeitssüchtigen zu sein, die sich in diesem Ausmaß bei den Nicht-Arbeitssüchtigen nicht feststellen läßt. Eine geeignetere Zeitplanung, ein weniger gehetzter Arbeits- und Lebensstil sowie die Etablierung geeigneter "Ventile" zum konstruktiven Umgang mit inneren Anspannungen sind demnach wichtige Aspekte einer Modifikation des arbeitssüchtigen Verhaltensstiles.
- Der *Sucht*aspekt des arbeitssüchtigen Verhaltens, das belegt die vorliegende Studie sehr eindrucksvoll, ist von wesentlicher Bedeutung bei der Unterscheidung arbeitssüchtiger und nicht-arbeitssüchtiger Personen. Eine Interventionsmaßnahme sollte den süchtiges Verhalten kennzeichnenden Merkmalen besondere Aufmerksamkeit widmen. Sowohl das funktionalisierte Arbeitsverhalten (Problembewältigung, Problemverdrängung, Rückzug) als auch die Aspekte Kontrollverlust, rauschhaftes Arbeiten,

physische und psychische Abhängigkeit von der Arbeit und Selbstschädigung durch den praktizierten Arbeitsstil sollten zum zentralen Gegenstand therapeutischer Maßnahmen bei Vorliegen einer Arbeitssuchtproblematik gemacht werden.

- In einer leistungsorientierten Gesellschaft sind sowohl ein gewisser Ehrgeiz im Konkurrenzkampf als auch ein Bedürfnis nach exakter Aufgabenerledigung eher übliche und auch notwendige Verhaltensmerkmale zur Zielerreichung. Kontraproduktiv hingegen dürfte ein *überzogen hohes* Anspruchs- und Leistungsniveau sein, was durch den diesbezüglich feststellbaren Unterschied in den Einschätzungen und Beurteilungen von Arbeitssüchtigen und Nicht-Arbeitssüchtigen deutlich wird. Die Modifikation solcher überhöhter Ansprüche an die eigene Person kann Arbeitssüchtigen möglicherweise helfen, ihre Problematik zu überwinden.
- Die Berücksichtigung der Nähe zu den Werten und Inhalten der protestantischen Arbeitsethik ist als Unterscheidungsmerkmal zwischen Arbeitssüchtigen und Nicht-Arbeitssüchtigen weniger geeignet. Allerdings bietet sich eine Berücksichtigung des Themas Verantwortung und Verantwortungsübernahme im Rahmen von Interventionsmaßnahmen zur Bewältigung einer Arbeitssuchtproblematik an.
- Die erheblichen Unterschiede in der Beurteilung von und der Bereitschaft zu Arbeitsdelegation und Teamarbeit zwischen Arbeitssüchtigen und Nicht-Arbeitssüchtigen machen deutlich, daß gerade dieser Merkmalsbereich zur differentiellen Diagnostik bei Arbeitssucht herangezogen werden sollte. Der Abbau der mißtrauischen Haltung der Arbeitssüchtigen in die Arbeitserledigung anderer sowie ein Aufarbeiten der Ablehnung von Teamarbeit sollten als wesentliche Ziele einer Interventionsmaßnahme bei Arbeitssucht betrachtet werden. Dies gilt um so mehr, als daß die Umsetzung dieser Ziele eine geeignete Maßnahme (neben anderen) zur Vermeidung neuerlicher arbeitssüchtiger Verhaltensprobleme darstellen kann.
- Es zeigt sich, daß weniger Entscheidungsunsicherheiten oder die Strukturierung des Arbeitsablaufes an sich als Unterscheidungsmerkmal von Arbeitssüchtigen und Nicht-Arbeitssüchtigen geeignet sind. Gegenteiliges läßt sich jedoch von der Tendenz zur besessen-zwanghaften Arbeitserledigung, von arbeitsbedingten Überforderungs- und Angstgefühlen sowie von einer generellen Unflexibilität bzw. fehlenden Spontaneität sagen. Es ist die Aufgabe von Interventionsmaßnahmen, diesen teilweise durch ein erhebliches Maß an Irrationalität gekennzeichneten Merkmalen von Arbeitssüchtigen erhöhte Aufmerksamkeit zu widmen und konstruktiv auf ihre Aufarbeitung und Auflösung hinzuwirken.
- Die erheblichen Unterschiede zwischen Arbeitssüchtigen und Nicht-Arbeitssüchtigen in der Qualität und Ausgestaltung interpersoneller Beziehungen können als Hinweis auf mögliche Auslöser oder aber auch Konsequenzen arbeitssüchtigen Verhaltens betrachtet werden (vgl. dazu auch Rode, 1990). Ein Verbesserung in diesem Bereich erscheint in verschiedener Hinsicht sinnvoll und notwendig, um eine Arbeitssuchtproblematik angemessen und stabil aufzuarbeiten bzw. zu bewältigen. Zu nennen wären

diesbezüglich u.a. der erhebliche Einfluß, den das berufliche und private Umfeld auf das persönliche Verhalten nimmt, sowie die erforderliche Auflösung der eindimensionalen Lebensführung der Arbeitssüchtigen, die durch eine Einbeziehung der dem betroffenen Arbeitssüchtigen beruflich und/oder privat nahestehenden Personen in den Interventionsprozeß besonders aussichtsreich erscheint.

- Die differierenden Selbstbeschreibungen von Arbeitssüchtigen und Nicht-Arbeitssüchtigen hinsichtlich gesundheitlicher Beschwerden lassen deutlich werden, daß die Arbeitssüchtigen sowohl im Hinblick auf die allgemeine Befindlichkeit als auch hinsichtlich körperlicher Schmerzen stärkere Beeinträchtigungen aufweisen. Diese gesundheitlichen Probleme könnten im Rahmen eines Interventionsprozesses zentraler Motivationsfaktor für eine Veränderung der eigenen Lebenssituation sein und sollten dementsprechend therapeutisch genutzt werden.

10.3.3 Ergebnisse der Clusteranalysen bei der Stichprobe der Arbeitssüchtigen

Abschließend wurde im Rahmen der Analyse der empirischen Daten der vorliegenden Studie mit Hilfe clusteranalytischer Verfahren versucht, "Typen" von Arbeitssüchtigen zu ermitteln, da nicht davon ausgegangen werden kann, daß es sich bei der Arbeitssucht um ein homogenes Konzept mit einigen wenigen immer wieder auftretenden Symptomen handelt. Vielmehr ist die Annahme realistischer, daß sich bereits in der relativ kleinen, hier untersuchten Stichprobe von Arbeitssüchtigen unterschiedliche Formen von Arbeitssucht ausmachen lassen, die differenziert zu charakterisieren und individuell zu therapieren sind. Das Ergebnis dieser Typisierungsversuche soll deskriptiv-exemplarisch dargestellt werden. Aufgrund der Stichprobenabhängigkeit der gewählten Methodik verbietet sich eine Verallgemeinerung der im folgenden beschriebenen Typologisierung, die (zunächst) ausschließlich für die im Rahmen der vorliegenden Studie erhobenen Daten Gültigkeit hat. Einschränkend ist auch festzustellen, daß solche Typologisierungen immer Überspitzungen darstellen. In "Reinform" kommen die dargestellten Typen in der Realität kaum vor. Insofern hat eine solche Typologisierung eher heuristischen Wert.

Als die am ehesten geeignete Gruppierungsvariable wurde der Themenbereich "Zwanghaftigkeit und zwanghaftes Verhalten" ermittelt, da hier die deutlichsten Unterschiede zwischen verschiedenen Typen von Arbeitssucht innerhalb der Arbeitssüchtigenstichprobe feststellbar waren. Der Themenbereich "Zwanghaftigkeit und zwanghaftes Verhalten" umfaßt fünf Dimensionen:

- Überforderung und Angst,
- zwanghafte Arbeitserledigung,
- Unflexibilität und fehlende Spontanität,
- Entscheidungsunsicherheit,
- Verbissenheit.

Auf dieser Grundlage ließen sich vier unterschiedliche Typen von Arbeitssüchtigen ermitteln, die im folgenden zusammenfassend beschrieben werden sollen. Detailliertere Informationen hierzu finden sich in der Studie von Poppelreuter (1996).

Typ 1: Die entscheidungsunsicheren Arbeitssüchtigen (N=13)

Die in diesem Cluster zusammengefaßten Mitglieder der Arbeitssüchtigenstichprobe empfinden im Hinblick auf ihre Arbeitstätigkeit weder Unsicherheit und Angst, noch läßt sich ihre Arbeitserledigung als zwanghaft kennzeichnen. Auch zeichnen sie sich nicht durch Unflexibilität, fehlende Spontaneität und Verbissenheit aus. Im Vergleich zu den übrigen Typen weisen sie im Gegenteil auf allen genannten Faktoren unterdurchschnittliche Ausprägungen auf. Lediglich hinsichtlich des Faktors Entscheidungsunsicherheit läßt sich beim Typ 1 eine stärkere Ausprägung feststellen.

Offensichtlich haben die in diesem Cluster zusammengefaßten Personen kaum eine Tendenz zu rigiden oder zwanghaften Verhaltensmustern. Sie neigen weder dazu, (allzu) verbissen an ihre Arbeit heranzugehen, noch leiden sie im Zusammenhang mit ihrer Arbeit unter Überforderungs- oder Angstgefühlen. Es könnte somit der Eindruck entstehen, daß es sich hierbei um keine wirklich problematische Personengruppe handelt, da es nur wenige Hinweise auf auffällige Einstellungs- und Verhaltensmuster in bezug auf die abgefragten Themenbereiche gibt. Dabei ist allerdings zu berücksichtigen, daß die Aussage nur *in Relation zu den anderen ermittelten Clustern* gilt. Insofern läßt sich einschränkend zunächst lediglich sagen, daß die entscheidungsunsicheren Arbeitssüchtigen *im Vergleich zu den übrigen untersuchten Arbeitssüchtigen* relativ unauffällige und unproblematische Antwortmuster aufweisen. Vergleicht man die Ergebnisse der entscheidungsunsicheren Arbeitssüchtigen jedoch mit den Antwortmustern der Nicht-Arbeitssüchtigen, so zeigen sich signifikante Unterschiede hinsichtlich der Aspekte Berufsarbeitszeit, zur Verfügung stehende Freizeit, Halbfreizeit, Zentralität der Arbeit, Freizeiterleben und Freizeitgestaltung, Typ-A-Verhalten, süchtiges Verhalten, Leistungsanforderungen und perfektionistische Ansprüche, interpersonelle Beziehungen sowie Gesundheitsbeschwerden, und zwar *ausschließlich* in Richtung einer ausgeprägteren Arbeitssuchtorientierung der Personen des Typ-1-Clusters. Es wäre also verfrüht, die entscheidungsunsicheren Arbeitssüchtigen als unproblematische Gruppe zu betrachten. Diese Personen weisen lediglich *im Vergleich zu den übrigen* in den anderen Clustern zusammengefaßten Personen geringere auf Arbeitssucht hindeutende Einstellungs- und Verhaltensmuster auf. Sie können unter Berücksichtigung der Ergebnisse der Nicht-Arbeitssüchtigen-Stichprobe aber kaum als unproblematischer Personenkreis betrachtet werden. Insofern wäre es auch falsch anzunehmen, daß den entscheidungsunsicheren Arbeitssüchtigen z.B. alleine mit einem Entscheidungstraining schon ausreichend geholfen ist, obschon die Ergebnisse der Clusteranalysen zu "Zwanghaftigkeit und zwanghaftem Verhalten" diese Vermutung zunächst nahelegen könnten. Auch in diesem Fall erscheinen umfassendere Maßnahmen notwendig zu sein, um auch die "entscheidungsunsicheren Personen" zu weniger problematischen Einstellungs- und Verhaltensmustern zu führen. Es sollte in diesem Zusammenhang nochmals daran erinnert werden, daß auch die ent-

scheidungsunsicheren Arbeitssüchtigen einen Leidensdruck erleben und im Fragebogen eine ganze Reihe von psychischen und auch physischen Beschwerden beklagen.
Vergleicht man die Ergebnisse der Personen aus dem ersten Cluster mit dem Antwortverhalten der übrigen Typen, so zeigt sich, daß die entscheidungsunsicheren Arbeitssüchtigen eine vergleichsweise hohe quantitative Arbeitsbelastung angeben (7,5 Stunden/Tag), die geringste Hausarbeitszeit aufweisen und über eher *viel* Freizeit verfügen (4 Stunden/Tag). Sie weisen die relativ geringste (im Sinne von *nicht* auf arbeitssüchtige Einstellungs- und Verhaltensstrukturen hinweisend) Ausprägung auf hinsichtlich des Bereiches quantitative Merkmale des Arbeits- und Freizeitverhaltens und der Bedeutung/Zentralität der Arbeit (es fällt ihnen eher leicht, Arbeitsprobleme am Ende eines Arbeitstages einfach zu vergessen und es ist eher nicht zutreffend, daß sie in Arbeitssituationen mehr Selbstvertrauen haben als sonst).
Ihre emotionale Haltung zur Arbeit deutet auf eine verhältnismäßig hohe Arbeitszufriedenheit hin, wobei differenziert werden sollte zwischen Arbeitsaspekten, die eher positiv beurteilt werden ("Krisenfestigkeit" des Arbeitsplatzes, Bezahlung, Ansehen in der Öffentlichkeit, Belastungen am Arbeitsplatz, Freude an der Arbeit u.a.) und Aspekten der Arbeit, die eher negativ beurteilt werden (Mitwirkungs- und Gestaltungsmöglichkeiten).
Bezüglich des Freizeiterlebens und der Freizeitgestaltung der entscheidungsunsicheren Arbeitssüchtigen lassen sich unter Berücksichtigung der Ergebnisse der übrigen Mitglieder der Arbeitssüchtigen-Stichprobe ebenfalls vergleichsweise wenig Hinweise auf Arbeitssucht indizierende problematische Einstellungs- und Verhaltensmuster finden. Typ-1-Personen weisen hier am ehesten noch ein balanciertes Verhältnis zur Freizeitgestaltung und zur Bedeutungsbeimessung von Freizeit auf. Eine entspannende Nutzung der Freizeit erscheint ihnen noch am ehesten möglich.
Relativ gering sind im ersten Cluster auch die Typ-A-Verhalten kennzeichnenden Merkmale entwickelt. Weder Perfektionismus und Pedanterie noch eine enge Terminplanung scheinen den entscheidungsunsicheren Arbeitssüchtigen zu eigen zu sein.
Was Merkmale süchtigen Verhaltens angeht, so weisen Typ-1-Personen vergleichsweise geringe Ausprägungen auf. Bei fast allen diesbezüglich abgefragten Items erreichen sie die niedrigsten Rangplätze, wobei sie sich von allen übrigen Clustern in zahlreichen süchtiges Verhalten kennzeichnenden Merkmalen signifikant unterscheiden (z.B. Ausreden benutzen, warum man arbeitet; Arbeiten zur Verdrängung von Gefühlen oder zur Kontaktvermeidung; Arbeiten "wie im Rausch"; Gereiztheit/Aggressivität, wenn nichts zu tun ist).
Hinsichtlich Leistungsanforderungen und perfektionistischen Ansprüchen ergeben sich für die entscheidungsunsicheren Arbeitssüchtigen vergleichsweise geringe Ausprägungen. Weder neigen sie im Vergleich zu den übrigen Personen der Arbeitssüchtigenstichprobe eigenen Aussagen zufolge zu übertriebener Gründlichkeit oder zu hoher Anspruchssetzung in bezug auf ihre Arbeit, noch zeigen sie ein übertriebenes Bedürfnis, immer gewinnen zu müssen.

Die Affinität der entscheidungsunsicheren Arbeitssüchtigen zur protestantischen Arbeitsethik ist insgesamt eher gering, wobei bestimmten Aspekten der protestantischen Arbeitsethik allerdings eher *zugestimmt* wird (Verantwortung ist eher Herausforderung; Erfolg setzt Einsatz auch bei unangenehmen Aufgaben voraus; Erfolg ist in aller Regel das Resultat harter Arbeit).
Im Hinblick auf das Delegationsverhalten sind die entscheidungsunsicheren Arbeitssüchtigen im Vergleich zu den übrigen Clustern noch am ehesten als delegationswillig und delegationsfähig zu bezeichnen. Sie lassen Arbeit durchaus auch von anderen erledigen und sind bei Teamarbeiten relativ vertrauensvoll.
Die Ergebnisse zum Bereich "Zwanghaftigkeit und zwanghaftes Verhalten" lassen erkennen, daß auch hier die entscheidungsunsicheren Arbeitssüchtigen tendenziell weniger gravierende Auffälligkeiten zeigen als die übrigen Personen der Arbeitssüchtigenstichprobe. Sie erleben am wenigsten intensiv Schuldgefühle, wenn sie nicht arbeiten, oder innere Arbeitszwänge, die sie zur Mehrarbeit antreiben. Ein Weiterarbeiten bei Erschöpfung kommt für sie vergleichsweise ebenso wenig in Frage wie eine strenge Strukturierung oder permanente Kontrolle des Arbeitsablaufes. Angst und Selbstzweifel in bezug auf ihre Arbeit spielen vergleichsweise keine Rolle. Lediglich im Bereich "Entscheidungsfindung" weisen sie Unsicherheiten auf.
Auf interpersoneller Ebene schließlich berichten die entscheidungsunsicheren Arbeitssüchtigen sowohl im allgemeinen Sozialkontakt als auch im partnerschaftlichen Kontakt über vergleichsweise wenig Schwierigkeiten (wenig private/familiäre Probleme wegen des Arbeitsverhaltens; Bevorzugung Partnerschaft/Familie vor Arbeit; Trennung Beruf-Privatleben fällt leicht etc.). Ebenso geben sie im Vergleich zu den Personen der übrigen Cluster die wenigsten gesundheitlichen Beschwerden an.
Es sollte allerdings nochmals betont werden, daß die Personen des Clusters 1 lediglich im Vergleich zu den Arbeitssüchtigen der übrigen Cluster als relativ unauffällig betrachtet werden können.

Typ 2: Die überfordert-unflexiblen Arbeitssüchtigen (N=11)
Die in diesem Cluster zusammengefaßten Personen lassen sich beschreiben durch ein im Vergleich zu den übrigen Clustern starkes Überforderungs- und Angsterleben bzgl. ihrer Arbeit bei gleichzeitiger Unflexibilität und fehlender Spontaneität. Andererseits sind sie nicht auffällig zwanghaft in ihrer Arbeitserledigung, auch lassen sich bei ihnen kaum Hinweise auf Entscheidungsunsicherheit oder eine besondere Verbissenheit bzgl. ihrer Arbeit feststellen.
Im Vergleich zu den Personen der Nicht-Arbeitssüchtigenstichprobe weisen die überfordert-unflexiblen Arbeitssüchtigen zahlreiche signifikante Unterschiede im Antwortverhalten auf. Lediglich bzgl. der Merkmalsbereiche Hausarbeitszeit, Schlafzeit und Zeit für Halbfreizeitaktivitäten, protestantische Arbeitsethik und partnerschaftliche Beziehungen fanden sich *keine* statistisch gesicherten Unterschiede zwischen den überfordert-unflexi-

blen Arbeitssüchtigen und den Nicht-Arbeitssüchtigen.

Die überfordert-unflexiblen Arbeitssüchtigen weisen eine hohe quantitative Arbeitsbelastung (fast 7,5 Stunden/Tag), eine eher geringe Hausarbeitszeit bzw. zur Verfügung stehende Freizeit (3 Stunden/Tag) und den höchsten Anteil an Schlafzeit (fast 8 Stunden/Tag) auf. Bezüglich der Bereiche quantitative Merkmale des Arbeits- und Freizeitverhaltens sowie Bedeutung/Zentralität der Arbeit finden sich bei den Personen des zweiten Clusters vergleichsweise mittlere Werte. Allerdings berichten die überfordert-unflexiblen Arbeitssüchtigen, daß es ihnen relativ schwer fällt, Arbeitsprobleme am Ende des Arbeitstages einfach zu vergessen, und daß sie in Arbeitssituationen vergleichsweise mehr Selbstvertrauen haben. Hingegen messen sie ihrer Arbeit im Vergleich zu anderen Dingen in ihrem Leben eher weniger Wichtigkeit zu. Ähnlich wie bei den entscheidungsunsicheren Arbeitssüchtigen zeigen sich bei den überfordert-unflexiblen Arbeitssüchtigen bzgl. der emotionalen Haltung gegenüber der Arbeit differentielle Befunde. Während bestimmte Aspekte der Arbeit vergleichsweise positiv beurteilt werden (z.B. Möglichkeiten zum selbständigen Denken und Handeln bzw. zur persönlichen Weiterentwicklung, nicht müde und abgespannt wegen der Arbeit sein), werden andere Arbeitsfacetten eher negativ bewertet (z.B. Arbeitstempo, allgemeine Zufriedenheit mit der Stelle).

Mittlere Werte fanden sich bei den überfordert-unflexiblen Arbeitssüchtigen weiterhin bzgl. der Bereiche Freizeiterleben und Freizeitgestaltung, wobei sie allerdings über Schwierigkeiten berichten, ihre Freizeit zu genießen bzw. in der Freizeit nicht an die Arbeit zu denken. Deutlicher (allerdings nicht signifikant unterschiedlich) als die entscheidungsunsicheren Arbeitssüchtigen weisen die überfordert-unflexiblen Arbeitssüchtigen eine Tendenz in Richtung Typ-A-Verhaltensmuster auf. Sie beschreiben sich eher als perfektionistisch und pedantisch, antreibend im Gespräch mit anderen und gedrängt in der Termineinhaltung. Auffällig sind auch ihre ausgeprägten körperlichen Reaktionen auf Anspannung (Zähneknirschen). Deutlicher - wenn auch nicht statistisch gesichert - als bei den entscheidungsunsicheren Arbeitssüchtigen sind bei den Arbeitssüchtigen des zweiten Clusters auch die Merkmale süchtigen Verhaltens ausgeprägt. Während die überfordert-unflexiblen Arbeitssüchtigen allerdings nicht dazu neigen, auch bei Krankgeschriebensein noch weiterzuarbeiten bzw. nervös zu werden, wenn sie nicht arbeiten können oder sollen, tendieren sie vergleichsweise eher dazu, Ausreden für ihr Arbeiten zu gebrauchen, sich selbst als "arbeitssüchtig" zu bezeichnen, mit der Arbeit unangenehme Gefühle zu verdrängen, durch die Arbeit ihr Selbstbewußtsein zu stärken, bei Erschöpfungsgefühlen noch weiterzuarbeiten, teilweise zu arbeiten "wie im Rausch" und aggressiv darauf zu reagieren, wenn sie "nichts zu tun haben". Interessant (und vorsichtig interpretiert vielleicht auch ein Beleg für ihre Überforderung) ist, daß die überfordert-unflexiblen Arbeitssüchtigen es vergleichsweise angenehm fänden, mal längere Zeit oder dauernd nicht mehr arbeiten zu müssen.

Im Hinblick auf Leistungsanforderungen und perfektionistische Ansprüche lassen die im Cluster 2 zusammengefaßten Personen schon deutlichere Tendenzen in Richtung Perfektionismus erkennen als die entscheidungsunsicheren Personen. Auffällig ist hier vor allem das ausgeprägte Bedürfnis der überfordert-unflexiblen Arbeitssüchtigen zu kämpfen, sich durchzusetzen und immer gewinnen zu müssen. Hohe selbstgesetzte Ansprüche, ein Wunsch nach permanenter Verbesserung auch sehr guter Arbeit, die Orientierung am Bestmöglichen und ein ausgeprägtes "Sich-Zusammenreißen" kennzeichnen in diesem Bereich die überfordert-unflexiblen Arbeitssüchtigen. Die Vermutung liegt nahe, daß ein Teil der Überforderung und der Versagensangst dieses Typus von den hohen Ansprüchen an die eigene Person herrührt.

Zu den zentralen Inhalten und Werten der protestantischen Arbeitsethik weisen die überfordert-unflexiblen Arbeitssüchtigen tendenziell eher eine größere Affinität auf. Hervorzuheben wären hier die Betonung der Verantwortung als Herausforderung, des Einsatzes auch bei unangenehmen Aufgaben, der arbeitsorientierten Erfolgsbegründung und der Gleichsetzung von Zeit- und Geldverschwendung.

Ähnlich wie den entscheidungsunsicheren Arbeitssüchtigen kann auch den überfordert-unflexiblen Arbeitssüchtigen Delegationswilligkeit und Teamarbeitsfähigkeit bescheinigt werden.

Der Bereich "Zwanghaftigkeit und zwanghaftes Verhalten" ist bei den überfordert-unflexiblen Arbeitssüchtigen relativ stark ausgeprägt. Hervorzuheben sind diesbezüglich besonders die ausgeprägten Schuldgefühle der Arbeitssüchtigen des zweiten Clusters, wenn sie nicht arbeiten, das Gefühl, aus einem inneren Zwang heraus zu arbeiten, die stark strukturierte Arbeitserledigung, die Schwierigkeit, auch bei größerem Bemühen gedanklich nicht von der Arbeit loszukommen sowie die Angst, die Selbstzweifel und das Selbstmitleid in bezug auf die eigene Arbeit.

Während die überfordert-unflexiblen Arbeitssüchtigen verhältnismäßig wenige Schwierigkeiten im partnerschaftlichen Bereich artikulieren, zeigen sich im allgemeinen Sozialkontakt insbesondere im Vergleich zu den entscheidungsunsicheren Arbeitssüchtigen deutliche Probleme. Hervorgehoben werden soll hier insbesondere der (störende) Einfluß der Arbeit bei Privatgesprächen, die Einschätzung, sich mit Kollegen/Mitarbeitern besser unterhalten zu können als mit der Familie sowie die Schwierigkeit, Beruf und Privatleben voneinander zu trennen.

Schließlich berichten die überfordert-unflexiblen Arbeitssüchtigen über relativ ausgeprägte Gesundheitsbeschwerden. Probleme mit starkem Herzklopfen werden von ihnen besonders betont.

Typ 3: Die verbissenen Arbeitssüchtigen (N=12)

Dieser Typ läßt sich kennzeichnen durch vergleichsweise fehlende Überforderungs- und Angstgefühle, eine allenfalls durchschnittliche Tendenz zur zwanghaften Arbeitserledigung, eine mittlere Unflexibilität und eine eher gut entwickelte Entscheidungssicherheit. Auffallend ist bei diesem Typus jedoch die hohe Ausprägung auf dem verbissenes Verhalten kennzeichnenden Faktor.

Vergleicht man die Antwortmuster der verbissenen Arbeitssüchtigen mit dem Antwortverhalten der Nicht-Arbeitssüchtigen, so zeigen sich ähnlich wie beim Vergleich der entscheidungsunsicheren Arbeitssüchtigen mit den Nicht-Arbeitssüchtigen jedoch auch hier zahlreiche signifikante Unterschiede zwischen beiden Personengruppen (in sämtlichen abgefragten Bereichen außer Hausarbeitszeit, Zeit für Schlaf, Halbfreizeit und emotionale Haltung gegenüber der Arbeit). Auch bei Personen des Clusters 3 zeigt sich somit eine Tendenz in Richtung Arbeitssucht kennzeichnende Verhaltens- und Einstellungsmuster.

Der Vergleich der verbissenen Arbeitssüchtigen mit den übrigen Clustern ergibt zunächst den höchsten Anteil an Arbeitszeit (8 Stunden/Tag) im Cluster 3. Hinzu kommt der vergleichsweise hohe Anteil auch an Hausarbeitszeit (2,5 Stunden/Tag), was den über alle vier Cluster geringsten Anteil an zur Verfügung stehender Freizeit zur Folge hat (weniger als 3 Stunden/Tag). Keine nennenswerten Abweichungen gibt es bzgl. der Zeitverwendung für Schlaf und Halbfreizeitaktivitäten.

Bezüglich der Aspekte "quantitative Merkmale des Arbeits- und Freizeitverhaltens" sowie "Bedeutung/Zentralität der Arbeit" weisen die verbissenen Arbeitssüchtigen die höchsten mittleren Rangplätze auf. Erwähnenswert ist in diesem Zusammenhang ihre vergleichsweise ausgeprägte Bereitschaft, den Wegfall eines Arbeitstermins immer für die Erledigung anderer Arbeit zu nutzen, sowie der relativ hohe Stellenwert, den sie der Arbeit im Vergleich zu anderen Dingen in ihrem Leben beimessen. Auffallend ist auch das in Arbeitssituationen erhöhte Selbstvertrauen der verbissenen Arbeitssüchtigen.

Was die emotionale Haltung gegenüber der Arbeit angeht, so zeichnen sich die Mitglieder des "Verbissenen"-Clusters relativ zu allen anderen Clustern durch die positivste Haltung aus. Insbesondere hinsichtlich der Aspekte Bezahlung, Möglichkeiten zum selbständigen Denken und Handeln, Mitwirkungsmöglichkeiten bei Veränderungen, Ansehen in der Öffentlichkeit, allgemeine Arbeitszufriedenheit und Arbeitsfreude äußern sie sich positiv.

Im Hinblick auf das Freizeiterleben und die Freizeitgestaltung weisen die verbissenen Arbeitssüchtigen am deutlichsten ausgeprägt auf Arbeitssucht hindeutende Einstellungs- und Verhaltenstendenzen auf. Betont werden müssen hier die Aspekte geringe Freizeitbedeutung, Probleme beim Genuß von Freizeit und eine funktionalisierte Freizeitbetrachtung.

Bezüglich des Typ-A-Verhaltens erreichen die verbissenen Arbeitssüchtigen im Vergleich zu den übrigen Clustern lediglich einen mittleren Rangplatz, wobei auffällt, daß sich die Personen des dritten Clusters für eher weniger perfektionistisch und pedantisch halten und ebenfalls eher seltener über körperliche Merkmale innerer Anspannung berichten.

Den höchsten mittleren Rangplatz aller hier untersuchten Cluster weisen die verbissenen Arbeitssüchtigen hinsichtlich der süchtiges Verhalten kennzeichnenden Merkmale auf. Man könnte interpretieren, daß die *verbissene* Arbeitshaltung durchaus schon *suchthafte* Züge trägt, was sich im Vergleich zu den anderen Typen u.a. insbesondere zeigt in einem

Weiterarbeiten trotz Krankgeschriebensein, in einer Nervosität bei Nichtarbeiten, in der Benutzung von Ausreden für das Arbeiten und in einem übermächtigen Wunsch, sich der Arbeit zu widmen. Die hohe Ausprägung der Typ-3-Personen im Merkmalsbereich süchtiges Verhalten macht auf die Gefahren einer Verselbständigung der Verbissenheit in der Arbeitserledigung aufmerksam.

Bezüglich der Leistungsanforderungen und perfektionistischer Ansprüche weisen die Personen des "Verbissenen"-Typs ähnliche Rangplätze auf wie die überfordert-unflexiblen Arbeitssüchtigen. Als bemerkenswert hervorzuheben ist die besondere Betonung der Bedeutsamkeit der persönlichen Leistungsfähigkeit in diesem Cluster und die Neigung, in Arbeit und Spiel zu kämpfen und sich durchzusetzen.

Die Zustimmung zu den zentralen Werten und Inhalten der protestantischen Arbeitsethik ist bei den verbissenen Arbeitssüchtigen im Vergleich zu den übrigen Typen am stärksten ausgeprägt. Besonders deutlich wird auch hier die bereits weiter oben angesprochene Abwertung der Bedeutung von Freizeit, die eher als ein Übel denn als ein Gewinn betrachtet wird. Nur der durch harte Arbeit erzielte Erfolg wird anerkannt. Die von einer Verantwortungsübernahme ausgehende Herausforderung wird von den Typ-3-Personen am höchsten eingeschätzt. Erfolg stellt sich nur dann ein, wenn auch unangenehme Aufgaben mit Eifer angegangen werden. Offensichtlich findet die Arbeitseinstellung der verbissenen Arbeitssüchtigen ihre Entsprechung in den Werten und Überzeugungen der protestantischen Arbeitsethik. Es wäre interessant in weiteren Forschungen zu untersuchen, ob eine Nähe zur protestantischen Arbeitsethik überzufällig mit einer von Verbissenheit gekennzeichneten Arbeitsorientierung einhergeht.

Die verbissene Arbeitshaltung der Typ-3-Personen dürfte dazu beitragen, daß sie von allen vier Clustern die am geringsten ausgeprägte Delegationswilligkeit und -fähigkeit, sowie Teamarbeitsbereitschaft aufweisen. Personen des Typs 3 fällt es schwerer als allen anderen hier untersuchten Typen, Verantwortung an andere abzugeben. Wenn sie im Team arbeiten, versuchen sie zwar, in die Arbeitserledigung durch andere zu vertrauen. Die verbissenen Arbeitssüchtigen neigen jedoch dazu, Teamarbeit und/oder Arbeitserledigung durch andere soweit wie möglich zu vermeiden. Sie machen lieber ein paar Überstunden, bevor sie jemand anderem eine wichtige Aufgabe übertragen und sie erleben es als problematisch, wenn sie ihre Arbeit nicht selber erledigen können. Diese Haltung, sich um alles selbst kümmern zu wollen, begünstigt ein hohes Arbeitsaufkommen und fördert möglicherweise, daß sich die Personen des Clusters 3 immer tiefer in die Arbeit verwickeln.

Im Merkmalsbereich "Zwanghaftigkeit und zwanghaftes Verhalten" weisen die Personen des Typ-3-Clusters vergleichsweise nur mittlere Ausprägungen auf. Schuldgefühle bei Nichtarbeiten, ritualisierte Formen der Arbeitserledigung, das Erleben innerer Arbeitszwänge, Arbeitsverzögerungen durch wiederholtes Durchdenken von Problemen, arbeitsbezogene Ängste, Selbstzweifel oder Selbstmitleid und ausgeprägte Kontrollbedürfnisse sind bei den Personen des Typ-3-Clusters vergleichsweise *wenig* feststellbar. Deutlicher

hingegen treten eine ausgeprägte Kompromißlosigkeit in Angelegenheiten, von denen man völlig überzeugt ist, eine Tendenz zum Weiterarbeiten auch bei Erschöpfung, ein Unbehagen bei unerledigter Arbeit bzw. kurzfristiger Änderung von Plänen und Absichten, und tendenziell die Angst vor Verlust von Status, Macht und Einfluß, wenn weniger gearbeitet wird, hervor.
Schwierigkeiten scheint die Verbissenheit bei der Arbeitserledigung im Bereich der interpersonellen Beziehungen zu bereiten. In diesem Merkmalsbereich berichten die Typ-3-Personen sowohl bzgl. allgemeiner Sozialkontakte als auch bzgl. der eigenen Partnerschaft über die ausgeprägtesten Beeinträchtigungen. Ähnlich wie bei den überfordert-unflexiblen Arbeitssüchtigen räumen die verbissenen Arbeitssüchtigen familiäre und private Probleme wegen ihres Arbeitsverhaltens ein. Auch berichten sie über eine starke Beeinflussung ihres Privatlebens durch die Arbeit, die auch Auswirkungen auf die Art hat, mit der Privatgespräche geführt werden. Auffällig ist die Diskrepanz in den Angaben der Typ-3-Personen, sich einerseits mit der Familie besser unterhalten zu können als mit Kollegen/Mitarbeitern, andererseits aber eine unbedingte Bevorzugung partnerschaftlicher/familiärer Angelegenheiten vor beruflichen Dingen eher abzulehnen. Das große Arbeitsvolumen verhindert, daß die verbissenen Arbeitssüchtigen Freundschaften und soziale Kontakte ausreichend pflegen können. Besonders sticht im Bereich der allgemeinen Sozialkontakte das Bemühen hervor, keine Schwäche zu zeigen. Im partnerschaftlichen Bereich fällt auf, daß bei den verbissenen Arbeitssüchtigen stärker als bei allen übrigen Clustern *keine* Anteilnahme an den alltäglichen Anliegen des Partners/der Partnerin feststellbar ist. Es muß an dieser Stelle offen bleiben, ob die interpersonellen Beeinträchtigungen bei den Typ-3-Personen ihre Grundlage in durch das große Arbeitsvolumen bedingten Kapazitätsbeschränkungen oder aber in emotional distanzierteren Haltungen haben.
Im Bereich Gesundheitsbeschwerden schließlich berichten die verbissenen Arbeitssüchtigen ähnlich wie die entscheidungsunsicheren Arbeitssüchtigen über vergleichsweise wenige Beeinträchtigungen. Im Vergleich zu den Personen der Nicht-Arbeitssüchtigenstichprobe sind die Gesundheitsbeschwerden der Personen des "Verbissenen"-Clusters jedoch massiv ausgeprägt.

Typ 4: Die überfordert-zwanghaften Arbeitssüchtigen (N=16)
Das letzte hier ermittelte Cluster wird von Personen gebildet, die vergleichsweise am stärksten Merkmale von ausgeprägter Zwanghaftigkeit und zwanghaftem Verhalten aufweisen. Sie erleben im Hinblick auf ihre Arbeit deutliche Gefühle der Überforderung und Angst, sie neigen zu einer zwanghaft-ritualisierten Arbeitserledigung und sie weisen eine vergleichsweise ausgeprägte Entscheidungsunsicherheit auf. Ihre Tendenz zur Verbissenheit bei der Arbeitserledigung ist zwar nicht so extrem ausgeprägt wie bei den verbissenen Arbeitssüchtigen, aber im Vergleich zu den Typen 1 und 2 deutlich erhöht. Lediglich im Hinblick auf Unflexibilität und fehlende Spontaneität weisen die überfor-

dert-zwanghaften Arbeitssüchtigen nur mittlere Werte auf.
Der Vergleich der überfordert-zwanghaften Arbeitssüchtigen mit den Nicht-Arbeitssüchtigen erbringt *keine* signifikanten Unterschiede in den Bereichen Berufsarbeitszeit, Hausarbeitszeit, zur Verfügung stehende Freizeit, Schlafzeit, protestantische Arbeitsethik und partnerschaftliche Beziehungen. Auch die überfordert-zwanghaften Personen lassen somit eine deutliche Tendenz in Richtung Arbeitssucht kennzeichnende Einstellungs- und Verhaltensmuster erkennen.
Im Vergleich zu den übrigen drei Clustern weisen die überfordert-zwanghaften Arbeitssüchtigen die geringste Arbeitsstundenbelastung auf (6,5 Stunden/Tag). Legt man die gewählte Marke von 50 und mehr Stunden Wochenarbeitszeit als kennzeichnendes Merkmal arbeitssüchtiger Personen zugrunde, so wären die überfordert-zwanghaften Personen *nicht* zum Kreis der Arbeitssüchtigen zu zählen. Auf die Probleme einer solchen rein quantitativ orientierten Arbeitssuchtdiagnose soll hier jedoch nicht nochmals eingegangen werden. Vielmehr sollte dieses Ergebnis als Beleg dafür betrachtet werden, daß die reine Arbeitsstundenzahl bzgl. einer Arbeitssuchtdiagnose lediglich nur hinweisenden Charakter haben kann. Bemerkenswert ist weiterhin, daß das Cluster der überfordert-zwanghaften Arbeitssüchtigen den höchsten mittleren Rangplatz hinsichtlich der zur Verfügung stehenden Freizeit erzielt. Mit fast 4,5 Stunden Freizeit pro Tag unterscheiden sich die Personen dieses Clusters ebenfalls nicht signifikant von den Nicht-Arbeitssüchtigen.
Während das Cluster 4 im Hinblick auf die quantitativen Merkmale des Arbeits- und Freizeitverhaltens bzw. die Bedeutung/Zentralität der Arbeit vergleichsweise mittlere Werte aufweist (bemerkenswert ist allerdings, daß die überfordert-zwanghaften Arbeitssüchtigen über eher ausgeprägte Schwierigkeiten berichten, Arbeitsprobleme am Ende eines Arbeitstages zu vergessen), fällt auf, daß die Typ-4-Personen die niedrigsten Werte aller Cluster im Bereich emotionale Haltung zur Arbeit erzielen, was auf eine ausgeprägte Arbeitsunzufriedenheit hindeutet. Relativ unzufrieden äußern sich die überfordert-zwanghaften Arbeitssüchtigen hinsichtlich der "Krisenfestigkeit" ihres Arbeitsplatzes, bzgl. der Bezahlung und bzgl. des Ansehens der eigenen Tätigkeit in der Öffentlichkeit. Ein erhöhter Erwartungsdruck, Müdigkeit und Abgespanntsein wegen der Arbeit, eine im gleichen Trott ablaufende, als wenig interessant und befriedigend erlebte Tätigkeit und eine fehlende Arbeitsfreude stellen die Grundlage für eine generelle Arbeitsunzufriedenheit der überfordert-zwanghaften Arbeitssüchtigen dar.
Während die Typ-4-Personen im Bereich Freizeiterleben und -gestaltung eher mittlere Werte aufweisen (wobei allerdings ein vergleichsweise deutlicher Wunsch nach *mehr* Freizeit und Urlaub bei gleichzeitig ausgeprägter Genuß*un*fähigkeit bzgl. freier Zeit, u.a. begründet durch fortgesetztes Denken an die Arbeit, festzustellen ist), zeigt sich bei ihnen die deutlichste Tendenz zu dem Typ-A entsprechenden Verhaltensmustern. Erwähnenswert ist in diesem Zusammenhang die massiv ausgeprägte Neigung der überfordert-zwanghaften Arbeitssüchtigen zu Perfektionismus und Pedanterie, ein antreibender

Kommunikationsstil sowie eine problematische Terminplanung.
Bezüglich der süchtiges Verhalten kennzeichnenden Merkmale weisen die überfordert-zwanghaften Arbeitssüchtigen eher mittlere Werte auf, wobei jedoch einige im Vergleich zu den übrigen Clustern markante Unterschiede hervorzuheben sind. Zum einen sind es die überfordert-zwanghaften Arbeitssüchtigen, die sich stärker als alle übrigen Typen selber als "arbeitssüchtig" betrachten. Ebenso wie bei den überfordert-unflexiblen bzw. den verbissenen Arbeitssüchtigen neigen auch die überfordert-zwanghaften Arbeitssüchtigen dazu, durch Arbeit unangenehme Gefühle zu verdrängen oder Kontakte zu vermeiden.
Auffällig ist zum anderen die intensive Vertiefung der überfordert-zwanghaften Arbeitssüchtigen in ihre Arbeit, die relativ oft zu einem "rauschhaften" Arbeiten zu führen scheint. Eine Tendenz, immer mehr zu arbeiten, sowie gereizte Reaktionen auf Nichtarbeit kennzeichnen ebenfalls die Personen des vierten Clusters.
Der zuvor erwähnte Wunsch der überfordert-zwanghaften Arbeitssüchtigen nach mehr Freizeit findet hier nochmals Bestätigung: Typ-4-Personen fänden es vergleichsweise am ehesten angenehm, mal längere Zeit oder dauernd nicht mehr arbeiten zu müssen. Auch dies läßt sich als Hinweis auf eine Überforderung der im Cluster 4 zusammengefaßten Personen interpretieren.
Bezüglich des Bereiches Leistungsanforderungen und perfektionistische Ansprüche weisen die überfordert-zwanghaften Arbeitssüchtigen den höchsten mittleren Rangplatz aller Cluster auf. Eine übergründliche Aufgabenerledigung ist für sie ebenso kennzeichnend wie ein hohes Anspruchsniveau an die eigene Arbeitserledigung. Sie werden in ihrem Umfeld als Perfektionisten wahrgenommen, neigen aber auch in starkem Maße dazu, vollkommene Perfektion bei ihrer Arbeit anzustreben. Hinzu kommt ein ausgeprägtes Unbehagen bei suboptimaler Aufgabenerledigung, aber auch ein Wunsch nach ständigem Gewinnen-Müssen. Auch hier stellt sich die Frage, inwiefern das Überforderungserleben der im Cluster 4 zusammengefaßten Personen nicht rückführbar ist auf das ausgeprägte Anspruchsniveau dieses Typs.
Den Inhalten der protestantischen Arbeitsethik messen die überfordert-zwanghaften Arbeitssüchtigen in Relation zu den übrigen Clustern die geringste Bedeutung bei. Auffällig ist der auch in diesem Zusammenhang feststellbare Wunsch der überfordert-zwanghaften Arbeitssüchtigen nach *mehr* Freizeit. Stimmig ist die Aussage, Verantwortung im Vergleich zu den übrigen Clustern eher als Belastung denn als Herausforderung zu erleben. Eine Zentralisierung der Bedeutung und Wichtigkeit der Arbeit ist eher *nicht* feststellbar.
Das Delegationsverhalten ist bei den überfordert-zwanghaften Arbeitssüchtigen ähnlich schwach entwickelt wie bei den verbissenen Arbeitssüchtigen. Ein ausgeprägtes Mißtrauen in die Arbeitserledigung durch andere fällt dabei ebenso auf wie die Überzeugung, etwas am besten selbst zu machen, wenn man es korrekt erledigt haben will. Weniger stark ausgeprägt ist bei diesem Cluster allerdings die Problematik der Abgabe von Ver-

antwortung an andere, bzw. die Bereitschaft, Überstunden zur Vermeidung der Erledigung wichtiger Aufgaben durch andere zu machen.
Im Vergleich zu allen übrigen Clustern sind bei den Personen des Clusters 4 die Zwanghaftigkeit und zwanghaftes Verhalten betreffenden Merkmale signifikant stärker ausgeprägt. Dabei kennzeichnen die überfordert-zwanghaften Personen insbesondere Schuldgefühle bei Nichtarbeit, stark ritualisierte Formen der Arbeitserledigung, intensive Gefühle eines zwanghaften Arbeitens auch über Erschöpfungszustände hinaus, ausgeprägte Ängste, Zweifel und Selbstmitleid im Hinblick auf die eigene Arbeit, ein erhöhtes Kontrollbedürfnis, Entscheidungsunsicherheiten und Schwierigkeiten, spontan zu reagieren, sowie Überforderungsgefühle. Das vergleichsweise stark ausgeprägte zwanghafte Verhalten hat bei diesem Cluster am ehesten pathologische Züge, die für Außenstehende nur schwerlich nachvollziehbare irreale Komponenten beinhalten. Es wäre zu überprüfen, inwiefern hier nicht eine anankastische Persönlichkeitsstörung vorliegt, die *auch* Auswirkungen auf das Arbeitsverhalten und -erleben hat.
Im interpersonellen Bereich berichten die überfordert-zwanghaften Arbeitssüchtigen über ähnlich viele Schwierigkeiten wie die Personen der Cluster 2 und 3, allerdings in etwas abgeschwächter Form. Beeinträchtigungen der Privatsphäre durch das praktizierte Arbeitsverhalten werden von den überfordert-zwanghaften Arbeitssüchtigen angegeben, wobei vermutet werden kann, daß weniger die Quantität der Arbeit als vielmehr die Art der Arbeitserledigung Anlaß zu Problemen geben dürfte. Hinweise auf eine *massive* Beeinträchtigung des interpersonellen Kontaktes durch die Arbeit lassen sich allerdings nicht ableiten, insbesondere nicht im Hinblick auf partnerschaftliche Beziehungen.
Im Bereich Gesundheitsbeschwerden schließlich weisen die überfordert-zwanghaften Arbeitssüchtigen ähnlich wie die überfordert-unflexiblen Arbeitssüchtigen relativ viele Störungen auf. Speziell im Befindlichkeitsbereich (Niedergeschlagenheit, Konzentrationsschwäche) berichten die überfordert-zwanghaften Arbeitssüchtigen über vergleichsweise starke Probleme.

Weitere Forschungen sind notwendig, um die hier ermittelten Arbeitssuchttypen zu bestätigen und zu akzentuieren. Die Ergebnisse der Gruppierungsanalyse machen jedoch deutlich, daß nicht pauschal von *der* Arbeitssuchtproblematik oder *der* Arbeitssuchtsymptomatik gesprochen werden sollte. Vielmehr stellt sich die Arbeitssucht schon in der Deskription als facettenreiches und vielschichtiges Phänomen dar. Dies sollte unbedingt berücksichtigt werden, wenn man sich mit Fragen der Entstehung, der Diagnose, sowie der Intervention bei und der Prävention von Arbeitssucht beschäftigt.

11 Abschließende Diskussion der Studie von Poppelreuter (1996) und Ausblick

Die empirisch ermittelten Ergebnisse der Studie von Poppelreuter (1996) belegen die Existenz vielfältiger Unterschiede in Einstellungen, Verhaltensmustern und Lebenssituationen zwischen den untersuchten Stichproben von Arbeitssüchtigen und Nicht-Arbeitssüchtigen. Bis auf den Aspekt der Affinität zu den zentralen Werten und Inhalten der protestantischen Arbeitsethik wurden alle hypothetisierten Unterschiedsannahmen jeweils in der erwarteten Richtung bestätigt (hinsichtlich der emotionalen Haltung zur Arbeit wurde eine modifizierte Form der Ausgangshypothese bestätigt). Insofern ist eine weitere Berücksichtigung der hier untersuchten Merkmalsbereiche bei der Erforschung der Arbeitssuchtproblematik sinnvoll.
Der in Kapitel 10.1 angeregte "Dreiperspektivenansatz", der zur Charakterisierung und Operationalisierung der Arbeitssucht spezifische Merkmalsausprägungen der Betroffenen auf konativer, kognitiver und affektiver Ebene vorschlägt, bedarf allerdings einer Überarbeitung, Modifikation und Ergänzung, da sich in der vorliegenden Studie andere Merkmalsbereiche als geeigneter zur Unterscheidung zwischen Arbeitssüchtigen und Nicht-Arbeitssüchtigen erwiesen haben (z.B. Merkmale süchtigen Verhaltens, Zwanghaftigkeit und zwanghaftes Verhalten).
Die Ergebnisse der empirischen Untersuchung bestätigen allerdings deutlich, daß eine rein auf quantitativen Merkmalen aufbauende Arbeitssucht-Diagnose unangemessen ist und zu Fehlschlüssen führen kann. Auch bei einer sehr hohen Arbeitsstundenbelastung muß keineswegs zwangsläufig vom Vorliegen einer Arbeitssuchtproblematik ausgegangen werden. Ebensowenig ist jedoch eine nur geringe Arbeitsstundenzahl ein zuverlässiges Kriterium für den Ausschluß einer Arbeitssuchtproblematik.
Die in Kapitel 10.3.2 dargestellten Faktorenanalysen verdeutlichen, daß innerhalb der überprüften Merkmalsbereiche zur Unterscheidung zwischen Arbeitssüchtigen und Nicht-Arbeitssüchtigen Differenzierungen vorzunehmen sind. Die untersuchten Merkmalsbereiche lassen sich jeweils in unterschiedliche Aspekte des Merkmalsbereiches betonende Faktoren aufgliedern. Ein Vergleich von Arbeitssüchtigen und Nicht-Arbeitssüchtigen auf Faktorenebene macht deutlich, daß es bezüglich bestimmter Aspekte eines Merkmalsbereiches keine Unterschiede zwischen beiden Stichproben gibt, während sich bezüglich anderer Aspekte desselben Merkmalsbereiches durchaus Differenzen in den Antwortmustern von Arbeitssüchtigen und Nicht-Arbeitssüchtigen belegen lassen. Aus diesen Differenzierungen können wesentliche Erkenntnisse sowohl für Präventions- und Interventionsmaßnahmen bezüglich Arbeitssucht als auch Hypothesen über die Gründe und Ursachen der Entstehung von Arbeitssucht abgeleitet werden.
Letztlich konnte durch die Gruppierungsanalysen auch gezeigt werden, daß die Unterscheidung verschiedener Typen von Arbeitssüchtigen möglich und sinnvoll ist. Als ein

zentrales Ergebnis ist festzuhalten, daß es sich bei der Arbeitssucht um ein vielschichtiges und facettenreiches Phänomen handelt, das sich nicht pauschal beschreiben und erklären läßt.

Die im Rahmen der vorgelegten Studie gewonnenen Erkenntnisse und Schlußfolgerungen besitzen jedoch aufgrund der Anlage der Forschungsarbeit als Explorativstudie nur vorläufigen Charakter und bedürfen weitergehender Forschungen und Überprüfungen zu ihrer Fundierung. Dies ist aus mehreren Gründen zu fordern. Zum einen basieren die Ergebnisse der Studie auf relativ kleinen, nicht-repräsentativen Stichproben. Die Vorgehensweise bei der Stichprobengewinnung, die sich sachlichen Zwängen anpassen mußte, verbietet eine vorschnelle Verallgemeinerung der erhaltenen Ergebnisse. Allerdings sollte nicht vergessen werden, daß die vorliegende Studie ihre empirischen Aussagen als erste Forschungsarbeit überhaupt auf eine größere Stichprobe *tatsächlich betroffener Arbeitssüchtiger* gründet und somit Daten liefert, die in ihrer Aussagekraft über die Daten anderer Studien zum Thema Arbeitssucht weit hinausgehen. Weiterhin ist bei der Bewertung der erhaltenen Ergebnisse zu berücksichtigen, daß diese auf mittels Fragebögen erhobenen Selbstauskünften der befragten Arbeitssüchtigen bzw. Nicht-Arbeitssüchtigen beruhen. Die in der Arbeitssüchtigenstichprobe befragten Untersuchungsteilnehmer waren zudem teilweise noch dazu angehalten, eine retrospektive Beantwortung der Fragen vorzunehmen, d.h. sie sollten sich gedanklich in die Zeit vor Inanspruchnahme einer Interventionsmaßnahme zur Bewältigung von Arbeitssucht versetzen.

Die ursprüngliche Fassung der Fragebogens basiert dabei auf nur wenigen Pilotinterviews, die zudem mit Personen geführt wurden, die über unterschiedliche Erfahrungen in bezug auf ihre Arbeitssuchtproblematik verfügten. Eine breitere Datenbasis wäre wünschenswert, um den Fragebogen zu bestätigen bzw. zu modifizieren. Zusätzlich wären auch Interviews mit Nicht-Arbeitssüchtigen zu denselben Themen sinnvoll, um frühzeitiger Hinweise auf mögliche Unterscheidungsmerkmale von Arbeitssüchtigen und Nicht-Arbeitssüchtigen zu erhalten. Eine größere Überschneidungsfreiheit der zu den jeweiligen Merkmalsbereichen abgefragten Items sowie eine exaktere Abgrenzung der einzelnen Merkmalsbereiche insgesamt wäre wünschenswert. Die teilweise hohen Korrelationen zwischen den abgefragten Merkmalsbereichen deuten darauf hin, daß der Fragebogen zum Teil redundante Informationen enthält und die erhobenen Variablen Gemeinsamkeiten aufweisen. Eine Überarbeitung des Fragebogens in Richtung Redundanzverminderung und stärkerer Trennung der abgefragten Merkmalsbereiche ist notwendig. Die z.T. hohe inhaltliche Überschneidung innerhalb des Fragebogens ist allerdings auch ein Hinweis darauf, daß die in der Literatur als unterschiedlich und/oder eigenständig dargestellten Konstrukte wie z.B. Typ-A-Verhalten, Suchtverhalten und Zwanghaftigkeit ebenfalls einen Bereich inhaltlicher Überschneidung aufweisen. Eine akzentuierendere Validierung auch dieser Konstrukte wäre für die Differentialdiagnostik

hilfreich und notwendig.
Neben fehlenden Erkenntnissen zu den Gütekriterien des eingesetzten Erhebungsinstrumentes (Reliabilität, Validität) sind sämtliche im Zusammenhang mit anonym eingesetzten Fragebogenverfahren relevanten Datenerhebungsprobleme und Antwortverzerrungstendenzen zu berücksichtigen (z.B. Effekte sozialer Erwünschtheit, Erinnerungsprobleme, Antworttendenzen u.v.a.m.; vgl. Fisseni, 1990). Insbesondere ist zu berücksichtigen, daß auf Basis eines eher kognitiv orientierten Fragebogenverfahrens eine Erfassung des hier vorgeschlagenen Dreiperspektiven-Ansatzes nur unzureichend möglich ist. Darüber hinaus wurde der Fragebogen von Arbeitssüchtigen mit unterschiedlichen Interventions- bzw. Therapieerfahrungen und differierenden "Arbeitssucht-Vorgeschichten" bearbeitet (vgl. Pilotinterviews). Wenn es sich bei der Arbeitssucht jedoch um eine progrediente Problematik handeln sollte, dann ist der Zeitpunkt einer Befragung zur Arbeitssuchtproblematik von eklatanter Bedeutung. Ebenso bleibt in der vorliegenden Studie unberücksichtigt, ob es sich bei den befragten Untersuchungsteilnehmern um erstmalig auffällige, wiederholt rückfällige oder "geheilte" Arbeitssüchtige handelt. Solche Faktoren dürften entscheidenden Einfluß auf die Beantwortung der hier erhobenen Items haben, konnten im Rahmen der vorliegenden Studie aber nicht kontrolliert werden.
Nicht zu vernachlässigen bei der Interpretation und Beurteilung der hier ermittelten Ergebnisse ist auch der Aspekt, daß sich in der Nicht-Arbeitssüchtigenstichprobe möglicherweise "unentdeckte Arbeitssüchtige" befinden können. Wenn dem so wäre, könnte man die hier erhaltenen Ergebnisse als "konservative Schätzungen" von Unterschieden zwischen Arbeitssüchtigen und Nicht-Arbeitssüchtigen betrachten, die sich bei eindeutigerer Differenzierung zwischen den beiden Stichproben noch *vergrößern* würden. Es kann andererseits aber auch nicht ausgeschlossen werden, daß einzelne in der Stichprobe der Arbeitssüchtigen berücksichtigte Untersuchungsteilnehmer gar keine Arbeitssuchtproblematik aufweisen, sondern andere Ursachen für ihren Entschluß, Hilfe in Anspruch zu nehmen, ausschlaggebend waren. In diesem Zusammenhang ist ebenfalls auf die Problematik unterschiedlicher Definitionen und Operationalisierungen zahlreicher zentraler Begriffe und Konstrukte der Studie zu verweisen, die sicherlich nicht für alle Untersuchungsteilnehmer gleichermaßen gültig sind. Über die Repräsentativität der hier untersuchten Arbeitssüchtigenstichprobe für die Gesamtpopulation der Arbeitssüchtigen können keine Aussagen gemacht werden. Entsprechendes gilt im übrigen für die Nicht-Arbeitssüchtigenstichprobe. Es wird deutlich, daß das Kriterium der Selbstbezeichnung als "arbeitssüchtig", sowie der postulierte Leidensdruck für eine Aufnahme in die Arbeitssüchtigenstichprobe nicht unproblematisch, allerdings immer noch vorteilhafter als eine von außen vorgenommene Kategorisierung und Etikettierung ist.
Die vorliegenden Ergebnisse erlauben weiterhin keinerlei Aussagen über die Gründe und Ursachen der Entwicklung arbeitssüchtigen Verhaltens. Die ermittelten Unterschiede in Einstellungen, Verhaltensweisen und Lebenssituationen von Arbeitssüchtigen bzw.

Nicht-Arbeitssüchtigen können oftmals ebenso Ursache wie Folge arbeitssüchtigen Verhaltens sein. Es bedarf diesbezüglich weitergehender Forschungsbemühungen, um das Bedingungsgefüge der *Entstehung* arbeitssüchtiger Verhaltensmuster deutlicher herauszuarbeiten.

Das Stichwort "weitergehende Forschungsbemühungen" leitet abschließend über zu einigen kurzen Anmerkungen und Forderungen hinsichtlich weiterer theoretischer und empirischer Auseinandersetzungen mit der Arbeitssuchtproblematik.
Forschungsaktivitäten sollten sich nach dem heutigen Erkenntnisstand dabei insbesondere auf die nachfolgend dargestellten vier Schwerpunkte und die damit verbundenen Themen und Inhalte konzentrieren:

Schwerpunkt 1: Theorie der Arbeitssucht

- Eine stärkere theoretische Fundierung der Arbeitssuchtproblematik, z.B. in Richtung des hier angeregten "Dreiperspektivenansatzes" oder aber in Richtung "Zwanghaftigkeit und zwanghaftes Verhalten" (anankastische Persönlichkeitsstörung) ist notwendig.
- Notwendig ist zudem eine weiterführende Ausarbeitung von Diagnosekriterien zur Erkennung einer Arbeitssuchtproblematik. Die einschlägigen diagnostischen Manuale DSM-IV (1991) und ICD-10 (1991) bieten diesbezüglich interessante Anregungen, bzw. bzgl. anderer nicht-stoffgebundener Abhängigkeitsformen (pathologisches Spielen) diskutable Vorlagen. Einer differenzierten und zurückhaltenden Verwendung des Begriffes Arbeitssucht sollte so Vorschub geleistet werden. Die heute noch vielfach anzutreffende inflationäre Verwendung des Begriffs ist nicht sachgerecht und für tatsächlich von einer Arbeitssuchtproblematik Betroffene kontraproduktiv.

Schwerpunkt 2: Empirische Erforschung der Arbeitssucht

- Erforderlich ist die Untersuchung erheblich größerer Stichproben von Arbeitssüchtigen. Dabei wäre es wünschenswert, die Diagnose einer Arbeitssuchtproblematik nicht nur von den Ergebnissen z.B. eines "Fragebogens zur Erfassung von Arbeitssucht" abhängig zu machen, sondern zusätzlich auf Fremdbeurteilungen, anamnestische Daten, Verhalten in Rollenspielen usw. zurückzugreifen. Eine stärkere Differenzierung der Arbeitssüchtigenpopulation auf Basis soziodemographischer, besonders aber auf Grundlage psychologischer Variablen sollte angestrebt werden.
- Angesichts der bis heute unklaren Situation hinsichtlich der Prävalenz und der Inzidenz von Arbeitssucht, bzw. der bislang fehlenden "offiziellen" Anerkennung der Arbeitssucht als Krankheit oder zumindest als Verhaltensproblematik ist die Generierung größerer Stichproben von Arbeitssüchtigen erheblich erschwert. Die empirische Erforschung der Arbeitssuchtproblematik sollte sich daher bis auf weiteres stärker auch auf Einzelfallstudien beziehen, um auf Basis von zusammengefaßten individuel-

len Erlebnis- und Erfahrungsberichten zu allgemeineren Erkenntnissen bzgl. der Arbeitssuchtproblematik zu gelangen. Besondere Bedeutung haben solche in die Tiefe gehenden Einzelfallstudien hinsichtlich der Erhellung der Ursachen und Auslösefaktoren arbeitssüchtigen Verhaltens. Die Methode der Einzelfallstudie steht auch in Einklang mit der hier vertretenen Position, Arbeitssucht als eine *individualpsychologisch* begründete Problematik zu betrachten, ohne dabei den Einfluß von Umfeldvariablen außer acht zu lassen. Lohnenswert bzgl. der Aufarbeitung möglicher Ursachen und Rahmenbedingungen arbeitssüchtigen Verhaltens scheint die Berücksichtigung u.a. folgender Konzepte zu sein: Motivation zur Arbeit, Funktion der Arbeit im eigenen Leben, Verhalten bei Erfolg/Mißerfolg, Bedürfnis nach Kontrolle, Selbstregulation, Selbstwertgefühl, Werte und Überzeugungen, Erwartungen.

- Wünschenswert ist die Durchführung von Längsschnittstudien, um das Arbeitsverhalten von Individuen und die Entwicklung arbeitssüchtiger Verhaltensmuster als interaktionistisches Prozeßgeschehen abbilden und nachvollziehen zu können. Möglicherweise ergeben sich aus so angelegten Forschungsvorhaben auch Hinweise auf Phasen- oder Prozeßmodelle der Entstehung von Arbeitssucht. Da diese Form der Datenerhebung sehr aufwendig ist, bietet sich eine Integration der Erforschung der Arbeitssuchtproblematik in andere Forschungsbereiche an (Entwicklungspsychologie, Medizin etc.).

Schwerpunkt 3: Prävention und Intervention bei Arbeitssucht

- Im primärpräventiven Bereich finden sich bzgl. der Verhinderung, Vermeidung und/oder Eindämmung süchtigen Arbeitens allenfalls versteckt Hilfsangebote und unterstützende Maßnahmen (Bewegungs-/Entspannungsprogramme, Streßreduktionstrainings, Autogenes Training etc.). Eine offensivere Öffentlichkeitsarbeit sowie eine explizitere Verdeutlichung möglicher Folgeschäden und Konsequenzen eines arbeitssüchtigen Verhaltensstiles, die stärkere Betonung der Bedeutung eines ausbalancierten Verhältnisses von Anspannung und Entspannung im Leben, sowie die Verbesserung des Angebotes entsprechender Präventiv- und Interventionsmaßnahmen wäre wünschenswert. Als Initiatoren bieten sich hier staatliche Institutionen (z.B. Bundeszentrale für gesundheitliche Aufklärung) ebenso an wie z.B. Krankenkassen, Ärztevereinigungen oder Einrichtungen der Wohlfahrtspflege. Die Anzeigenkampagne des Deutschen Bäderverbandes e.V. aus dem Jahr 1994 geht tendenziell in diese Richtung. Sie kann als Beleg für ein aufkeimendes Problembewußtsein gewertet werden, das ein Ansprechen der Problematik in einer breiteren Öffentlichkeit rechtfertigt.
- Eine stärkere Berücksichtigung des süchtigen Arbeitens im Rahmen therapeutischer Maßnahmen sowohl auf medizinischer als auch auf psychologischer Ebene ist zu fordern. Zum einen könnten so spezifischer auf die Arbeitssuchtproblematik zugeschnittene Therapiekonzepte und -bausteine entwickelt werden, zum anderen aber würden auch die möglichen schädigenden Wirkungen und Konsequenzen des süchti-

gen Arbeitens deutlicher herausgearbeitet und somit das allgemeine Bewußtsein für die Arbeitssuchtproblematik geschärft werden. Eine stärkere Sensibilisierung der im Gesundheitswesen tätigen Personen für die Arbeitssuchtproblematik sollte über entsprechende Informationsveranstaltungen gewährleistet werden. Zudem sollte eine finanzielle Förderung therapeutischer Maßnahmen bei Arbeitssucht durch die jeweiligen Kostenträger langfristig diskutiert werden.

Eine Aufstellung nicht nur der individuellen, sondern auch der volks- und betriebswirtschaftlichen Kosten arbeitssüchtigen Verhaltens könnte dazu beitragen, die Notwendigkeit für einen Handlungsbedarf bzgl. der Arbeitssuchtproblematik zu verdeutlichen.

- Die Diskussion und Erforschung der Arbeitssuchtproblematik kann nicht bei der Erarbeitung geeigneter Diagnosekriterien und kurzfristiger Präventions/Interventionsmaßnahmen stehen bleiben, sondern sie muß gleichzeitig dazu beitragen, zum süchtigen Arbeiten alternative, auch langfristig stabile Verhaltensmuster aufzuzeigen und mit den Betroffenen einzuüben (vgl. Doubrawa, 1995).
- Zur Frage der Therapie von Arbeitssucht gehört wie bei jeder Abhängigkeitsproblematik auch der Aspekt des Rückfalls und der Rückfallprophylaxe. Wie kann ein solcher Rückfall in süchtige Arbeitsverhaltensmuster verhindert oder zumindest in seiner Auftretenswahrscheinlichkeit minimiert werden? Auch ist die Frage zu klären, ob und wie häufig es im Zusammenhang mit arbeitssüchtigem Verhalten zu Spontanremissionen kommt, d.h. inwiefern eine Arbeitssuchtproblematik ohne externe Hilfe erkannt, aufgearbeitet und stabil bewältigt werden kann.

Schwerpunkt 4: Gesamtgesellschaftliche Diskussion über Arbeit und Arbeitssucht

- Da sowohl die menschliche Arbeit als auch das süchtige Verhalten keinesfalls nur die Psychologie als einzige Wissenschaftsdisziplin betreffende Themenbereiche sind, ist einerseits eine gesamtgesellschaftliche Diskussion, andererseits aber auch eine Förderung *interdisziplinärer* Forschungen zu diesem Thema zu fordern (vgl. Doubrawa, 1995). Insbesondere die Psychologie und die Medizin sollten bei der Aufarbeitung der Arbeitssuchtproblematik stärker als bisher miteinander kooperieren. Ebenso erscheint aber auch die Hinzuziehung weiterer Wissenschaftsdiziplinen (z.B. Wirtschaftswissenschaften, Pädagogik, Theologie, Philosophie, Soziologie) zur theoretischen und empirischen Erforschung des Phänomens Arbeitssucht wünschenswert.
- Dringend erforderlich ist - nicht zuletzt unter Berücksichtigung einer immer größer werdenden Zahl von Arbeitslosen und einem stetig wachsenden Mißverhältnis von zur Verfügung stehenden Arbeitskräften einerseits und von zu erledigender Arbeit andererseits - eine gesamtgesellschaftliche Diskussion über den Stellenwert der Arbeit für den Einzelnen wie für die Sozialgemeinschaft. Eine gleichmäßigere und gerechtere Verteilung der Arbeit und/oder die Etablierung geeigneter neuer Arbeitszeitmodelle ist zur langfristigen Sicherung des sozialen Friedens unumgänglich. Eine solche

Umgestaltung erfordert aber auch eine Neubewertung der individuellen wie gesamtgesellschaftlichen Bedeutung von Arbeit. Über diesen Prozeß der Um- und Neubewertung könnte auch das süchtige Arbeiten in seiner bislang weithin nicht hinterfragten sozialen Erwünschtheit relativiert werden und so eine konkrete Hilfe für Personen mit Arbeitssuchtproblemen geleistet werden.

Aufgrund der Struktur und der Intention des vorliegenden Buches konnten lange nicht alle Aspekte der Arbeitssuchtthematik hinreichend dargestellt und diskutiert werden. Es wird die Hoffnung geäußert, daß dennoch ein erster Einstieg in die umfassende und vielschichtige Problematik des süchtigen Arbeitens geleistet werden konnte und von diesem Buch eine anregende Wirkung für weitere Forschungsbemühungen im Bereich der Arbeitssuchtproblematik ausgeht.

1 Literaturverzeichnis

AAS-Gruppe Bonn (1993). *Anonyme ArbeitsSüchtige.* Unveröffentliches Informationspapier, Bonn.

Adams, W. (1978). *Psychoanalysis of Drug Dependence.* New York: Grune & Stratton.

Albee, G.W. (1977). The protestant ethic, sex and psychotherapy. *American Psychologist, 32*, 150-161.

Alsen, C. (1988). Körpereigene Morphine - Eine biochemische Erklärung für Verhaltenssüchte. In R. Harten (Hrsg.), *Normal und süchtig.* (5. Auflage). Hamburg: Neuland.

Ammon, G. (1983). Die Rolle der Arbeit in der Psychoanalyse und in der Dynamischen Psychiatrie. In H. Petzold & H. Heinl (Hrsg.), *Psychotherapie und Arbeitswelt* (S. 119-149). Paderborn: Junfermann.

Arendt, H. (1983). *Vita activa oder Vom tätigen Leben.* München: Piper.

Aresin, L. (1960). *Über Korrelationen zwischen Persönlichkeit, Lebensgeschichte und Herzkrankheit.* Jena: VEB Fischer.

Bailyn, L. & Schein, E.H. (1977). Life/career considerations as indicators of quality of employment. In A.D. Biderman & T. F. Drury (Eds.), *Measuring Work Quality for Social Reporting* (pp. 151-168). New York: Sage.

Baitsch, C. & Ulich, E. (Hrsg.) (1990). Arbeit und Identität [Themenheft]. *Psychosozial Nr. 43.*

Balint, M. (1970). *Therapeutische Aspekte der Regression.* Stuttgart: Klett.

Bandura, A. (1979). *Sozial-kognitive Lerntheorie.* Stuttgart: Klett-Cotta.

Bardwick, J.M. (1986). *The Plateauing Trap.* New York: Bantam Books.

Baron, R.A. & Greenberg, J. (1989). *Behavior in Organizations: Understanding and Managing the Human Side of Work.* (3rd. edition). Boston: Allyn & Bacon.

Battegay, R. (1982). *Vom Hintergrund der Süchte.* (4., überarb. u. erg. Auflage). Wuppertal: Blaukreuz.

Battegay, R. (1992). Süchtigkeit, Sucht, Sehnsucht. *Zeitschrift für Positive Psychotherapie, 14*, 6-37.

Becker, H.S. (1981). *Außenseiter. Zur Soziologie abweichenden Verhaltens.* Frankfurt: Fischer.

Becker, H. & Langosch, I. (1995). *Produktivität und Menschlichkeit. Organisationsentwicklung und ihre Anwendung in der Praxis.* (4., überarb. Aufl.). Stuttgart: Enke.

Becker, P. (1990). Prävention. In R. Schwarzer (Hrsg.), *Gesundheitspsychologie* (S. 429-438). Göttingen: Hogrefe.

Beehr, T.A., Walsh, J.T. & Tabor, T.D. (1976). Relationship of stress to individually and organizationally valued states: higher order needs as a moderator. *Journal of Applied Psychology, 61*, 41-47.

Bejerot, N. (1983). Sucht nach Lust. Eine biologische und sozialpsychologische Theorie der Sucht. In D.J. Lettieri & R. Welz (Hrsg.), *Drogenabhängigkeit - Ursachen und Verlaufsformen* (S. 269-279). Weinheim: Beltz.

Bellebaum, A. (1990). *Langeweile - Überdruß und Lebenssinn.* Opladen: Westdeutscher Verlag.

Bergler, E. (1946). Personality Traits of Alcoholic Addicts. *Quarterly Journal of Studies on Alcohol, 7*, 356-359.

Bergler, R. (1987). *Psychologie in Wirtschaft und Gesellschaft. Defizite, Diagnosen, Orientierungshilfen.* (2. Auflage). Köln: Deutscher Institutsverlag.

Bieber, I. (1988). Work Dysfunction. In J.G. Howells (Ed.), *Modern Perspectives in Psychosocial Pathology* (pp. 268-280). New York: Bruner/Mazel.

Bissell, L. & Haberman, P.W. (1984). *Alcoholism in the Professions.* New York: Oxford University Press.

Blaser, A. (Hrsg.) (1977). *Der Urteilsprozeß bei der Indikationsstellung zur Psychotherapie.* Bern: Huber.

Blaser, A. (1980). Role of stereotypes in selecting patients for psychotherapy. *Psychotherapy and Psychosomatics, 33*, 59-68.

Bloch, E. (1959). *Spuren.* Frankfurt: Suhrkamp.

Bochnik, H.J. (1988). Suchtentwicklungen - Versuchungen, die alle angehen. *Psycho, 14*, 636-640.

Böning, J. (1985). Süchtiges Verhalten aus psychiatrischer Sicht. In Deutsche Hauptstelle gegen die Suchtgefahren (Hrsg.), *Süchtiges Verhalten. Grenzen und Grauzonen im Alltag* (S. 35-47). Hamm: Hoheneck.

Böning, J. (1991). Zur Neurobiologie und Psychopathologie süchtigen Verhaltens. In K. Wanke & G. Bühringer (Hrsg.), *Grundstörungen der Sucht* (S. 3-27). Berlin: Springer.

Böse, R. & Schiepek, G. (1989). *Systemische Theorie und Therapie. Ein Handwörterbuch.* Heidelberg: Asanger.

Brakelmann, G. (1980). Arbeit. In F. Böckle, F.X. Kaufmann, K. Rahmer & B. Welte (Hrsg.), *Christlicher Glaube in moderner Gesellschaft.* (Teilband 8, S. 99-135). Freiburg: Herder.

Brayfield, A.H., Wells, R.V. & Strate, W.M. (1957). Interrelationship among measures of job satisfaction and general satisfaction. *Journal of Applied Psychology, 41*, 201-205.

Bredenkamp, J. & Wippich, W. (1977). *Lern- und Gedächtnispsychologie.* (2 Bände). Stuttgart: Kohlhammer.

Breitenstein, R. (1990). *Wenn Männer zuviel arbeiten.* München: Langen Müller Herbig.

Brenk-Schulte, E. (1987). Therapiemotivation unter besonderer Berücksichtigung der Alkoholismustherapie - eine Analyse der einschlägigen wissenschaftlichen Literatur. In E. Brenk-Schulte & W. Pfeiffer (Hrsg.), *Therapiemotivation in der Behandlung des Alkoholismus* (S. 1-57). München: Röttger.

Burisch, M. (1994). *Das Burnout-Syndrom.* (2. Auflage). Berlin: Springer.

Burns, D.D. (1980). *Feeling Good: The New Mood Therapy.* New York: William Morrow.

Busch, H. (1991). Zur Tauglichkeit psychotherapeutischer Diagnostikkonzepte für Abhängige. In K. Wanke & G. Bühringer (Hrsg.), *Grundstörungen der Sucht* (S. 61-76). Berlin: Springer.

Busch, W. (1959). *Gesammelte Werke.* München: Braun & Schneider.

Cammer, L. (1969). *Up from Depression.* New York: Simon & Schuster.

Caplan, G. (1964). *Principles of preventive psychiatry.* New York: Basic Books.

Caplan, R.D. & Jones, K.W. (1975). Effects of work load, role ambiguity, and Type A personality on anxiety, depression, and heart rate. *Journal of Applied Psychology, 60*, 713-719.

Caspari, D. (1989). Wenn alles zur Sucht wird. Das Phänomen der neuen Süchte aus psychiatrischer Sicht. In Katholische Sozialethische Arbeitsstelle (Hrsg.), *Weiter mit "neuen Süchten"? Tendenzen, Kompetenzen, Konsequenzen* (S. 7-18). Hamm: Hoheneck.

Chenu, M.D. (1956). *Die Arbeit und der göttliche Kosmos. Versuch einer Theologie der Arbeit.* Mainz: Matthias-Grünewald-Verlag.

Chenu, M.D. (1971). Arbeit I. In J. Ritter (Hrsg.), *Historisches Wörterbuch der Philosophie.* (Band 1, Sp. 480-482). Basel: Schwabe.

Cherrington, D.J. (1980). *The Work Ethic: Working Values that Work.* New York: Amacom.

Chonko, L.B. (1983). Job Development as Obsessive Compulsion: Some Preliminary Empirical Findings. *Psychological Reports*, *53*, 1191-1197.

Conradi, W. (1983). *Personalentwicklung.* Stuttgart: Enke.

Cox, D.R. (1982). *The workaholic behavior pattern and the experience of burnout: A correlative study.* Unveröffentl. Dissertation, United States International University, San Diego.

Cramer, E. & Schulz, W. (1990). Betriebliche Suchtkrankenhilfe und Suchtprävention. *Report Psychologie*, *4*, 26-31.

Crandall, R. (1984). Work and leisure in the life space. In M.D. Lee & R.N. Kanungo (Eds.), *Management of work and personal life* (pp. 86-111). New York: Praeger.

Croissant, M. (1988). Endstation Sehnsucht? Zum Paradigma der nicht-stoffgebundenen Süchte. In R. Steinberg (Hrsg.), *Sucht. 14. Psychiatriesymposium, Pfalzklinik Landeck, Klingenmünster* (S. 5-14). Klingenmünster: Tilia.

Crowne, D.P. & Marlowe, D. (1960). A new scale of social desirability independent of psychopathology. *Journal of Consulting Psychology*, *24*, 349-354.

Damm, S. & Frey, D. (1990). Psychosoziale Faktoren in der Genese und Rehabilitation des Herzinfarktes. In R. Schwarzer (Hrsg.), *Gesundheitspsychologie* (S. 383-394). Göttingen: Hogrefe.

Davison, G.C. & Neale, J.M. (1996). *Klinische Psychologie.* (4., vollständig überarb. und aktualisierte Aufl.).Weinheim: Psychologie Verlags Union.

Dembroski, T.M. & Costa, P.T. (1987). Coronary prone behavior: Components of the Type A pattern and hostility. *Journal of Personality*, *55*, 211-235.

Diagnostisches und Statistisches Manual Psychischer Störungen DSM-IV (1996). Übersetzt nach der vierten Auflage des Diagnostic and Statistical Manual of Mental Disorders der American Psychiatric Association. Deutsche Bearbeitung und Einführung von H. Saß, H.-U. Wittchen & M. Zaudig. Göttingen: Hogrefe.

Dickson, D. (1978). *Alternative Technologie: Strategien der technischen Veränderung.* München: Trikont.

Doerfler, M.C. & Kammer, P.P. (1986). Workaholism, sex, and sex role stereotyping among female professionals. *Sex Roles*, *14*, 551-560.

Dörner, K. & Plog, U. (1978). *Irren ist menschlich. Lehrbuch der Psychiatrie/Psychotherapie.* Wunstdorf: Psychiatrie-Verlag.

Dose, M. (1992). Klassifikations- und Beschreibungssysteme. In A. Fett (Hrsg.), *Diagnostik in der ambulanten Suchtkrankenhilfe* (S. 96-104). Freiburg: Lambertus.

Doty, M.S. (1980). *Extreme and exzessive levels of commitment to work: Incunabula.* Unveröffentl. Diplomarbeit, Ohio State University, Columbus.

Doty, M.S. (1984). *High levels of commitment to work and dimensions of achievement motivation amongwomen and man in management.* Unveröffentl. Dissertation, Ohio State University, Columbus.

Doty, M.S. & Betz, N.E. (1981). *Manual for the Work Attitudes Questionnaire.* Columbus: Marathon Consulting & Press.

Doubrawa, R. (1995). Gesundheitsförderung im sozialen Kontext. *Report Psychologie, 20,* 14-23.

Dougherty, S.E. (1989). *Analysis of a selected number of female workaholics.* Unveröffentl. Dissertation, George Washington University, Washington.

Dubin, R. (1956). Industrial worker's world. *Social Problems, 3,* 131-142.

Dubin, R. (1958). *The World of Work.* Englewood Cliffs: Prentice-Hall.

Dunbar, F. (1948). *Emotions and Bodily Changes.* New York: Columbia University Press.

D'Zurilla, T. & Goldfried, M. (1971). Problem Solving and Behavior Modification. *Journal of Abnormal Psychology, 78,* 107-126.

Eddy, N.B., Halbach, H., Isbell, H. & Seevers, M. (1965). Drug dependence: its significance and characteristics. *Bulletin of the WHO, 32,* 721-733.

Eggebrecht, A., Flemming, J., Meyer, G., Müller, A.v., Oppolzer, A., Paulinyi, A. & Schneider, H. (1980). *Geschichte der Arbeit.* Köln: Kiepenheuer & Witsch.

Egger, J. (1985). Blutgefäßerkrankungen: Welche Rolle spielen psychologische Faktoren? *Psycho, 11,* 760-772.

Elder, E.D. (1991). *An empirical investigation of workaholism in the business setting.* Unveröffentl. Dissertation, University of Texas, Austin.

Ellis, A. (1982). *Die rational-emotive Therapie.* (3. Auflage). München: Pfeiffer.

Euson, B. (1990). *Betriebspsychologie.* Hamburg: McGraw-Hill.

Evans, P. & Bartolomé, F. (1982). *Erfolg muß nicht so teuer sein.* Düsseldorf: Econ.

Fahrenkrug, W.H. & Quack, W. (1985). Überlegungen zur Geschichte des Suchtbegriffs am Beispiel der "Modellsucht Alkoholismus". In Deutsche Hauptstelle gegen die Suchtgefahren (Hrsg.), *Süchtiges Verhalten. Grenzen und Grauzonen im Alltag* (S. 345-355). Hamm: Hoheneck.

Fairbairn, R.D. (1952). *Psychoanalytic Studies of the Personality.* London: Tavistock.

Fairbairn, R.D. (1963). Synopsis of an Object-Relations Theory of the Personality. *Journal of Psychoanalysis, 44,* 224-225.

Fallada, H. (1986). *Märchen und Geschichten.* (2. Auflage). Berlin: Aufbau-Verlag.

Farrar, J.E. (1992). Workaholism. In L. L'Abate, J.E. Farrar & D.A. Seritella (Eds.), *Handbook of Differential Treatments for Addictions* (pp. 230-241). Boston: Allyn & Bacon.

Fassel, D. (1991). *Wir arbeiten uns noch zu Tode.* München: Kösel.

Fassel, D. & Schaef, A.W. (1991). A feminist perspective on work addiction. In N. Van Den Bergh (Ed.), *Feminist Perspectives on Addictions* (pp. 199-211). New York: Springer.

Fenichel, O. (1975). *Psychoanalytische Neurosenlehre.* (Band II). Olten: Walter-Verlag.

Ferenczi, S. (1919). Sonntagsneurosen. In M. Balint (Hrsg.) (1970). *Sandor Ferenczi - Schriften zur Psycho-analyse.* (Band 1, S. 260-265). Frankfurt: Fischer.

Ferstl, R. (1989). *Verhaltenstheoretische Modelle zu den Grundstörungen der Sucht.* Vortrag gehalten aufdem 8. wissenschaftlichen Symposium der Deutschen Hauptstelle gegen die Suchtgefahren, Tutzing 1989.

Ferstl, R. & Kramer, S. (1976). *Abhängigkeiten - Ansätze zur Verhaltensmodifikation.* München: U & S.

Feser, H. (1986). Sozialpsychologische Beiträge zu einer Theorie von Mißbrauch und Abhängigkeit. In W. Feuerlein (Hrsg.), *Theorie der Sucht* (S. 1-14). Berlin: Springer.

Fetscher, I. (Hrsg.) (1966). *Paul Lafargue - Das Recht auf Faulheit und persönliche Erinnerungen an Karl Marx.* Frankfurt: Europäische Verlagsanstalt.

Feuerlein, W. (1980). Psychologische Theorien von Sucht und Abhängigkeit. In U.H. Peters (Hrsg.), *Die Psychologie des 20. Jahrhunderts.* (Band X, Ergebnisse für die Medizin (2), Psychiatrie, S. 841-848). Zürich: Kindler.

Feuerlein, W. (1989). *Alkoholismus - Mißbrauch und Abhängigkeit.* (4., überarb. Aufl.). Stuttgart: Thieme.

Fisseni, H.-J. (1984). *Persönlichkeitspsychologie.* Göttingen: Hogrefe.

Fisseni, H.J. (1990). *Lehrbuch der psychologischen Diagnostik.* Göttingen: Hogrefe.

Flaubert, G. (1852). Briefe an Zeit- und Zunftgenossen. In E.W. Fischer (Hrsg.) (1907). *Flauberts gesammelte Werke.* (Band 9). München: Bruns.

Florio, M.R. (1971). Was ist Arbeit? *Industrielle Organisation, 8*, 343-346.

Forsa (1994). *Repräsentativumfrage zum Thema "Wochenarbeitszeit".* Unveröffentl. Umfrageergebnisse im Auftrag der Time/System GmbH, Hamburg.

Frank, H.S. (1993). Expectations Disease: A Model for Understanding Stress, Control and Dependent Behaviour. *Family Practice, 10*, 23-33.

Freitag, M. & Fiegenbaum, W. (1992). Die Zwangsstörung als eine Form der Angsterkrankung. *Verhaltensmodifikation und Verhaltensmedizin, 13*, 8-20.

French, J.R.P. Jr. & Caplan, R.D. (1972). Organizational stress and individual strain. In A.J. Marrow (Ed.), *The failure of success* (pp. 30-66). New York: Amacom.

Freud, S. (1905a). Drei Abhandlungen zur Sexualtheorie. In A. Freud (Hrsg.) (1942). *Gesammelte Werke in 18 Bänden.* (Band V, S. 27-145). London: Imago.

Freud, S. (1905b). Der Witz und seine Beziehung zum Unbewußten. In A. Freud (Hrsg.) (1940). *Gesammelte Werke in 18 Bänden.* (Band VI). London: Imago.

Freud, S. (1908). Charakter und Analerotik. In A. Freud (Hrsg.) (1943), *Gesammelte Werke in 18 Bänden.* (Band VII). (S. 203-209). London: Imago.

Freud, S. (1910). Beiträge zur Psychologie des Liebeslebens II. In A. Freud (Hrsg.) (1943). *Gesammelte Werke in 18 Bänden.* (Band VIII, S. 78-91). London: Imago.

Freud, S. (1930). Das Unbehagen an der Kultur. In A. Freud (Hrsg.) (1948). *Gesammelte Werke in 18 Bänden.* (Band XIV, S. 419-506). London: Imago.

Freud, S. (1938). Abriß der Psychoanalyse. In A. Freud (Hrsg.) (1941). *Gesammelte Werke in 18 Bänden.* (Band XVII, S. 63-138). London: Imago.

Freud, S. (1950). *Aus den Anfängen der Psychoanalyse. Briefe an Wilhelm Fließ. Abhandlungen und Notizen aus den Jahren 1887-1902.* Frankfurt: Fischer.

Freudenberger, H. (1974). Staff burnout. *Journal of Social Issues, 30*, 159-165.

Frese, M. (1990). Arbeit und Emotion - ein Essay. In F. Frei & I. Udris (Hrsg.), *Das Bild der Arbeit* (S. 285-301). Bern: Huber.

Fricewski, F. (1988). *Sozialökologie des Herzinfarktes. Untersuchungen zur Pathologie industrieller Arbeit.* Berlin: Sigma.

Friedman, M. & Booth-Kewley, S. (1987). The "Disease-Prone Personality". A Meta-Analytic View of the Construct. *American Psychologist, 42*, 539-555.

Friedman, M. & Rosenman, R.H. (1975). *Der A-Typ und der B-Typ.* Reinbek: Rowohlt.

Friedrich, H. (1988). Sozio- und psychodynamische Aspekte der Alkoholsucht. In A. Heigl-Evers (Hrsg.), *Psychoanalyse und Verhaltenstherapie in der Behandlung von Abhängigkeitskranken: Wege zur Kooperation?* (S. 111-134). Kassel: Nicol.

Fromm, E. (1991). *Haben oder Sein. Die seelischen Grundlagen einer neuen Gesellschaft.* (20. Auflage). München: dtv.

Funke, J. (1991). *Der Rückfall des Alkoholabhängigen: Versagen der Therapie oder Bestandteil erfolgreicher Behandlung?* (Berichte aus dem Psychologischen Institut der Universität Bonn, 17, Heft 1). Bonn: Psychologisches Institut der Universität Bonn.

Funke, W. (1990). Aspekte der Alkoholabhängigkeit: Differentielle Diagnosestrategien. In D. Schwoon & M. Krausz (Hrsg.), *Suchtkranke. Die ungeliebten Kinder der Psychiatrie* (S.53-60). Stuttgart: Enke.

Garfield, C. (1986). *Peak Performers. The New Heros in Business.* London: Hutchinson.

Gaßmann, R. (1995). Zeit der Toleranz? Zur aktuellen Bedeutung sozialer Normen und Konventionen für süchtiges Verhalten und dessen Wahrnehmung. *Verhaltenstherapie und psychosoziale Praxis, 1,* 5-9.

Gebert, D. (1995). Interventionen in Organisationen. In H. Schuler (Hrsg.), *Lehrbuch Organisationspsychologie.* (2.Aufl.).(S. 481-494). Bern: Huber.

Gebsattel, V. E. Frhr. v. (1954). *Prolegomena einer medizinischen Anthropologie.* Berlin: Springer.

Gerhard, U. (1981). *Zur Diagnose und Bedeutung von Zwangsphänomenen.* Weinheim: Beltz.

Giegler, H. (1982). *Dimensionen und Determinanten der Freizeit. Eine Bestandsaufnahme der sozialwissenschaftlichen Freizeitforschung.* Opladen: Westdeutscher Verlag.

Giese, H. (1962). *Psychopathologie der Sexualität.* Stuttgart: Enke.

Glass, D.C. (1977). *Behavior patterns, stress, and coronary heart disease.* Hillsdale: Erlbaum.

Glasser, W. (1976). *Positive Addiction.* New York: Harper & Row.

Glatt, M.M. & Marks, J. (1982). *The Dependence Phenomenon.* Lancaster: MTS-Press Ltd.

Glover, E. (1933). Zur Ätiologie der Sucht. *Internationale Zeitschrift für Psychoanalyse, 19,* 170-197.

Goertz, F.-J. (1972). *Zur Tiefenpsychologie des chronischen Alkoholabusus.* Unveröffentl. Dissertation, Universität Bonn, Bonn.

Gowler, D. & Legge, K. (1975). *Managerial Stress.* New York: Wiley.

Graumann, C.F. (1965). Die Dynamik von Interessen, Wertungen und Einstellungen. In H. Thomae (Hrsg.), *Handbuch der Psychologie.* (Band 2, Motivation, S. 272-305). Göttingen: Hogrefe.

Greaves, G.B. (1983). Existentielle Theorie der Drogenabhängigkeit. In D.J. Lettieri & R. Welz (Hrsg.), *Drogenabhängigkeit* (S. 39-43). Weinheim: Beltz.

Gremmels, C. (1986). Arbeit. In E. Fahlbusch, J.M. Lochman, J. Mbiti, J. Pelikan & L. Vischer (Hrsg.), *Evangelisches Kirchenlexikon. Internationale theologische Enzyklopädie.* (3. Auflage). (Sp. 237-244). Göttingen: Vandenhoeck & Ruprecht.

Greuel, L. (1994). Anatomische Puppen. Diagnostische Hilfsmittel im Brennpunkt der Kritik. *Report Psychologie, 9,* 16-27.

Gross, W. (1990a). *Hinter jeder Sucht ist eine Sehnsucht.* (4. Auflage). Freiburg: Herder.

Gross, W. (1990b). *Sucht ohne Drogen.* Frankfurt: Fischer.

Gross, W. (1992). *Was ist das Süchtige an der Sucht?* Geesthacht: Neuland.

Grüner, J. (1992). Sucht: Siechtum und Suche. *Sucht, 6,* 425.

Guggenberger, B. (1988). *Wenn uns die Arbeit ausgeht.* München: Hanser.

Haas, R.C. (1989). *Workaholism: A conceptual view and development of a measurement instrument.* Unveröffentl. Dissertation, United States International University, San Diego.

Haase, H.J. (1988). *Die unter sich selbst leiden. Hilfe für psychisch Kranke. Ein Psychiatriebuch für Behandelnde und Betroffene.* (2., überarb. Aufl.). Erlangen: perimed.

Hadler, P. (1988). Indikationskriterien in der Behandlung Suchtkranker - aus verhaltenstherapeutischer Sicht. In A. Heigl-Evers (Hrsg.), *Psychoanalyse und Verhaltenstherapie in der Behandlung von Abhängigkeitskranken: Wege zur Kooperation?* (S. 176-192). Kassel: Nicol.

Hahn, P. (1971). *Der Herzinfarkt in psychosomatischer Sicht.* Göttingen: Vandenhoeck & Ruprecht.

Hand, I. & Kaunisto, E. (1984). Theoretische und empirische Aspekte eines verhaltenstherapeutischen Ansatzes für "Glücksspieler". In Katholische Sozialethische Arbeitsstelle (Hrsg.), *Die sogenannten neuen Süchte* (S. 55-70). Hamm: Hoheneck.

Hank, R. (1995). *Arbeit - Die Religion des 20. Jahrhunderts.* Frankfurt: Eichborn.

Hart, A.D. (1986). *Adrenalin and Stress.* Waco: WordBooks.

Harten, R. (1988). *Normal und süchtig.* (5. Auflage). Hamburg: Neuland.

Harten, R. (1991). *Sucht, Begierde, Leidenschaft. Annäherung an ein Phänomen.* München: Ehrenwirth.

Härtel, U. & Chambless, R. (1989). Occupational position and Type A behavior: Results from the first Monica survey, Augsburg, F.R.G. *Social Science & Medicine, 29,* 1367-1372.

Hatterer, L.J. (1980). *The Pleasure Addicts.* Brunswick: Barnes.

Haymon, S.W. (1992). *The relationship of work addiction and depression, anxiety, and anger in college males.* Unveröffentl. Dissertation, Florida State University, Tallahassee.

Haynes, S., Feinleib, M. & Kannel, W.B. (1980). The relationship of psychological factors to coronary heart disease in the Framingham Study. III. Eight-year incidence of coronary heart disease. *American Journal of Epidemiology, 11,* 37-58.

Heckmann, W. (1980). Drogenkonsum und Drogenabhängigkeit in unserer Gesellschaft. *Psychosozial, 2,* 103-127.

Heigl, F. (1972). *Indikation und Prognose in Psychoanalyse und Psychotherapie.* Göttingen: Vandenhoeck & Ruprecht.

Heigl-Evers, A. (1980). Depression und Sucht. In Gesamtverband für Suchtkrankenhilfe (Hrsg.), *Sozialtherapie in der Praxis: Psychoanalytisch orientierte Suchtkrankentherapie* (S. 7-15). Kassel: Nicol.

Heigl-Evers, A. (1985). Sucht und Abhängigkeit aus tiefenpsychologischer Sicht. In Deutsche Hauptstelle gegen die Suchtgefahren (Hrsg.), *Süchtiges Verhalten. Grenzen und Grauzonen im Alltag* (S. 23-34). Hamm: Hoheneck.

Heigl-Evers, A., Heigl, F. & Standke, G. (1988). Faktoren therapeutischer Einflußnahme in der psychoanalytisch orientierten Therapie von Abhängigkeits- und Suchtkranken. In A. Heigl-Evers (Hrsg.), *Psychoanalyse und Verhaltenstherapie in der Behandlung von Abhängigkeitskranken: Wege zur Kooperation?* (S. 137-156). Kassel: Nicol.

Heigl-Evers, A., Henneberg-Mönch, U., Odag, C. & Standke, G. (1986). *Die Vierzigstundenwoche für Patienten. Konzept und Praxis teilstationärer Psychotherapie.* Göttingen: Vandenhoeck & Ruprecht.

Helldorfer, M.C. (1987). Church professionals and work addiction. *Studies in Formative Spirituality*, *8*, 199-210.

Henkel, D. (1992). *Arbeitslosigkeit und Alkoholismus.* Weinheim: Deutscher Studienverlag.

Herwig-Lempp, J. (1987). Das Phänomen der sogenannten Neuen Süchte. *Neue Praxis*, *17*, 54-64.

Hobi, V. (1982). Gibt es eine spezielle Suchtpersönlichkeit? *Therapeutische Umschau*, *8*, 579-585.

Hodgson, R. & Miller, P. (1985). *Der abhängige Mensch - Was tun gegen Süchte, Gewohnheiten, Zwänge?* München: Kösel.

Hoff, E.-H. (1990). Identität und Arbeit. *Psychosozial*, *13*, 7-25.

Holling, H. & Liepmann, D. (1995). Personalentwicklung. In H. Schuler (Hrsg.), *Lehrbuch Organisationspsychologie.* (2. Aufl.).(S. 285-316). Bern: Huber.

Homer, J.B. (1985). Worker burnout: a dynamic model with implications for prevention and control. *System Dynamics Review*, *1*, 42-62.

Honigmann, J.J. (1967). *Culture in Personality.* New York: Harper & Row.

Horney, K. (1937). *The Neurotic Personality of Our Time.* New York: Norton.

Horney, K. (1950). *Neurosis and Human Growth.* New York: Norton.

Horney, K. (1979). *Der neurotische Mensch in unserer Zeit.* Frankfurt: Fischer.

Howard, J.H., Cunningham, D.A. & Rechnitzer, P.A. (1976). Health patterns associated with Type A behavior: A managerial population. *Journal of Human Stress*, *2*, 24-31.

Hulin, C.L. (1969). Sources of variation in job and life satisfaction: The role of community and job related variables. *Journal of Applied Psychology*, *53*, 279-291.

Inglehart, R. (1977). *The Silent Revolution.* Princeton: University Press.

Inglehart, R. (1985). New perspectives on value change. Response to Lafferty and Knutse, Savage, and Böltken and Jagodzinski. *Comparative Political Studies*, *4*, 485-532.

Institut der Deutschen Wirtschaft (Hrsg.) (1996). *Zahlen zur wirtschaftlichen Entwicklung der Bundesrepublik Deutschland.* Köln: Deutscher Instituts-Verlag.

Internationale Klassifikation psychischer Störungen (ICD-10), Kapitel V (F), Klinisch-diagnostische Leitlinien, Weltgesundheitsorganisation (1991). Herausgegeben von H. Dilling, W. Mombour & M.H. Schmidt. Bern: Huber.

Iris, B. & Barrett, G.V. (1972). Some relations between job and life satisfaction and job importance. *Journal of Applied Psychology*, *56*, 301-304.

Jackson, D.L. (1992). *Correlates of physical and emotional health among male and female workaholics.* Unveröffentl. Dissertation, University of Oregon, Eugene.

Jacobson, E.J. (1929). *Progressive Relaxation.* Chicago: University Press.

Jacobson, E.J. (1978). *You must relax.* New York: McGraw-Hill.

Jaeggi, E. (1987). *Psychologie und Alltag.* München: Piper.

Jahoda, M. (1995). *Wieviel Arbeit braucht der Mensch? Arbeit und Arbeitslosigkeit im 20. Jahrhundert.* Weinheim: Psychologie Verlags Union.

Jellinek, E.M. (1960). *The Disease Concept of Alcoholism.* New Haven: Yale University Press.

Jenkins, C.D., Rosenman, R.H. & Zyzanski, S.J. (1974). Prediction of clinical coronary heart disease by a test for the coronary-prone behavior pattern. *New England Journal of Medicine*, *290*, 1271-1275.

Jensen, H. (1990). Wirkungen von Medikamenten mit Suchtpotential auf den Einzelnen. In A. Gnegel (Hrsg.), *Medikamentenprobleme am Arbeitsplatz* (S. 29-47). Kassel: Nicol.

Johannes Paul II. (1981). *Über die menschliche Arbeit: Enzyklika "Laborem exercens"*. Leutesdorf: Johannes-Verlag.

John, U. (1991). Psychische Abwehr als Grundmerkmal der Abhängigkeit. In K. Wanke & G. Bühringer (Hrsg.), *Grundstörungen der Sucht* (S. 142-155). Berlin: Springer.

Kanfer, F.H. & Hagerman, S. (1981). The role of self-regulation. In L.P. Rehm (Ed.), *Behavior Therapy for depression* (pp. 659-686). New York: Academic Press.

Kerber, W. (1993). Arbeit - sozialethisch. In W. Kasper (Hrsg.), *Lexikon für Theologie und Kirche* (Sp. 921-923). Freiburg: Herder.

Kern, H. & Schumann, W. (1977). *Industriearbeit und Arbeitsbewußtsein*. Frankfurt: Suhrkamp.

Kernberg, O. (1980). *Borderline-Störungen und pathologischer Narzißmus*. (4. Auflage). Frankfurt: Suhrkamp.

Kets De Vries, M.F.R. (1978). Defective adaptation to work. *Bulletin of the Menninger Clinic*, *42*, 35-50.

Kets De Vries, M.F.R. (1991). On Becoming a CEO: Transference and the Addictiveness of Power. In M.F.R. Kets DE Vries (Ed.), *Organizations on the Couch. Clinical Perspectives on Organizational Behavior and Change* (pp. 120-139). San Francisco: Jossey-Bass.

Kets De Vries, M.F.R. & Miller, D. (1991). Leadership Styles and Organizational Cultures: The Shaping of Neurotic Organizations. In M.F.R. Kets De Vries (Ed.), *Organizations on the Couch. Clinical Perspectives on Organizational Behavior and Change* (pp. 243-263). San Francisco: Jossey-Bass.

Keupp, H. (Hrsg.) (1972). *Der Krankheitsmythos in der Psychopathologie*. München: U & S.

Keupp, H. (Hrsg.) (1979). *Normalität und Abweichung*. München: U & S.

Keupp, H. (1988). Psychische Störungen im gesellschaftlichen Lebenszusammenhang. In G.C. Davison & J.M. Neale (Hrsg.), *Klinische Psychologie - Ein Lehrbuch*. (3., neubearb. u. erw. Aufl.) (S. 69-92). München: U & S.

Kielholz, P. (1973). Addictive behavior in man. In L. Goldberg & F. Hoffmeister (Eds.), *Psychic Dependence* (pp. 8-12). Berlin: Springer.

Kieselbach, T. (1983). *Die individuellen und die sozialen Kosten von Arbeitslosigkeit*. (Bremer Beiträge zur Psychologie, Nr. 23). Bremen: Universität, Studiengang Psychologie.

Killinger, B. (1992). *Workaholics - The Respectable Addicts*. London: Simon & Schuster.

Klages, H. (1984). *Wertorientierungen im Wandel*. Frankfurt: Campus.

Klages, H. & Kmieciak, P. (Hrsg.) (1981). *Wertwandel und gesellschaftlicher Wandel*. Frankfurt: Campus.

Klages, H. & Kmieciak, P. (Hrsg.) (1986). *Wertewandel und gesellschaftlicher Wandel*. Weinheim: Beltz.

Klein, M. (1972). *Das Seelenleben des Kleinkindes und andere Beiträge zur Psychoanalyse*. Reinbek: Rowohlt.

Kluckhohn, C. (1954). Values and Value-Orientations in the Theory of Action. An Exploration in Definition and Classification. In T. Parsons & E.A. Shils (Eds.), *Toward a General Theory of Action* (pp. 388-434). New York: Harper.

Kmieciak, P. (1976). *Wertstrukturen und Wertwandel in der Bundesrepublik.* Göttingen: Schwartz.

Kohut, H. (1984). Vorwort und Anmerkungen. In J. v. Scheidt (Hrsg.), *Der falsche Weg zum Selbst* (S. 11-16 u. 193-208). Frankfurt: Fischer.

Kompa, A. (1989). *Personalbeschaffung und Personalauswahl.* (2., durchges. Aufl.). Stuttgart: Enke.

Korff, W. (1993). Arbeit - kultur- und geistesgeschichtlich. In W. Kasper (Hrsg.), *Lexikon für Theologie und Kirche* (Sp. 918-920). Freiburg: Herder.

Körkel, J. & Lauer, G. (1988). Der Rückfall des Alkoholabhängigen: Einführung in die Thematik und Überlick über den Forschungsstand. In J. Körkel (Hrsg.), *Der Rückfall des Suchtkranken - Flucht in die Sucht?* (S. 3-122). Berlin: Springer.

Kornitzer, M.D., Dramaix, M. & Gheyssen, H. (1979). Incidence of ischemic heart disease in two Belgian cohorts followed during 10 years. *European Journal of Cardiology, 9*, 455-472.

Kramer, R. (1985). Protestantismus. In M. Klöckler & U. Tworuschka (Hrsg.), *Ethik der Religionen - Lehre und Leben.* (Band 2, Arbeit, S. 42-63). München: Kösel.

Krämer, S. (1976). Theorien der Abhängigkeit. In H. Vollmer & I. Helas (Hrsg.), *Verhaltenstherapie in der Suchtkrankenhilfe* (S. 57-71). München: Röttger.

Krämer, W. (1991). Arbeit/Freizeit. In P. Eicher (Hrsg.), *Neues Handbuch theologischer Grundbegriffe.* (Band 1, S. 51-65). München: Kösel.

Kriz, J. (1994). *Grundkonzepte der Psychotherapie.* (4. Auflage). Weinheim: PVU.

Krüger, H.J. (1971). Arbeit II. In J. Ritter (Hrsg.), *Historisches Wörterbuch der Philosophie.* (Band 1, Sp.482-487). Basel: Schwabe.

Krystal, H. & Raskin, H.A. (1983). *Drogensucht: Aspekte der Ich-Funktion.* Göttingen: Vandenhoeck & Ruprecht.

Kupfer, P. (1993). Das Typ-A-Verhalten nach der Demontage - was bleibt? Bestandsaufnahme und aktueller Forschungstrend. *Zeitschrift für Klinische Psychologie, 22*, 22-38.

Ladewig, D. & Graw, P. (1986). Neue Erscheinungsformen und theoretische Aspekte der Sucht aus der Sicht des Klinikers. In W. Feuerlein (Hrsg.), *Theorie der Sucht* (S. 58-70). Berlin: Springer.

Ladwig, K.-H. & Sund, M. (1985). Hyperaktivität und Depression bei Patienten mit koronarer Herzerkrankung. In W. Langosch (Hrsg.), *Psychische Bewältigung der chronischen Herzerkrankung* (S. 41-52). Berlin: Springer.

Lange, K.-J. (1974). *Süchtiges Verhalten - Analyse der Entstehung - Therapie aus lernpsychologischer Sicht.* Freiburg: Lambertus.

Langosch, W., Schmidt, T. & Rüddel, H. (1985). Die deutsche Form des strukturierten Interviews zur Diagnostik des Verhaltenstyp-A-Musters (V.-A.-M.). In W. Langosch (Hrsg.), *Psychische Bewältigung der chronischen Herzerkrankung* (S. 53-72). Berlin: Springer.

Laubenthal, F. (1964). Allgemeine Probleme um Mißbrauch, Süchtigkeit und Sucht. In F. Laubenthal (Hrsg.), *Sucht und Mißbrauch* (S. 1-32). Stuttgart: Thieme.

Lawler, E.E. III & Hall, D.T. (1970). The relationship of job characteristics to job involvement, satisfaction and intrinsic motivation. *Journal of Applied Psychology, 54*, 305-312.

Legnaro, A. & Zill, G. (1983). Ein Verhalten, das Männer Alkoholismus nennen: Alkoholkonsum im weiblichen Lebenszusammenhang. In H. Berger, A. Legnaro & K.-H. Reuband (Hrsg.), *Frauenalkoholismus* (S. 50-68). Stuttgart: Kohlhammer.

Lempke, G. (1990). Suchtkonzepte und ihre Auswirkungen auf den Umgang mit Abhängigkeitskranken. In D. Schwoon & M. Krausz (Hrsg.), *Suchtkranke. Die ungeliebten Kinder der Psychiatrie* (S. 16-24). Stuttgart: Enke.

Levy, R.I. (1958). The psychodynamic functions of alcohol. *Quarterly Journal of Studies on Alcohol*, *19*, 649-659.

Lewin, K. (1981). Die Sozialisierung des Taylorsystems. *Gestalt Theory*, *3*, 129-151.

Lohmann, J. (1980). Ziele und Strategien psychotherapeutischer Verfahren. In W. Wittling (Hrsg.), *Handbuch der klinischen Psychologie.* (Band 2, Psychotherapeutische Interventionsmethoden, S. 15-46). Hamburg: Hoffmann & Campe.

Lungershausen, E. (1988). Zu den Ursachen süchtigen Verhaltens unter psychiatrischen Aspekten. In J. Eisenburg (Hrsg.), *Sucht als Massenphänomen* (S. 82-99). Düsseldorf: Patmos.

Lürßen, E. (1974). Psychoanalytische Theorien über Suchtstrukturen. *Suchtgefahren*, *20*, 145-151.

Lürßen, E. (1976). Das Suchtproblem in neuerer psychoanalytischer Sicht. In D. Eicke (Hrsg.), *Die Psychologie des 20. Jahrhunderts.* (Band 2, Freud und die Folgen (I), S. 838-867). Zürich: Kindler.

Machlowitz, M. (1978). *Determining the effects of workaholism.* Unveröffentl. Disseration, Yale University, New Haven.

Machlowitz, M. (1981). *Arbeiten auch Sie zuviel? Arbeitssucht und wie man damit leben kann.* Landsberg:mvg-Verlag.

Maccoby, M. (1976). *The gamesman.* New York: Simon & Schuster.

Maes, J. (1983). Der Suchtbegriff zwischen Kommerz und Ideologie. *Die Berliner Ärztekammer*, *11*, 733-740.

Maslach, C. (1986). Stress, Burnout and Workaholism. In R.R. Kilburg, P.E. Nathan & R.W. Thoreson (Eds.), *Professionals in Distress. Issues, Syndroms, and Solutions in Psychology* (pp. 53-75). Washington: APA.

Matthews, K.A., Krantz, D.S., Dembrowski, T.M. & McDongal, J.M. (1982). Unique and common variance in Structured Interview and Jenkins Activity Survey measures of the Type A behavior pattern. *Journal of Personality and Social Psychology*, *42*, 303-313.

Matussek, P. (1958). Zwang und Sucht. *Der Nervenarzt*, *29*, 452-456.

McClelland, D. & Burhham, D.H. (1976). Power is the great motivator. *Harvard Business Review*, *3/4*, 100-110.

McLean, A. (1979). *Work Stress.* Reading: Addison-Wesley.

Menninger, K. (1938). *Man against himself.* New York: Harcourt, Brace & World.

Menninger, K. (1942). *Love against hate.* New York: Harcourt, Brace & World.

Mentzel, G. (1979). Über die Arbeitssucht. *Zeitschrift für Psychosomatische Medizin und Psychoanalyse*, *25*, 115-127.

Mentzel, G. (1987). Politisch Tätige als arbeitssüchtige Patienten. *Die Neue Gesellschaft - Frankfurter Hefte*, *34*, 261-264.

Meyer, G. (1988). *Geldspielautomaten mit Gewinnmöglichkeit - Objekte pathologischen Glücksspiels.* (5. Auflage). Bochum: Brockmeyer.

Miller, P.M. (1976). *Behavioral treatment of alcoholism.* New York: Pergamon Press.

Minsel, W.R. (1974). *Praxis der Gesprächspsychotherapie.* Wien: Böhlau.

Mirels, H.L. & Garrett, J.B. (1971). The Protestant Ethic as a Personality Variable. *Journal of Consulting and Clinical Psychology*, *36*, 40-44.

Moersch, E., Kerz-Rühling, I., Drews, S., Nern, R.D., Kennel, K., Kelleter, R. Rodriguez, C., Fischer, R. & Goldschmidt, O. (1980). Zur Psychopathologie von Herzinfarkt-Patienten. *Psyche*, *34*, 493-587.

Mosher, D.L. (1966). The development and multitrait-multimethod matrix analysis of three measures of three aspects of guilt. *Journal of Consulting Psychology*, *30*, 25-29.

Muhs, A. (1985). Psychologische und soziologische Einflußfaktoren der koronaren Herzkrankheit. In W. Langosch (Hrsg.), *Psychische Bewältigung der chronischen Herzerkrankung* (S. 3-11). Berlin: Springer.

Müller-Böling, D., Klautke, E. & Ramme, I. (1989). Manager-Alltag. *Bild der Wissenschaft*, *1*, 104-109.

Myrtek, M. (1983). *Typ-A-Verhalten. Untersuchungen und Literaturanalysen unter besonderer Berücksichtigung der psychophysiologischen Grundlagen.* München: Minerva.

Myrtek, M. (1985). Streß und Typ-A-Verhalten, Risikofaktoren der koronaren Herzkrankheit? Eine kritische Bestandsaufnahme. *Psychotherapie, Psychosomatik und Medizinische Psychologie*, *35*, 54-61.

Nagy, S. (1982). *The relationship of Type A and Type B personalities, workaholism, perceptions of the school climate, and years of teaching experience to burnout of elementary and junior high school teachers in a northwestern Oregon school district.* Unveröffentl. Dissertation, University of Oregon, Eugene.

Naughton, T.J. (1987). A conceptual view of workaholism and implications for career counseling and research. *Career Development Quarterly*, *35*, 180-187.

Nell-Breuning, O.v. (1985). *Arbeitet der Mensch zuviel?* Freiburg: Herder.

Neuberger, O. (1974). *Theorien der Arbeitszufriedenheit.* Stuttgart: Kohlhammer.

Neuberger, O. (1985). *Arbeit.* Stuttgart: Enke.

Noelle-Neumann, E. & Strümpel, B. (1984). *Macht Arbeit krank? Macht Arbeit glücklich? Eine aktuelle Kontroverse.* München: Piper.

Nölder, W. (1990). Evaluation in der Gesundheitspsychologie. In R. Schwarzer (Hrsg.), *Gesundheitspsychologie* (S. 475-487). Göttingen: Hogrefe.

Oates, W. (1971). *Confessions of a Workaholic.* New York: Abingdon.

Orford, J. (1985). *Excessive Appetites: A Psychological View of Addictions.* Chichester: Wiley.

Orthaus, J., Knaak, A. & Sanders, K. (1993). *Schöner Schuften. Wege aus der Arbeitssucht.* Köln: Kiepenheuer & Witsch.

Orzack, L. (1959). Work as a "central life interest" of professionals. *Social Problems*, *7*, 125-132.

Ottomeyer, K. (1976). *Soziales Verhalten und Ökonomie im Kapitalismus.* (2. Auflage). Gießen: Focus.

Pace, L.A. & Suojanen, W.W. (1988). Addictive Type A behavior undermines employee involvement. *Personnel Journal*, *67*, 36-42.

Pace, L.A., Suojanen, W.W., Bessinger, R.C., Lee, H., Frederick, R.P. & Miller, R.E. (1987). The Type A manager as addict. *Employee Assistance Quarterly*, *2*, 47-63.

Parloff, M. B. (1967). Goals in Psychotherapy: Mediating and Ultimate. In A.R. Matrer (Ed.), *The goals of psychotherapy* (pp. 5-20). New York: Appleton.

Passett, P. (1981). Gedanken zur Narzißmuskritik: Die Gefahr, das Kind mit dem Bade auszuschütten. In Psychoanalytisches Seminar Zürich (Hrsg.), *Narzißmustheorien: zurück ins Paradies?* (S. 157-187). Frankfurt: Syndikat.

Pawlowsky, P. (1986). *Arbeitseinstellungen im Wandel. Zur theoretischen Grundlage und empirischen Analyse subjektiver Indikatoren der Arbeitswelt.* München: Minerva.

Perls, F. (1989). *Grundlagen der Gestalttherapie. Einführung und Sitzungsprotokolle.* (7. Auflage). München: Pfeiffer.

Peele, S. (1975). *Love and Addiction.* New York: Taplinger.

Peele, S. (1977). Redefining Addiction. Making Addiction a Scientifically and Socially Useful Concept. *International Journal of Health Services*, *7*, 103-124.

Penzer, W.N. (1984). The psychopathology of the psychotherapist. *Psychotherapy in Private Practice*, *2*, 51-59.

Perlwitz, E. (1986). Süchtiges Verhalten in unserer Gesellschaft. *Suchtprobleme in pädagogischen Feldern*, *1*, 9-27.

Pfeiffer, W.M. (1986). Transkulturelle Aspekte zur Theorie von Mißbrauch und Abhängigkeit. In W. Feuerlein (Hrsg.), *Theorie der Sucht* (S. 71-93). Berlin: Springer.

Pfeiffer, W.M. (1987). Kulturvergleichende Betrachtungen zum Problem des Rauschmittelgebrauchs. In W. Scheiblich (Hrsg.), *Rausch - Exstase - Kreativität. Dimensionen der Sucht* (S. 11-26). Freiburg: Lambertus.

Pietropinto, A. (1986). The workaholic spouse. *Medical Aspects of Human Sexuality*, *20*, 89-96.

Platz, W. (1986). Sucht. In G. Laux & F. Reimer (Hrsg.), *Klinische Psychiatrie.* (Band II, S. 77-104). Stuttgart: Hippokrates.

Pollak, J.M. (1979). Obsessive-Compulsive Personality: A Review. *Psychological Bulletin*, *86*, 225-241.

Pongratz, L.J. (1986). Über den "Krankheitsgewinn" des süchtigen Verhaltens. Ein tiefenpsychologischer Beitrag zum Suchtproblem. In W. Feuerlein (Hrsg.), *Theorie der Sucht* (S. 94-102). Berlin: Springer.

Poppelreuter, S. (1996). *Arbeitssucht - Integrative Analyse bisheriger Forschungsansätze und Ergebnisse einer empirischen Untersuchung zur Symptomatik.* Bonn/Witterschlick: Wehle.

Poppelreuter, S. (1996a). "Arbeit ist das ganze Leben" - Bekanntes und Aktuelles zum Thema "Arbeitssucht". *Report Psychologie*, 4, 300-304.

Poppelreuter, S. (1996b). Die 'seltsame' Sucht nach Arbeit. *Psychologie Heute*, 12, 38-41.

Poppelreuter, S. (1997). "Arbeit ist das ganze Leben" - Eine empirische Studie zum Thema Arbeitssucht. In W. Gross (Hrsg.), Karriere(n) in der Krise - Die seelischen Kosten des beruflichen Aufstiegs (S. 68-83). Bonn: dpv.

Proschaska, J.O. & DiClemente, C.C. (1983). Stages and processes of self-change of smoking: Toward an integrative model of change. *Journal of Consulting and Clinical Psychology*, *51*, 390-395.

Puschmann, W. & Wegener, B. (1992). Arbeit: Die Sucht der Angepassten? *Suchtreport*, *4*, 29-36.

Puttkammer, D. (1991). Arbeitssucht - Workaholism. *Studienbrief Seelsorge*, *26.*

Pütz, A. (1980). *Therapiemotivation und Selbstkontrolle.* Frankfurt: Fachbuchhandlung für Psychologie.

Quick, J.C. & Quick, J.D. (1984). *Organizational Stress and Preventive Management.* New York: McGraw-Hill.

Quint, H. (1988). *Die Zwangsneurose aus psychoanalytischer Sicht.* Berlin: Springer.

Rado, S. (1926). Die psychischen Wirkungen der Rauschgifte. *Internationale Zeitschrift für Psychoanalyse, 12*, 540-556.

Rado, S. (1934). Psychoanalyse der Pharmakothymie. *Internationale Zeitschrift für Psychoanalyse, 20*, 16-32.

Ragland, D.R. & Brand, R.J. (1988). Type A behavior and mortality from coronary heart disease. *The New England Journal of Medicine, 318*, 65-70.

Rahe, R.H. & Lind, E. (1971). Psychosocial factors and sudden cardiac death: A pilot study. *Journal of Psychosomatic Research, 15*, 19-24.

Reinecker, H.S. (1991). *Zwänge: Diagnose, Theorien und Behandlung.* Bern: Huber.

Reiterer, F.v. (1993). Arbeit - biblisch-theologisch. In W. Kasper (Hrsg.), *Lexikon für Theologie und Kirche* (Sp. 917-918). Freiburg: Herder.

Remmschmidt, H. (1988). Drogenmißbrauch und Drogenabhängigkeit bei Jugendlichen. *Bildung und Erziehung, 41*, 127-138.

Renicke, D. (1985). *Für den Fleißigen hat der Tag 48 Stunden - Arbeitssucht - Eine neue Krankheit?* Unveröffentlichtes Manuskript für eine Radiosendung des NDR 3, Ausstrahlung am 15.05.85.

Renn, H. (1986). Beiträge aus Epidemiologie und Soziologie zu einer Theorie von Mißbrauch und Abhängigkeit. In W. Feuerlein (Hrsg.), *Theorie der Sucht* (S. 103-120). Berlin: Springer.

Rentrop, S. (1989). *Arbeitssucht.* Hamburg: Neuland.

Revenstorf, D. & Metsch, H. (1986). Lerntheoretische Grundlage der Sucht. In W. Feuerlein (Hrsg.), *Theorie der Sucht* (S. 121-150). Berlin: Springer.

Rhoads, J.M. (1977). Overwork. *Journal of the American Medical Association, 237*, 2615-2618.

Rieger, K. (1905). *Über die Trunksucht und die "Suchten" überhaupt. Festschrift zu der Feier des fünfzigjährigen Bestehens der unterfränkischen Heil- und Pflegeanstalt Werneck (1855-1905).* Fischer: Jena.

Rinderspacher, J. (1985). *Gesellschaft ohne Zeit. Individuelle Zeitverwendung und soziale Organisation der Arbeit.* Frankfurt: Campus.

Rinninsland, G. (1992). Internationaler Arbeitszeitvergleich. *Personal, 44*, 454-457.

Ritchie, K. (1988). Professionalism, altruism, and overwork. *The Journal of Medicine and Philosophy, 13*,447-455.

Robinson, B.E., Post, P. & Khakee, J. (1992). Test-retest reliabilty of the work addiction risk test. *Perceptual and Motor Skills, 74*, 926.

Robinson, B.E., Post, P. & Khakee, J. (1994). Validity of the work addiction risk test. *Perceptual andMotor Skills, 78*, 337-338.

Rode, I. (1990). *Zwischen Liebe und Arbeit.* Weinheim: Deutscher Studien Verlag.

Rogers, C.R. (1973). *Die klientbezogene Psychotherapie.* München: Kindler.

Rohrlich, J. (1981). The dynamics of work addiction. *Israel Journal of Psychiatriy and Related Sciences, 18*, 147-156.

Rohrlich, J. (1982). *Arbeit und Liebe.* Frankfurt: Fischer.

Rohrlich, J. (1984). *Arbeit und Liebe.* (2. Auflage). Frankfurt: Fischer.

Rombach, H. (1980). Leistung und Muße. In F. Böckle, F.-X. Kaufmann, K. Rahmer & B. Welte (Hrsg.), *Christlicher Glaube in moderner Gesellschaft.* (Teilband 8, S. 39-69). Freiburg: Herder.

Romo, M., Siltanen, P., Theorell, T. & Rahe, R.H. (1973). Work behavior, time urgency and life dissatisfactions in subjects with myocardial infarction: A cross-cultural study. *Journal of Psychosomatic Research, 18*, 1-8.

Rosenman, R.H., Friedman, M., Straus, R. & Wurm, M. (1975). Coronary heart disease in the Western Collaborative Group Study: Final follow-up experience of 8 1/2 years. *Journal of the American Medical Association, 233*, 872-877.

Rosenman, R.H., Friedman, M., Straus, R., Wurm, M., Kositichek, R., Hahn, W. & Werthessen, N.T. (1964). A predictive study of coronary heart disease. *Journal of the American Medical Association, 189*, 103-110.

Rost, W.-D. (1992). *Psychoanalyse des Alkoholismus.* Stuttgart: Klett-Cotta.

Rost, W.-D. (1992a). Diagnostik in der psychoanalytischen Therapie. In A. Fett (Hrsg.), *Diagnostik in der ambulanten Suchtkrankenhilfe* (S. 81-95). Freiburg: Lambertus.

Rothenbacher, H., Fritz, G. & Weithmann, G. (1983). Stationäre Therapie der Alkohol- und Medikamentenabhängigkeit. In O. Schrappe (Hrsg.), *Methoden der Behandlung von Alkohol-, Drogen- und Medikamenten-abhängigkeit* (S. 51-62). Stuttgart: Schattauer.

Rußland, R. (1988). *Suchtverhalten und Arbeitswelt.* Frankfurt: Fischer.

Sandler, J. & Hazari, A. (1960). The "obsessional": on the psychological classification of obsessional character traits and symptoms. *British Journal of Medicine and Psychology, 33*, 113-122.

Salzman, L. (1971). *The Obsessive Personality. Origins, Dynamics and Therapy.* New York: Science House.

Schaef, A.W. (1987). *When Society Becomes an Addict.* San Francisco: Harper & Row.

Schaef, A.W. & Fassel, D. (1988). *The Addictive Organization.* San Francisco: Harper & Row.

Scharfetter, C. (1976). *Allgemeine Psychopathologie.* Stuttgart: Thieme.

Schenk, J. (1975). *Droge und Gesellschaft.* Berlin: Springer.

Scheuch, E.K. (1969). Soziologie der Freizeit. In R. König (Hrsg.), *Handbuch der empirischen Sozialforschung.* (Band II, S. 735-833). Stuttgart: Enke.

Schilder, P. (1941). The Psychogenesis of Alcoholism. *Quarterly Journal on Studies of Alcohol, 2*, 277-292.

Schlöder, B. (1993). *Soziale Werte und Werthaltungen: eine sozialpsychologische Untersuchung des Konzepts soziale Werte und des Wertewandels.* Opladen: Leske & Budrich.

Schmale, H. (1983). *Psychologie der Arbeit.* Stuttgart: Klett-Cotta.

Schmieder, A. (1992). *Sucht: Normalität der Abwehr.* Freiburg: Lambertus.

Schmitz-Moormann, K. (1987). Suchtkrankenhelfer zwischen Theorien- und Therapienvielfalt. In Katholische Sozialethische Arbeitsstelle (Hrsg.), *Sucht und Helferszene* (S. 15-25). Hamm: Hoheneck.

Schneider, R. (Hrsg.) (1982). *Stationäre Behandlung der Alkohol- und Medikamentenabhängigkeit (IFT-Texte 6).* München: Röttger.

Schneider, R. (1985). Suchtverhalten aus lerntheoretischer und verhaltenspsychologischer Sicht. In Deutsche Hauptstelle gegen die Suchtgefahren (Hrsg.), *Süchtiges Verhalten. Grenzen und Grauzonen im Alltag* (S. 48-65). Hamm: Hoheneck.

Schneider, R. (1992). Diagnostik in der Verhaltenstherapie. In A. Fett (Hrsg.), *Diagnostik in der ambulanten Suchtkrankenhilfe* (S. 37-65). Freiburg: Lambertus.

Scholl-Schaaf, M. (1975). *Werthaltung und Wertsystem. Ein Plädoyer für die Verwendung des Wertkonzepts in der Sozialpsychologie.* Bonn: Bouvier.

Schumacher, W. (1986). Untersuchungen zur Psychodynamik des abhängigen Spielverhaltens. In W. Feuerlein (Hrsg.), *Theorie der Sucht* (S. 165-179). Berlin: Springer.

Schuhmacher, W. (1991). Zur Anthropologie der Sucht. *extracta psychiatrica, 7/8*, 26-31.

Schürmann, P. (1988). *Werte und Konsumverhalten*. München: GBI-Verlag.

Schwartz, H.S. (1982). Job Involvement as Obsessive-Compulsion. *Academy of Management Review, 7*, 429-432.

Seibel, H.D. & Lühring, H. (1984). *Arbeit und psychische Gesundheit*. Göttingen: Hogrefe.

Seidenstücker, G. (1984). Indikation in der Psychotherapie: Entscheidungsprozesse - Forschung - Konzepte und Ergebnisse. In L.R. Schmidt (Hrsg.), *Lehrbuch der klinischen Psychologie*. (2., neubearb. u. erw. Aufl.). (S. 443-511). Stuttgart: Enke.

Semmer, N. & Udris, I. (1995). Bedeutung und Wirkung von Arbeit. In H. Schuler (Hrsg.), *Lehrbuch Organisationspsychologie*. (2. Auflage).(S. 133-165). Bern: Huber.

Seybold, K.C. & Salomone, P.R. (1994). Understanding workaholism: A review of causes and counseling approaches. *Journal of Counseling & Development, 73*, 4-9.

Shapiro, D. (1965). *Neurotic Styles*. New York: Basic Books.

Siegrist, J. (1985). Koronargefährdendes Verhalten. In H.-D. Basler & I. Florin (Hrsg.), *Klinische Psychologie und körperliche Krankheit* (S. 79-89). Stuttgart: Kohlhammer.

Siegrist, J., Dittmann, K., Rittner, K. & Weber, J. (1980). *Soziale Belastungen und Herzinfarkt*. Stuttgart: Enke.

Siegrist, J. & Matschinger, H. (1988). Distreß-Karriere und koronares Risiko. In B.F. Klapp & B. Dahme (Hrsg.), *Psychosoziale Kardiologie* (S. 87-99). Berlin: Springer.

Simmel, E. (1948). Alcoholism and Addiction. *Psychoanalytic Quarterly, 17*, 6-31.

Skinner, B.F. (1953). *Science and Human Behavior*. New York: Macmillan.

Solms, H. & Steinbrecher, W. (1975). Allgemeine Probleme um Mißbrauch und Abhängigkeit von Medikamenten, Drogen und Genußmitteln. In W. Steinbrecher & H. Solms (Hrsg.), *Sucht und Mißbrauch*. (S. I/3 - I/26). Stuttgart: Thieme.

Sonntag, K. (Hrsg.) (1992). *Personalentwicklung in Organisationen*. Göttingen: Hogrefe.

Sparty, L. (1992). *Sozial-Adreßbuch. Gesamtdeutsches Verzeichnis der REHA- und Fachkliniken*. Bonn: Reha-Verlag.

Spence, J. & Robbins, A. (1992). Workaholism: Definition, Measurement, and Preliminary Results. *Journal of Personality Assessment, 58*, 160-178.

Sprankle, J.K. & Ebel, H. (1987). *The Workaholic Syndrome*. New York: Walker.

Spruell, G. (1987). Work fever. *Training and Development Journal, 41*, 41-45.

Staines, G.L. & Quinn, R.P. (1979). American Workers Evaluate the Quality of Their Jobs. *Monthly Labour Review, 102*, 3-12.

Statistisches Bundesamt (Hrsg.) (1988). *Datenreport 1987*. Bonn: Bonn Aktuell.

Statistisches Bundesamt (Hrsg.) (1992). *Datenreport 1992*. Bonn: Bonn Aktuell.

Statistisches Bundesamt (Hrsg.) (1996). *Statistisches Jahrbuch* 1996. Stuttgart: Metzler-Poeschel.

Steinmann, H., Richter, B. & Goßmann, S. (1984). *Arbeitssucht im Unternehmen*. Diskussionsbeiträge des Lehrstuhls für Allgemeine BWL und Unternehmensführung an der Universität Erlangen-Nürnberg. Erlangen-Nürnberg: Universität Erlangen-Nürnberg.

Steinmetzer, F. (1950). Arbeitsruhe. In T. Klauser (Hrsg.), *Reallexikon für Antike und Christentum.* (Band I, Sp. 590-595). Stuttgart: Hirsemann.

Stengel, M. (1988). Freizeit: zu einer Motivationspsychologie des Freizeithandelns. In C. Graf Hoyos, D. Frey & D. Stahlberg (Hrsg.), *Angewandte Psychologie - Ein Lehrbuch* (S. 561-584). Weinheim: PVU.

Stroebe, W. (1980). *Grundlagen der Sozialpsychologie I.* Stuttgart: Klett-Cotta.

Stroebe, W., Hewstone, M., Codol, J.-P. & Stephenson, G.M. (Hrsg.) (1990). *Sozialpsychologie. Eine Einführung.* Berlin: Springer.

Stübe, G. & Kunzendorff, E. (1985). Empirische Befunde zu persönlichkeitsrelevanten Komponenten des koronargefährdenden Typ-A-Verhaltensmusters. In H. Schroeder & K. Reschke (Hrsg.), *Beiträge zur Theorie und Praxis der Medizinischen Psychologie* (S. 61-71). Leipzig: Karl-Marx-Universität.

Suojanen, W.W. (1983). Addictions - Negative and Positive. In R.C. Bessinger & W.W. Suojanen (Eds.), *Management and the brain* (pp. 93-109). Atlanta: CBA.

Suojanen, W.W. & Hudson, D.R. (1981). Coping with Stress and Addictive Work Behavior. *Business, 31*, 7-14.

Symonds, A. & Symonds, M. (1988). Karen Horney. In A.M. Freedman, H.I. Kaplan, B.J. Sadock & U.H. Peters (Hrsg.), *Psychiatrie in Praxis und Klinik.* (Band 3, Neurosen, S. 182-194). Stuttgart: Thieme.

Tartakoff, H.H. (1966). The Normal Personality in Our Culture and the Nobel Prize Complex. In R.M. Loewenstein (Ed.), *Psychoanalysis - A General Psychology: Essays in Honor of Heinz Hartmann* (pp. 222-252). New York: International Universities Press.

Taylor, H. (1984). Workaholism. *Canadian Manager, 9*, 19-20.

Tenfelde, K. (1986). Einführung. In K. Tenfelde (Hrsg.), *Arbeit und Arbeitserfahrung in der Geschichte* (S. 5-8). Göttingen: Vandenhoeck & Ruprecht.

Thamm, B.G. (1987). Wie neu sind die "neuen Süchte"? In Katholische Sozialethische Arbeitsstelle (Hrsg.), *"Neue Süchte" in der Diskussion* (S. 7-23). Hamm: Hoheneck.

Thamm, B.-G. (1989). Drogenpolitik und die neuen Süchte. Eine exemplarische Darstellung. In Katholische Sozialethische Arbeitsstelle (Hrsg.), *Weiter mit "neuen Süchten"? Tendenzen, Kompetenzen, Konsequenzen* (S. 19-43). Hamm: Hoheneck.

Trzaskalik, F. (1985). Katholizismus. In M. Klöckler & U. Tworuschka (Hrsg.), *Ethik der Religionen - Lehre und Leben.* (Band 2, Arbeit, S. 24-41). München: Kösel.

Ulich, E. (1990). Individualisierung und differentielle Arbeitsgestaltung. In C. Graf Hoyos & B. Zimolong (Hrsg.), *Enzyklopädie der Psychologie.* (Themenbereich D, Serie III, Band 2, Ingenieurspsychologie, S. 511-535). Göttingen: Hogrefe.

Ulich, E. (1994). *Arbeitspsychologie.* (3., überarb. und erw. Auflage). Stuttgart: Schäffer-Poeschel.

Vogler, R.E. & Revenstorf, D. (Hrsg.) (1978). *Alkoholmißbrauch - Sozialpsychologische und lerntheoretische Ansätze.* München: U & S.

Vogt, I. (1990). Abhängigkeit und Sucht: Anmerkungen zum Menschenbild in Suchttheorien. *Drogalkohol, 14*, 140-148.

Vollmer, H. (1988). Die Behandlung Suchtkranker aus der Sicht der Verhaltenstherapie. In A. Heigl-Evers (Hrsg.), *Psychoanalyse und Verhaltenstherapie in der Behandlung von Abhängigkeitskranken: Wege zur Kooperation?* (S. 38-51). Kassel: Nicol.

Wachten, J. (1985). Judentum. In M. Klöckler & U. Tworuschka (Hrsg.), *Ethik der Religionen - Lehre und Leben.* (Band 2, Arbeit, S. 9-23). München: Kösel.

Wacker, A. (1987). Economic Animals - Zur Psychologie der Arbeitssucht. *Störfaktor*, *1*, 49-64.

Wagner, D. (1993). Arbeitszeit und Wertewandel. In R. Marr (Hrsg.), *Arbeitszeitmanagement.* (2., neubearb. u. erw. Aufl.). (S. 299-321). Berlin: Schmidt.

Wallraff, H.J. (1957). Arbeit - Anthropologisch-weltanschauliche Interpretation. Die Arbeit in volkswirtschaftlicher Sicht. In Görres-Gesellschaft (Hrsg.), *Staatslexikon Recht, Wirtschaft, Gesellschaft.* (6., völlig neu bearb. u. erw. Aufl.). (Sp. 396-404 und Sp. 421-427). Freiburg: Herder.

Wanke, K. (1978). Patienten mit Suchtkrankheiten. *Therapiewoche*, *28*, 3056-3059.

Wanke, K. (1985). Normal - abhängig - süchtig: Zur Klärung des Suchtbegriffs. In Deutsche Hauptstelle gegen die Suchtgefahren (Hrsg.), *Süchtiges Verhalten. Grenzen und Grauzonen im Alltag* (S. 11-22). Hamm: Hoheneck.

Wanke, K. (1986). Definition und Nomenklatur. In W. Feuerlein (Hrsg.), *Theorie der Sucht* (S. 180-192). Berlin: Springer.

Wanke, K. & Täschner, K.-L. (1985). *Rauschmittel: Drogen-Medikamente-Alkohol.* (5., völlig neu bearb. Aufl.). Stuttgart: Enke.

Ward, J.H. (1963). Hierarchical grouping to optimize and objective function. *Journal of the American Statistical Association*, *58*, 236-244.

Warr, P. (1984). Work and unemployment. In P.J.D. Drenth, H. Thierry, P.J. Willems & C.J. de Wolff (Eds.), *Handbook of work and organizational psychology* (pp. 413-443). Chichester: Wiley.

Warr, P. (1987). *Work, Unemployment and Mental Health.* Oxford: Clarendon.

Wasylenki, D. (1984). Psychodynamic aspects of occupational stress. *Canadian Journal of Psychiatry*, *29*, 295-301.

Weber, K. (1984). *Einführung in die psychosomatische Medizin.* Bern: Huber.

Weber, M. (1963). *Gesammelte Aufsätze zur Religionssoziologie, I.* Tübingen: Mohr.

Weiman, C.G. (1977). A study of occupational stressor and the incidence of disease/risk. *Journal of Occupational Medicine*, *19*, 119-122.

Weinert, A.B. (1990). *Lehrbuch der Organisationspsychologie.* (3. Auflage). München: PVU.

Wendorff, R. (1985). *Zeit und Kultur. Geschichte des Zeitbewußtseins in Europa.* (3. Auflage). Opladen: Westdeutscher Verlag.

Westermayer, G. & Bähr, B. (Hrsg.) (1994). *Betriebliche Gesundheitszirkel.* Stuttgart: VAP.

Wetzel, H. & Linster, H.W. (1992). Psychotherapie. In R. Asanger & G. Wenninger (Hrsg.), *Handwörterbuch der Psychologie.* (4., völlig neubearb. u. erw. Aufl.). (S. 627-639). Weinheim: PVU.

WHO Expert Committee on Dependence-Producing Drugs (1965). Fourteenth Report. *WHO Technical Reports Series, 312.*

Windhorst, K.-G. (1985). *Wertewandel und Konsumentenverhalten.* Münster: Regensberg.

Wurmser, L. (1978). *The Hidden Dimension, Psychodynamics in Compulsive Drug Use.* New York: Aronson.

Yorke, C. (1970). A Critical Review of some Psychoanalytic Literature on Drug Addiction. *British Journal of Medical Psychology*, *43*, 141-159.

Zehentbauer, J. (1992). *Körpereigene Drogen.* München: Artemis & Winkler.

Zerssen, D.v. (1986). Diagnose. In C. Müller (Hrsg.), *Lexikon der Psychiatrie.* (2. neubearb. u. erw. Aufl.).(S. 194-198). Berlin: Springer.

Zuckerman, M. (1978). The search for high sensation. *Psychology Today*, *2*, 38.